W0340501

BEST SELLER

Elena Montagud (Valencia, 1986) es filóloga y escritora. Ha cultivado sobre todo los géneros erótico y fantástico, y sus relatos han sido premiados en varios certámenes y publicados en algunas antologías. En el año 2014 Montagud autopublicó en internet las novelas *Trazos de placer* y *Palabras de placer*, que cosecharon grandes elogios, situándose rápidamente en el top de ventas de Amazon; ambos títulos, junto a *Secretos de placer*, conforman la Trilogía del placer. Ese mismo año, una editorial independiente lanzó su trilogía de romance erótico Tiéntame. Es también autora de la Trilogía Corazón, compuesta por *Corazón elástico*, *Corazón indomable* y *Corazón desnudo*.

Puedes seguir a Elena Montagud en Facebook y Twitter:
ElenaMontagud.Oficial
@ElenaMontagud

Biblioteca

ELENA MONTAGUD

Corazón elástico

DEBOLS!LLO

Papel certificado por el Forest Stewardship Council®

MIXTO
Papel procedente de fuentes responsables
FSC® C117695

Primera edición en Debolsillo: julio de 2018

© 2017, Elena Montagud
Publicado por acuerdo con MJR Agencia Literaria
© 2017, 2018, Penguin Random House Grupo Editorial, S. A. U.
Travessera de Gràcia, 47-49. 08021 Barcelona

Penguin Random House Grupo Editorial apoya la protección del *copyright*.
El *copyright* estimula la creatividad, defiende la diversidad en el ámbito de las ideas y el conocimiento, promueve la libre expresión y favorece una cultura viva.
Gracias por comprar una edición autorizada de este libro y por respetar las leyes del *copyright* al no reproducir, escanear ni distribuir ninguna parte de esta obra por ningún medio sin permiso.
Al hacerlo está respaldando a los autores y permitiendo que PRHGE continúe publicando libros para todos los lectores. Diríjase a CEDRO (Centro Español de Derechos Reprográficos, http://www.cedro.org) si necesita fotocopiar o escanear algún fragmento de esta obra.

Printed in Spain – Impreso en España

ISBN: 978-84-663-4333-6 (vol. 1181/4)
Depósito legal: B-10.555-2018

Compuesto en Revertext, S. L.

Impreso en Novoprint
Sant Andreu de la Barca (Barcelona)

P 343336

Penguin
Random House
Grupo Editorial

A mis padres para que puedan leerme
durante muchos años.
A Ángel, que escucha mis comentarios con una
sonrisa durante todo el proceso, desde que empiezo
a escribir hasta que termino.
A todas las lectoras y todos los lectores que habéis
estado ahí desde el principio. Vosotros sabéis quiénes
sois y os llevo en mi corazón a cada paso que doy.
A los que os habéis unido después y me apoyáis en
cada momento, me mandáis mensajes de ánimo
hermosos y comentarios sobre mis historias.
A los que posiblemente llegaréis después.
A mi agente, Chus, por confiar tanto en mí.
Y a mi editora, Ana, por haberme dado la
oportunidad de contar esta historia tan importante
para mí y enseñarme muchísimo

No sé por qué, pero hoy me dio por extrañarte, por echar de menos tu presencia. Será tal vez porque el primer amor le deja a uno más huellas que ningún otro.

Mario Benedetti

El primer amor es una pequeña locura y una gran curiosidad.

George Bernard Shaw

Lo ideal sería tener el corazón en la cabeza y el cerebro en el pecho. Así pensaríamos con amor y amaríamos con sabiduría.

Mafalda

El corazón tiene razones que la razón desconoce.

Blaise Pascal

No hay que apagar la luz del otro para lograr que brille la nuestra.

Gandhi

1

Intento alcanzar el orgasmo, pero cada vez se aleja más. Me revuelvo bajo el peso del hombre que tengo encima, tratando de que conquiste mis entrañas y me dé algo de placer. No es muy agradable aceptar que esto empieza a aburrirme.

Un molesto pensamiento revolotea en mi mente, y me obligo a apartarlo como tantas veces he hecho. Es lo que siempre me aconseja mi psicóloga. «Blanca, tienes que ahuyentar los malos pensamientos, no te hacen ningún bien. Es difícil, pero todo el mundo puede conseguirlo. Incluso tú. La próxima vez que algo malo aparezca en tu cabeza prueba a concentrarte en algo que te guste.»

Sigo su consejo, pero *Eternal Flame* de The Bangles acude a mi mente. Trato de apartarla, pero no funciona, y me sorprendo tarareándola, algo que me da rabia, pues querría olvidarla. Mi compañía masculina se da cuenta y se detiene. Aparta el rostro de mi pecho y me observa con gesto extraño.

Reparo en su semblante sudoroso y congestionado y me parece muy atractivo, pero simplemente es un tío más con el que me enredo entre las sábanas de vez en cuando. Esta es la tercera vez, y lo más probable es que no se repita nunca más.

—Blanca...

—¿Qué? —Lo miro muy seria.

—¿Estabas... estabas cantando?

—Sí.

—¿Estabas cantando *Eternal Flame* mientras hacemos el amor?

Vaya. En esa frase hay algo bueno y algo terrible. Punto positivo para él porque ha reconocido la canción. Punto negativo porque ha dicho que estamos «haciendo el amor», y odio esa expresión; de hecho, jamás he llegado a entenderla. Yo nunca hago el amor. Yo mantengo relaciones sexuales. Y lo que estábamos haciendo hasta hace un minuto era eso, nada más. Por mucho que digan que no, nosotras también podemos. Y está bien. No hay que ponerse en plan moralista ni sentir pena. Lo hacemos porque queremos y punto, porque viene bien relajarse acostándose con alguien y gozar un rato.

Aunque, por otra parte, si mi psicóloga me oyera decir esto me miraría con esa cara imperturbable que pone cuando le cuento mis anécdotas y me diría que he vuelto a caer, que sigo mintiéndome a mí misma y que, si no pongo de mi parte, ella no puede ayudarme.

No es una mujer retrógrada, ni mucho menos. Lo que pasa es que está convencida de que el origen de mi comportamiento es un trauma de la infancia que...

—Blanca, ¿te ocurre algo? Estás rara esta noche... ¿No estás disfrutando? —me pregunta mi amante esporádico con aire preocupado, observándome con esos ojazos azules que, junto con un par de cosas más, me convencieron de que sin duda follaba bien. En serio, la mirada de un hombre puede resolver muchas dudas en cuanto a su experiencia sexual.

Nacho, que así se llama el tío que tengo ahora mismo entre las piernas, es de lo más atractivo. Tiene un culo perfecto, unos brazos poderosos y un abdomen envidiable, una espalda por la que navegar y unos brazos en los que sostenerme y clavar las uñas. Pero eso es todo para mí. Un cuerpazo, a pesar de que también parece ser un hombre de lo más inteligente. Y ni siquiera me interesa. Dios mío, algo va mal en mí. O no... Porque simplemente quiero pasarlo bien, gritar cuando llegue el orgasmo y después fumarme el pitillo de la gloria.

—Sí, sí, estoy disfrutando mucho, de verdad. —Le dedico una de esas sonrisas de mujer fatal que los vuelve locos.

—¿Y por qué cantas? ¿Es que tienes una filia de esas extrañas?

Me dan ganas de decirle que mejor se calle la boca, que la está fastidiando. De modo que, para no pecar de maleducada y quedarme sin mi sesión de sexo, enlazo las manos en su nuca y lo atraigo hacia mí. Lo beso, y me gusta. Sus labios son cálidos y húmedos al mismo tiempo.

Nacho me responde con ardor, traspasándome ese sabor inconfundible a deseo, a ganas de comerme, y empiezo a excitarme de nuevo, a sentir unas agradables cosquillas en la parte baja del vientre.

—Eres una mujer increíble —jadea entre beso y beso.

¡Por favor, que se calle! Y si abre la boca, que sea para susurrarme alguna guarrada de las que me ponen a mil. Vuelvo a besarlo con ganas, casi con rabia, y le muerdo el labio inferior con tanta fuerza que hasta le hago daño, ya que se queja. Cuando nos apartamos, me mira con una sonrisa ladeada.

—Eres una chica traviesa, ¿eh?

—No lo sabes tú bien —respondo con voz ronca, un poco más animada porque tengo la impresión de que, por fin, será ese macho que me cabalgó con tanto ímpetu en nuestro primer encuentro.

Sin embargo, en el momento en que empieza a besarme de nuevo, lo hace con más tranquilidad, muy suave, casi con algo parecido a la ternura. Abro los ojos y mientras muevo los labios me dedico a mirar el techo y en mi cabeza vuelve a resonar *Eternal Flame*. ¡Maldita sea! Trato de que no se me escape en voz alta y joda el beso. Uno que, aunque es más soso de lo que a mí me gustaría, ya es más que nada y consigue que esté callado.

Decido tomar las riendas y sacarlo de mí, para ver si la cosa se anima. Nacho se muestra sorprendido cuando lo aparto y lo empujo contra el colchón. Pero en cuanto comprende lo que me propongo, esboza una sonrisa.

—Quiero comerte entero —le susurro al tiempo que me deslizo por su perfecto abdomen.

Él jadea en cuanto poso mi lengua en sus abdominales y se los recorro. Le dejo un reguero de saliva y bajo un poco más, hasta llegar a su vientre. Uno magnífico, para qué mentir. Marcado, con ese camino que te indica a la perfección cuál va a ser tu destino.

Antes de que llegue a su sexo, posa una mano en mi cabeza y me anoto un tanto. «Sí, esto se anima», pienso. Le doy unos besos en el pubis, que, por cierto, lleva rasurado, algo que me sorprendió ya en nuestro primer encuentro, aunque no sé por qué. Debería parecerme perfecto porque así no hay nada que estorbe. Sin embargo, tanta desnudez me abruma... Mi psicóloga diría, si se lo contara, que es una de mis «extrañas manías», como las denomina. Vale, es posible.

—Joder, Blanca, lo haces tan bien... —gime Nacho. Y aún no he hecho nada. Tan solo le he cogido la polla.

En silencio, me la meto en la boca muy despacio para que ambos sintamos la intensidad de este momento. Está dura otra vez bajo mi lengua, acoplándose a mi paladar. Me excita jugar a esto, tener este poder sobre los tíos con los que me acuesto, y observarlos mientras se la chupo y mordisqueo.

—No pares —me pide con los ojos cerrados.

Los abre, se da cuenta de que estoy mirándolo y dibuja una sonrisa temblorosa.

Ahora se la acaricio de arriba abajo con fuerza, buscando su placer y tratando de encontrar el mío. La boca me sabe a él, y también a mí, y me dan ganas de tocarme y provocarme el orgasmo mientras lo masturbo. Pero me concentro en su glande. Se lo lamo y le doy un mordisquito que recibe con un gruñido. Me agarra del pelo y tira de él con suavidad. Me gusta. Me excito más. Noto que vuelvo a estar húmeda y que me apetece tenerlo entre las piernas de nuevo.

—Cielo, si no paras me iré enseguida... —jadea él.

«Cielo...» ¡Cielo! ¿Qué? Por favor, ¿desde cuándo esto funciona así? No sé, preferiría que me llamara «nena», aunque no sea uno de mis apelativos favoritos, o simplemente por mi nombre. Hago caso omiso de su intervención y sigo a lo mío. Deslizo la lengua por todo su pene hasta su glande. Me lo introduzco en la boca, bien adentro, y continúo acariciándolo con la lengua y la mano. Nacho tira de mi pelo una vez más, gruñe, los músculos de sus piernas se tensan.

Antes de que se vaya en mi boca, me aparto, rebusco en el cajón hasta dar con otro preservativo, se lo pongo con destreza y me coloco a horcajadas sobre él. Me atrapa de las caderas y me sitúa justo sobre su pene, que palpita y me busca. Me muevo hacia delante y hacia atrás, rozándome con su sexo, humedeciendo más el mío. Se me escapa un gemido que espabila a Nacho, pues se incorpora y se abalanza sobre mis pechos. Me mordisquea un pezón mientras me aprieta las caderas, y me gusta, pero quiero más ímpetu, más dureza, tanta que me lleve al borde de la inconsciencia y solo note la sangre recorriendo mi cuerpo y ansíe el placer que vaya a darme.

Le aprieto contra mis pechos, tan pequeños como bonitos, eso dicen todos. Su cálida lengua en mi pezón me arranca un jadeo tras otro. Dejo de frotar mi sexo sobre el suyo y, para su sorpresa, tras auparme un poco me dejo caer sobre su pene y lo hago entrar en mí, y ambos gemimos y sudamos. Por fin estoy disfrutando de verdad, como siempre ha sido y debe continuar siendo.

Los dedos de Nacho se hincan en mis nalgas y me las masajea, me besa con ganas, metiéndome la lengua. Enrosco la mía en la suya, lo saboreo, y me dejo ir de una vez. Consigo apartar todo tipo de pensamientos: los relacionados con el trabajo, mis amigas, la familia y... el pasado. Solo soy, de nuevo, la Blanca que goza con un hombre.

Nacho se deja caer en la cama, y continúo moviéndome, trazando círculos con las caderas. Apoyo las manos en su pecho y le sonrío. Él también a mí. Y, visto y no visto, soy yo quien está debajo. Se coloca de rodillas en la cama, me levanta las piernas y apoya mis pantorrillas en sus hombros. Su sexo se introduce en lo más profundo de mis entrañas, y se me escapa un grito que habrán oído, seguro, los vecinos de arriba. Mañana tendré una nota pegada en la puerta, en la que me pedirán que no haga tanto ruido.

—No pares, Nacho. Dame más —suelto entre gemidos, con las uñas clavadas en sus antebrazos.

Me penetra con tanta fuerza que la cabecera de la cama se sacude. Me noto al borde del precipicio y cierro los ojos sonriendo. Nacho sale y entra de mí a una velocidad inaudita, como hizo las dos veces anteriores. Si esto sigue así, se habrá ganado otro encuentro en mi cama.

—¡Más fuerte, joder! —le pido entre gritos.

—Te... romperé, Blanca —jadea, con el cabello revuelto y el cuerpo perlado de sudor.

Me dan ganas de decirle que no me importa, que lo haga, que lo único que quiero es olvidarme de todo durante unos segundos, flotar en la agradable inconsciencia que me provocan los orgasmos. Me suelta las piernas, y las bajo por sus brazos hasta su cintura. Se la rodeo con ellas, apoyando los talones en su duro trasero, y me muevo a su ritmo hasta que su pene entra aún más en mí, algo que creía imposible.

—No me falta mucho... —gimotea. Lo sé. Lo noto por las contracciones de su sexo en mi interior—. ¿Y a ti...?

—No. Tampoco. Sigue —susurro, y soy incapaz de formar una frase completa.

Mis piernas resbalan por su cuerpo, sudorosos los dos, y de inmediato vuelvo a subirlas y alzo el trasero. Él empuja hacia delante y toda yo vibro. Nacho jadea mientras se derrama y, por fin, yo también me suelto. Me cojo los pechos y me los estrujo al tiempo que noto cómo me tiemblan las piernas. El orgasmo me atraviesa de arriba abajo, navega por mi vientre y se enrosca en mis dedos. Tiemblo... Sin embargo, unos segundos después noto una opresión y abro los ojos. Una vocecilla interior que odio me recuerda que es un simple orgasmo, uno más de los que he ido coleccionando durante todos estos años. Uno que no es sincero, que no es real, que me estremece el cuerpo pero no el alma, que ni siquiera roza un poquito mi corazón.

—Dios, ha sido tan...

Antes de que Nacho termine la frase, lo corto con un beso rápido. No me apetece oír ese adjetivo, cualquiera que sea, con el que iba a describir nuestra sesión de sexo.

A los pocos segundos sale de mí, dejándome una extraña sensación muy parecida al vacío. Lo veo dudar sobre lo siguiente que debería hacer, y al final decide levantarse e ir al baño, supongo que para tirar el condón. Oigo el agua del grifo correr. Cuando regresa a la habitación con su cuerpo estupendo, sus ojos del color del mar embravecido y su tierna sonrisa, lo miro, pero me tenso enseguida porque se tumba a mi lado y pretende abrazarme. Lo siento, pero me escabullo. No puedo evitarlo. Nunca puedo. Y quizá muchos piensen que es muy triste, que soy una estúpida o una zorra cualquiera, pero simplemente es que necesito estar a solas. Jamás me apetece el menor contacto, ni hablar sobre lo genial que ha sido todo cuando hemos terminado. No. Lo único que anhelo es fumar, ese vicio del que ya debería haberme librado.

De modo que me doy la vuelta y palpo sobre la mesita hasta encontrar mi cajetilla de Lucky. Nacho se mantiene en silencio a mi espalda, pero aunque no diga nada su confusión enrarece el ambiente.

Enciendo el cigarro y le doy una honda y larga calada. Con el rabillo del ojo veo que Nacho me observa muy serio y con el cuerpo en tensión.

—¿Ocurre algo, Blanca?

Vaya. Esa es la pregunta que más incomodidad me provoca, aunque supongo que es comprensible y que debería darle alguna explicación. Pero no tengo ninguna que resulte convincente.

—Claro que no. ¿Por qué?

Otra calada a mi cigarro. A este paso, me lo acabo enseguida.

—Me gustaría que fuéramos a cenar alguna noche —dice en un susurro, aunque con voz firme.

Cenar... Claro, he ido a cenar con otros tíos, pero siempre sabiendo que después iba a haber sexo, y nada más. Pero es que me da la sensación de que Nacho tiene otros planes más amplios, y sé muy bien que no me apetece colaborar en ellos, a pesar de que es un hombre al que muchas mujeres querrían tener en todos los ámbitos de su vida.

—No sé cuándo podré —respondo mirándolo a través de la cortina de humo—. Últimamente estoy más ocupada que nunca... Muchos compromisos. Y obligaciones laborales, ya sabes.

—Sé que tu trabajo te absorbe, pero... ¿también los fines de semana? —insiste.

Voy a contestar, pero no me lo permite. Asiente con la cabeza y cruza los brazos sobre el pecho.

—Supongo que lo que sucede es que no te atraigo lo suficiente —añade, más para sí mismo que para mí.

—¡Qué va! ¿Por qué dices eso? ¿No ves lo bien que me lo paso contigo?

—En la cama, Blanca. Solo aquí. —Abarca la habitación con un gesto de la mano.

Le podría contestar que es cierto, que es el único lugar en el que le dejaré entrar, y que ni siquiera así podría imprimir sus huellas. Sin embargo, me digo que sería una respuesta muy cruel, y por una parte me siento mal ya que parece un buen hombre.

—Creo que es mejor que me marche.

Se muerde el labio inferior, un tanto pensativo, y a continuación se levanta y se pone a recoger la ropa esparcida por el suelo.

Paso de la mía y me quedo en la cama desnuda y con el cigarro a medio consumir entre los dedos. Me mira mientras se viste. Yo también a él, y pienso que, por suerte, me ha evitado la molestia de tener que pedirle que se vaya. Creo que ha entendido cuál es el ritual: tonteo, sexo y despedida.

Antes de irse se sienta en el borde de la cama, pero al ver que me tenso de nuevo no hace amago de tocarme o de darme un beso de despedida en los labios, como las otras dos noches.

—Llámame si te apetece salir conmigo por ahí —me dice con una sonrisa forzada. Duda unos instantes, para luego añadir—: O si quieres… esto. También me parece bien.

Asiento. Se muerde el labio inferior una vez más y sale de la habitación un tanto confundido.

Por fin se ha ido.

Y mi cigarro se ha consumido por completo y está quemándome los dedos.

—¡Ay!

Lo apago en el cenicero y me quedo en la misma postura que antes, con la espalda contra el cabecero. Me observo desnuda mientras poso una mano en mi vientre. Contemplo mi cuerpo contundente, con unos kilitos de más que, tiempo atrás, me habría esforzado por rebajar; mi sexo rasurado, aunque no del todo; mis pequeños pechos; mi piel pálida. No soy una de esas chicas guapísimas por la que babean todos los tíos. Es más, algunos rasgos de mi rostro son un poco imperfectos. Tengo los labios muy gruesos y la nariz pequeñita... Pero dicen que poseo algo, cierto atractivo que atrae a los hombres. Quizá es mi descaro. O que sé bien lo que quieren. Ellos lo saben y yo lo sé.

De repente me invade un ligero malestar y me apresuro a coger el teléfono para llamar a mi mejor amiga. En realidad, la única verdadera. Siempre he pensado que, en cuestión de amistad, lo importante no es la cantidad, sino la calidad.

—¡Son las doce de la noche de un jueves! —se queja Begoña tras cuatro tonos.

—Me he quemado el dedo con un cigarro —se me ocurre decir. Menuda gilipollez.

—Ya estamos otra vez, ¿no?

—No volveré a quedar con él —murmuro, y hago un puchero infantil que ella no puede ver, pero que seguro que imagina.

—¿Ha sido el tío ese al que conociste en aquella discoteca a la que fuiste tú solita? —dice en tono burlón.

—Sí. Nacho. Pero no lo llamaré más.

—¿Cuántas veces con este?

—Tres, con la de hoy.

—¡Uau! Casi tanto como con...

—¡Ni lo menciones! —Me incorporo de golpe. Está pensando sin duda en un compañero de trabajo con el que cometí un ligero desliz.

—Tu lista de conquistas debe de ser ya larguísima, ¿a que sí, cielo?

Continúa recriminándome. Pero sé que no lo hace con maldad, y se me escapa la risa.

—Pues imagino que menos que la tuya —le sigo el juego.

—Pero yo tengo una buena razón: no sabes lo maravilloso que es tener a una tía con la cabeza entre tus piernas. Y no, no me digas que yo no sé lo requetefantástico que es un hombre ahí mismo, porque ni de coña.

—¡Begoña, eres una pervertida! —exclamo riendo.

—Creo que tú no eres la más adecuada para tacharme de eso. ¿Recuerdas acaso cuándo dejaste de ser virgen? Ah, igual tú nunca lo fuiste... —se mofa la muy perra.

Le gruño por el altavoz:

—Voy a ducharme. Mañana tengo un juicio. No es nada complicado, pero he de dar una buena imagen.

—Tú siempre la das —dice con cariño.

—Entonces ¿nos vemos para tomar un café juntas?

—Claro que sí. Pero, por favor, ¡sé puntual, que tengo mucho trabajo!

Me cuelga sin despedirse y me hundo en el colchón con una sonrisa en los labios. Begoña es un bálsamo que siempre me calma. Es de esas amigas que trata de levantarte cuando estás por los suelos y que si no lo consigue se echa a tu lado.

Un rato después entro en el cuarto de baño. A medida que el agua corre por mi piel va borrando el rastro de los besos de Nacho, de sus caricias, de su olor incluso. Y me parece como si también me fuera deshaciendo del mío. Cuando salgo del lavabo, con el pelo aún húmedo, tengo claro que no podré dormir bien. Voy hasta la cocina y saco de uno de los armarios un botecito de valeriana. Me tomo dos y trato de sumergirme en el sueño, pero me pongo a pensar en el trabajo, cómo no. Porque mi vida es el trabajo. Bueno, y también hay en ella, de vez en cuando, sexo y algunas citas con Begoña.

Por fin, al cabo de un largo rato caigo en un estado de duermevela.

En sueños oigo la voz de Begoña repitiéndome que quizá nunca fui virgen. Y después una melodía de un grupo al que siempre he odiado.

2

11 años antes

Abrió los ojos y se encontró con el luminoso cielo azulado, ese que tanto le gustaba mirar para perderse en sus pensamientos. Sin embargo, esa tarde no podía concentrarse en nada más que en la respiración susurrante de la persona que se hallaba a su lado. Una respiración que la desconcertaba, aunque no habría sabido explicar por qué.

Hacía varios días que solo tenía en mente una idea, una bastante loca que se le había ocurrido días atrás y que le rondaba con insistencia la cabeza, alarmándola y haciéndole estar nerviosa. Le parecía un poco rocambolesca; aun así, necesitaba darle vida con su voz.

Se propuso ahuyentarla de sus pensamientos planificando los primeros días que pasaría en la ciudad. Al cabo de menos de dos meses empezaría su primer curso en la universidad. Abandonaría la casa de sus padres, estaría algo más cerca de la libertad, y se alejaría de ese maldito pueblo y, posiblemente, de la sombra que era.

Se preguntó cómo serían sus compañeros en la facultad, y si en ese período en el que no se ha alcanzado el estatus de hombre o de mujer, pero tampoco se es un niño, existiría todavía un resquicio para la crueldad infantil. Deseaba con todas sus fuerzas que no fuera así, que esas nuevas personas, sin rostro y sin nombre aún, no se comportaran como las del pueblo.

—En la ciudad todo es distinto, Blanca —solía decirle su padre, quien, a diferencia de su madre, había pasado allí sus años universitarios y conocía ese mundo muy bien, pues ellas apenas lo habían pisado más que algunos días de fiesta, como en Navidad—. La gente va a la suya, es más abierta, no tiene tantos prejuicios. No voy a negarte que también hay ineptos y cerrados de mente, pues existen en todas partes. Pero harás amigos, ya lo verás, y a nadie le importará que seas la más lista de la clase, o que lleves gafas, o que no seas la más guapa, o que no te gusten las mismas cosas que a ellos, o que no seas la más guay.

Le hacía mucha gracia que su padre empleara esa palabra, «guay», y de verdad que confiaba en él, en sus consejos y en sus charlas cargadas de ánimo. A pesar de todo, notaba una presión en el pecho que le hacía recelar, y temía no encajar tampoco en ese nuevo ambiente. Por si fuera poco, estaría un poco lejos de sus padres y de su hermano, aunque este fuera el mocoso más tonto del mundo.

Blanca deseaba encajar, a pesar de que lo negaba una y otra vez, incluso a ella misma. Lo ansiaba, aunque fingiera que no le importaba nada de lo que le había sucedido desde que era una niña. Estaba a punto de cumplir dieciocho años, y era lo bastante inteligente como para darse cuenta de que esa indiferencia que mostraba ante los demás era tan solo un caparazón con el que se había cubierto para protegerse, si bien en ocasiones no estaba segura de haberlo logrado. Pero al menos esa dura cáscara le permitía abandonarse cuando todo iba tremendamente mal; podía soñar con que había una vida mejor fuera del pueblo y pensar que pronto sería una persona distinta, e igual al mismo tiempo, pero no con esa gente, no con quienes la habían despreciado desde que era pequeña.

Blanca recordaba con precisión en qué momento empezó su calvario. Cuando un crío te da una patada tras otra en el culo gritándote que eres la más fea de la escuela, es difícil olvidarlo. Ella tenía nueve años y aquel niño, que, por suerte, luego se mudó de ciudad con sus padres, once. Los problemas no se acabaron ahí. Para ser más exactos, empezaron justo en ese momento. Ella siempre había sido una niña un poco diferente. Hasta sus padres lo decían. También sus profesores. Era retraída, soñadora y seria. Le resultaba complicado sonreír y le costaba relacionarse, según sus tutores. A Blanca ni por asomo se le habría pasado por la cabeza que la gente pudiera ser tan cruel. Y ese había sido su gran error: ser tan confiada.

Entendía que no era la primera ni tampoco la última que sufría un maltrato como ese, y decidió que para hacerle frente solo había dos vías: dejarse vencer, caer y permitir que los demás supieran que era débil, o construirse una armadura lo bastante resistente. De pequeña le había resultado complicado controlar el llanto cuando en el colegio nadie quería hacer un trabajo con ella o cuando sus compañeros se apartaban al cruzarse con ella en los pasillos. Sin embargo, poco a poco fue acostumbrándose. Hasta que descubrió a una de sus acosadoras fumando en el baño y esta la amenazó: «Si se lo cuentas a algún profe, te rompo de un puñetazo tus gafas de mierda». Y luego llegó aquel espantoso muñeco creado en una red social que llevaba por nombre Blanca la Gorda. Y a continuación, los mensajes que recibía en el móvil. Nunca supo cómo habían conseguido su número.

Dicen que la chupas por cinco euros porque nadie te quiere

Blanca sabía que era fuerte, porque otra en su lugar quizá habría hecho algo horrible para terminar con aquello; pero también era débil, en el fondo, porque lo que más ansiaba era huir del pueblo y alejarse del dolor, y esa actitud no tenía mucho que ver con la valentía, como todos sabemos.

—¿En qué piensas?

La voz masculina la sobresaltó.

Se había quedado dormido con los cascos en las orejas durante un buen rato, y Blanca se había dedicado a contemplarlo durante unos minutos que le parecieron eternos y, al mismo tiempo, muy cortos y diferentes a otros instantes en que lo había mirado. Había seguido con la vista la línea de su mandíbula y casi había caído en la inexplicable tentación de tocarle la escasa barba que se dejaba crecer para aparentar que era un chico malo. También se había sorprendido pensando que no entendía los motivos por los que se encontraban los dos allí, cuando él podía haber aprovechado los últimos días de verano con sus amigos, que eran iguales que él, que llevaban tatuajes y piercings como él. Vivían en el pueblo de al lado, adonde él solía ir. Se dedicaban a montar broncas un fin de semana sí y otro también.

En un momento dado él había soltado un bufido y había farfullado algo ininteligible, y Blanca se había asustado al imaginar que la había pillado in fraganti observándolo como una tonta. Pero no, lo único que sucedía era que estaba hablando en sueños.

Su único amigo (si es que podía llamarlo así, porque la desconfianza de Blanca hacia todos era tal que no creía en la amistad desinteresada) la estudiaba ahora con una sonrisa divertida. Ella le devolvió otra, más traviesa.

—¿En qué crees que estoy pensando, Adrián?

—¿En mí... desnudo? —se guaseó él, pero a la mente de Blanca regresó esa idea absurda que había maquinado y se sonrojó hasta las orejas.

—Tu raquítico cuerpo no es un buen protagonista para mi fantasía —contestó, a pesar de su nerviosismo.

Adrián solía comportarse de esa forma con ella. Le gastaba bromas —aunque no crueles como los otros jóvenes del pueblo—, le gustaba chincharla y que terminara perdiendo los papeles y lo dejara plantado. Blanca no comprendía qué lo impulsaba a hacer eso. Quizá, pensaba, era una manera de demostrarle que él podía manejarlo todo y ella no.

Tenía claro que Adrián bromeaba, puesto que ni en un millón de años se habría fijado en una chica como ella. Aun así, de un tiempo a esa parte lo pillaba mirándola de un modo raro, y entonces Blanca dudaba de sus sentimientos hacia ella; pero también de todo, de quién era y de quién quería llegar a ser.

—Si pudiera iría al gimnasio —protestó Adrián, como si el comentario le hubiera molestado—. Las clases de música ocupan todo mi tiempo. Además, nunca seré como esos tíos que tienen tantos músculos, por más que haga, lo sé.

—Ni falta que te hace. —Blanca se colocó de lado y le dedicó una sonrisa maliciosa. Él la miró sin entender—. Ya ligas un montón con tu escuchimizado cuerpo y con esos horribles tatuajes. —Le señaló el más reciente, un águila con las alas extendidas que le ocupaba toda la pierna derecha.

El año anterior Adrián se había tatuado cerca de la clavícula un corazón de hielo que se derretía y goteaba... sangre. Así lo imaginaba Blanca, aunque no tenía color. En un principio lo consideró oscuro, si bien acabó por pensar que su amigo pretendía conquistar a las chicas con él: «Mira, soy un punk duro, pero a la vez tan tierno como un oso de peluche, y también capaz de sufrir por amor». Adrián se enfadaba cuando Blanca se lo soltaba en plan burla. Meses después, debido a su adoración por todo lo oriental, se había hecho otro tatuaje en el brazo, también en tonos grises, de un pez koi. Blanca le preguntó qué era, y Adrián le explicó que en la cultura nipona representaba la fuerza de voluntad. Sospechaba que su amigo tendría más repartidos en zonas ocultas para ella.

—¿Horribles? Pues precisamente es lo que más gusta a las nenas. Les van los malotes —aclaró con un levantamiento de cejas.

—Solo a las nenas que tú frecuentas —puntualizó Blanca para fastidiarle.

—Deja de usar esas palabras tan rimbombantes, pedorra.

Ella no pudo evitar reírse y se colocó de nuevo boca arriba, con las manos entrelazadas sobre el vientre.

—Si «frecuentar» te parece una palabra rimbombante, creo que deberías dedicarte a otra cosa que no fuera la música.

—¿Y eso por qué? —preguntó Adrián con curiosidad a la vez que se incorporaba y acercaba su rostro al de ella.

—Porque los músicos son personas cultas, inteligentes, interesantes... No me imagino a Mozart hablando como un barriobajero.

—Pero yo soy un chico de pueblo —protestó Adrián—. Ya aprenderé modales cuando los necesite.

—Bueno, también depende de a qué quieras dedicarte. Si vas a componer canciones como esas que escuchas, supongo que con repetir la palabra «mierda» unas diez veces lo tendrás listo.

—El punk no es así. Estás muy equivocada, Blanca.

Se tumbó de nuevo, y ambos se quedaron en silencio observando el cielo. Adrián era un fanático de la música punk, mientras que a Blanca ese género nunca le había llamado la atención; es más, ni siquiera se había molestado en indagar sobre él. Adrián quería ser músico y le costó un poco que su madre accediese, ya que no le hacía mucha gracia. Nunca había sido un alumno brillante, ni en el colegio ni en el instituto, pero la música le entusiasmaba hasta tal punto que él solo había aprendido a tocar la guitarra y el piano, y estaba preparándose con un profesor particular para presentarse justo ese año al examen de grado medio del conservatorio.

—¿Y qué estabas escuchando? —le preguntó Blanca arrancándole un auricular. Adrián, a la defensiva, intentó quitárselo, pero ella ya se lo había puesto en la oreja.

Cuando se dio cuenta de que se trataba de un tema de The Bangles, uno de sus grupos favoritos, sintió un extraño cosquilleo en el estómago. Adrián logró recuperar el auricular, y ella no supo qué decirle porque además le pareció que se había puesto nervioso. Y ella... ella también.

—¿Qué haces escuchando eso? No me lo puedo creer.

—Me dijiste que estaban bien, que te gustaban muchísimo, y quería ver qué tal. —Adrián se encogió de hombros.

—¿Y... qué te han parecido? —inquirió Blanca.

—No están mal.

Otro cosquilleo. Notó que la boca se le había quedado seca y se rascó el dorso de la mano con disimulo. Adrián, ese músico en ciernes que no soportaba el new wave, había querido acercarse a lo que ella escuchaba.

Los minutos pasaron sin que ninguno de los dos dijera nada. Empezaba a atardecer, y Blanca sintió que en su pecho había colores similares a los que estaban dibujándose en el horizonte. Se obligó a apartar esa idea absurda que volvía a rondarle la cabeza, pero regresaba una y otra vez, con renovada fuerza. Además, la actitud de Adrián estaba convenciéndola de que, al fin y al cabo, no tenía nada que perder.

—Pues quizá escuche algo de lo que a ti te gusta —dijo para llamar la atención de Adrián, quien se incorporó y la miró con los ojos muy abiertos.

—¿En serio?

—Sí. ¡Por qué no! —exclamó mientras tiraba de los brotes de hierba que los rodeaban, y acabó arrancando algunas briznas.

—Puedes empezar por The Clash. —Adrián se sentó con las piernas cruzadas y se quedó pensativo, para luego añadir—: Molan porque son diferentes a los otros grupos punk. Tocan diversos estilos.

—Ah, pues mejor.

Se sintió rara al percatarse de que a él le hacía ilusión que ella escuchara punk.

«Es normal. A todos nos gusta que aprueben nuestras aficiones», se dijo enseguida, tan solo para apartar de sí la sensación de inquietud que la invadía. La que, desde hacía un tiempo, le atenazaba el pecho cuando miraba los grandes ojos de Adrián.

—¿Cómo crees que nos irá en nuestra nueva etapa? —preguntó él un rato después.

—Bien. Al menos a mí no puede irme peor.

—A veces pienso que seré un bicho raro en el conservatorio —murmuró Adrián.

—La verdad es que no creo que allí haya muchos chicos con tu aspecto.

Blanca se echó a reír y le tiró de la camiseta, en la que se leía «Ramones» sobre el logo de la banda.

—Puede que dentro de unos años te vea en los telediarios —bromeó Adrián.

Blanca había decidido hacer la carrera de periodismo. Tenía problemas expresándose oralmente, cara a cara, pero en cambio se le daba bien escribir. Incluso tenía un blog, en el que casi siempre hablaba sobre dolor, y soñaba con revolucionar los medios de comunicación, ser una de esas periodistas que no temían decir lo que pensaban. Porque, en el fondo, estaba harta de tener miedo.

—Y yo compraré uno de tus discos. —Sonrió a Adrián.

—Creo que echaré un poco de menos todo esto. ¿Tú no?

—¿A qué te refieres? —Ladeó la cabeza, y al mirarlo sintió el mismo cosquilleo de antes.

Adrián señaló el horizonte, que empezaba ya a oscurecerse, y a Blanca le dio un vuelco el estómago.

—A esto... El pueblo. La gente. Mi familia.

Blanca se puso seria. Pero ¿qué le estaba pasando? Era una estúpida por haber pensado, siquiera por un momento, que Adrián insinuaba que iba a echarla de menos a ella. A ella y los ratos que pasaban juntos, los silencios cómodos, las películas de terror que veían porque a los dos les gustaban —era de lo poco que tenían en común—, los juegos de mesa con que mataban algunas horas, las tonterías que soltaban y... sus encuentros, siempre a solas y lejos del centro del pueblo, siempre en secreto.

—Yo no echaré de menos nada de aquí —respondió con sequedad.

Adrián la miró confundido, y también un tanto sorprendido, y movió la cabeza.

—¿Ni siquiera a tus padres y a tu hermano?

—A ellos sí, claro, pero de todos modos forman parte de este pueblo, y de lo que ahora me ata aquí y no quiero ser.

Adrián la observó como si no entendiera de qué le hablaba, y Blanca se dijo que no podía ser de otra forma, que como era un chico popular nadie hablaba mal de él ni se burlaban de su aspecto, bien por miedo, bien porque lo adoraban; no le pegaban, tenía amigos, conquistaba a chicas y su vida era, en definitiva, la de un adolescente sin preocupaciones.

—¿Por qué siempre venimos aquí, Adrián? —le preguntó alzando la barbilla.

—¿Cómo? —Él parpadeó, como si no comprendiera a qué se refería.

—¿Por qué cuando quedamos venimos a la montaña? ¿O por qué tengo que acudir al río, donde no pasa nadie, para que me lleves en moto a otros pueblos?

En realidad, quiso decirle que por qué quedaban en el río

por el que nunca pasaban las jóvenes que se metían con ella, pero acalló ese pensamiento para no demostrarle que era más débil de lo que creía.

—Pensé que te gustaba que viniéramos aquí y que pasabas del pueblo y de su gente —respondió Adrián con la sorpresa dibujada en el rostro.

—Nunca me has invitado a tu dormitorio —continuó Blanca, pero al instante cayó en la cuenta de que estaba equivocándose.

No era buen momento para revelarle sus sospechas. Aun así, le dio igual. Aquella estúpida idea seguía rondándole la cabeza y tan solo las respuestas de Adrián la sacarían de dudas.

—Ni falta que hace. Es pequeño y feo. Además, ya se encarga mi madre de invitarte.

—Y siempre que vienes a mi casa finges que vas a ayudarme con los deberes, cuando tú y yo sabemos que el que necesita ayuda eres tú... Adrián, ¡si todo el pueblo sabe que no te gusta estudiar y que no eres nada brillante!

—Me importa una mierda el pueblo. Y a ti debería pasarte lo mismo.

Adrián se puso serio, se le tensó la mandíbula y los ojos se le oscurecieron.

—Me voy a ir, Adrián —susurró Blanca, y apoyó la barbilla en las rodillas levantadas—. Y no sé cuándo volveremos a vernos.

—¿Por qué dices eso?

—Supongo que, si de verdad te importara tan poco el pueblo o, más bien, lo que piensa de ti la gente, nuestros encuentros serían normales —le dijo, regresando al tema de antes.

Adrián soltó un bufido y echó la cabeza hacia atrás a la vez que cerraba los ojos. Blanca volvió a fijarse en su mandíbula, en ese momento tensa, y le dieron ganas de gritarle que era igual que todos. Hubo de reprimir unos deseos irrefrenables de preguntarle si se avergonzaba de ella, si tan solo quedaban por pena o porque su madre se lo pedía en secreto. «Se siente solo, como tú. Tampoco tiene verdaderos amigos. Y contigo puede ser él mismo, y no ese chico con ropa punk fea y lleno de tatuajes que le hacen parecer menos desnudo. Contigo puede comportarse bien y mal al mismo tiempo, puede ser chulo o no, pero con los otros solo puede ser rebelde, y chulo, y ligón», se dijo a sí misma, como convenciéndose de que todo estaba bien entre ellos.

—No sé a qué viene esto, Blanca. Te juro que no lo entiendo. ¿Qué es lo que quieres? ¿Venir con mis amigos moteros? ¿Quedar con las pijas del pueblo? ¿No eres tú la que pasa de todo eso? No te llevo con mis amigos porque creo que te aburrirías. Y no tengo ni puñeteras ganas de ir a las fiestas del pueblo, por ejemplo, a ver cómo las tías se restriegan con los pagafantas de turno.

—Pues tú eres uno de esos que se frotan con ellas, ¿no?

—No. Me las follo, y punto. No las invito. No me comporto con ellas como un gilipollas. No dejo que se aprovechen de mí. —La miró con fiereza, y Blanca sintió que se encogía un poquito.

—Ya, ya… Está claro que eres tú el que se aprovecha de ellas —murmuró en tono amargo.

—Pero ¿qué cojones te pasa? Hasta ahora no te había importado mi vida privada. No te parecía mal lo que hacía… O eso pensaba, ya que si me decías algo me lo tomaba como una broma. Pero ¿ahora…? ¿Es que irte a la ciudad hace que te comas la cabeza o qué?

—Solo quería saber si actúas así conmigo porque te da vergüenza que los demás nos vean juntos. ¿Es así? —Al final lo había soltado y, al darse cuenta de cómo la miraba él, comprendió que debía añadir algo más que la salvara, porque se temía que aquello podía tener un mal desenlace—.

No es por nada, ¿eh? Es que una tiene su orgullo. Si simplemente quedas conmigo porque me conoces desde pequeña y te doy pena o qué sé yo...

—¡¿Pena?! —exclamó Adrián alzando la voz, y se rio como si no creyera lo que acababa de oír—. ¿Por qué tendrías que darme pena? ¿Porque eres inteligente? ¿Porque tienes unos padres que molan? ¿Porque tu vida, en el fondo, está bien?

—¡¿Bien?! —Casi había gritado ella también.

—Mira, Blanca, muchos desearían estar en tu situación. Pero oye, sí, un poco de pena me das, ¿y sabes por qué? Porque pensaba que te resbalaban las burlas de los demás, que estabas por encima de todo eso, y... no sé, parece que te has inventado una Blanca que no es la real.

A ella casi se le cortó la respiración. Se le hizo un nudo en la garganta y no atinó a encontrar las palabras que habría querido decirle. Ni por asomo iba a revelar a su único amigo que esas burlas eran mucho más que eso. Temía que él también viera lo malo que había en ella y le diera de lado, dejándola totalmente sola. Jamás le habría confesado que lo necesitaba más de lo que aparentaba.

Adrián le dio una palmada en la espalda y la devolvió a la realidad, a esa tan absurda en la que ella era Blanca, la chica a la que él trataba como un tío más o como una hermana pequeña. Y se convenció de que no le importaba, que lo cierto era que también ella lo veía así a él, como a un hermano que la sacaba a pasear y la entretenía porque no había nadie más que lo hiciera.

—Venga, tía, no te montes películas. Esto está guay, ¿no? Da buen rollo estar aquí viendo atardecer, y siempre ha sido divertido.

Blanca se limitó a asentir con la cabeza y a morderse la lengua para no reprocharle nada más. En realidad, Adrián no sabía nada sobre el acoso al que la sometían porque ella no se lo había explicado jamás, de manera que no debía culparlo.

—Y a ti también te echaré de menos. Pero podemos llamarnos, ¿no? O enviarnos mensajes, correos... ¡qué sé yo! Ahora es muy fácil comunicarse.

Algo en Blanca estalló al oírle pronunciar aquellas palabras. Muchos años después caería en la cuenta de que había sido su corazón animado por una extraña ilusión, pero en esos momentos no quiso hacer caso a esa nueva sensación y se concentró en su idea, en esa que la acercaría más a la nueva Blanca que estaba buscando ser. Decidió que iba a contárselo. Al fin y al cabo, era su amigo. Él acababa de dejárselo claro. Sabía que Adrián no iba a pensar nada malo de ella, que lo vería normal. Estaba acostumbrado a...

Tomó aire, se volvió hacia él y lo miró a los ojos. Adrián arqueó una ceja, instándola a que hablara.

—He decidido algo —le comunicó.

—¿Qué? —le preguntó entre risas—. Joder, qué misteriosa estás hoy, Blanquita.

—He decidido que, antes de irme a la universidad, voy a perder la virginidad.

Y a Adrián le cambió la expresión de la cara, y lo único que Blanca pudo hacer entonces fue esbozar la sonrisa que a él se le había borrado.

3

Echo un nuevo vistazo al reloj. De momento llevo diez minutos de retraso, y es muy raro que Begoña no esté atormentándome con mensajes o llamadas. No tengo la culpa de ser una persona impuntual. No me viene de serie. Me encantaría salir del trabajo siempre a tiempo, pero no es lo habitual. Trabajar como abogada es sacrificado.

Tras el juicio he decidido regresar al despacho con la intención de dejar unos asuntos preparados para mañana. Justo cuando iba a salir, Saúl, nuestro jefe de equipo, ya estaba en la puerta interrogándome acerca de mi intención sobre las vacaciones.

—Mañana vuelve Sandra. ¿Y tú qué? ¿Has pensado qué vas a hacer?

—De momento estoy bien así. Quiero dejar unos asuntos resueltos, y después ya, si eso…

—Dímelo como muy tarde la semana que viene —ha concluido y, tras despedirse con su expresión adusta de siempre, se ha marchado dejándome pensativa.

Vacaciones. Por lo general me las cojo porque es lo estipulado, lo que suelen hacer todos, pero la verdad es que a mí me gusta trabajar, trabajar después y… trabajar aún más. Al fin y al cabo, tampoco tengo mucho que hacer aparte de eso, ningún lugar interesante que visitar. Viajar sola a un destino lejano no es algo que me llame la atención especialmente y, además, si me cojo vacaciones dispongo de más tiempo para pensar. Y eso no está bien. No está nada bien.

Por otra parte, si quiero continuar ascendiendo y prosperando, trabajar duro es lo mejor. Lo cierto es que no puedo quejarme de todo lo que he conseguido a mi edad. Pero no ha sido fácil. Deseché la idea de licenciarme en Periodismo y opté por Derecho. Estudié en una de las mejores universidades de España, y yo sola me lo costeé todo a base de becas y de hacer malabares con los empleos. Begoña me admiró durante los años de carrera porque no entendía cómo podía trabajar y estudiar a la vez y, encima, obtener matrículas de honor. Supongo que fue tesón y ambición. Me propuse ser, si no la mejor, al menos una de las mejores para abrirme puertas. Nadie más iba a hacerlo por mí, ya que, a diferencia de Begoña, mi familia no tiene un nombre ya conocido en el ámbito de la abogacía. Mientras otros se quejaban del horrible futuro laboral y de que no pasarían por el aro, yo decidí llevar a cabo una pasantía. Lo conseguí en un buen despacho que, si bien no es de los más grandes, sí cuenta con excelentes referencias. Imagino que tuve suerte porque jamás preparé cafés ni fui una simple becaria, sino que aprendí muchísimo con compañeros y, después, me ofrecieron quedarme. Como me dijeron, vieron en mí una gran profesional dispuesta a comerse el mundo. Durante todo ese tiempo tuve que trabajar también porque, aunque el jefe me diera cada mes a escondidas algo de dinero en un sobre, con eso no podía vivir. Al principio cobré poco. Seis meses después me subieron el sueldo. Al año, más. Y ahora puedo permitirme caprichos.

El metro se detiene otra vez y me saca de mis reflexiones. Al abrirse las puertas, suben al vagón una chica rubia, muy mona, que no parece española y un chaval con un montón de piercings en la cara y unos cuantos tatuajes en un brazo. De inmediato pienso que debe de ser un gilipollas y un chulo, y me apiado de la muchacha que lo acompaña. «Se cansará pronto de ti; lo hará cuando se aburra de todo aquello que os hace diferentes, cuando no tengas nada más que ofrecerle. Y entonces te romperá el corazón», murmura mi mente.

No obstante, el chico —también muy guapo, todo hay que decirlo— hace un gesto que me sorprende. Mientras ella se agarra a la barra para no caerse, él la abraza desde atrás y apoya su rostro agujereado en la nuca de ella. Es un gesto que considero muy íntimo, muy tierno, y por unos segundos aún me enfado más y me dan ganas de decir a la rubia que no se fíe, que él nunca haría eso delante de sus amigos.

Ella me dedica una mirada un poco tímida porque el chico continúa abrazado a su cintura. Entonces él acerca los labios a su oreja y yo preparo las mías, dispuesta a centrar toda mi atención en lo que va a decirle. Lo hace lo suficientemente alto para que pueda oírlo desde mi asiento.

—¿Qué voy a hacer cuando te vayas? ¿Y si todo es distinto? ¿Y si allí ya no soy lo más importante para ti?

Y su voz está cargada de aprensión, miedo y dolor de verdad. Reconozco esos sentimientos a la perfección y me siento como una intrusa en esa confesión tan privada y, en apariencia, tan sincera. El desconcierto me vence, a pesar de que esos dos jóvenes son unos desconocidos para mí y no me une nada a ellos.

La chica se da la vuelta, mostrándome su bonito trasero enfundado en unos vaqueros, y murmura algo a su acompañante. No he entendido qué le ha dicho. Aun así, puedo imaginarlo y creo saber cómo se sienten ambos. Me susurro a mí misma que pronto conocerán el auténtico dolor, ese que aparece con tanta nitidez cuando pierdes a alguien querido, a alguien a quien creías conocer bien pero que, después, te muestra su auténtico rostro.

El móvil me vibra justo ahora entre las manos para avisarme de que acabo de recibir un mensaje de Begoña.

Bonita, me he tomado ya una Coca-Cola y un café. Vienes ya o me zampo un muffin enorme yo sola? Luego tú sufrirás las consecuencias por ser la culpable

Le aseguro que en nada llego, aunque todavía quedan dos paradas más y la distancia que tengo que salvar desde el metro hasta La Petite Brioche, la cafetería en la que hemos quedado. Desde que la abrieron se ha convertido en nuestro lugar favorito para tomar un café y charlar. Es mona, con gente amable y dulces deliciosos.

Cuando llego, con una media rota (odio llevar medias en verano, pero son más profesionales) porque me he enganchado con un cochecito de bebé al salir del metro, mi amiga Begoña hace un gesto de impaciencia dando golpecitos en su muñeca a un reloj invisible. Me siento enfrente de ella sin abrir la boca y suelto un suspiro. Aunque intento correr cada mañana (vale, lo que hago se acerca más a andar a paso rápido), fumar tanto suele pasarme factura cuando camino estresada.

—¿Y esto? —Le señalo el enorme muffin que veo en un plato delante de mí.

—Para que te endulces la tarde —me dice y enlaza las manos ante su cara. Begoña siempre lleva una manicura perfecta, y me da algo de envidia ya que acostumbro morderme las uñas y, en ocasiones, acabo destrozándome los dedos. Entonces me compro una laca para evitarlo, pero, aun así, no consigo aguantarme las ganas.

—¿Voy a comérmelo yo sola? —Abro los ojos como platos.

—No he tenido más remedio que engullir yo uno sin esperarte. A mediodía no he tenido tiempo ni de picar algo, y estaba hambrienta. —Se lleva a los labios su taza de café y, antes de darle un sorbo, me pregunta—: ¿Qué tal el juicio de esta mañana?

—Bien. Ya sabes, un divorcio más. Pero se ha resuelto felizmente.

—¿Y no se te ha escapado decir que el índice tan elevado de separaciones es por completo lógico debido a que el auténtico amor no existe?

Qué perra es. Cómo le gusta martirizarme. Aunque en la actualidad no mantiene ninguna relación seria, ella sí cree en el amor. Y mucho. Cada dos meses se enamora de una mujer nueva. Luego asegura, claro, que no es su media naranja.

—Sabes que jamás haría eso. Soy una auténtica profesional —me quejo a la vez que parto el muffin por la mitad con el cuchillo—. Anda, ayúdame, que es muy grande para mí sola y yo sí que he comido hace poco. —Le tiendo un pedazo y, a pesar de que en un principio niega como si fuese un bicho asqueroso, al final lo coge y le da un buen mordisco.

—Dios, ¡esto sí que es un pecado y no el sexo! —murmura, con los ojos cerrados y la boca llena de dulce.

—Te recuerdo que el sexo también es uno de los siete pecados capitales.

—No, bonita, lo es la lujuria —me aclara.

—Pues es lo mismo. Y que sepas que la gula es otro.

Me levanto para ir a pedir un café. Mientras espero a que me lo sirvan, me doy la vuelta y me fijo en que Begoña me observa con atención. Cuando regreso me lanza una pregunta que no me apetece nada contestar.

—Entonces ¿vas a tachar de tu lista a...? ¿Cómo se llamaba?

—Nacho. Y no tengo ninguna lista. —La miro con mala cara.

—Parecía un buen hombre —dice, como si de verdad le apenara mucho.

—Imagino que lo es. Por eso no soy la adecuada para él.

—Hay que ver, con lo buena que eres en tu trabajo y en el sexo... —Ha enfatizado esa última palabra, y le lanzo una miga del muffin—. Y en cambio, qué mala eres contigo misma.

—¿A qué te refieres?

Se queda callada durante unos segundos, acariciando el borde de su taza. Después niega con la cabeza y me dedica una sonrisa deslumbrante.

—¿Tienes cita esta tarde con la psicóloga?

—¡Joder! Eso me recuerda que no he hecho mis ejercicios.

—¿Te sirven para algo en serio, o solo para coleccionar libretas?

Pongo los ojos en blanco y me centro en remover el café. La psicóloga me recomendó anotar a diario en una libreta mi grado de malestar cuando me levanto, cuando desayuno, mientras como, a la hora de la cena y en el momento de la ducha. Y a continuación debo escribir tres razones por las que ese día me he sentido feliz. O más o menos bien. Da lo mismo.

—Lo hace para que me dé cuenta de que en todo lo malo es posible encontrar algo bueno.

—¿Hasta en la muerte? —Begoña saca su lado más tétrico y vuelvo a lanzarle una mirada asesina.

—Que tú no confíes en la psicología no significa que...

—Blanca, lo único que quiero es que esta vez sí puedan ayudarte en lo que creas que necesitas.

Sé a lo que se refiere. Desde que nos conocimos durante nuestro primer curso en la universidad, he pasado por las consultas de cuatro psicólogos. Cinco con esta. En realidad, uno de ellos fue un psiquiatra de la Seguridad Social. Durante esa fatídica época, que por suerte tan solo me duró un año (aunque me pareció una vida entera), todos ellos coincidieron en que tenía una personalidad autodestructiva como consecuencia de un pasado al que no me atrevía a enfrentarme. Me molestaba con ellos y dejaba de acudir a las citas. Al final, con ayuda de Begoña, aparqué ese oscuro período, uno en el que había mucho sexo, alcohol en grandes cantidades y alguna droga que otra. Hace tiempo que ya no. No suelo beber, ni siquiera cuando tengo un mal día o estoy estresada. Y mucho menos me drogo. Sexo hay, sí, pero de forma distinta porque soy adulta y sé manejarlo. Aun así, en cierto modo todavía necesito a alguien que me devuelva al camino cuando me salgo de él.

—Voy a irme ya, que quiero avanzar unas cosillas y a este paso no llego. Hoy hay huelga en el metro y funciona fatal —le anuncio.

Begoña chasca la lengua y me mira con sus ojazos negros y con su cara de cachorrito que desea que lo saquen a pasear. Me levanto y me acerco para darle dos besos. Me abraza con ímpetu, tan típico en ella.

—Cada vez tenemos menos tiempo para nuestras cosas. Cómo se nota que somos treintañeras —se queja.

—Treintañeras muy ocupadas, que no es lo mismo. Y yo todavía no. —Le sonrío.

Tras el trabajo, consigo llegar a la psicóloga tan solo cinco minutos tarde. Su secretaria me mira mal, como es usual. Supongo que está acostumbrada a que los otros pacientes sean puntuales. La saludo, ella también a mí alzando la barbilla, y antes de que pueda hacer nada más Emma ya se ha asomado a la puerta de la consulta y está sonriéndome.

—Buenas tardes, Blanca. ¿Pasas?

Cierra una vez que he entrado. Me siento en el sillón, que a pesar de que es muy cómodo siempre me provoca tensión. Espera a que poco a poco me relaje.

Hay una razón por la que continúo acudiendo a las visitas. El primer día que pisé esta consulta, Emma me dijo que era una valiente. Fui a rechistar para asegurarle que de joven yo era de la misma opinión... y al final me había dado cuenta de mi error. Y que por eso estaba allí: porque en ocasiones me sentía débil, mucho, y me daba miedo. Quería ser la persona fuerte que me había propuesto.

—Blanca, sé lo que piensas, pero he de decirte que, en general, la visión que se tiene de alguien valiente no es la más adecuada. Valiente no es solo aquel que no tiene miedo a nada. Valiente es también quien tiene miedo y, a pesar de ser consciente de ello, continúa luchando.

—Yo no luché —respondí, abriendo la boca por primera vez.

—Tal vez tú creas eso, pero hay muchas formas de batallar, y ninguna es, en el fondo, mejor o peor que otra.

Por eso me quedé, porque ella pensaba que yo era valiente, pero no por no temer, sino precisamente por hacerlo. Nunca antes ninguno de los otros psicólogos me había dicho algo así.

En este momento Emma está echando un vistazo a sus notas y, sin mirarme, me pregunta:

—¿Y qué tal has estado desde la última vez que nos vimos?

—Bien.

—¿Has hecho tus ejercicios?

Asiento con la cabeza. Extiende un brazo para que se los enseñe. Le entrego mi libreta y espero a sus comentarios.

—Esto está muy bien. Tus porcentajes de bienestar son altos.

No es que sea del todo sincera en esas hojas. Calcular del 1 al 100 mi grado de felicidad es algo que no se me da muy bien, por eso en alguna ocasión me invento la graduación.

—¿Por qué no escribiste nada ayer? —quiere saber, señalando el folio en blanco.

—Se me olvidó. Estuve muy ocupada.

—¿En la oficina? Ahora que llega agosto, tendréis menos trabajo, ¿no? El mes pasado estuviste muy estresada.

—Sí. En el despacho tuve que hacer bastantes cosas... —contesto de manera despreocupada.

Emma cierra la libreta sin apartar su mirada de la mía. Me da miedo que posea telepatía y me lea la mente, así que opto por contarle la verdad. Al fin y al cabo, para eso estamos aquí, ¿no?

—Pasé la noche con un hombre —digo un poco a la defensiva.

—¿Es algo serio? —Emma continúa con su rostro imperturbable.

—No.

La veo anotar en sus papeles. Quizá: «La paciente ha vuelto a caer en su adicción sexual» o «A Blanca le gustan más los penes que a un tonto un Chupa Chups». Se me escapa una breve risa y ella alza la vista para escudriñarme con curiosidad. Le sonrío hasta que me borra el gesto con su siguiente pregunta, ya que no augura nada agradable.

—¿Cuánto tiempo llevas viniendo a la consulta?

—Un par de meses —respondo tras echar cuentas.

—Hasta ahora solo me has hablado de tu día a día, del trabajo, de tu amiga Begoña... Y un poco sobre ti cinco años atrás... Y de tu infancia, pero por encima.

—Sí.

—Creo que ya va siendo hora de que charlemos sobre algo más. ¿Qué te parece?

Emma suele acabar sus comentarios con una pregunta, otorgándome la oportunidad de dar mi opinión, aunque en realidad sea una oportunidad falsa. Quiere que conteste que sí, y punto.

—Lo único que me apetece es estar bien ahora.

—Pero en ocasiones para llegar a eso necesitamos dar voz a ciertos asuntos.

—¿A cuáles?

—A sentimientos, recuerdos...

Me revuelvo en el asiento como si me quemara el trasero. Emma rebusca entre sus papeles y saca las hojas que tuve que rellenar la primera vez que vine. Un montón de preguntas sobre mí, sobre mi vida, mis sentimientos y mi forma de afrontar determinadas situaciones. Desliza el dedo por uno de los folios hasta encontrar lo que le interesa.

—En una de las cuestiones contestaste que no te gusta pensar en tu infancia porque se metían contigo.

—Así es.

—Me has hablado muy poco acerca de eso... ¿Hasta cuándo duró esa situación?

—Hasta que terminé el instituto y me marché a la ciudad.

—¿Qué tipo de acoso recibiste?

—Nada demasiado fuerte —miento de manera deliberada.

—Sin embargo, parte de tus problemas en el pasado y en la actualidad se remontan a esa época.

—Yo no he dicho eso —respondo con tono seco.

Emma me mira por encima de las gafas y no me atrevo a añadir nada más.

—¿Te afectaba lo que te decían o hacían?

—No.

—Por tu bien, debes reconocer la verdad —me corta, porque me temo que no se cree ni una palabra de mis contestaciones—. Casi todo el mundo finge no molestarse por una crítica, un desprecio o una burla, aunque en la mayoría de los casos la realidad no es esa.

—Habría deseado encajar, pero más porque es lo normal en una adolescente que porque ellos me gustaran. Me daba igual no ser su amiga —me atrevo a confesar. Es la primera vez que doy voz a esos pensamientos, y aunque me digo que no me dejan en buen lugar, me parece estar haciendo lo correcto—. Es más, no quería serlo por nada del mundo.

—¿Puedes contarme algo de lo que te hicieron?

—Yo...

—Relájate. Sé que es duro... Es necesario romper el silencio. No has sido la primera persona ni la última a quien le pasa, pero eres tan importante como cualquiera de ellas. —Esboza una sonrisa—. Blanca, si estás aquí es por algo. Dime la verdad, por favor. Voy a ayudarte.

—Se metían conmigo porque... —Trago saliva. «Vamos, Blanca. Eso ya pasó. Tienes que ser capaz de hablar sobre ello sin que el estómago se te cierre», me animo—. Me llamaban gorda, gafotas, fea, puta...

Emma se pone a escribir en sus notas como una posesa. Asiente para que comprenda que me escucha.

—¿Solo fue un acoso verbal?

—No... —Me llevo un dedo a la boca, pero el sabor de la laca que me he aplicado en las uñas me recuerda que no debo mordérmelas—. Me pegaron.

—¿Una vez?

—Bastantes más —digo en voz baja.

—¿Eres consciente de que eso es *bullying*? —Alza la mirada de los papeles y la posa en mí. Asiento—. ¿Y en esa época lo eras?

—En esa época no sabía ni quién era yo —me atrevo a confesar.

—¿Qué más hacían?

—Me amenazaban. Me enviaban mensajes al móvil o me llamaban para meterme miedo.

—¿Qué hacías tú?

—No mucho. Al principio alguna vez les planté cara, después aguantaba y fingía que todo me daba igual, aunque creo que tuve miedo. En la ESO pasaba los recreos en los aseos, sentada en un retrete con las piernas subidas en él para que no supieran dónde estaba —se lo digo dándome cuenta de que estoy poniéndome colorada. «¡Por favor, Blanca! No vuelvas a avergonzarte. No eras tú la culpable»—. También hubo una época en la que sacaba muy malas notas, pero después me encerré en los estudios. Encontré esa forma de evadirme.

—¿Alguna vez pensaste en acabar con tu vida? —me lo plantea con una expresión imperturbable.

Y se me seca la garganta. La miro unos segundos eternos antes de ser capaz de responder.

—Yo... No sé... Supongo que de adolescentes todos, en alguna ocasión... —Me enredo con mis propias palabras.

—¿Tus profesores sabían algo? —Emma cambia la pregunta y se lo agradezco de corazón.

—Ya se encargaban aquellas chicas de meterse conmigo cuando no había ningún profe presente. Eran muy listas para eso.

—¿Y tú nunca mencionaste nada? —Emma me observa, sorprendida.

—Una vez, cuando padecí un principio de anorexia y faltaba a clase. Mi tutor me dijo que yo pensaba que todo el mundo estaba pendiente de mí. Llamó a mis padres para comunicarles que, al parecer, había problemas de convivencia —explico formando unas comillas con los dedos—. Mi padre me preguntó si ocurría algo, y me recluí en mí misma, como siempre. Le mentí. Mi madre se pasó unos días interrogándome, pero acabó por dejarme estar ya que yo lo negaba una y otra vez. Supongo que la reacción de mi tutor me decepcionó y me infundió más inseguridad y miedo. Por aquel entonces la gente no hacía caso de algo así, y menos en un pueblo de mala muerte. Todos comentaban que eran cosas de críos. Ahora el acoso está más controlado y, aun así, hay mucha desinformación e ignorancia. Esos niños que se acaban suicidando... —Me froto la frente, nerviosa—. Yo estaba cagada también. Creía que nadie podía ayudarme, ni siquiera mis padres.

Emma mueve la cabeza y regresa a sus notas en los papeles. Dejo que escriba algo más y que sea ella la que formule las preguntas.

—¿Por qué les mentías?

—Porque mi padre había estado muy enfermo y mi madre había sufrido mucho, y yo no quería defraudarlos o provocarles más dolor.

—¿Estuviste enfadada con ellos?

—¿Por qué iba a estarlo?

—¿Y ahora?

—Supongo que sí pasé un tiempo molesta. —Suelto un suspiro.

—¿Por qué?

—Porque no estaban ahí. Aunque fui yo la que los aparté, igualmente me enfadaba. Pero es que en esa época me sentía indignada con el mundo y me convencía de que no quería la ayuda de nadie. En realidad, puede que la pidiera a gritos en silencio y que los demás no se dieran cuenta...

—Vale, la próxima sesión la dedicaremos por completo a tus sentimientos con respecto al acoso. Pero ahora me gustaría saber algo... Leo aquí que a otra pregunta respondes que jamás has tenido pareja y que nunca te has enamorado. —Se sube las gafas y atiende a mi reacción.

—Sí, es verdad.

—Puede que nunca hayas sentido auténtico amor, pero... ¿no ha habido nadie que despertara algo en ti, ni siquiera cariño?

Joder, qué lista es la cabrona. Cómo sabe escarbar en la vida de los demás. Aunque supongo que por ese motivo se dedica a esto.

—¿Nunca tuviste una amiga... o un amigo en el pueblo? Al menos alguien con quien compartir algo... —insiste.

—Tuve un amigo.

—¿Cómo se llamaba?

La miro alarmada. No quiero ni pronunciar su nombre porque noto en la lengua un sabor amargo. No obstante, al final lo hago, rendida ante su mirada, y una desagradable sensación me llena la garganta cuando lo pronuncio.

—Adrián.

—¿Cómo era vuestra amistad?

—La típica de esas edades, no sé.

—¿Cuánto tiempo duró?

—Unos años. Su madre y él se mudaron a mi pueblo tras la muerte del padre. Pero cuando lo conocí éramos muy pequeños, y no empezamos a hablar más y todo eso hasta que tenía unos doce años. Nuestras madres eran amigas, así que...

—¿Cómo se comportaba Adrián contigo?

—Pues... normal.

Me encojo de hombros. El sabor amargo que noto en la boca cada vez es más intenso, y me percato de que en el pecho me arde la rabia y, al mismo tiempo, me congela. Quiero marcharme de allí y simplemente continuar guardando bajo llave todo lo que me hace sentir pequeña, y débil, y triste... y la Blanca que no quiero ser.

Sin embargo, algo mantiene mi trasero pegado al sofá. Quizá sea que Emma no me mira de forma rara, o que es la primera vez que hablo de él a alguien como si fuera real y no una sombra.

—¿Ese chico no tomaba parte en el acoso?

—No. Era mi amigo. ¿Por qué iba a hacerlo? —De repente tengo un tic en el párpado del ojo izquierdo y rezo para que Emma no se dé cuenta.

—¿Perdisteis la amistad?

Asiento con la cabeza.

—¿Cuándo fue la última vez que os visteis y por qué os alejasteis?

—Tomamos caminos distintos. —He de ser sincera con

la pobre Emma, que está tratando de ayudarme (aunque esa ayuda sea un poco cara, hay que decirlo), pero no puedo abrirme por completo—. No lo veo desde hace más o menos diez años.

—¿Y nunca has tratado de contactar con él?

—No. —Es una verdad a medias.

Hay algo que me asegura que Emma sabe que no estoy siendo del todo sincera. No para de anotar cosas en sus papeles, y me inclino hacia delante de manera disimulada para intentar leer. Doy un bote cuando se detiene y vuelve a mirarme tras quitarse las gafas.

—¿Qué hacía Adrián si los demás se burlaban de ti?

—Nada. Él no estaba delante. Es un año mayor que yo, no íbamos a la misma clase.

—Pero en el instituto coincidiríais, ¿no? En el patio, en alguna fiesta... —insiste ella.

—No íbamos al mismo colegio ni al mismo instituto. Y... ¿fiestas? ¿No te he dejado claro ya que nadie quería ir conmigo? —le suelto con toda esa rabia que va a romperme el pecho.

Emma entrecierra los ojos y comprendo que yo misma me he expuesto.

—Vamos a intentarlo de otro modo —dice para que me relaje—. Con una escala, ¿vale? Yo te haré preguntas, pero tú solo tienes que contestarlas con un número del uno al diez. El uno es lo mínimo y el diez, lo máximo.

Asiento. Mentiré, como en los ejercicios que me manda hacer.

—Del uno al diez, ¿cómo de amigos erais Adrián y tú?

Me muerdo el carrillo. El tic del ojo me apremia.

—Cinco... —respondo, pero me digo: «Joder, Blanca, no eres más que una farsante».

Emma ni se inmuta; se lanza a otra pregunta.

—Del uno al diez, ¿cuánta importancia tenían para ti las burlas de los demás?

—Siete.

Trago saliva y busco con la mirada un vaso de agua, un chicle, algo que disuelva los alfileres que se han instalado en mi garganta. Creía que fingir se me daba mejor.

—Del uno al diez, ¿qué grado de importancia tenía lo que Adrián pensara de ti o su comportamiento contigo?

—Seis.

Emma me dedica una larga mirada. Se la mantengo, hasta que mueve afirmativamente la cabeza y prosigue.

—Del uno al diez, ¿te dolía que tu amigo Adrián no diese la cara por ti?

Joder. Pero ¿cómo puede saber ella algo así? ¿Es que lo tengo pintado en la cara o qué? ¿O es que me está probando? Me digo que puedo hacerlo. Solo es otro número más, uno que no significa nada, y me preparo para darle la cifra menor. Pero entonces acuden a mi mente voces, aromas, el tatuaje de un corazón de hielo derritiéndose, una puesta de sol en la montaña, una frase bonita y otra terrible, una colonia muy familiar y unos ojos marrones verdosos, The Clash y una vieja camiseta de Ramones cubriendo mi cuerpo, una carta falsa, las risas de una chica a la que odié, una horrible humillación. Todo eso viene a mí, y la rabia y algo más que no quiero identificar me sacuden y me obligan a clavar las uñas en los reposabrazos del sillón.

—Blanca, dime, ¿cuánto te dolía que él no te defendiera?

Ansío gritarle que es una maldita zorra que solo desea provocarme dolor, pero un espasmo pugna en mi interior y me aprieta el estómago. Me sube por el pecho, y acabo expulsándolo casi como un vómito.

—¡Nueve! ¡Joder, nueve! ¡O diez! ¡Puede que incluso más! —chillo enfurecida.

Después ambas guardamos silencio. Emma me observa

con un brillo de satisfacción en los ojos, y me siento como si me hubieran dado una paliza o como si hubiera corrido un maratón.

—Ya es la hora, Blanca. Continuaremos la próxima semana. Tú sigue con los ejercicios, ¿vale?

Asiento con la cabeza gacha, sin entender del todo por qué me noto avergonzada cuando ni siquiera le he contado la mitad de la historia.

Una vez en la puerta, me dice con un tono de voz agradable:

—Creo que una buena terapia sería regresar al pueblo y pasar unos días con tu familia, incluso con aquellos que te despreciaban... si aún viven allí. Tendrás vacaciones, ¿no? Piénsalo.

Me muerdo la lengua para no gritarle que está loca si cree que voy a hacer eso.

4

Estos zapatos están matándome —gimotea Begoña mientras, apoyada en mi hombro, se inclina para masajearse los pies. Su peso me desequilibra y a punto estamos de caernos.

Un grupo de jovenzuelas que también llevan taconazos y pasan por delante de nosotras sueltan una carcajada. Mi amiga se incorpora y les lanza una de sus miradas de perraca.

—¿Os pasa algo, nenas? Primero dejad que se os caigan los dientes de leche y luego me contáis.

Las chicas ponen mala cara y se alejan calle abajo maldiciendo por lo bajini.

—Un día conseguirás que nos tiren de los pelos —le digo a Begoña.

—Ellas acabarían con las extensiones por el suelo —responde con aire divertido.

La misma noche en que salí de la consulta de la psicóloga, llamé a Begoña y le rogué que fuéramos de fiesta este fin de semana. Ella ya tenía planes con unos amigos, pero me convenció para que me uniera a ellos, insistiendo en que eran muy simpáticos.

—¿Cómo me ves el peinado? ¿Lo llevo bien? —Se toquetea los bucles de su melena morena que le han hecho en la peluquería. Aunque tan solo sea para ir a cenar, Begoña se arregla como si asistiera a un bodorrio o a un acontecimiento importante.

—Estás perfecta —le aseguro observando su atuendo.

Lleva un vestido negro de lo más bonito y elegante. Ese color le sienta genial desde siempre. Imagino que se ha puesto un sujetador *push-up*, pues parece que sus pechos vayan a estallarle de un momento a otro contra la tela. Por mi parte, he optado por una falda de color salmón hasta la mitad del muslo y una blusa blanca. Me he dejado el cabello suelto y he tratado de arreglármelo lo mejor posible, pero es indomable, aunque esté corto. El otro día me apliqué el tinte, uno caoba, ya que en mi opinión mi pelo castaño natural se asemeja más al color que tiene la caca de perro.

—Entonces le hablaste a la loquera de tu estúpido amiguito —dice Begoña.

Bego no sabe nada de la verdadera historia. Únicamente le he contado algo de él, y de pasada, en un par de ocasiones. Y siempre usando adjetivos negativos, por supuesto. De todos modos, mi amiga es muy inteligente y supongo que piensa que estoy ocultándole muchas cosas. Sin embargo, tiene la facultad de callar cuando toca y de no hacer preguntas comprometidas. Es una de las cualidades que más aprecio de ella.

—En primer lugar, no es una loquera. Y en segundo, no me apetece charlar sobre eso —respondo poniendo morros.

—Ni falta que te va a hacer. Por ahí vienen. —Señala a dos chicos que se acercan a nosotras hablando entre sí.

Uno, sin lugar a dudas, es gay. Imagino que los conoce de hace poco porque nunca me ha comentado nada de ellos. Cuando llegan, me fijo en que el otro es un hombre bastante atractivo. Tiene los ojos verde oscuro, muy grandes, y unas pestañas larguísimas. Además del buen cuerpo que se gasta. Vamos, que es un bomboncete. Tras darles dos besos a cada uno, Begoña se vuelve hacia mí y me presenta.

—Chicos, esta es mi mejor amiga, Blanca. Él es Pedro. —Señala al chico que pienso que es gay y después al otro—. Y este es Hugo.

El primero me saluda con toda su efusividad, halaga mi cabello, mi ropa y también el color rojo putón del carmín con el que me he pintado los labios. El segundo se inclina para darme un beso en la mejilla, y su escasa barba me hace cosquillas. Su perfume flota hasta mi nariz, y sonrío para mis adentros. «Blanca... No empecemos», me digo.

—He reservado mesa en Miss Sushi —nos anuncia Begoña, y tanto Pedro como yo damos unas palmadas de ilusión. Me encanta ese restaurante. Es tan cuco, tan rosa, y la comida está tan buena...

El Miss Sushi de la plaza de Cánovas del Castillo se encuentra a unos cinco minutos tan solo de donde hemos quedado. Mientras caminamos hacia allí, Begoña se tuerce el mismo tobillo un par de veces y Pedro le grita que acabaremos la noche en urgencias.

Me doy cuenta de que Hugo me mira con una sonrisa.

—¿Tú también eres abogada?

—Sí. Aunque Begoña y yo no trabajamos en el mismo despacho. ¿Y tú?

—Soy arquitecto.

—¡Un partidazo! —exclama Begoña, que va del brazo de Pedro para no caerse de morros.

En ese instante el restaurante aparece ante nosotros. Uno de los camareros nos guía hasta nuestra mesa. Nos ha tocado una con sillones, y Begoña y yo nos apresuramos a ocuparlos como hienas lanzadas sobre su presa.

—Sí, eso... Las damas primero —se mofa el tal Hugo.

Me río... Muy coqueta.

Mi amiga y yo nos pedimos un cóctel —yo uno sin alcohol, por favor—, mientras que Pedro acaba rindiéndose y acepta uno también y Hugo se decanta por una cerveza.

Durante un buen rato discutimos sobre lo que vamos a pedir. A Pedro el sushi muy simple no le agrada mucho, así que al final nos decidimos por un plato de delicias mix que lleva un poco de todo, unas japobravas y dos platos de Miss Dragón.

—¿Desde cuándo os conocéis Begoña y tú? —me pregunta Hugo cuando los otros dos se ponen a charlar sobre los mejores locales de ambiente de la ciudad.

—Desde el primer año de la facultad. ¿Y tú? ¿Cuándo y cómo la conociste? No me había hablado de vosotros.

—Me ayudó hace unas semanas en unos asuntos. Le dije que la invitaría a cenar —me explica él echándose hacia atrás para que la camarera pueda dejar la cerveza en la mesa.

Mi mirada se desliza, sin poder evitarlo, por el cuerpo que se adivina bajo su camisa. Está bueno, no vamos a mentirnos. Pero prometí a Emma que no me dejaría llevar por las primeras impresiones y que avanzaría en todo esto.

Mientras cenamos los cuatro charlamos de diversos temas. En realidad, son Pedro y Begoña los que llevan la voz cantante. Yo trago como si no hubiera un mañana; no puedo evitarlo, la comida me chifla y me desinhibo cuando voy a un restaurante porque entre semana como poquísimo. Hugo me observa todo el rato. Begoña me da un par de codazos en el costado, y al tercero un maki se me va por otro lado y me atraganto. Con la mirada le aseguro que, si continúa por ese camino, no acabará viva la noche.

—Y aparte de trabajar, que eso está muy bien, claro... ¿qué más haces? —me pregunta Hugo una vez que hemos salido del restaurante. Estamos buscando un bar en el que tomar unas copas. Bueno, yo no. Me tomaré un refresco, a pesar de estar muriéndome de la envidia.

—No mucho. Lo que más hago es currar porque... ya sabes eso que se cuenta de los abogados, ¿no?, que estamos casados con nuestra profesión. Pero me gusta. ¡Ah! Algunas mañanas salgo a correr.

—Ya se te nota. Estás en muy buena forma.

Le sonrío con coquetería, aunque sé que es solo el cumplido de un casanova. Durante un tiempo el peso me llevó de cabeza. Quería cambiar a toda costa. Menos mal que conseguí madurar y ahora aprecio mis curvas. Me sobran unos kilos y tengo muy poco pecho, pero tengo un buen culo al que agarrarse y unas bonitas piernas. Aunque quizá sean mis labios lo que más llame la atención. Y hasta Hugo se ha dado cuenta, porque se los está comiendo con los ojos.

—A mí me gusta ir al gimnasio también. No mucho, dos veces por semana porque no tengo tiempo. Y me encanta el cine.

—¿Sí? ¡Y a mí! ¿Cuál es la última peli que has visto?

—*Reservoir Dogs*, de Tarantino. No es que sea nueva, pero me encanta...

Nos metemos de lleno en una conversación sobre ese director. Hugo es ingenioso, divertido, y me encantan sus dientes perfectos y la cara de pillo que pone cuando sonríe. Begoña está de lo más contenta al verme tan compenetrada con su amigo. Por suerte, no me ha pegado más codazos porque sabe que corre el riesgo de llevarse un empujón y acabar despatarrada en el suelo.

En el bar, Begoña y Pedro le dan al alcohol como si fuera alpiste. Por Dios, parecen desesperados. Una hora después yo continúo con mi Coca-Cola, ya sin gas, y Hugo se pide una segunda cerveza.

—Begoña tendría que haberme contado mucho antes que conocía a una mujer tan interesante como tú —me dice en un momento dado.

Vuelvo a dedicarle una sonrisa. Más que conocernos, más que charlar, estamos tonteando y no solo con palabras, sino también con miradas y con el cuerpo. Se nota que le gusto, y supongo que se ha dado cuenta de que estoy receptiva.

—¡Vámonos, pendones! —exclama Begoña un rato después.

—¿Adónde? —pregunto con curiosidad.

—A Deseo. ¿Dónde si no? —Mi amiga me lanza una mirada borrachuza.

Pongo los ojos en blanco. Deseo 54 es una de sus discotecas favoritas. No hace falta que diga que es un local de ambiente, ¿no? La música que ponen en la primera planta no es de mi agrado, pinchan electrónica, y en la segunda, reguetón, pop y esas cosillas. Sin embargo, la mayoría de las noches que salimos vamos allí, y termino perdiendo de vista a mi amiga para, una hora después, recibir mensajes suyos en los que me pide disculpas por haberse marchado con una tía.

Por el camino, Begoña hace movimientos de contorsionista y acaba por los suelos, aún colgada del brazo de Pedro como si se tratara de una liana y ella Jane abandonada por Tarzán. Nos reímos a gusto en su cara, cómo no, pero se lo toma a cachondeo y se queda unos segundos arrodillada en el suelo sin poder aguantarse la risa ella también.

—¡A Dios pongo por testigo que jamás volveré a ponerme estos tacones! —exclama una vez que la hemos ayudado a levantarse.

—Deberías haber elegido mejor, como tu amiga. —Pedro señala mis sandalias, que, aunque tienen plataforma, son bastante cómodas—. Con esas que tú llevas, Begoña, podrías competir con una *drag-queen.*

Deseo 54 está muy animado. Unos cuantos gogós bailan como posesos y la gente se agolpa en la barra en busca del elixir mágico para aguantar el resto de la noche. Al final, acabo cayendo y me pido un ron con Coca-Cola. Nada demasiado fuerte. Y solo uno. Esto no lo apuntaré en mi cuaderno. No soy alcohólica, así que no tengo por qué poner tanto cuidado en algo que no tiene más importancia, pero no quiero que Emma me dé la tabarra.

—¿Te gusta esta música? —me pregunta Hugo alzando la voz cuando ya nos han dado nuestras bebidas.

—¡No mucho, pero a lo largo de la noche te vas acostumbrando! —grito, acercándome a su oído.

Huele bien. No solo a colonia, sino también a hombre. A ese aroma que tanto me pone.

—Venga, aburridos, vamos a bailar. —Pedro nos coge de las manos a Begoña y a mí y nos guía hasta la pista.

Mi amiga es la mujer más seria del universo cuando está trabajando o cuando se trata de asuntos importantes. Hasta que la conocen, todos piensan que es una antipática. Sin embargo, cuando sale de fiesta se convierte en otra Begoña, una mucho más desinhibida y alocada. Y ahí está, dándolo todo en la pista junto a su amigo. Si no fuera porque a ella le encantan las mujeres y a él se le nota que le van los tíos, cualquiera pensaría que van a ponerse a fornicar delante de todos.

Hugo aprovecha y se acerca a mí, dispuesto a bailar. Le permito apoyar una mano en mi cintura y me muevo al ritmo de la música, gritando y levantando el brazo que tengo libre. Cuando quiero darme cuenta, tengo su nariz en mi cuello y doy un respingo. Se aparta sobresaltado, y trato de apaciguarme pasándole una mano por la nuca para que vuelva a acercarse.

—¿Te han dicho alguna vez que eres una mujer muy sexy? —me pregunta con su rostro cerca del mío.

—Unas cuantas... —contesto con una sonrisa pilla.

Se me pega un poco más. La mano que tenía en mi cintura se ha deslizado hasta mi cadera.

—Ya me lo imaginaba...

—Voy a salir a fumar. ¿Te vienes? —le propongo.

Asiente con la cabeza. Me doy la vuelta para avisar a los

otros dos. Pero no veo a Pedro por ninguna parte, y mi amiga tiene la lengua metida en la boca de una tía. Se me escapa una carcajada. Hugo se acerca sin entender qué es lo que me pasa, así que le señalo a Begoña, quien no aparta los morros ni por un segundo de su ligue.

—Ella sí que sabe lo que es divertirse —bromea.

—Y yo, chato. Por algo somos amigas —respondo.

Hugo se muerde el labio inferior ante mi juguetón comentario. Lo cojo de la mano y nos perdemos por entre la multitud que llena la pista. Una vez fuera, suelto un suspiro.

—Aquí hace calor, pero es que ahí dentro parece que vaya a acabarse el aire —murmuro al tiempo que saco la cajetilla del bolso.

—¿Me das uno? —me pregunta Hugo.

—¿Tú también fumas?

—Solo cuando salgo por ahí. —Me dedica una sonrisa de lo más atractiva y me digo que le tengo ganas.

—Eres un fumador social, vamos. —Le entrego un cigarro y se lo enciendo.

Da una calada honda y me observa por entre la cortina de humo sin dejar de sonreír.

—¿Damos un paseo? —me ofrece.

Acepto, y nos alejamos del molesto ruido de la discoteca. Avanzamos en silencio, fumando, hasta llegar a una calle principal. Hugo camina muy arrimado a mí, y en un par de ocasiones me roza el brazo con el suyo. El suave tacto de su vello me eriza la piel. Estoy cachonda, para qué mentir. Este tío me pone y tengo ganas de sexo. No pasa nada. Esta vez sí que es porque realmente me apetece pasármelo bien. Y creo que Hugo me atrae lo suficiente para que no se quede en un simple polvo. Apenas lo conozco, pero me causa una buena sensación.

—¿Tienes pareja? —le pregunto de manera disimulada. Ese es un error en el que ya caí alguna vez...

—No. —Esboza una sonrisa cargada de intenciones—. ¿Y tú?

Niego con la cabeza. Me termino el cigarro y tiro la colilla al suelo para apagarla con la sandalia. Hugo se ha acabado el suyo antes que yo, y está observándome intensamente, con las manos metidas en los bolsillos de esos vaqueros que tan bien se adaptan a sus atractivas piernas.

—¿Te apetece que vayamos a mi casa a tomarnos otra copa? Ya sabes, más tranquilos... —No es un hombre tímido. Su proposición es franca, es sensual, es una puerta abierta por la que quiero entrar.

—Claro. ¿Por qué no?

Esperamos a que pase un taxi y, en cuanto subimos e indica la dirección al conductor, Hugo se lanza sobre mí. Me coge posesivamente la cara y me come los labios. Su lengua se mete en mi boca sin piedad y juguetea con la mía. Se me escapa un jadeo de satisfacción. Una de sus manos me acaricia los hombros y a continuación se posa en uno de mis pechos, estrujándomelo por encima de la blusa. Guío mi mano hasta su entrepierna y la noto dura, mucho, y eso hace que se me humedezcan las braguitas.

—Llevo toda la noche pensando en ti desnuda —murmura con la voz entrecortada.

El taxista nos lanza miradas de cabreo por el espejo retrovisor. No me importa. Deseo a Hugo. Necesito notar su cuerpo contra el mío. Le aprieto el pene por encima del vaquero y suelta un gemido. Se aparta y me muestra una sonrisa de satisfacción.

—A este paso, no llegamos a mi piso —dice divertido.

Cinco minutos después, con una docena de besos húmedos en mis labios y unas cuantas caricias en mi entrepierna, el conductor detiene el taxi y nos anuncia de mala gana el precio del viaje. Hugo se saca un billete del pantalón y se lo da sin esperar el cambio. Cuando salimos, oigo murmurar al hombre que somos unos maleducados y que está harto de todo esto. Hugo y yo nos echamos a reír y corremos hasta su portal. Mientras intenta abrir, vuelvo a lanzarme a sus labios; se los chupo y le doy mordisquitos. Él me apresa por el trasero, me aprieta contra su cuerpo y trata de meter la llave con la mano libre.

En el ascensor es Hugo quien toma el mando y me empuja contra el espejo. Me sube las manos por encima de la cabeza, sin dejar de besarme, y me roza con su estupenda erección. Cuando salimos he perdido un botón de la blusa. Reparo en que está abierta, dejando entrever mi sujetador negro de encaje. Llevo el cinturón de Hugo en una mano, y eso me hace muchísima gracia, así que acabamos riéndonos una vez más. Apenas le doy tiempo a que cierre la puerta. Le desabotono la camisa y me engancho a su cuerpo para dejar en su pecho un reguero de saliva. Me acuclillo y lo beso en el vientre. Se echa hacia delante y me golpea suavemente el rostro con su sexo, que empuja con fiereza la tela de los vaqueros.

—Madre mía, Blanca, vas a hacer que explote —jadea agarrándome del pelo y haciéndome subir.

Me gusta lo que me dice. Me agrada que se comporte con un poco de violencia. Estoy completamente segura de que los dos disfrutaremos esta noche. Y quizá alguna más. De repente noto que me roza el cuello con la nariz. Sé lo que se propone, y todo mi cuerpo se pone en tensión. Me aparto con rapidez, algo incómoda. Él me mira con las manos en alto, sin comprender.

—¿Qué?

—No hagas eso. No me beses en el cuello —le digo cortante.

Hugo arquea una ceja, pero no hace ninguna pregunta. Consigo relajarme y lo despojo de la camisa. Él me desliza la blusa por los hombros hasta que cae al suelo. Me acaricia la piel desnuda que sobresale del sujetador y aprecio que mis pechos le gustan. Eso me satisface y me hace sentir más segura. Lo engancho del borde de los vaqueros con los dedos y camino hacia atrás con él pegado a mí, manoseándome el culo, subiéndome la falda y encontrando mi carne. Me estruja las nalgas. Choco contra algo y descubro que es el respaldo de un sofá. Sin dudarlo un segundo más, lo rodeo y lo empujo contra él. Hugo suelta una carcajada y abre los brazos.

—Eres la mujer más atractiva que he conocido. Tengo ganas de follarte hasta que no pueda más —jadea en mi oído, una vez que me he sentado a horcajadas sobre él.

Nos besamos durante un buen rato, mezclando saliva, jadeos y palabras entrecortadas subidas de tono. Mi sexo vibra contra mis bragas, y cuando Hugo posa uno de sus dedos en la tela, gimo en su boca y le doy un mordisco en los labios.

—Eres una salvaje —me dice con una sonrisa cargada de excitación.

Se la devuelvo y me apresuro a desabrocharle los vaqueros. Me levanto para quitárselos y él alza el trasero para ayudarme a deslizarlos por sus piernas. Se las separo y me arrodillo entre ellas, acariciándole el sexo que despunta en el bóxer. Hugo está observándome con admiración, y las excitantes cosquillas que noto en mi entrepierna me animan aún más. Me inclino y le beso por encima de la ropa interior hasta que le saco un gemido. Estoy convencida de que podría correrse de esa forma.

—¿Tienes condones? —le pregunto, apremiada por las ganas de tenerlo dentro de mí.

Niega con la cabeza, de modo que me levanto y voy a por mi bolso. Por suerte, encuentro uno. Regreso al sofá, me planto ante él y, sin quitarme la falda, me bajo las braguitas. Hugo suelta un bufido al tiempo que me observa con los ojos oscurecidos. Se deshace del bóxer y me muestra una estupenda erección que me muero por probar. Yo misma le pongo el preservativo mientras espera, impaciente, acariciándome los pechos. Me deshago del sujetador y me siento de nuevo sobre él. Se echa hacia delante y se mete uno de mis pezones en la boca. Lo lame con ganas, tira de él con los dientes... Y cierro los ojos.

Noto que está buscando mi entrada. La encuentra enseguida y empieza a deslizarse dentro de ella.

—Joder, qué mojada estás —señala con un gruñido.

Hago un movimiento brusco de caderas para que se introduzca del todo en mí. Hugo jadea, yo gimo y de inmediato empiezo a moverme, despacio al principio y después un poco más rápido hasta encontrar el ritmo adecuado. Él también se menea debajo de mí, con sacudidas expertas. Folla muy bien. Y la tiene tan dura que el placer se entremezcla con un poco de dolor.

—No pares, nena. Así, muévete así —murmura con los ojos entrecerrados.

Apoyo las manos en el respaldo del sofá y subo y bajo, clavándome su sexo cada vez con más fuerza, rapidez y violencia. Grito, y Hugo se une a mí con un gemido que me pone a mil. Vuelve a pegar la boca a mis pechos, así que aprovecho para acariciarle la espalda y arañársela, y darle un mordisco en el hombro para luego pasarle la lengua por la piel.

—Mírame —le ordeno al darme cuenta de que ha cerrado los ojos, y me obedece al instante.

Muevo las caderas en círculos, dominándolo a él, dominándome a mí, y acto seguido me detengo y me levanto para que salga de mí. Se queda sentado, con el sexo a punto de explotar y estudiándome con curiosidad.

—Levántate. Quiero que me lo hagas de otra forma.

Me hace caso, y aprovecho para rodearlo y acariciarle la espalda, el culo...

Justo sobre este, descubro algo. Un tatuaje. Uno de una espiral preciosa que, a mí, sin embargo, me causa un profundo rechazo. Aparto las manos como si el símbolo quemara. Hugo vuelve la cabeza y me mira sin entender lo que pasa.

—¿Blanca?

—Llevas un tatuaje —murmuro sin apenas reconocer mi voz.

—¿Te gusta? —Sonríe.

Me quedo callada porque no sé qué contestarle. No quiero parecer una maleducada ni tampoco una loca, pero no puedo hacer otra cosa que dar un paso atrás mordiéndome el labio inferior. Hugo se da la vuelta con el ceño fruncido y expresión preocupada.

—Será mejor que paremos —murmuro.

—¿Qué? —Se le contrae el pecho al decirlo.

Sin añadir nada más, me apresuro a recoger mi ropa. Me subo las bragas y me pongo el sujetador y la blusa con toda la rapidez del mundo. Hugo se ha quedado sin palabras y sigue mis movimientos con semblante incrédulo.

—¿Se puede saber qué coño te pasa?

Seguro que ya está pensando que soy una tarada, y puede que mañana llame a Begoña para decirle que su amiguita es una tía rara que lo dejó empalmado tras verle el tatuaje. Pero no me importa. Ahora mismo lo único que quiero es alejarme de ese dibujo y de su portador. Una sensación de malestar ha invadido mi estómago y el corazón me palpita a mil por hora.

—Lo siento, Hugo. De verdad, esto ha sido una mala idea. Es que... —Carraspeo. ¿Cómo explicárselo sin que parezca una chorrada?—. No me acuesto con hombres que lleven tatuajes.

Sigue desnudo mientras me dirijo hacia la puerta. Me alcanza y me coge del brazo. Me siento fatal por estar haciéndole esto, ya que de verdad parece un buen tío y no estoy comportándome de la forma más correcta. Compongo nuevas disculpas en mi mente, y cuando me doy la vuelta para decírselas me doy cuenta de que está mirándome con rabia y con asco.

—Sabes lo que eres, ¿no? Una maldita calientapollas, Blanca. Eso es lo que eres.

Lo miro de hito en hito. No esperaba que me dijera algo así. Supongo que me lo merezco, que debe de haber parte de razón en ese insulto que me ha dedicado. Pero me enfado. Esa ira que no quiere marcharse de mi vida vuelve a acudir a mí, y me quema el pecho y me retuerce la garganta. Cualquier otra le explicaría los motivos por los que estoy haciendo esto, pero yo no. Yo lo odio. Y odio a todos los que tienen un tatuaje, aunque no los conozca.

Me zafo de su mano y me cuelgo el bolso del hombro. Trago saliva. Cuesta. Tengo un nudo en la garganta. Uno reconocible. Aun así, no voy a llorar, ni a gritarle ni nada por el estilo.

—Gracias, Hugo —le suelto de manera mecánica, sin inmutarme, manteniendo la compostura de esa Blanca fría que logré llegar a ser.

Me dedica una sonrisa sarcástica. Y me abre la puerta. Todavía está desnudo. La escena es un poco ridícula, con el preservativo arrugado en su pene. No dice nada más. Yo tampoco. Intento salir con la cabeza lo más alta posible.

Cuando el portazo atruena en mis oídos, todo me da vueltas. Y en mi mente se entremezclan imágenes de su tatuaje y de otros que no quiero recordar. Bajo por la escalera. En el ascensor me ahogaría. Ya en la calle enciendo un cigarrillo, pero me provoca náuseas y lo tiro a la segunda calada.

No voy a llorar. Me convenzo de ello. Me obligo. El nudo que noto en la garganta me aprieta aún más. Mientras espero a que pase un taxi, cuento hasta cien para serenarme.

No voy a llorar. No es necesario. Solo ha sido una estúpida anécdota más y estoy por encima de esto.

En el coche cierro los ojos unos instantes, y en cuanto consigo calmarme saco el móvil del bolso y llamo a Begoña.

—Pero ¿dónde leches estás? —me pregunta con voz de borracha—. Cuando me he dado la vuelta habías desaparecido.

—No me he despedido de ti porque tenías los ojos, las manos y la boca en otra parte.

La muy perra se ríe como una posesa. Sé que está cuchicheando con alguien. Seguro que se trata de la tía con la que la vi liada.

—Se llama Vanessa.

—Vanessa, la que me la pone tiesa.

—A mí lo que me pone tiesos son los pezones. —Más risas corales.

Sí, está claro que se ha ido con esa chica, y yo aquí en el taxi como una estúpida.

—Gracias por ser tan gráfica. Ya te contaré yo cuando tenga a algún tío entre las piernas.

—¡Oye, eso! ¿Estás con Hugo?

—No... Es una larga historia —respondo. Y añado—: Soy una calientapollas. Y lo más seguro es que mañana Hugo te llame para decírtelo.

5

11 años antes

Blanca observó la habitación sin ningún disimulo. Era la primera vez que pisaba aquel terreno. En realidad, había ido a casa de su amigo en bastantes ocasiones, pero nunca porque él la hubiese invitado, sino para llevar a su madre un pastel o algún recado, y hasta ese momento no había entrado en su dormitorio, como si fuera algo prohibido. Deslizó la mirada por las paredes abarrotadas de pósters de grupos punk y rock. Una enorme estantería cruzaba la de enfrente de lado a lado. Estaba repleta de libros. Blanca sabía de la pasión de Adrián por la lectura, una afición que siempre la había sorprendido puesto que para ella su amigo no tenía el aspecto ni el carácter del típico chico al que le gusta leer.

Mientras él tomaba asiento en una silla frente al escritorio, Blanca cruzó el dormitorio y se acercó a la estantería. Cogió un libro al azar y leyó el título: *Rayuela*, de Julio Cortázar. Ella solía leer libros más actuales, pero conocía al autor. Lo que no tenía muy claro era el argumento de aquella historia, de modo que se dio la vuelta y se lo enseñó a Adrián.

—¿De qué va?

—De muchas cosas. Es un libro diferente, un poco extraño.

—¿Es que no te lo has leído o qué? —comentó Blanca medio en broma.

—Va de locura. De pérdida. De amor y desamor… De dolor —continuó Adrián.

—¿Por qué? —quiso saber ella llena de curiosidad.

—Porque el protagonista conoce a una mujer, llamada la Maga, muy distinta a él. Y cree que no la quiere, que no está hecha para él, pero cuando la pierde se da cuenta de todo el daño que le hizo al mofarse de ella, al considerarla inferior, y se vuelve un poco loco porque siempre está recordándola y la ve por todas partes, y la busca sin encontrarla.

Blanca notó que la boca se le había quedado seca y se apresuró a dejar el libro en su lugar para dar la espalda a Adrián. Cuando se sintió lo suficientemente serena, se volvió y lo miró con una sonrisa forzada.

—¿Estás segura? —le preguntó él—. A ver si me entiendes… La gente dice que cuando dos amigos se acuestan después todo cambia y…

—¿Y qué iba a cambiar respecto a nosotros? Somos inteligentes, ¿no? —respondió Blanca, para después apretar los labios—. Además, esto no es lo mismo. Esto no tiene nada que ver con el amor o la amistad, ni siquiera con el sexo… —Carraspeó—. Solo es un favor que te he pedido. Pero si no quieres hacerlo, lo entenderé. No deseo obligarte a nada.

—No es eso, Blanca. Es que todavía me cuesta entenderlo porque se supone que es algo muy importante para las tías. —Adrián se encogió de hombros—. ¿No sería mejor empezar por lo básico? Un beso, por ejemplo.

—Para mí no. Esto es solo un paso más para acercarme a la Blanca que me he propuesto ser. Voy a cortarme el pelo, ¿sabes? Y me quitaré estas gafas. Haré todas las dietas del mundo para librarme de este culo. —Se cogió un michelín con expresión de asco—. Cuando llegue a la universidad me veré distinta, pero seré más yo, más como debería haber sido siempre y no me han dejado. Ni siquiera yo misma.

—¿Qué hay de malo en tu pelo? —quiso saber Adrián, confundido.

Ella no respondió. Se acercó a la cama y se sentó con las manos entrelazadas en el regazo. Miró a su amigo con una sonrisa condescendiente, como diciéndole que no podía entender nada. Al fin y al cabo, era una decisión un tanto rara y ella lo sabía, pero se le había ocurrido tras escuchar infinidad de veces a sus compañeras de clase hablar de sexo, comentar lo importante que era acostarse con alguien y mofarse de lo patéticas que eran las tías que a esa edad todavía no habían estado con un hombre. También contaba para Blanca el hecho de que muchos chicos gritaran que no la tocarían ni con un palo o que las chicas le aseguraran que jamás encontraría a un tío que la deseara. Estaba harta de todas las etiquetas que le habían endosado. Deseaba quitárselas y, en cierto modo, sería como volver a nacer. Lo que Blanca no sabía entonces es que lo que nos hace especiales y únicos es ser diferentes a los demás.

—¿Sabes que a muchos tíos les gusta que una tía sea virgen la primera vez que se acuestan con ella?

—Si voy a la universidad siéndolo, daré el cante. Y lo único que quiero es ser una más. Y ya está. Poder hablar de ello con las nuevas amigas que haga, que no se rían de mí...

—¿Acaso la gente va a saber que eres virgen solo con mirarte? —se burló él.

—No te pido que lo entiendas. No creo que pudiera comprenderlo nadie —bufó ella—. Es solo que, para ser la nueva Blanca, tengo que deshacerme de todo lo que me vincula a este pueblo, y a esta gente, y a esta Blanca... —Se señaló a sí misma.

Adrián negó con la cabeza al tiempo que se echaba a reír. Se levantó y salió de la habitación sin decir nada. Al regresar, llevó consigo dos vasos de refresco y le ofreció uno. Arrimó su silla a la cama y se la quedó mirando.

—Mi madre hoy tiene turno doble. No llegará hasta la noche.

A Blanca se le iluminó el semblante. Se mordió el labio inferior ensanchado en una sonrisa.

—¿Quiere decir eso que aceptas?

—Si con eso voy a ayudarte... —Adrián se encogió de hombros y dio un sorbo a su Coca-Cola.

—Pero solo si crees que... Bueno, solo si te gusto al menos un poco, lo suficiente para no dar arcadas —bromeó ella, y cayó en la cuenta de que estaba siendo muy cruel consigo misma y reparó en que su amigo le dedicaba una mirada extraña. Recordó lo serio que se había puesto cuando le había soltado, en la montaña, que iba a perder la virginidad. Adrián le había preguntado con quién, y, por fin, se había atrevido a proponérselo. Y entonces él había abierto mucho los ojos, pero ya no estaba tan serio—. De verdad, ¿podrías hacerlo conmigo? Todos dicen que doy asco.

Imaginó que él respondería algo como que tan solo tenía que cerrar los ojos, o la típica frase que había repetido otras veces cuando se había ligado a una tía no muy agraciada, esa de que «Ninguna es fea si se la mira por donde mea». Sin embargo, lo que contestó fue algo que la sorprendió.

—No lo haría si no quisiera. A mí no me das asco.

Blanca vio que Adrián se había puesto nervioso y pensó que, quizá, lo mejor era levantarse en ese mismo instante y salir corriendo sin despedirse siquiera. Pero lo que hizo fue beberse el refresco de golpe, y cuando se lo terminó le dio hipo y ambos se echaron a reír.

—Pues estoy preparada —resolvió tratando de que no le temblara la voz.

Adrián titubeó unos segundos, pero enseguida tomó asiento a su lado. Blanca lo miró, y se dio cuenta entonces de que era guapo. Se fijó en que tenía las pestañas muy largas, los labios carnosos y unos ojos expresivos. Jamás había reparado en ello. Esa vez, sin embargo, al mirarlo muy de cerca y hacerlo con una visión distinta, lo había visto... diferente. Y entendió por qué a muchas chicas del pueblo, incluso a las pijitas tan distintas a él, les gustaba. Un retortijón le molestó en el estómago. «Los nervios», pensó.

—¿Me dolerá? —le preguntó para distender el opresivo ambiente que se había creado en torno a ellos.

—Pues no sé, Blanquita. Imagino que sí. Nunca me he acostado con una virgen —dijo él riendo.

—Igualmente estoy preparada —aseguró ella.

Adrián se acercó un poco más y Blanca apreció su aliento, que olía a Coca-Cola y a dentífrico. Mantuvo los ojos abiertos y los clavó en los suyos, y cuando él separó los labios dio un brinco.

—¿Qué pasa?

—¿Vas a besarme?

—Sí, ¿no?

—¿Lo haces así con todas las chicas con las que...?

—A veces. Si no quieres paso, pero es una buena forma de empezar y de relajarnos.

Blanca se pasó la lengua por los labios y asintió. No había pensado en eso. Tan solo había imaginado que Adrián se la metería. Y punto. Porque él era así: descuidado, salvaje, arisco. Sin embargo, en el momento en que sus labios se encontraron comprendió que había estado muy equivocada. Adrián podía ser calmado y dulce. Cuando la besó con suavidad, primero con los labios apretados, luego separándolos muy despacio, intentando que los de ella también se abrieran... Blanca notó algo en su interior, algo que se movía y caminaba con cientos de patitas desde su estómago hasta su pecho. Se dijo una vez más que eran los nervios y que sin duda era normal. Al cabo de un rato él se separó y la miró, y a Blanca le pareció que había pasado mucho tiempo, y a la vez muy poco, y que no estaba tan mal besarse con un tío.

—¿Estás bien? —quiso saber su amigo.

Blanca asintió con la cabeza. Adrián sonrió, y ella sintió unos deseos irrefrenables de volver a besarlo tapando esa sonrisa, y probándola, y lamiéndola, pero se contuvo y aguardó a que fuera él quien diera el siguiente paso.

—Pongo un poco de música, ¿vale?

No esperó a que contestara. Se levantó y la dejó en la cama que aún estaba por hacer, sola y asustada, pequeña y a la vez grande, indecisa y decidida, ansiosa y pensativa. Tal como Blanca sospechaba, Adrián puso uno de sus grupos favoritos. No le importó que esa música punk no le gustara porque en ese instante no había otro pensamiento más que el de que por fin iba a conseguir lo que se había propuesto y así se acercaría más a la nueva Blanca.

Cuando quiso darse cuenta, la había recostado en la cama y se había quitado la camiseta. Observó sus tatuajes: el del corazón de hielo que se derretía y uno nuevo para ella, una pluma que iba deshaciéndose convertida en pequeñas aves debajo del vientre. Los miró, y volvió a mirarlos, y de pronto no le parecieron tan horribles como en otras ocasiones y hasta le apeteció rozárselos con los dedos.

Adrián se dispuso a despojarla de la camiseta también a ella, pero Blanca se zafó, un tanto asustada.

—No —musitó.

Le avergonzaba su cuerpo. Ni siquiera iba a la playa o a la piscina por temor a que todos la miraran y se riesen de su culo gordo, sus michelines y sus diminutos pechos, desacordes con todo lo demás.

—¿Por qué?

Adrián la miraba sin entender, y algo en su rostro derribó los escudos de Blanca e hizo que, por una vez, quisiera mostrarse desnuda ante alguien. De modo que, convenciéndose de que era valiente, se la quitó ella misma, aunque por instinto se cubrió el pecho.

Adrián le apartó las manos con mucha delicadeza. Blanca notó entonces que algo empujaba contra su pecho, y acertó a comprender que era su corazón. Qué nerviosa estaba. Pensó que él haría algún comentario burlesco de sus pequeñas tetas, pero se equivocó. Tembló por dentro al percatarse de cómo se las miraba. Y cuando la tumbó y se colocó sobre ella, todo empezó a cambiar. Sin embargo, no sería hasta muchos años después cuando se daría cuenta de que quizá aquello estaba ya escrito, que a lo mejor el destino había hecho que acabaran cayendo el uno en brazos del otro.

Adrián la besó una vez más, y lo hizo en esa ocasión de una forma distinta, un poco más ruda, pero al tiempo dulce, y su sabor la impregnó por completo y se preguntó si eso que sentía en la entrepierna era lo que llamaban estar excitada. Se había convencido de que no pasaría, de que todo sería neutro, y vacío, o puede que violento. Pero su amigo presionaba contra su falda y notó algo duro en el muslo. Sin poder evitarlo, las piernas le temblaron.

—¿Sigo? —preguntó Adrián de repente, sacándola de sus pensamientos.

Blanca asintió, y él le apartó el cabello y arrimó la nariz a su cuello. Se lo rozó con los labios, y a ella el temblor le ascendió por los muslos hasta instalársele en el vientre. Una voz en su mente le dijo que nunca habría nada igual que aquello, tan excitante y tierno a la vez y tan íntimo… solo para ellos dos. Con rapidez apartó esos pensamientos de su cabeza. Y entonces permitió que Adrián le subiera el sujetador y le acariciara un pezón con la yema de los dedos y que el otro se lo lamiera con la punta de la lengua. Posó la mirada en el tatuaje del pez koi que él tenía en el brazo y se propuso no pensar, no excitarse con su amigo, concentrarse únicamente en la música o en cualquier otra cosa que no fuera su cuerpo. No obstante, no podía porque Adrián iba por aquí con sus labios y luego por allá con su lengua, y cuando se percató ya le había levantado la falda y bajado las bragas, y estaba de rodillas en la cama colocándose un preservativo.

—No quiero hacerte daño, Blanca —murmuró.

No parecía el Adrián de siempre, ese tan seguro, tan bromista y tan pasota. Ella no supo con exactitud a lo que se refería y no hizo ninguna pregunta.

No deseaba mirar más abajo del vientre de su amigo, pero al final lo hizo de manera disimulada para que él no se diera cuenta, y descubrió que su sexo estaba erecto y se dijo a sí misma que quizá solo se debía a que todos los tíos se excitaban al pensar en follar. La tocó en sus partes y ella descubrió que estaba húmeda. Le gustaba que los dedos de Adrián palparan su entrada.

—Bueno, pues allá voy, ¿vale? Si te hago daño o quieres que pare, tan solo dímelo.

Asintió y, unos segundos después, algo muy duro presionaba contra su piel, y esta estaba tirante y le dolía. Pero no dijo nada y se aferró a los brazos de Adrián. Clavó de nuevo la vista en el que estaba tatuado y se atrevió a acariciárselo. Adrián empujó más y Blanca notó un dolor insoportable, mezclado con algo más que se negó a identificar. ¿Ella sintiendo placer con su amigo? No podía ser. Apreció que estaba abriéndose, que su cuerpo cedía a la presión del sexo de Adrián, y entonces él volvió a preguntarle si estaba bien y no atinó a contestar.

La música continuaba sonando, aunque para Blanca ya no existía. Cerró los ojos y se dejó llevar, se permitió disfrutar cuando el escozor fue remitiendo. Adrián se movía lentamente, con suavidad, y luego un poco más rápido. Y oyó que jadeaba contra su oído provocándole un nuevo temblor en el vientre. Pensó que pronto se detendría al darse cuenta de que sus paredes ya no ofrecían resistencia. Al fin y al cabo, ya estaba hecho. Sin embargo, Adrián continuó, y Blanca se sorprendió cuando él aceleró sus movimientos. Un gemido se le escapó y se agarró con más fuerza a sus brazos. Bajo sus dedos se contraían los músculos de Adrián y pensó que no había nada más excitante que aquello.

Entonces abrió los ojos y se encontró con los verdosos de Adrián. La estaba contemplando, y se reflejó en su mirada de un modo distinto a todas las veces en las que habían estado juntos. Adrián la observaba mientras le hacía el amor. Porque estaba segura de que aquello no era follar, tal como su amigo había definido las relaciones que mantenía con las otras chicas. Y a Blanca se le pasó por la cabeza que quizá aquello había sido un error. El error de su vida. El mejor, pero también el peor. El que iba a cambiar de forma definitiva todo entre ellos, aunque ignoraba hasta qué punto en esos instantes.

Porque en esos momentos todavía no sabía que su idea, esa que en un principio se limitaba a perder la virginidad para dejar atrás a la Blanca tonta, tímida y diferente a los demás iba borrándose con cada caricia y cada beso de su amigo. Y le había pedido el favor a Adrián. A él y no a ningún otro, y eso que en alguna discoteca podría haber ligado con un tío y haberse acostado con él. Pero no. Se lo había demandado a su amigo... Y más adelante reconocería que lo había hecho por un impulso que no tenía nada que ver con su enorme deseo por cambiar de Blanca, sino con sentimientos demasiado intensos para una adolescente con problemas de autoestima. No era que Blanca estuviera enamorada en ese instante; en realidad, lo que pasaba era que le tenía un gran cariño a Adrián. Pero lo que esa chiquilla indecisa, hastiada con el mundo y recelosa ignoraba entonces era que los amores más fuertes y eternos son como un fuego lento: van forjándose poco a poco, y con tan solo una pequeña chispa pueden encenderse.

Tenía diecisiete años y no creía en el amor, mucho menos con Adrián. Las manos de él en su cuerpo, y sus labios entreabiertos, y su forma de moverse, le decían que tenía que olvidarse por completo de él. Porque Adrián no se enamoraría de alguien como ella. Aunque mientras la penetraba la mirara con intensidad. Aunque le dedicara una sonrisa. Aunque la canción estuviera hablando precisamente de amor.

Al cabo de un rato él hizo un gesto raro y, segundos después, se detuvo. Blanca se quedó muy quieta notando la presión del cuerpo de Adrián y la sangre que corría por sus propias venas. Se dijo que todo aquello había sido muy diferente a como lo había imaginado. Mucho mejor. Mucho más brillante, cálido, sensitivo.

—Espero que no te moleste que yo... —Se señaló su sexo, que aún estaba dentro de ella.

Blanca negó despacio, con los ojos muy abiertos y con un sabor amargo colmándole la boca. Adrián le sonrió otra vez, pero ella percibió en sus pupilas preocupación. Cuando salió de su interior, reconoció para sí que no le gustaba el vacío que le dejaba la ausencia de su amigo. Como si sus cuerpos se acoplaran a la perfección. Como si esa primera vez entre ellos marcara un antes y un después en sus vidas. Como si el maldito universo entero estuviera gritándoles que habían nacido para eso justamente.

Se apresuró a ponerse la camiseta y las bragas mientras él se aseaba en el baño. En la sábana, una mancha rojiza le demostraba que lo que había sucedido era real. Se sintió avergonzada y trató de limpiarla con un pañuelo, sin resultado. Al regresar, Adrián estaba aún más serio que antes y le temblaba la nuez. Ella se sentó en la cama, con la espalda apoyada en la pared y las piernas casi rozándole la barbilla.

—Blanca... —empezó a decir su amigo.

No le dejó componer una segunda palabra. Había visto películas, y había oído a otras personas hablar sobre una situación parecida. Era consciente de lo que iba a insinuarle y prefería anticiparse ella, aunque el palpitar de su corazón apenas le permitiera hablar. Le pudo el orgullo, el desdén. Pudieron con ella los rechazos de los demás y la poca predisposición de Adrián para ofrecerle más apoyo y cariño, aunque fuera la misma Blanca la que lo mantuviera al margen. La venció su baja autoestima, que le hacía creer que alguien como Adrián, popular, atractivo, carismático, no podía fijarse en una chica aburrida, seria, formal y fea como ella. Y en el pecho su corazón le avisaba de que, si no levantaba unos muros altísimos, entonces se rompería. Había aguantado todos esos años entera y no consentiría que una persona, un chico, alterara todo lo que había planificado con tanto ahínco. Tenía miedo de sus deseos, de lo que había notado cuando él estaba muy dentro de ella moviéndose como si compartieran un hermoso secreto. No podía permitir que el sexo con Adrián le trastocara la cabeza. Así que se preparó para comportarse como esa Blanca que fingía que todo le importaba un comino, la misma que por las noches se aferraba a un osito de peluche como si aún fuera una niña asustadiza.

—Tranquilo, esto no va a salir de aquí. Yo tampoco quiero que nadie sepa nada. Y no te preocupes por mí. Soy mayorcita, y para nada débil. No te pediré amor eterno. Fui yo quien te dijo que quería esto, cómo y para qué lo quería —soltó con voz mecánica.

Adrián abrió la boca, sorprendido y desconcertado. En ese momento Blanca se negó a reconocer que parecía dolido. No dio importancia a que su amigo se pasara la mano por el cabello, revolviéndoselo, como acostumbraba hacer cuando estaba nervioso y preocupado.

Se levantó sin añadir nada más, con las piernas temblorosas y ese sabor amargo en la garganta que la acompañaría desde entonces durante mucho tiempo. Cogió la mochilita que había dejado en la mesa de estudio. Adrián seguía todos sus movimientos en silencio.

—Me ha gustado esa música que has puesto —murmuró, tan solo por decir algo.

Y entonces él hizo algo que no esperaba. Fue al reproductor, lo apagó, sacó el disco, lo colocó en su cajita y se lo entregó. Blanca lo cogió con los ojos muy abiertos y el corazón desbocado

—Te lo regalo.

En la carátula, los Ramones la miraban. Tragó saliva y asintió con la cabeza.

—Gracias —murmuró sin apartar la vista del disco—. Y... gracias también por... Bueno, ya sabes.

No permitió que Adrián la acompañara a la puerta. Corrió por el piso como si alguien la estuviera persiguiendo, segura de que ya estaba todo hecho, de que se había terminado todo y todo había empezado al mismo tiempo.

Porque aquella vez fue la primera, pero no la única. No fue esa primera vez la que le descubrió que Adrián no era un simple amigo, por supuesto, pero sí la que le permitió ver que ella no era otra Blanca, sino la misma de siempre y con mucha más fuerza. Una que, en realidad, sí le gustaba. Aunque no a los demás. No a ellos. Seguramente tampoco a Adrián.

6

Cinco minutos más y habré llegado.

Estoy regresando al pueblo para pasar un par de semanas con mi familia. No sé si va a convertirse en otro de los errores de mi vida, pero al menos quiero ver qué sucede. Confío en Emma, en la ayuda que está proporcionándome, y en su opinión esta es una buena oportunidad para reencontrarme con quien de verdad soy. Porque, para ella, la Blanca actual no es la auténtica.

Tras mi desafortunada cita con Hugo, el amigo de Begoña, mi mente empezó a sumergirse en recuerdos un tanto agrios. Fue ver el tatuaje y pensar en Adrián. Me di cuenta del rencor que todavía le guardo, a él y al pueblo también, y reconozco que es una sensación que no me gusta. Lo que quiero es estar tranquila con mi vida actual y superar todo aquello. Emma dice que aquí podré relajarme con mis padres, permitir que me mimen y no pasarme los días a la defensiva.

—No importa si tienes miedo, Blanca. Es normal. Todos lo tenemos alguna vez. Procura disfrutar de tu familia y de la tranquilidad del pueblo. Y si te encuentras con alguno de los que te molestaron, tan solo sé tú misma y sonríe. Ya no pueden hacerte daño. Eres una mujer exitosa, inteligente, bonita, con un buen trabajo y amigos que te quieren. Haz tus ejercicios y, si necesitas algo, llámame.

Intenté contactar con Hugo y pedirle disculpas, pero no me cogió el teléfono. Fue Begoña quien me comunicó que estaba molesto conmigo.

—No te preocupes, chica. Es un tío al que posiblemente no vuelvas a ver.

—Pero me sabe mal que eso pueda afectar a vuestra amistad...

—¿Amistad? Si quedé con él fue porque iba a invitarme a cenar, y a una buena comida nunca me niego. A mí sí que me sabe mal que te pasara eso.

Así que accedí a cogerme esas vacaciones que no me apetecían y expliqué a mi jefe que me gustaría pasar algo de tiempo con mi familia. No hubo ningún problema, por supuesto, e incluso él me aconsejó que desconectara un poco. Parece mentira, con lo que me conoce ya. Al salir del bufete yo tenía claro que me llevaría todos los expedientes a casa de mis padres para continuar trabajando incluso en vacaciones.

Y aquí estoy, con las manos pegajosas por el sudor, entrando en el camino que me lleva al pueblo. Casi once años sin pisarlo. Once años en los que me pregunto si habrá cambiado algo. Mi madre me ha dicho más de una vez que todo es muy diferente, que la modernidad ha llegado, que ahora hay muchas parejas jóvenes que se mudan aquí buscando tranquilidad. Sin embargo, mi parte desconfiada me hace pensar que en un lugar así todo se mantiene intacto.

En cuanto diviso el puente del río me entran más nervios. «Vamos, Blanca, que eres una adulta. Emma tiene razón: no hay nada aquí que pueda hacerte daño. Todo eso quedó atrás, en tu época de adolescente asustadiza. Ahora eres más fuerte de lo que crees.»

Paso por la casa de la Guardia Civil y atravieso la calle

principal. A pesar de ser mediodía y de hacer un calor bochornoso —aquí siempre es mucho peor que en la capital, es casi opresivo—, descubro a unas cuantas personas paseando por la avenida. Miro con disimulo, pero no reconozco a nadie. Quizá mi madre esté en lo cierto y esto haya cambiado.

Sigo por la plaza Mayor, por donde pasé en tantas ocasiones para ir a comprarme chucherías al quiosco que más me gustaba. Me sorprendo al ver en el centro un escenario instalado y un montón de sillas vacías. Entonces caigo en la cuenta de que esta semana se celebra la fiesta del pueblo. Desde que tengo uso de razón ha sido muy importante para toda la gente de aquí. En especial para los jóvenes, puesto que son unos días de verano perfectos para salir de fiesta, bailar y emborracharse. Hay conciertos, actividades para niños y mucho más. Ya podría haberme avisado mi madre, porque yo no lo recordaba.

Minutos después entro en la calle en la que viví durante los primeros diecisiete años de mi vida, esa en la que tuve algunos momentos buenos y muchos malos. Cojo aire mientras busco aparcamiento. Aunque sean días de fiesta mayor, los domingos a mediodía no hay muchos coches, ya que la gente se va a la playa y regresa por la noche, que es cuando empieza la marcha.

Encuentro un sitio libre y meto mi Volkswagen Polo rojo en el hueco. Al bajar compruebo que esté perfecto. Lo adoro. Lo amo. Creo que es una de las cosas más importantes de mi vida. Sin mi coche no soy yo.

Me ajusto las gafas de sol, me coloco la falda salmón a medio muslo y rodeo el Polo para coger las maletas y mis dos maletines en los que llevo un montón de trabajo. Cuando lo estoy bajando todo, con el rabillo del ojo veo que alguien está mirándome. La reconozco a la perfección: se llama Conchi, tiene la edad de mi madre y es la dueña de la pollería por cuya puerta asoma. Recuerdo que era una mujer muy amable y que algún domingo que otro llamaba a nuestro timbre y nos regalaba uno de los pollos sobrantes.

Me quedo plantada sujetando las dos maletorras que me he traído. Antes muerta que sencilla. Por no hablar de la otra que aún no he sacado, en la que he metido unos cuantos pares de zapatos. Me gusta vestir bien. Adoro comprar, abrir mi armario y encontrarme con todas esas prendas maravillosas y elegantes que he ido adquiriendo. Emma dice que eso tiene mucho de trastorno obsesivo, pero yo lo veo como que por fin tengo dinero y puedo comprarme lo que me apetece cuando quiero sin dar explicaciones a nadie.

Conchi se asoma un poco más y me estudia con curiosidad. Me aparto el flequillo, un poco incómoda. La mujer al fin sale y dice:

—¿Blanquita? ¿Eres tú?

—Hola, Conchi —la saludo con una sonrisa forzada.

Enseguida la tengo abrazada a mí, dándome unas palmaditas cariñosas en la espalda. Cuando se separa está mirándome muy contenta. Me quito las gafas de sol y finjo que también lo estoy. En realidad, esta mujer siempre se comportó bien conmigo, siempre fue amable y cariñosa.

—¡Madre mía, cuánto tiempo! —Me lo dice en valenciano, con su acento cerrado—. ¿Te has mudado aquí otra vez?

—No. Solo he venido a pasar unas semanas de vacaciones.

—Bueno, eso está muy bien. —Asiente con la cabeza de manera enérgica—. Tu madre estará contentísima. No me ha dicho que venías.

—Es que la avisé ayer por la noche.

Lo hice así porque no quería que se lo explicase a nadie. Conozco a mi madre y sé que enseguida estaría contando a todo el mundo que su hija por fin venía al pueblo.

—¿Quieres que te ayude con las maletas? —se ofrece la buena de Conchi.

—No, no te preocupes. Ahora llamo y que baje mi padre. —Señalo los timbres.

Ella se aparta a un lado y espera junto a mí a que contesten por el telefonillo. En cuanto mi madre oye mi voz, se produce un gran alborozo. Le pido que papá baje a ayudarme con las maletas. Conchi y yo nos quedamos en silencio unos segundos, hasta que me dice:

—Tu madre me ha explicado que estás muy contenta con tu trabajo y con tu piso en la ciudad.

—Sí. Es pequeñito pero precioso, perfecto para mí. Y en el despacho estoy la mar de a gusto —respondo con sinceridad.

En ese momento la puerta se abre y aparece mi hermano pequeño con unos pantalones cortos, una camiseta vieja y el cabello revuelto. En cuanto me ve, sonríe y se lanza a abrazarme.

—¡No podía creer a mamá! Me había dicho que venías, pero le aseguré que estaba chocheando.

—Eres un maleducado, Javi. Nuestra madre no es tan mayor.

—Pero es que de ti habla día y noche.

Me siento un poco mal. Sé que mi madre deseaba que acudiera al pueblo por una temporada, que volviera a la casa de mi infancia, a mi hogar, pero es que yo sinceramente no podía. Así que lo que hemos hecho desde siempre es que son ellos los que van a mi piso en fechas señaladas, a pesar de que a ella no le gusta en absoluto la capital porque «hay muchísimos coches, un montón de ruido y demasiada gente», según ella. Todo eso la agobia porque está acostumbrada a este otro mundo.

He de reconocer que no he sido la mejor hija. He antepuesto mi trabajo y mi nueva vida a la que tuve con mi familia, pero era lo que pensaba que me haría bien. Puede que ahora tenga la oportunidad de arreglarlo pasando este tiempo con ellos, sin huir más.

—Conchi, nos vamos arriba, que mi padre ya casi tiene la paella hecha e insiste en que hay que comérsela reciente porque si no luego no vale nada —explica mi hermano a la pollera, quien aún espera a nuestro lado.

—Claro que sí, guapos. Que os aproveche.

Me da otro abrazo y a continuación se mete en la tienda. Javi y yo entramos en el portal; él cargado con mis dos maletazas y los maletines de trabajo, y yo con los neceseres y la maleta pequeña en la que llevo mi preciado calzado.

—¿Qué es lo que te ha dado para que vengas a casa de vacaciones, Blanqui?

—Pues nada, que quiero ser una buena hija.

—Para mamá eso ya lo eres. Soy yo la oveja negra. —Esboza una sonrisa.

Mi hermano es un chaval bastante guapetón. Tiene cara de travieso, y su piercing en la lengua es una atracción muy poderosa para las féminas. Se lo hizo cuando tenía catorce años. Recuerdo que mamá me llamó para contarme que papá quería matarlo. Por supuesto no lo hizo, mi padre es un hombre estupendo.

—No digas tonterías. Tú eres el ojito derecho de ambos.

No nos hemos visto desde Navidad, pues pasé la última Semana Santa con Begoña en un apartamento en Salou, de modo que mi madre se lanza a estrecharme entre sus brazos con todas sus fuerzas y me deja sin respiración. Me agarra de la cara y me come a besos, proclamando a grito pelado lo guapa que estoy. A este paso, van a salir los vecinos. Mi padre asoma la cabeza por la puerta de la cocina y anuncia, muy orgulloso:

—He puesto todo mi amor en la preparación de esta paella, Blanqui. Seguro que hace mucho que no comes un arroz en condiciones.

Si supieran que la mayoría de los días tomo en el despacho un bocadillo o una ensalada, se morirían del disgusto.

A los de mi familia siempre nos ha gustado comer bien, pero mientras ellos tragan lo que quieren y están como palillos, yo, en cuanto me paso un poco, me lleno de michelines.

Papá y mamá me ayudan con las maletas hasta llegar a mi dormitorio. Está igual que siempre. Con sus paredes de color verde claro, los pósters de Madonna, los Backstreet Boys y The Bangles, y con mi antiguo oso de peluche justo en el centro de la cama. Eso ha sido idea de mi madre, seguro.

—Está bonita la habitación, ¿a que sí? —me pregunta sin poder contener la emoción.

Javi se está mofando por lo bajini y le arreo un pisotón del que se queja con un insulto. Acabo de llegar y el mocoso ya está dando la lata. Siempre ha sido así, como una mosca cojonera. Luego se da cuenta de que ha sido un cabroncete y viene pidiéndote perdón como el chaval más bueno del mundo. Cuando era un criajo hacía un montón de trastadas y me echaba la culpa a mí. Nuestros padres sabían perfectamente que había sido él, pero al final ambos acabábamos llevándonos la bronca.

—¡María, ve poniendo la mesa, por favor! —grita mi padre desde la cocina.

Mi madre sonríe y me da otro abrazo. Javi la imita en plan coña, como si estuviera llorando de emoción. Por favor, ni que tuviera doce años. Se quedó en la edad del pavo y a saber cuándo la superará. Tiene veinte años y aún no ha madurado. Hombres.

—Qué contenta estoy de que hayas venido. Ya verás como aquí te relajas y te olvidas un poco del trabajo. Te pasas los días demasiado liada, Blanca. Eso no es bueno.

—Bien, mamá... No empecemos.

Sale de la habitación y nos deja a mi hermano y a mí solos. Javi se toma toda la libertad del mundo y se lanza sobre la cama para tumbarse en ella. Lo miro con mala cara mientras saco el par de zapatillas que me he traído para estar cómoda en casa.

—Siempre le digo a mamá que tu cama es mejor que la mía y que tendrían que cambiármela. Al fin y al cabo, tú vienes... de década en década —se burla.

—Ve a ayudar a los papás —le digo.

—¿Y tú?

—Yo soy la invitada. —Esbozo una sonrisa maliciosa.

Javi se levanta y se dirige a la puerta, pero antes de salir se lleva la mano a la cabeza como si recordara algo muy importante.

—Mamá me dijo que había encontrado algo y que necesitaba saber si lo querías.

Lo oigo rebuscar en un cajón y cuando me doy la vuelta para regañarlo por ser un entrometido, descubro lo que tiene en las manos. Un disco. Uno en el que puedo leer «Ramones». El sabor amargo me llena la garganta. Me llevo la mano al flequillo y me lo retiro como cuando me pongo nerviosa.

—¿Lo quieres o qué? —insiste Javi agitándolo en el aire—. No sabía que te gustaba esta música. A mí sí, pero a ti... ¿Es de...?

No le dejo terminar. Le arrebato el disco de la mano, abro el armario y lo lanzo al fondo, y luego echo unos cuantos trastos encima. Javi me mira sin parpadear, con los ojos muy abiertos.

—Pero ¿qué haces?

—No hace falta que mamá lo tire. Lo llevaré a alguna tienda de discos de segunda mano, a ver si lo quieren —murmuro.

Mi hermano se encoge de hombros y se va. Cuando sus pasos se pierden por el pasillo, caigo en la cama como un peso muerto. Cierro los ojos, los aprieto con fuerza hasta que veo un montón de puntitos blancos en la oscuridad. Me quedo un buen rato tumbada, intentando vaciar la mente de cualquier pensamiento negativo, tal como me ha enseñado Emma. Pero una camiseta de los Ramones y la letra de una canción aparecen en mi mente.

Doy un brinco al oír la potente voz de mi padre avisándome de que vaya a comer. Lo tengo claro: van a tratarme como si tuviera la misma edad que Javi. Y eso que él ya es mayor también, leñes. Pero para nuestros padres siempre seremos unos niños. De todas formas, Emma me ha recomendado que me deje mimar y cuidar, y quizá por una vez en mi vida sea lo adecuado.

—¿Qué te parece, Blanqui? —me pregunta mi padre señalando la paella con orgullo.

Me acerco y descubro un arroz con una pinta estupenda. El estómago me ruge y me doy cuenta de que estoy hambrienta. Mamá ha preparado también una ensalada mediterránea, con jamón de pavo por encima porque sabe que me gusta mucho.

—¿Y por qué no le has puesto cebolla? ¡Si eso es lo que le da sabor! —protesta Javi al cabo de un rato.

—A Blanca no le gusta. Dice que luego le huele el aliento —le explica mi madre.

—Como si tuviera que besar a alguien —se mofa él.

—Bueno, eso no lo sabemos. —Mamá clava la mirada en mí, ansiosa por saber si por fin he encontrado a alguien.

—No, mamá. Continúo soltera. Y la mar de bien.

—Normal, trabajando tanto... ¿Así cómo vas a tener una relación?

—Por favor —me quejo.

Ella parece un poco desilusionada, pero minutos después ya está otra vez contenta contándonos que mengana se iba a casar el 15 de agosto y el cura le ha dicho que no porque es el día de la Virgen, y explicándonos que fulano se compró un coche nuevo y a los dos días su hijo ya se lo había cargado.

—Es que ese chaval siempre ha sido un poco alocado. Y lo de don Amancio es que no tiene nombre, parece mentira... —dice mi padre.

Y me doy cuenta de que, en realidad, aquí parece que nada ha cambiado. La misma decoración en nuestro piso, las mismas fotos encima del televisor del salón, la misma costumbre de comer el arroz de la paella y de pelearnos Javi y yo por el *socarraet*. Y los comentarios acerca de los demás. No es que mis padres sean malas personas. Qué va, más bien todo lo contrario. En el pueblo esto es lo normal. Mis padres no lo hacen de mala fe, pero otros sí. Por unos segundos me entran unas ganas tremendas de preguntarles si esa gente a la que yo no le gustaba continúa aquí, pero me contengo. No necesito saberlo.

Tras el postre cada uno se va a su dormitorio a hacer la siesta. Como yo ya no estoy acostumbrada, paso el rato cotilleando el Facebook y escribiéndome con Begoña, quien me anuncia que anoche conoció a una mujer encantadora que tiene unos ojos preciosos. Cuando dice eso se refiere a que tiene unas tetas enormes. Bromeamos un rato sobre ello y finalmente me quedo dormida. Me despierto con unos sonidos en la puerta. Al abrir los ojos descubro que ya está anocheciendo y cuando miro el reloj veo que son más de las nueve. Madre mía, sí que he dormido. Sueño atrasado.

—Blanca, que tu padre y yo nos vamos a cenar fuera. Esta noche hay espectáculo en la plaza. Te diría que vinieras, pero no creo que te lo pasaras bien con unos abuelos. —Me sonríe.

—No te preocupes. Veré una película.

—¿Por qué no sales con Javi? Se lo he comentado y no le ha parecido mal.

—¿Con Javi? ¿Con mi hermano tocacojones? —Abro los ojos y la miro como si estuviera loca—. ¿Con sus amigos criajos?

—No digas eso de tu hermano. Además, no todos son tan jóvenes. Hay una pareja que creo que tiene veinticuatro.

—Sabes que no me gustan esos ambientes, mamá —le recuerdo.

Y al final, no sé cómo, me convence para ir de botellón con mi hermano pequeño y, de paso, me pide que lo cuide. Para mí que lo ha hecho a propósito. Quiere que lo tenga vigilado porque no se fía de él.

—Mira a ver si se fuma algún porro de esos...

Cenamos en casa unas pizzas del congelador y a las once empiezo a arreglarme. Me pongo una falda de vuelo a medio muslo de color negro y una blusa rosa palo a conjunto con los zapatos. Toma elegancia. Si es que la que vale, vale. Me aplico un maquillaje natural. Cuando Javi se asoma al dormitorio para preguntarme si estoy lista, suelta un silbido.

—Vaya con mi hermana. ¡Si parece una tía seria y elegante! ¡Y encima buenorra! Antes vestías como el culo.

—¿Acaso te acuerdas de cómo era yo, atontado? —Me acerco para darle un capón, pero se aparta a tiempo. Ni siquiera llevo ya gafas. Bueno, solo en mi casa, pero cuando trabajo, salgo por ahí o voy donde sea me pongo lentillas.

—Pues sí. Y además mamá tiene un montón de fotos tuyas. Y mías. Yo salgo horrible en casi todas, haciendo el tonto.

Le doy un empujón para que nos vayamos y dejemos de hablar de esa época. Primero tenemos que ir a comprar alcohol al chino que abre veinticuatro horas y después hemos quedado en el recinto ferial con sus amigos. Cargamos con un montón de botellas, vasos y bolsas de hielo.

—Espero que Vicente me dé su parte, porque luego se escaquea —comenta Javi. Al reparar en mi cara de acelga dice—: ¡Venga, Blanqui, que vamos a pasarlo de puta madre!

—¡Uy, sí, me chifla hacer botellón rodeada de adolescentes y veinteañeros borrachos! —suelto con sarcasmo.

—Hablas como una vieja. Aunque bueno, tu vocabulario siempre ha sido el de una viejoven.

Llegamos al recinto ferial discutiendo como de costumbre cuando estamos juntos. Entre sus amigos reconozco a unos cuantos de cuando eran pequeños entre otros que son nuevos. Me los presenta a todos y me doy cuenta de que los chicos me miran con atención. Cuando saludo a las chicas trato de ser lo más maja posible, aunque también mostrando plena seguridad, como siempre.

—Mi hermana ha venido a pasar unas semanas con nosotros —les anuncia orgulloso.

Dos de sus amigas me preguntan sobre la carrera de Derecho; están haciendo Económicas, me explican, pero no les entusiasma y quieren cambiar. Lo estoy pasando bien y todo, quién iba a decírmelo. Me han ofrecido un cubata, pero me limito a darle pequeños sorbos. Cuando se terminan todo el alcohol deciden entrar en el recinto para unirse a la gente que está bailando allí. Hay un montón de casetas en las que venden bebida y un discomóvil. Todo va bien. Me divierto... Hasta que reparo en que me observan. Las reconozco de inmediato. Apenas han cambiado. Una de ellas viste con sus ropas castas como siempre, aunque no tenga nada de pura, ni de buena ni de amable. Las otras... Sin comentarios. Me miran mientras cuchichean entre ellas. Las buitronas. Así las llamaba yo en esa época. Esas cuatro chicas me hicieron la vida imposible y ahora están ahí, acompañadas de unos hombres que también conozco.

Me digo que no pasa nada, que soy una adulta, ellas también y me da igual lo que murmuren. No las oigo, y no se atreverán a venir a decirme nada. A medida que pasan los minutos, en los que intento distraerme bailando con los amigos de Javi, descubro que las buitronas continúan lanzándome miradas de soslayo y en ocasiones se ríen. Seguro que de mí. Pues me importa un bledo. Apuesto a que sus vidas son terribles.

—Voy a por algo de beber —anuncio a Javi. Lo que pretendo es pasar cerca de ellas con la cabeza bien alta. ¿No quería Emma que hiciera terapia?

Estudian todos mis movimientos mientras camino hacia un chiringuito. Se señalan la ropa y no puedo evitar preguntarme si estarán burlándose de mi atuendo. No importa. Soy una adulta. Visto como quiero. Soy libre. Me gusta mi ropa. En realidad, es mucho más bonita y distinguida que la de ellas, que tienen el gusto en el culo.

Cuando me entregan el cubata que he pedido y me doy la vuelta para ver qué hacen, descubro que ya no están. Blanca 1 - Buitronas 0. A tomar viento, pedorras. Y como me siento como unas pascuas, me tomo la bebida de un trago y corro a por otra. Uy, uy, uy, «Blanca, que ya sabes que se te sube muy pronto.»

Un rato después las amigas de Javi me observan preocupadas y una de ellas susurra algo al oído a mi hermano. Este me mira y se acerca para preguntarme:

—Blanqui, ¿te encuentras bien?

—Pues claro —respondo tambaleándome—. Pero me voy ya a casa, que tengo sueño.

—Menuda cogorza te has pillado. ¿Quieres que te acompañe?

Niego con la cabeza. Me apresuro a despedirme de sus amigos y me abro paso con una sonrisa en la cara entre la gente que abarrota el recinto ferial. No ha ido nada mal. Al principio me he puesto un poco nerviosa al ver a esas chicas, he sentido cierto malestar al recordar, pero luego no he tenido la necesidad de esconderme, huir o autoculparme como cuando era adolescente.

Trato de caminar lo más recta posible, pero me tambaleo un par de veces. La última canción que ha sonado retumba en mi cabeza. «Dale, ponte a jugar», canturrea Pitbull. Poesía de la buena, vamos. Joder, parece que el suelo se aleje. ¿Cómo puede ser que se mueva solo? Alzo la cabeza y me doy cuenta de que me hallo en un callejón que ahora mismo no reconozco. ¿Desde cuándo hay un lugar tan oscuro y tétrico en este pueblo? Oigo un ruido a mi espalda.

Al darme la vuelta, atisbo algo que se acerca. Cuando centro la vista comprendo que se trata de una persona. De un hombre, mejor dicho. Uno alto. Y yo sola en esta calle solitaria y umbría, con el enorme bolso de Michael Kors colgado del hombro y unas sandalias monísimas, pero que me aprietan en un dedo y no me permitirán correr en caso de necesitarlo. Y me parece que sí, porque ese tío se acerca a toda prisa hacia mí, y en la mano lleva algo que reluce. ¡Joder! ¿Una pistola? ¿Una navaja?

Me detengo en seco y miro a un lado y a otro en busca de un lugar donde esconderme. Delante de mí tan solo hay un contenedor a rebosar de bolsas. Deben de ser las cinco de la mañana. ¿Por qué coño no se han llevado la basura todavía? Aun así, en uno de mis brillantes accesos de impulsividad (no tengo demasiados, pero cuando me dan...) corro hacia el contenedor a la desesperada. A lo mejor si me meto en él ese tío no se atreve a sacarme. Mi cabeza ahogada en alcohol no es capaz de razonar mejor.

—¡Eh, tú! —exclama el hombre.

Por nada del mundo voy a detenerme. Mis intestinos no acabarán en un callejón maloliente del pueblo al que odié en mi infancia y adolescencia. Ya me jodió bastante. Abro la tapa y un olor horrible se cuela por mi nariz. Me sobreviene tal arcada que hasta se me saltan las lágrimas. Intento trepar para meterme, pero el alcohol no me deja coordinar los movimientos muy bien.

—¡Chica! Pero ¿qué estás haciendo?

El asesino, violador o lo que sea está demasiado cerca, y me arrepiento de no haber dejado de fumar, como me recomendó Emma. Al menos estaría en mejor forma. Doy un par de saltitos más, levanto una pierna cual contorsionista del Circo del Sol, con lo que la falda se me sube y estas braguitas de La Perla que me costaron un riñón quedan al descubierto por completo. Para mi decepción, noto unas manos grandes y fuertes en mis caderas.

—¡Pare! ¡Pare o chillaré! —En realidad, ya estoy haciéndolo.

El tío no se echa atrás, sino todo lo contrario: me aparta del contenedor y me arrastra con él hacia lo más oscuro del callejón. Y todo esto teniendo yo la falda casi por la cintura, para más inri.

—¡Por favor! No me haga daño. Ni siquiera vivo en este pueblo de mierda —murmuro con los ojos cerrados, muerta de miedo—. ¡Le daré lo que quiera! Tengo un móvil caro, ¿sabe? Se lo daré... Puede revenderlo y sacarse una pasta. —Sin siquiera mirar a quien tengo frente a mí, rebusco en el bolso y saco el teléfono.

—¿Blanca?

Me quedo tiesa. ¿Cómo sabe el violador mi nombre? ¿Es que acaso es un acosador que ha estado acechándome esta noche? Se acerca un poco más y alzo los brazos para protegerme.

—¿De verdad eres tú?

A pesar de la cogorza que llevo y el susto que tengo en el cuerpo, acierto a reconocer algo familiar en esa voz que se dirige a mí. Entreabro un ojillo y miro al hombre que me observa con los ojos muy abiertos. ¿Lo conozco? Se parece a alguien, pero la verdad es que veo tan borroso que...

—¡Joder, qué puta loca! ¿Cómo se te ocurre intentar suicidarte metiéndote en un contenedor? Mira que hay otros métodos más normales, pero, claro, tú siempre has sido tan rara...

Me quedo boquiabierta. ¿Qué está diciendo el gilipollas este? ¿Suicidarme yo en la basura? Abro los ojos como platos y clavo en él la mirada.

—¡Ha sido usted quien ha venido hacia mí en plan intimidante o qué sé yo, con esa arma en su mano!

—¿Usted? ¿Intimidante? ¿Arma? Es un mechero, pirada. En serio, ¿qué te pasa? —Estudia mi rostro y mi atuendo y, al fin, suelta una sonora carcajada—. ¡Hostia tú! ¡Que vas borracha!

Justo entonces descubro que yo conozco a ese hombre, y que pronunciar su nombre va a amargarme la boca. En medio de todo el mareo, el corazón arranca a brincarme en el pecho. Y quiero salir corriendo. Quiero escapar y matar a Emma; no debería haberle hecho caso. Y quiero estrangularme por no haberme parado a pensar que probablemente él continuaría en el pueblo.

—¿Adrián? —Parpadeo, con la esperanza de que todo sea un sueño.

—Cuánto tiempo, ¿verdad, Blanca?

Y en su tono de voz hay un enorme resentimiento.

7

Nos quedamos mirándonos en silencio en este callejón donde apenas llega la luz de las farolas de la avenida. Aun así, mal iluminado y con mi tremenda turca, puedo apreciar que Adrián es muy alto. Es como si hubiera borrado de mi mente ese detalle. Pero veo que su sonrisa sigue siendo la misma, fanfarrona y segura, y de eso no me había olvidado. Ese gesto tan suyo, de sonreír con los dos dientes delanteros apoyados en los labios como un chico malo, lo he tenido clavado en la cabeza. En un lugar oculto en la parte más oscura; aun así, siempre ha estado ahí.

Mi primer pensamiento es salir por patas, pero me digo que parecería una cigüeña borracha y que, además, no tengo por qué comportarme como una cagada. Ya no lo soy. Ni siquiera con él. El segundo es gritarle, materializar todos los insultos que hubo en mi mente, tanto que creo que hasta inventé algunos nuevos. Decirle que se aleje de mí, que no me apetece hablar con él, si es lo que se propone. El tercero, algo irracional en mí, es lanzarme a abrazarlo para confirmar que su tacto continúa provocándome calidez y, al mismo tiempo, frío. No hago nada de eso, por supuesto. Me dedico a maldecir a Emma en silencio, que es más fácil. Adrián interrumpe mi cháchara mental con un carraspeo.

—Hola —lo saludo, con el tono más sereno que la cogorza me permite.

—Qué casualidad, ¿eh? ¿Qué haces aquí? —Y su voz todavía está cargada de... ¿rencor? ¿Enfado? ¿Rabia? ¿Malestar? ¡Será posible!

—He venido a pasar unos días con mi familia —respondo.

—Yo también.

—Qué bien —murmuro, sin saber qué más decir.

—Es lo que suelo hacer. Vengo cuando tengo unos días libres, sobre todo durante la fiesta mayor, en verano.

Está dándome demasiada información que no necesito. O sí. No lo sé. El alcohol está afectándome. Adrián me habla como si no hubiera pasado casi una eternidad desde nuestra «separación». Parece haberme leído la mente porque dice:

—Han sido muchos años, ¿eh?

—¿De qué?

—Desde que hablamos por última vez.

Todavía ese tono recriminatorio. Puedo apreciarlo no solo en su voz, sino en el ambiente, que de súbito se ha enrarecido. Después de bajarme del contenedor y de haberse dado cuenta de quién soy, Adrián se ha echado hacia atrás como si yo quemara. O como si le diera asco y no quisiera ni rozarme. Pues no es que él sea la persona a quien yo estaba deseando ver, no te jode.

—Sí. Han sido bastantes —respondo, e intento restar importancia al asunto.

—Tus padres estarán contentos —murmura. Entre sus dedos se mueve algo. Bajo la vista y descubro el mechero.

—Claro.

—Pensaba que no vendrías al pueblo nunca más. —La sonrisa sigue dibujada en su rostro, pero en su voz no hay ni rastro de simpatía.

—Al final todos acabamos regresando a nuestros orígenes.

—¿Tienes un cigarro o sigues sin fumar? —me pregunta de repente.

Rebusco en mi enorme bolso, en el que casi podría meterme, hasta dar con la cajetilla. Todos estos años me han servido para comprender que lo mejor es no caer en el juego de los otros. Mirar con buena cara a aquellos que nos dijeron cosas malas, enseñarles que podemos ser amables porque no somos como ellos.

Estira el brazo para coger el cigarro que le tiendo. Le dedico una sonrisa más falsa que un billete de treinta euros, aunque eso solo lo sé yo. No obstante, algo ocurre. Sucede que, sin querer, se produce un roce. Uno muy breve, apenas nada. Pero ahí está. Y un cosquilleo en la punta de mis dedos. Al alzar la vista, veo que está mirándome fijamente con esos ojos verdosos que se me clavan muy dentro.

—Así que ya no eres una chica sana. ¿O es que eres de las que, por si acaso, llevan cigarros y mecheros en su bolso? Que, por cierto, es gigantesco y pijo. Nada que ver con las mochilas que usabas antes.

No me apetece que mencione nuestra época anterior. Y digo «nuestra» porque desde que él apareció en mi vida cuando era una niña ya no existió la palabra «yo», sino «nosotros». Es algo que comprendí tarde, y mal, y que me provocó más dolor y soledad.

—Un Michael Kors —digo mostrándole el bolso con orgullo.

Adrián enciende el piti y le da una calada. Aprovecho para sacar otro y espero a que me ofrezca el mechero.

—Gracias —respondo cuando lo acerca. Adrián arruga el entrecejo mientras me observa. Supongo que resulta raro verme fumando—. Un placer haberte visto otra vez.

Me despido de él con una sonrisa. Me apresuro a pasar por su lado y, en cuanto lo he conseguido, con el rabillo del ojo veo un movimiento. Es él, que para mi sorpresa está caminando a mi lado. Vaya, vaya, así que le interesa seguir con la conversación.

—¿Ocurre algo?

—Voy a mi casa también. Justo cuando nos hemos encontrado regresaba de pasar un rato con mis amigos. ¿Recuerdas que mi madre vive en la calle que está detrás de la tuya? —dice con sorna.

Vaya que sí. ¿Cómo olvidarlo? Deduzco que él ya no vive aquí, pero su madre sí, claro.

—Por supuesto que me acuerdo.

—Creía que habías perdido tu buena memoria.

Está provocándome. Más de diez años y nada ha cambiado. Adrián continúa siendo el tío chulo y presuntuoso que era. Quizá desea torturarme, y una parte de mí considera que me lo tengo merecido. La otra piensa que es un gilipollas y que la culpa de todo la tuvo él.

—Además estás muy borracha. ¿Y si alguien quiere aprovecharse de ti? —Otra burla. Ahora recuerdo por qué lo odié tanto.

—No te referirás a ti, ¿no? —Dibujo una sonrisa cuajada de dientes. Desde el primer momento me he fijado en cómo me mira, de arriba abajo.

Adrián parece confundido. Seguro que no se imaginaba que le seguiría el juego. No sabe lo mucho que he cambiado. Que me ha costado lo mío, pero bien vale la pena por ver su cara de sorpresa.

Al salir del callejón doy un traspié, trato de mantener el equilibrio, algo sumamente difícil con este pedal y las sandalias que me muerden, y cuando quiero darme cuenta me tiene cogida del codo. Solo del codo. Pero sus dedos en mi piel me provocan unas cosquillas raras en el estómago. Me incorporo, me aparto el flequillo de la cara y murmuro:

—Gracias.

—Me parece que te iban mejor las deportivas —dice señalando mis pies y rememorando nuestra época juvenil.

—Prefiero los zapatos y las medias —le rebato.

Adrián sonríe, con las dos paletas rozándole el labio inferior, uno que era carnoso y suave. ¿Seguirá así? En todo caso, debería darme igual.

Ahora hay luz. Una farola nos alumbra. Observo su rostro, con ciertos rasgos aniñados. Eso todavía lo hacía más atractivo. Lleva una barbita y tiene el pelo alborotado, como de costumbre. Tantos años y todo sigue igual. Nada ha cambiado en él, excepto su ropa. Adrián no viste una camiseta de los Ramones y unos vaqueros negros desgastados, sino una camisa azul, que parece elegante, y unos pantalones cortos de color marrón claro. Estoy muy borracha, y él, muy guapo. Puede que aún más. Mucho más. Porque ahora es un hombre y su cuerpo se ha desarrollado. No es el jovenzuelo tirillas al que vi por última vez hace once años. Percibo los músculos que asoman de las mangas de su camiseta. No muy grandes, nada exagerados, sino lo suficientemente perfectos para que algo en mi pecho palpite. Y en mi entrepierna.

Él también está mirándome, entre calada y calada, y caigo en la cuenta de que todo esto le divierte. «Es un cabrón. Un tío sin sentimientos, sin aprecio por los demás», pienso para borrar de mis ojos, e incluso de mi cabeza, todo lo que acabo de ver.

—Estoy seguro de que será un espectáculo digno de presenciar verte con taconazos y medias —responde con su actitud de fanfarrón, y luego tira la colilla. De nuevo dirige la vista hacia mí y dice—: Te noto muy cambiada. Pero la verdad es que hace tantos años que... —Se corta.

¿Que fuimos amigos? ¿Que follamos? ¿Que nos comportamos ambos como unos cagados, pero fuiste tú quien me dio la patada? ¿Qué irá a decir?

—Que perdimos la amistad —termina.

—La vida es así, Adrián. Unos llegan y otros se van. Como dice Antonio Machado, «todo pasa y todo queda, pero lo nuestro es pasar» —respondo.

Me mira con los ojos muy abiertos. Continuamos nuestro camino en silencio y todo es incómodo, extraño, como si algo fuera a estallar de un momento a otro. En ocasiones soy yo quien se adelanta y otras es él quien aprieta el paso, pero al final siempre acabamos al mismo ritmo, a idéntica altura. Quizá así podría definirse también nuestra vieja amistad.

—¿Y cómo te va todo? —me pregunta en un momento dado.

—Genial. Supongo que a ti también, ¿no?

Me dedica una sonrisa y yo se la devuelvo. ¿Por qué nos comportamos de forma tan amable después de lo que pasó?

Vaya, ya hemos llegado a mi calle. Me dispongo a ir hacia el portal, pero entonces Adrián carraspea y al mirarlo descubro en él un semblante que no acierto a descifrar.

—Me he preguntado muchas veces qué habría sido de ti durante todo este tiempo.

Regresa el sabor amargo a mi boca. ¿Lo dice de verdad? Me mantengo callada.

—Por tu cara imagino que tú no te has parado a pensar en mí —continúa—. Vivimos muchas cosas juntos, ¿o no? —me espeta con un tono muy duro.

Cojo aire y luego lo suelto con fuerza. Me llevo la mano al flequillo y me lo aparto. «Paciencia, Blanca.» Hay gente a la que le cuesta entender que ha hecho un daño horrible.

—Adrián, es la primera vez que nos vemos en diez años y te aseguro que me ha hecho ilusión. —Me llevo una mano al pecho como si estuviera un poco indignada—. Pero no tengo claro si a ti también, porque parece que estés enfadado y que te apetezca discutir.

—Eh... Esa no es mi intención. —Levanta las manos en

un gesto inocente. Por un momento aparece en mi mente la imagen de un chico descuidado, con el pelo desordenado y constantes palabrotas en su boca, y noto una sacudida en el pecho.

—¡Genial! Pues nada... Quizá nos veamos por el pueblo —me despido.

—¿Y eso es todo?

—¿Qué quieres decir?

—Ni siquiera nos hemos saludado con dos besos. Es más, creo que lo de esta noche podría entrar en el récord Guinness de los reencuentros raros.

—¿Darnos dos besos? —Arqueo una ceja, un poco confundida.

—Es lo que hacen los viejos amigos cuando vuelven a verse.

—Los que no terminaron como nosotros.

Adrián se calla, como si mis palabras fueran para él un golpe. Frunce el ceño y acto seguido se rasca la barbilla con aire pensativo.

—Me habría gustado que...

—Buenas noches, Adrián. Ha sido un placer verte de nuevo.

—Vamos, Blanca. ¿Ya te vas? ¿No te apetece ir a tomar algo?

Se está pasando. Es nuestro primer encuentro desde hace un montón de años después de lo que hizo y está comportándose como si no me hubiera roto el corazón. «Es el mismo Adrián de siempre, ese que quiere salirse con la suya sin pensar en cómo se sentirán los demás», pienso.

—Estoy agotada. He llegado hoy y me gustaría descansar.

Me coloco bien el bolso en el hombro y me doy la vuelta. Echo a andar hacia el portal, pero entonces oigo un silbido y a continuación una voz familiar. El alma se me cae a los pies. Con lo bien que iba todo.

—¡Blanqui!

Es mi hermano, cómo no. Pero ¿no estaba divirtiéndose con sus amigos? ¿Por qué cojones no se ha quedado con ellos más rato? Estoy volviéndome cuando oigo que saluda a Adrián.

—¡Eh, tío! ¿Cómo estás?

Chocan las manos, como lo hacían tantos años atrás siempre que se veían, cuando Javi era un criajo que me llegaba por el pecho. Adrián era el modelo a seguir para los ceporros. También el de mi hermano, por supuesto. Y yo sigo de espaldas a ellos, con las llaves en las manos y maldiciendo para mis adentros.

—¿Mucha fiesta hoy, Javi? —le pregunta Adrián en tono amistoso, muy distinto al que ha empleado conmigo todo este rato.

—¡No lo sabes tú bien! Y mañana más, ¡que es la gran noche!

Sé que mi hermano también ha bebido bastante porque lo he visto mientras estaba con él; sin embargo, tiene la capacidad de mantenerse sereno.

—¡Blanca! —me llama—. ¿Qué haces ahí tan tiesa? ¡Tía, que es Adrián!

Como si no me hubiera dado cuenta. Al final tengo que volverme hacia ellos y forzar otra sonrisa. Javi está mirando a Adrián con una cara de adoración que no puede con ella.

—Te ha sorprendido ver a mi hermana, ¿eh?

Puto Javi. Tiene el don de hacer comentarios fuera de lugar. Y en ocasiones no son a propósito, como el de ahora mismo. Él no sabe nada de lo que ocurrió y, aunque algunas veces me preguntó cuando era un crío, supongo que mis cabreadas contestaciones le quitaron las ganas. O eso, o que es más inteligente de lo que pienso.

—La verdad es que sí —responde Adrián pasando su mirada de mi hermano a mí.

—¿A que está guapa? Y mira cómo viste. Parece una mujer con pasta, ¿o no?

—¡Métete en casa, enano! —siseo entre dientes.

Mis padres ya estarán en el piso, y en verano duermen con la ventana abierta. Viven en el segundo. Mi madre tiene el oído más fino del mundo. Solo faltaba que acabara despertándose con nuestro palabrerío, se asomara y descubriera que estamos con Adrián. Vamos, toda la familia reunida...

—Mucho. Muy guapa —coincide él.

Vaya por Dios, ¿y qué esperaba? ¿Encontrarse con Betty la Fea? Aun así, debería tratarme con respeto de todos modos, pero no está de más recordar que Adrián me demostró que era un maldito superficial.

—Ya te dije que tiene aspecto de abogada de película —fanfarronea mi hermano.

Qué majete. O sea que, al final, mis intentos por que Adrián no supiera nada acerca de mi vida se fueron al traste. Aunque conociendo a mi familia, ¿de qué me extraño?

—Todavía me sorprende que no siguiera sus deseos de ser una gran periodista —apunta Adrián.

—Pues ya ves, la gente cambia de objetivos, madura y esas cosas... —Logro callarme a tiempo para no soltarle que me temo que él no lo ha hecho. Alzo la mano con las llaves y las muevo de un lado a otro—. Me voy arriba, que me muero de sueño.

—Lo que pasa es que todo te da vueltas —se mofa Javi, y luego se dirige a Adrián—. No sabes cómo le da al alpiste.

Estoy a punto de contestarle, pero el chaval continúa con su cháchara.

—Oye, Adrián, ¿mañana vas a ir al discomóvil? —le pregunta.

—No lo sé. Nunca me ha gustado mucho —dice mirándome a mí.

—Blanca y yo volveremos a ir, que hoy nos hemos divertido mucho —se adelanta mi hermano sin contar con mi opinión.

—Entonces puede que yo también me pase —apunta Adrián.

Javi se encoge de hombros. Es demasiado joven para entender algunos de los juegos de los adultos.

—Que descanses, Adrián —murmuro con mi mejor cara de chica amigable.

Él se despide con una sacudida de cabeza, y puedo apreciar que también está un poco confundido con mi actitud amable.

Trato de abrir la puerta, pero con la borrachera me siento como Tom Cruise en *Misión: Imposible*. Mientras tanto, Javi y Adrián continúan charlando, incluso después de que entre en el portal. ¿Hablarán de mí?

Entro en casa de mis padres procurando no hacer ruido, pero la maldita ley de Murphy me persigue. Me doy un hostión con uno de los muebles y todos los marcos de fotos que hay sobre él se tambalean. Me paso la mano por la cadera murmurando maldiciones. Al fin llego a mi habitación sin ningún sobresalto más. Ni siquiera se me pasa por la cabeza desmaquillarme. Me lanzo sobre la cama sin quitarme la ropa. Ay... Esto da más vueltas que el Dragon Khan de Port Aventura.

Adrián. Su nombre se dibuja en mi mente, sólido y molesto. No pensé ni por un momento que él estaría en el pueblo, ya que desde hace muchos años trato de mantenerlo fuera de mi cabeza. Begoña me diría que esto no ha sido una casualidad ni de coña.

Adrián. No pronuncio su nombre en voz alta, pero el sabor amargo está en mi boca. En mi lengua. Impregnado en mi paladar, y va deslizándose por mi garganta hasta llegar a mi pecho y quemármelo. Su nombre arde en él. Tantos años. Tantas protecciones. Tantos intentos. Soy otra Blanca, una fuerte, una que no permite que nada ni nadie la quiebre. Y mucho menos él. Simplemente ha sido la sorpresa de verlo, está claro. Adrián no ha desaparecido de mi vida, por supuesto, pero ya no puede hacerme daño. Estoy por encima de todo esto. De su olor. De sus largas pestañas. De sus dientes asomándole sobre el labio inferior. De su voz. De sus tatuajes.

Me acuerdo a la perfección de la primera vez que nos vimos. Éramos unos críos y yo todavía no sufría ese acoso continuo. Mi madre conoció a la suya en la panadería y conectaron desde el minuto cero. Supongo que decidieron que podíamos ser amigos. Mi madre y yo fuimos al parque de al lado de mi casa y allí estaban ellos dos, Nati y Adrián. Él era un niño jovial y hablador y yo ya era una chiquilla taciturna. Aun así, él me preguntaba cosas sin parar y me proponía juegos divertidos. Nuestros encuentros no pasaban de una vez a la semana, siempre acompañados de las mamás, por supuesto. A pesar de no ir a la misma escuela, tampoco al mismo instituto más tarde, vivíamos tan cerca y nuestras madres eran tan amigas que era difícil mantenernos alejados. Tendría yo unos doce años cuando empezamos a conectar más. Ya no nos dedicábamos a jugar, sino a hablar de nuestros sueños de futuro. Como a Adrián no le gustaba estudiar y sacaba malas notas, Nati me pidió que lo ayudara, y eso que yo iba un curso por debajo. Muchas tardes él venía a mi casa y mi madre nos preparaba la merienda mientras estudiábamos. Adrián siempre me chinchaba y yo fingía molestarme, aunque, en el fondo, todo aquello me divertía y hacía que me olvidara de lo demás. En realidad, las horas que pasaba con Adrián estaban impregnadas de luz, a excepción de cuando se enfadaba por cualquier tontería y se tiraba unos días sin hablarme. Pero luego volvía con una nueva ocurrencia, una historia sorprendente o simplemente con sus sonrisas, y todo era como antes. Y así entramos en la adolescencia. Ambos cambiamos. Él se convirtió en el chico rebelde del pueblo y yo, en la amargada. Él parecía tener muchos amigos y a mí nadie se me acercaba. Llegaron las tardes de ver películas y series. Cuando yo tenía quince años empezaron los encuentros alejados del pueblo. En un principio, no me preguntaba los motivos, pero poco a poco fui pensando que se debía a que Adrián tan solo me veía como una carga que su madre le obligaba a llevar. Una mascota a la que pasear, a la que entretener, a la que sacar de su vida insulsa y llenarla con las emociones de la suya. Y, a pesar de todo, me gustaba estar con él.

Un montón de recuerdos se agolpan en mi mente. La primera vez, con la que descubrí que el sexo me gustaba. La segunda. Una camiseta de los Ramones sobre mi cuerpo con su olor. La tercera. Unas caricias demasiado dulces. ¿Por qué se lo pedí, joder? ¿Por qué en ocasiones las personas somos tan estúpidas que no entendemos que algunas decisiones pueden cambiarnos el resto de la vida? ¿Por qué nos conformamos con engañarnos a nosotros mismos? En esa época, perdida en mis propios problemas y en mi terrible falta de autoestima, no me di cuenta hasta muy tarde. Me costó bastante hacerme a la idea de que Adrián era más que un amigo. El único que tuve. El primero. El que perdí. El que accedió a mi tonta petición.

¿Por qué lo hicimos? Siempre pensé que mi decisión se debía al intento por huir de mi vida. Y que para él había sido un reto. Acostarse con su amiga la rara, la gafotas, como me llamaban todos, la que se pasaba los fines de semana estudiando porque no tenía otros planes, la que fingía que no le importaba nada, ni siquiera perder la virginidad con alguien que no era más que un amigo para ella (mentira podrida).

Pero poco a poco fui desnudándome. Yo misma me quité la coraza. Me abrí a Adrián. Y entonces ocurrió lo que imaginaba que pasaría: me rompió el corazón y lo odié.

Y durante un tiempo pensé en todo lo que haría si volviera a encontrármelo. ¿Caer de nuevo en sus brazos? No, por Dios. ¿Insultarlo, pegarle y quedar como una barriobajera? Ni hablar.

Algo mucho más sofisticado y planificado ocupaba el tercer lugar de la lista, y no por eso el menos importante. Emma suele decir que utilizo a los hombres por todo lo que me sucedió en el pasado. No comparto su opinión. Me acuesto con ellos y punto, simplemente porque el amor me queda lejano. Tanto ellos como yo sabemos cuáles son las reglas del juego.

Pero Adrián las ignora por completo porque no conoce a la nueva Blanca. Y quizá jugar un poco con él sea divertido. Demostrarle que soy capaz de atraer a los hombres, de seducirlos y de elegir lo que quiero sin caer a sus pies. Con el encuentro de esta noche me ha dejado claro que él no ha cambiado en absoluto, que es tan frío como para no mostrar arrepentimiento. Además del hecho de que le sigue gustando todo lo que se menea, ya que no apartaba la vista de mis piernas.

Digamos que estaría muy bien darle a probar un poco de su medicina y que, ahora, el cazador podría ser cazado. No obstante, ya no soy una adolescente llena de rabia. Se supone que he madurado. ¿Acaso una venganza iba a cambiar lo ocurrido? Por supuesto que no. Lo único que debo hacer es mantenerme firme, como siempre, continuar con mi propósito de relajarme aquí en el pueblo y punto. El encuentro con Adrián no tiene que significar que cambie nada. Me ha costado llegar hasta donde estoy... Pero estoy aquí. Lo estoy.

8

Para mi sorpresa me levanto mejor de lo que esperaba. En cuanto a resaca, quiero decir. Por suerte, mi dormitorio cuenta con un diminuto cuarto de baño propio, de manera que puedo asearme sin que me vea mi familia. No oí entrar en casa a Javi, por lo que imagino que me quedé frita muy pronto o él tardó mucho en subir. No lo tengo claro porque no lo recuerdo. Sí me acuerdo de que vi a las buitronas en la verbena y que me encontré a Adrián.

Salgo de la habitación y recorro el silencioso pasillo. Puede que mis padres se hayan ido a dar un paseo y lo más seguro es que Javi todavía esté durmiendo. En verano trabaja solo los viernes y los sábados, de repartidor en una pizzería, y el resto de los días se dedica a dormitar hasta mediodía. Mejor para mí. Sin embargo, al asomarme a la cocina me encuentro con mi madre leyendo una revista y tomando un café.

—¿Qué haces levantada tan pronto? Anoche llegaste tarde, ¿no? —me pregunta en cuanto repara en mí.

Como ya no puedo escaquearme y además me muero de sed, entro, cojo de la nevera una botella de agua y me siento enfrente de ella con un vaso.

—¿Qué hora es?

—Las diez.

Uf, qué poco he dormido. Pero es lo que suele pasarme siempre, incluso cuando bebo. Mi organismo está acostumbrado a levantarse temprano ya sea para ir a trabajar o para salir a correr.

—¿Quieres café?

—Ahora mismo no me entra nada, solo agua. —Alzo el vaso y me lo bebo de golpe—. ¿Tienes ibuprofeno?

Mi madre asiente con la cabeza. Se levanta y sale de la cocina. La oigo trastear en el salón y al cabo de unos minutos vuelve con una caja de pastillas. Casi se la arranco de las manos. Me tomo una a la velocidad de la luz y suelto un suspiro.

—No harás eso muy a menudo, ¿no? Tomarte ibuprofeno sin comer te destroza el estómago. Lo leí en una revista.

—No, mamá —murmuro.

—¿Bebiste mucho anoche?

—Un poco.

—¿Y Javi? ¿Se fumó algún porro de esos?

—Claro que no —trato de tranquilizarla.

—Pero he oído que te echan cosas en la bebida. Me da miedo que le pase eso a Javi.

—Tranquila, que Javi no es tonto.

—¿Te lo pasaste bien con sus amigos?

—No estuvo mal.

Se queda callada. La veo titubear. Estoy segura de que quiere preguntarme si me encontré con alguna de esas personas indeseables, pero ya le dejé claro hace mucho tiempo que no volviera a mencionármelas. La última vez que lo hizo terminamos a gritos.

—¿Qué tal te va con tu nueva psicóloga?

—Creo que bien. Es una mujer muy inteligente.

Asiente con la cabeza y retoma la lectura de la revista. Se muestra más fría de lo que realmente es porque así es como la he hecho actuar con mi comportamiento de todos estos años. En la adolescencia empecé a apartarla de mi vida y supongo que acabó por sentirse un poco culpable por no haberse percatado de que el acoso que recibí era más que unas simples burlas y no darse cuenta de que yo no estaba bien. Siempre me acuerdo de lo cariñosa que era conmigo cuando yo era una cría. En alguna ocasión pensé en recuperar nuestra antigua relación, aunque reconozco que no sabría cómo hacerlo. Me cuesta tanto abrirme...

Me levanto para ir a la ducha, pero antes de salir de la cocina algo me detiene y las palabras escapan de mi boca.

—Mamá, ¿por qué no me dijiste que Adrián estaba aquí?

Ella deja de leer la revista y se me queda mirando con las cejas arrugadas. Atisbo en sus ojos un brillo extraño...

—No se ha dado la ocasión.

—Ah, vale...

—Además... Bueno, hija, tú me dejaste claro que no querías que te contara nada de él.

Mi madre puede tener defectos, pero no es chafardera, y suele pensárselo mucho antes de hablar de mis cosas. En realidad, ella tampoco sabe a ciencia cierta lo que nos ocurrió. Nunca se lo he explicado, y no creo que llegue a hacerlo jamás. Debe de imaginar, supongo, que algo pasó para que nuestra amistad terminara, pero ni entonces ni ahora ha hecho más preguntas de las necesarias, y en todo caso con cuidado de no dañarme más. Adrián siempre le cayó bien. Y es buena amiga de su madre.

—Voy a ducharme.

Asiente y me sigue con la mirada. Está pensativa. Corro hacia el baño y me meto en él sin haber cogido una toalla, así que tengo que salir de nuevo, ir a mi dormitorio y hacerme con una para el pelo y otra para el cuerpo. Cuando paso por la cocina, mi madre pregunta:

—¿Lo has visto?

—Sí, anoche.

Me tomo mi tiempo en ducharme y al salir mi padre se encuentra en el salón viendo la tele y comiendo almendras.

—¡Hola, Blanqui! Qué pronto te has levantado. Yo he salido a comprar el periódico. Y tu hermano ¿qué? ¿Bebió mucho anoche?

—No —me limito a contestar.

El resto de la mañana lo paso en el dormitorio guardando ropa en el armario y colocando mi maquillaje en el aseo. Me gusta tenerlo todo bien ordenado. Las prendas y la ropa interior, por colores. Luego pregunto a mis padres si quieren que los ayude a preparar la comida, pero me dicen que he ido para descansar, que no me preocupe. En este pueblo no hay mucho que hacer, de modo que mando mensajes a Begoña, pero no se entera porque veo que no se conecta desde anoche. No me acordaba de que es lunes y debe de estar trabajando.

Mi hermano se levanta justo cuando mi madre ha acabado de preparar la comida. El tío tiene que ser capaz de olerla incluso estando dormido. Se pasa el rato hablando del fiestón que se pegará esta noche.

—Podrías ser un poco más responsable, como Blanqui —dice mi padre con la boca llena de helado de chocolate.

—¿Perdona? Yo soy responsable cuando tengo que serlo —responde Javi fingiendo estar molesto. En realidad, se la suda bastante—. Ahora estoy de vacaciones en la uni, así que puedo hacer lo que me salga del…

—¿Quieres más helado, Blanca? —me pregunta mi madre interrumpiendo lo que iba a decir mi hermano.

Niego con la cabeza. Solo llevo dos días aquí y ya estoy pasándome con la comida.

—Hija, sal con tu hermano también esta noche, anda —me pide mi padre. Bueno, más bien es una orden, para qué mentir.

—No he venido hasta aquí para hacer de canguro —protesto.

—Pero ¡si soy más maduro que tú! —se queja a su vez Javi.

—Blanca, tú sal, que para eso has venido, para pasártelo bien —coincide mi madre con una sonrisa.

—Pero es que son unos críos...

—No me digas que no te lo pasaste bien anoche. Mis amigos molan, Blanqui.

Y al final me convencen. No sé cómo lo hacen, pero tienen una gran capacidad de persuasión. Bueno, eso y que se han pasado toda la sobremesa echándome pullitas acerca de que tengo que divertirme, olvidarme del estrés de la ciudad, recuperar el tiempo perdido con mi hermano...

¿Irá también Adrián, tal como dijo? Bueno, y si lo hace, ¿qué importa? Estamos en un país libre y a mí me da igual.

—¡Vaaamos, Blanca! —me apremia mi hermano cuando casi es medianoche—. Habíamos quedado hace quince minutos.

Guardo un informe que me ha tenido ocupada y echo un vistazo al armario. Me decido por un vestidito veraniego de color azulado con falda de vuelo hasta más de medio muslo. Mientras bajamos en el ascensor, Javi empieza a contarme sus preocupaciones existenciales acerca de lo que pensará una chica de su grupo si llegamos tarde.

—¿Qué hay entre vosotros? —le pregunto de camino a la plaza. Antes nos tomaremos algo en un bar. Esta noche no hay botellón.

—Bueno, de momento, un rollete —responde, y lo dejamos ahí porque la descubrimos a lo lejos y Javi me indica mediante gestos que no diga nada más.

Todos se piden cervezas y acabo por caer. Total, estoy de

vacaciones y después de la cogorza de anoche ya no puede ir peor. Lo omitiré otra vez en la libreta. En la que, por cierto, no escribí nada ayer. Si sigo así, Emma pensará que falla algo cuando regrese a la consulta.

Los amigos de Javi son divertidos y me río con ellos. Me habría gustado tener en mi juventud un grupo con el que salir a pasear, ir al cine o simplemente compartir confidencias.

A la una nos vamos hacia el recinto ferial con un par de birras en el cuerpo. A mí la cerveza me da sueño y mareo. Me agarro al brazo de una de las amigas de Javi, la que me cae mejor. Se llama Lucía y es una chica muy simpática.

—¿Tienes novio, Blanca? —me pregunta.

—No, qué va. Estoy muy bien sola.

—Me gusta eso, que las mujeres seamos independientes. No necesitamos a ningún hombre que nos arrope por las noches, ¿no? —me dice muy risueña.

No, claro que no. Yo no lo necesito. Por un instante me dan ganas de confiarme a ella y contarle la lista entera de hombres que han pasado por mi vida, pero me digo que no, que eso es algo que debo guardar solo para mí. La gente no es tan abierta como suele jactarse.

Antes de llegar al recinto nos detenemos en otro bar para tomar una cerveza más. Estoy bebiendo tan tranquila cuando reparo en dos rostros conocidos un par de mesas más allá. Dos de las buitronas. Y de nuevo, sus sonrisas maliciosas en la cara cuando me ven. Decido ignorarlas y continuar charlando con Lucía. Sin embargo, las carcajadas que sueltan de vez en cuando me confunden. Lucía se da cuenta de que no paro de lanzar miradas disimuladas a esa mesa, por lo que se inclina y me susurra:

—Déjalas, más tontas no pueden ser. ¿Sabes que una de ellas tiene un hijo? El padre pasó de ella. No es que eso sea algo bueno, no me alegro, pero... Yo qué sé, cada uno tiene lo que se merece. Luego encontró a otro tío, pero no es una buena influencia tampoco.

No creo que Lucía sepa lo que me ocurrió con esas chicas. Sus palabras, de todos modos, no me satisfacen. No me hacen sentir mejor. No creo en el karma; tampoco en que, porque a la buitrona le haya ido mal en la vida, yo pueda ser más feliz.

Al cabo de un rato abandonan su mesa y, cuando pasan por nuestro lado, la oigo decir:

—Qué triste ir con niños, ¿no?

Se refiere a mí, estoy segura. Pero me da igual. Soy fuerte. He tenido la valentía de venir al pueblo, estoy con mi hermano y sus amigos y me divierto. No hay nada de malo en ello. Ni en mí. Y a pesar de todo, siento un pinchazo en el pecho. Y me enfado por el simple hecho de permitir que esas personas sigan provocándome sentimientos que me resultan dañinos. No merecen ni un minuto de mi tiempo.

—¿Nos vamos al recinto? —propongo decidida.

—¡Mira a Blanquita, qué ganas tiene de fiesta! —exclama Lucía agarrándome de las manos y zarandeándome.

Esbozo una sonrisa y abandono mi silla de la manera más sensual posible. Contoneo las caderas mientras camino, consciente de que mi culo es uno de mis puntos fuertes. En la calle me doy la vuelta de manera disimulada como si buscara algo y descubro que las parejas de las buitronas están mirándome con cara de bobos y que a ellas no parece hacerles ninguna gracia. Quién iba a deciros que la gorda, fea, gafotas, plana, marginada y ridícula Blanca se convertiría en una mujer que dejara a vuestros chicos con la boca abierta, ¿verdad?

A mitad de camino ya se oye la música a todo trapo y nos encontramos con adolescentes vestidas cual putones, con jovenzuelos hiperborrachos y con familias que simplemente pasean. Aunque mañana no es festivo, a la gente parece no importarle tener que ir a trabajar. Hoy es la fiesta mayor y todos quieren disfrutar. Yo también, que para eso he venido al pueblo. Para superar mis miedos, divertirme siendo yo y relajarme.

—¡Esta canción me encanta! —exclama Lucía una vez que hemos entrado al recinto.

Se trata de una que está muy de moda este año, *What I Did for Love* del DJ David Guetta. Me había propuesto no beber más, pero Lucía se ofrece a invitarme a un cubata y al final vuelvo a caer.

—¡Vamos, muévete! —me anima cogiéndome de las manos.

Mientras bailamos y cantamos con cada una de las canciones, también van cayendo cervezas. Y más cubatas. Y chupitos. Yo, sin embargo, continúo con mi bebida de antes, que ya sabemos lo que pasa luego. Mi hermano se descojona y chilla que soy una «muerma». Sus amigos lo corean invitándome a un chupito de cazalla. La cazalla es el mal, de verdad. Es el demonio disfrazado de anís seco. Te vuelve loco. Al menos a mí. Por eso lo rechazo, y Javi se encoge de hombros y se lo toma de un trago. Uno de sus amigos me insta a bailar con él. Acepto con una sonrisa y el chaval parece feliz. Hasta me he olvidado de Adrián.

Y justo entonces lo veo otra vez. Al final ha decidido venir. ¿Lo habrá hecho por mí? Todavía no me ha visto, así que le doy un repaso con la mirada. Hay que reconocer que es un tío de lo más atractivo, con sus aires chulescos y su cara de chico guapo. Una cosquilla baja por mi vientre y me doy cuenta de que estoy cachonda. El alcohol, por muy poco que tome, siempre me ha subido la libido y esta noche no podía ser menos. Clavo la vista en las fuertes manos de Adrián y subo por su brazo, resiguiendo sus músculos y su tatuaje del pez koi. Y la cosquilla crece más. «Blanca, no te líes. Recuerda quién es. Y quién eres tú ahora.» Al posar la mirada en su rostro veo que él también me ha descubierto. Está serio, con la mandíbula tensa.

—¡A ver dónde pones las manos, que es mi hermana! —oigo exclamar a Javi.

Adrián aparentaba estar solo, pero en ese momento una chica rubia que parece más joven que él se sitúa a su lado y le dice algo al oído. Adrián se echa a reír, pero en cuanto clava su mirada en mí pone cara de malas pulgas.

La chica le pasa un brazo por los hombros. Me pregunto si será su novia. No sería de extrañar, después de tantos años. Yo tengo mi vida. Él también. Me he acostado con muchos hombres. Él lo habrá hecho con muchas mujeres.

Me dedico a bailar unos minutos más con el jovenzuelo. Este me atrapa de las caderas para menearnos al ritmo de Enrique Iglesias y su *Bailando*. Con el rabillo del ojo atisbo a Adrián, quien continúa pendiente de mí, a pesar de que su acompañante no para de hablarle. ¿Ahora soy tan digna de atención?

Diez minutos después, cuando ya me he cansado de bailotear con el amigo de Javi, la chica que está con Adrián repara en mí y, para mi sorpresa, alza la mano y me saluda. ¿Quién es? Me hace gestos. Me doy la vuelta para asegurarme de que no se dirige a otra persona. No, no. Veo a Adrián tenso a su lado. Al final, para no parecer una maleducada, echo a andar hacia donde ambos se encuentran.

Cuando me hallo a pocos metros me doy cuenta de mi error. Esa chica no es un ligue de Adrián. La conozco. Se llama... Rebusco entre mis recuerdos. Se llama Vero, y es una de sus primas.

—¡Blanca! —exclama.

Cuando llego a su altura me da un fuerte abrazo. Siempre fue amable y cariñosa conmigo. Vive en el pueblo de al lado, y algún fin de semana que otro lo pasaba aquí porque salía con un chico.

Le devuelvo el abrazo y le sonrío cuando nos separamos. Vero me mira de arriba abajo y dice que le encanta mi vestido y que estoy muy guapa. Intento hacerle caso, pero mi mirada se desliza hasta la de Adrián y descubro que parece enfadado.

—Cuánto tiempo, ¿verdad? Pero ¡me acuerdo muy bien de ti! —continúa.

Un tío se acerca a nosotros y le pasa el brazo por la cintura. Debe de ser su novio, pero no recuerdo si es el que yo conocía o uno nuevo. No me importa, tan solo puedo pensar en la mirada furiosa de Adrián clavada en mi rostro.

—Hola —saluda con una sonrisa el chico—. He visto a Fran, ¿vienes? —pregunta a Vero.

Ella asiente con la cabeza, me agarra de la mano y me da otro abrazo.

—¡Me ha encantado verte, Blanca!

Se despide de Adrián, pero él no mueve ni un músculo, ni siquiera le contesta. Vero y su novio se pierden entre la multitud, y me quedo a solas con Adrián, quien me observa casi sin parpadear. Vuelvo a redescubrir lo que pensé cuando tenía diecisiete años: Adrián es guapo cuando lo miras dos veces, y cuando lo haces de cerca descubres que es un tío muy atractivo. Es el hombre más atractivo que he conocido en mi vida, y eso no va a cambiarlo nadie, nada, ni todo el tiempo que pasemos separados. Por unos segundos siento ganas de enredar los dedos en su pelo revuelto. Yo misma me reprendo.

—Es la segunda vez que te veo borracha en menos de veinticuatro horas —dice de repente con ese tono cortante que empleó la noche anterior.

—¡Mira el tipo serio! —exclamo sonriente—. No voy bebida, que lo sepas. Este es mi primer cubata. Solo estoy divirtiéndome. Todo el mundo lo hace, estamos en fiestas.

—Y por que todo el mundo lo haga, ¿tú también?

Lo miro con una ceja arqueada. ¿Quién se cree que es? ¿Mi padre?

—He visto que te lo pasabas genial con el chaval aquel —continúa con tono molesto.

¿Esto es real o es producto de un sueño? ¿De verdad Adrián está... celoso?

—Pobrecito, solo quería bailar. ¿Qué hay de malo en ello?

Me hago la remolona, moviendo el cuerpo de un lado a otro al ritmo de la música. Reparo en que la mirada de Adrián se desliza por mis caderas y luego por mis piernas.

—Me sorprende lo mucho que has cambiado, Blanca —dice pensativo.

—Supongo que esperabas a la misma Blanca de antes. A la feúcha mojigata.

—No me refería a eso. —Se lleva la mano al pelo y se lo revuelve más con gesto nervioso.

Vaya, si al final tendrá sentimientos y todo y se habrá dado cuenta de que sus comentarios no son los más adecuados.

—¿A qué entonces?

Me observa confuso hasta que, de repente, su semblante cambia y esboza esa sonrisa pilla que le otorga un aspecto juvenil. Y mi bajo vientre vuelve a hacer de las suyas. ¡Será posible! Me fijo en que está mirando mi bebida.

—¿Quieres? —le tiendo el cubata la mar de educada.

Adrián duda unos segundos, pero después lo acepta y le da un buen trago. Es más, se lo termina.

—Te invito —digo señalando el vaso vacío.

—¿Qué?

Me inclino hacia él, acerco mi cara a la suya y exclamo junto a su oído para que me oiga:

—¡Que voy a por otro!

No le doy tiempo a replicar. Corro hasta uno de los puestos, justo en el que más gente hay. Trato de colarme, pero parece que hoy todos se mueren de sed. Casi diez minutos después recibo los dos cubatas y me dirijo a donde estábamos empujando a unos y a otros. Cuando llego, no veo a Adrián por ningún lado. ¿No me digas que me ha dejado plantada, el muy cabrón? Suelto un bufido y doy un sorbo a la bebida.

—No me lo puedo creer.

Alguien me atrapa de la cintura. Me doy la vuelta de manera brusca dispuesta a cantarle las cuarenta al pulpo. Pero me topo con los grandes ojos de Adrián y con sus apetitosos labios cerca de los míos. Muy cerca. Y su sonrisa seductora, esa que me dio tantos quebraderos de cabeza. Algo en mí brinca. Su colonia me envuelve, despertando mi piel. Sus dedos aprietan mi carne, por encima de la ropa.

—¿Me buscabas? —me dice al oído con una voz ronca cargada de matices sugerentes.

Al fin logro recuperar el control de mi cuerpo. Dibujo una sonrisa y le tiendo el vaso de tubo. Lo recibe con los dos dientes delanteros clavados en el labio inferior. Oh, no, eso no. Eso es un arma de destrucción masiva. ¿Acaso está jugando conmigo, como de costumbre? ¿O es que se siente atraído por mí? Sea como sea, no podrá conmigo.

—Creía que te lo habrías pensado mejor y que te habrías ido. —Esta vez soy yo quien acerca la boca a su oreja y me quedo en esa postura, esperando una reacción por su parte.

Sus dedos se posan en mi cintura. Se deslizan hacia atrás y se me pone la piel de gallina.

—Por nada del mundo me habría ido, a no ser que me acompañaras tú. —Y el tío lo dice con esa voz que es una maldita tentación.

—¿Y adónde tendría que acompañarte? —le pregunto antes de llevarme el cubata a la boca y darle un trago largo.

—Pues a mí se me ocurren muchos sitios interesantes.

No sé a ti. —Sus labios se mueven rozándome el lóbulo de la oreja de una manera sexy.

«Ay, Blanca, concéntrate. Mente fría. Tú eres la cazadora. Tú.»

—A mí lo que me apetece ahora es bailar. ¡Esta canción me encanta! —exclamo. Está sonando Pitbull, como de costumbre aquí.

—Con lo poco que te gustaba bailar antes…

—Es que hay muchas cosas que ya no sabes de mí.

—¿Y no vas a enseñarme ninguna esta noche?

Se me escapa una risa involuntaria. Trazo unos cuantos pasos de salsa y, para mi sorpresa, Adrián se une y descubro que tiene ritmo. Segundos después se acerca tanto a mí que borra la distancia que nos separa. Casi no corre el aire.

«*I'm a fireball. I was born in a flame. Mama said that everyone would know my name. I'm the best you've never had. If you think I'm burning out, I never am. I'm on fire…*» («Soy una bola de fuego. Nací en una llama. Mi mamá dijo que todo el mundo conocería mi nombre. Soy lo mejor que nunca tendrás. Si crees que me estoy quemando, no es así. Estoy ardiendo…»)

A media canción mi trasero está rozándose contra la parte superior de sus muslos. Estoy sudada, agitada y, para mi sorpresa, excitada perdida. No esperaba que Adrián bailara de esta manera conmigo. Me coge de la cintura y me da la vuelta para quedarnos cara a cara. Ambos bajamos con lentitud, dibujando círculos con nuestras caderas, para después subir de nuevo. Nuestros rostros quedan casi unidos. Noto su respiración acelerada en mi cuello.

Su mano libre asciende por mi espalda, regalándome unas caricias, hasta posarse en mi nuca. Por unos segundos creo que va a besarme y me tenso. Sin embargo, lo que hace es mirarme y sonreír. Me obligo a no apartar la mirada de la suya. Esto le divierte. Es el Adrián de siempre, engreído, seguro de sí mismo, el que pensaba que era capaz de desintegrar las bragas de las chicas con un simple chasquido de los dedos. Le dedico una sonrisa ladeada y apoyo una mano en su hombro. Él también está sudado y aprecio el calor que emana de su cuerpo. Tener sus labios tan cerca de los míos me trae viejos recuerdos. Un leve pinchazo en el pecho. Aprieto los muslos para retener ese cosquilleo tan agradable.

—¿Te apetece seguir bailando o nos vamos a otro sitio más tranquilo? —me propone de repente.

—¿No estás a gusto aquí?

—«A gusto» no es la expresión con la que definiría cómo me siento.

Me encojo de hombros. No sé si debería largarme con él. Me agacho, dejo en el suelo el cubata a medio beber y cojo a Adrián de una mano para tirar de él hacia la salida. Me tropiezo con un montón de gente, y oigo que algunos maldicen porque se les ha derramado la bebida. Unos minutos después avanzamos a paso rápido por la avenida.

—¿Y cuál es tu plan? ¿Tomar algo por ahí? ¿Habrá algún bar abierto a estas horas?

—¿No me digas que quieres seguir bebiendo? Tienes un grave problema, Blanca.

Suelto una carcajada, aunque me ha molestado un poco lo que ha dicho. Le lanzo una fugaz mirada de odio.

Continuamos caminando tan en silencio como la noche anterior. Adrián me mira de vez en cuando y separa los labios como si quisiera decir algo, pero sin atreverse. Por mi parte, mantengo una lucha interna con las dos Blancas: la racional y la irracional.

Cuando nos encontramos cerca de las casas de nuestras familias me detiene de golpe cogiéndome del brazo. Me doy la vuelta con sorpresa y descubro que está estudiándome con gesto sombrío. ¿Qué le ocurre ahora?

—Blanca... —De pronto su voz ha adquirido un matiz serio y su mirada se ha tornado triste.

—¿Qué pasa?

—Todo eso de la verbena... El baile, el tonteo... Ha estado muy bien, claro. Ha sido divertido. Pero ¿no te parece un poco raro?

Parpadeo. Es evidente que sí, sobre todo porque fue él quien me rechazó años atrás y porque quizá esperaba que me mostrara ante él como la niña enfadada que fui. No obstante, he aprendido a no mostrarme indefensa o extrañada ni siquiera ante lo más sorprendente.

—¿Raro por qué? —Disimulo.

—Vamos, ya lo sabes. Terminamos muy mal. Hace diez años que no te veía, que no sabía de ti de manera directa y, de repente, apareces y te comportas como si nada hubiera pasado... o como si fuéramos unos desconocidos.

Lo miro con el ceño fruncido. Pero ¡si es él quien, desde que nos encontramos anoche, está tratándome como si todo estuviera perfecto! No me lo puedo creer. ¿Ahora pretende hablar de lo ocurrido tanto tiempo atrás?

—Creo que ambos nos debemos una explicación.

—No es necesario. Todo está bien, Adrián. Eso es algo del pasado. Casi ni me acuerdo.

Qué puñetera mentira. No me esperaba esto. No se me había pasado por la cabeza ni por un momento, después de lo de ayer, que él quisiera solucionar algo.

Adrián se aproxima más a mí. De nuevo, su atractivo rostro casi me roza. Sus dedos aprietan mi antebrazo con fuerza. Y noto un cosquilleo en la piel.

—¿Qué estás haciendo? —le pregunto.

Su mirada, fija en la mía, me atraviesa. Su boca se entreabre, permitiéndome ver la punta de una lengua rosada. ¿Tendrá el mismo sabor que antes? Sin poderlo evitar, el deseo se acumula en mi bajo vientre. Noto la misma química de siempre al estar a su lado. Y ese ambiente cargado de tensión sexual que no esperaba volver a sentir.

—¿Te ocurre algo…? —inquiero una vez más sin apartar la mirada de la suya.

No me deja terminar. No me permite pensar.

Con furia, une sus labios a los míos.

9

El contacto de sus labios con los míos no ha cambiado en todos estos años. Despierta en mí idénticas sensaciones: dolor, ternura, ardor, amargura, furia, rencor, cariño. En un primer momento pienso en apartarlo, pero algo en mí se desboca. Ardo entera. Voy a explotar en cientos de llamas que oscurecerán el cielo. Esto es una locura... Pero mi cuerpo responde por mí. Su tacto me hace pensar que parece que no haya pasado una década. Lo cojo por las mejillas, sorprendiéndome a mí misma, sumergida en su beso.

Cuando Adrián se aparta, los labios me duelen por toda la presión y él me mira como si tampoco entendiera lo que ha sucedido.

—Lo siento —murmura—. No sé qué me ha pasado.

Me observa con la respiración agitada, con el pecho subiendo y bajando a un ritmo desenfrenado. El mío va igual. Vuelvo a notar ese regusto amargo en la boca, pero he atrapado algo de su sabor y eso me hace regresar de golpe a la realidad.

—¿Me has devuelto el beso porque vas borrachísima? —me pregunta casi enfadado.

Hay algo más. Algo que me preocupa. Algo que él no debe saber. Y es que en ese beso he sentido cosas que creía olvidadas, superadas, muertas. Y no puedo permitirlo. He luchado mucho hasta llegar a ser una persona que no se deja llevar por sus sentimientos. He batallado con uñas y dientes conmigo misma para superar el dolor con el que crecí. ¿Voy a echarlo a perder por un hombre? ¿Por el mismo que me destrozó?

Mientras divago, Adrián vuelve a acercarse. Me coge de las muñecas y me empuja contra la pared. Me alza las manos por encima de la cabeza y me las aprieta. El tacto de sus dedos me desarma. Y cuando sus labios inundan los míos, sé a la perfección que hemos caído en el infierno y, al mismo tiempo, ascendido al cielo.

Durante unos minutos solo se oye el sonido de nuestros besos. Húmedos. Rabiosos. Desesperados. Como una lucha sin tregua.

Las manos de Adrián sueltan las mías y se posan en mis mejillas. Me las acaricia, y luego hace lo mismo con mi cabello, y después noto sus dedos en mi cuello, clavándose en mi nuca. Cuando voy a aferrarme a la suya, se aparta y me deja confundida. Su rostro continúa estando a tan solo unos centímetros del mío, y cuando habla, entre jadeos, su respiración choca contra mi barbilla y mis labios.

—Esto es una jodida locura, Blanca. No puede ser. No debemos hacer esto. ¿Por qué lo hago? Párame.

Quiero decirle que ya no importa. Que lo hecho, hecho está, y que este beso volverá a marcar un antes y un después entre nosotros como ya sucedió anteriormente. Y que no pasa nada, porque me marcharé de su vida en cuanto la Blanca fría y calculadora aparezca. Que no tenga miedo de quebrarme. Esta vez no sucederá. Pero que ahora deje que me abrase, que permita que perdamos el control, que nos dé una segunda oportunidad para reconocer nuestras pieles. Mi cuerpo se ha despertado a él de una manera distinta a como lo hace con otros hombres. Aún me sorprende.

—Estás bebida, y mañana te arrepentirás de todo esto. Y yo... yo también. No quiero aprovecharme...

—Uno no se aprovecha si dos desean hacer algo —murmuro.

Y de inmediato lo tengo de nuevo jadeando en mi boca. Mis labios rozan los suyos una vez más y noto que su respiración se acelera y que la mía se entrecorta.

—Esto no es moral, Blanca. Después de tantos años, después de todo lo que pasó, que nos comportemos como unos adolescentes salidos no nos ayuda en nada —jadea, con la nariz apoyada en la mía. Sus largas pestañas me rozan la piel y me estremezco, me tiembla todo, hasta la parte más oculta de mí.

Me dan ganas de confesarle que quizá nunca hemos dejado de ser esos adolescentes, que creíamos haber cambiado y no lo hemos hecho o que puede que sí, pero que nuestros cuerpos jamás podrán mantenerse alejados si se encuentran. Es lo que me parece ahora mismo: que no hay otra piel que pueda encender la mía como la de él.

—Quiero besarte toda una noche, solo una más —murmura con los ojos cerrados y luego insiste en que no hay nada de moralidad en nuestro comportamiento.

—Adrián, todo está bien. Yo lo estoy. Déjate llevar. Es lo que nos piden nuestros cuerpos, ¿no? —susurro pegada a sus labios.

—¡Joder! ¿Desde cuándo yo soy moral? —suelta de repente.

Y de nuevo nos besamos. Saliva. Jadeos. Mordiscos. Lengua contra lengua, rozándose, chocándose, luchando. Manos enredadas. Su pelo entre mis dedos, enseñándome que es el mismo tacto. Sus dientes en mi cuello, mostrándome que es la misma sensación que once años atrás.

Cuando quiero darme cuenta hemos llegado a mi portal. Nos hemos acercado hasta aquí como fluyendo en un sueño.

Ni por un momento pienso en que mis padres estén en casa o que alguien nos descubra mientras nos besamos y nos acariciamos. Nos deslizamos por la pared hasta tocar el suelo y, una vez en él, todavía continuamos atropellándonos con nuestras bocas y nuestras manos.

—Blanca, ¿qué estamos haciendo? —murmura contra mis labios.

—Lo que realmente queremos hacer —respondo con seguridad.

Y acto seguido nos metemos en el ascensor y no dejamos ni un solo milímetro entre nuestros cuerpos. Sudamos. He perdido un pendiente en algún momento, y mis reservas y protecciones se han quedado a saber dónde.

—Tus padres... —me recuerda cuando estoy abriendo la puerta del piso.

—Se han ido —respondo muy bajito, aunque no lo sé.

Cierro con mucho cuidado y lo cojo de la mano para guiarlo a toda prisa hasta mi dormitorio. Cuando entramos Adrián se queda parado, con la vista posada en el peluche que descansa sobre la cama que habrá hecho mi madre. No le permito que vea nada más. Vuelvo a acosarlo con mis besos, con mi lengua, con mis manos y mis dedos.

Ni siquiera me deshago del vestido, sino que me tumbo en la cama y le indico con un gesto que se acerque. Adrián apoya una rodilla en el colchón, y una de sus manos asciende por mi muslo. Se me escapa un gemido.

—¿Deberíamos parar antes de que lo jodamos todo otra vez? —pregunta con la voz entrecortada.

Niego con la cabeza y tiro de él para que se ponga sobre mí. Su sexo aprieta contra mis muslos desnudos y provoca que toda mi piel explote en cientos de llamaradas. La recorre con una mano, la explora con la misma suavidad que tantos años atrás. Y no quiero que sea tan cálido. Lo que ansío es entrar en combustión, solo quiero sexo para calmar el ardor que se ha apoderado de mi cuerpo. Necesito que Adrián me folle con rabia, con odio, con rencor... para poder olvidarlo por fin y dejarlo muy lejos.

—Mañana, cuando nos despertemos y nos acordemos de todo esto, nos daremos cuenta de lo jodido que es —vuelve a repetir entre beso y beso.

—Somos adultos, ¿no? —murmuro con una voz tan cargada de deseo que ni yo la reconozco—. No lo eches a perder. Estoy cachonda y quiero follar. ¿Quieres tú o no? Porque hay algo aquí que me dice que sí. —Deslizo una mano hasta su paquete y ahogo un gemido al notar toda esa dureza bajo mis dedos.

—Dirás que me he aprovechado... Y yo mismo tampoco entenderé por qué he caído. Joder, siempre has sido una cabezota. Siempre me arrasaste, te salías con la tuya y pensabas que no...

Le muerdo el labio inferior para que no pronuncie ni una sola palabra más. Ahora mismo no puedo pensar. Es probable que Adrián lleve razón en lo que está diciendo, puede que mañana tenga ganas de golpearme contra la pared... Pero esta noche estoy excitada, y aunque mi cerebro no reacciona como es debido, mi piel responde por mí y sé que debo hacerle caso. Él ha empezado esto. Lo más justo es que lo acabe.

Lo atraigo más hacia mi cuerpo y logro que Adrián se active. Quiero correrme con él. Deseo, por fin, que su orgasmo se atropelle con el mío. Con él, solo con él me corría no solo con el sexo, sino también con todo el cuerpo: con las manos, los dedos de los pies, el vientre, los pechos, la lengua, los ojos, el alma. Deseo volver a sentir que podría hacer cualquier cosa con tan solo un orgasmo suyo.

Me sube el vestido hasta la cintura, sin pronunciar una palabra más, y tira de mis braguitas para bajármelas. No habrá preliminares; tampoco los hubo en el pasado, no los necesitaba para hacerme vibrar y humedecerme, ya que sus ojos y su cercanía bastaban para excitarme. Pero los mordisquitos que me da en el cuello logran que esté más mojada, más receptiva y más dispuesta que nunca.

Adrián se desabrocha los pantalones. Le ayudo cuando se los baja, introduzco la mano en su bóxer y le aprieto las nalgas para acoplarlo a mi cuerpo. Lo guío hasta mi entrada entre jadeos y temblores de impaciencia. Está muy callado, aunque su respiración llena todo el dormitorio. De repente recuerdo algo.

—¿Tienes condones?

—Pues... no. —Compone un gesto entre confundido y frustrado.

Sonrío para mis adentros mientras lo aparto con suavidad. Me echo hacia delante y cojo el bolso, que había tirado en el suelo. Rebusco en él con la esperanza de que quede alguna gomita. Al rozar con los dedos el inconfundible envoltorio, se me escapa un jadeo. Se lo enseño a Adrián con júbilo contenido y él me regala una sonrisa nerviosa. Sin perder ni un segundo más vuelvo a cogerlo de la camiseta para atraerlo. Sus manos recorren mis muslos desnudos mientras le coloco el preservativo. Un ramalazo de placer me inunda al notar dos de sus dedos presionando en mi entrada. Oh, Dios, esto es demasiado bueno. ¿Cómo había podido olvidarlo?

Cuando se introduce en mí, de manera violenta, mi espalda se arquea. Se me escapa un gemido mezcla de gusto y dolor. Adrián da una sacudida, moldeando mis paredes, haciéndolas suyas. Cierro los ojos unos segundos, convertida en una masa de lujuria, de rabia, de excitación. Al abrirlos descubro que está mirándome como aquellas veces, pero sus pupilas no me transmiten calidez, sino frío. Él prosigue con sus movimientos expertos, duros y sin un ápice de ternura. Es así como lo quiero, ¿no?

En un instante de lucidez me pregunto qué es lo que estoy haciendo. «Bravo, Blanca, te has lucido. Estás follando con el tío al que te habías propuesto no volver a ver en tu vida, el que dejó tu corazón marchito. Estás mucho más pirada de lo que pensabas.» Acallo esa maldita voz que se asemeja a la de Emma y clavo las uñas en la espalda de Adrián. No toco piel, tan solo su camisa, que ni siquiera se ha quitado. Esto parece el típico polvo de película, rápido y furioso. Si al menos fuera sexo por reconciliación, tendría un pase. Pero ¿qué es?

Adrián me folla con toda su fuerza, y es mucha. Choco contra el cabezal de la cama y me golpeo la cabeza. No se detiene y continúa con su mirada clavada en mí. Su sexo me colma, casi me destroza las entrañas, y aun así quiero más. Es como si estuviera descargándose. Más bien, soltando la rabia. Y puede que yo esté haciendo lo mismo, que esto sea una forma de provocarnos placer y dolor al mismo tiempo.

Me muerde el cuello y me lo lame. Fue una de mis debilidades. Después de Adrián no he permitido que nadie se acerque a esa parte de mi cuerpo, como si estuviera reservada para él. Mi vientre tiembla. Me doy cuenta de que estoy a punto de alcanzar el orgasmo. Suelto un gemido. Adrián me lo devuelve, y ese sonido me parece el más jodidamente perfecto del mundo.

Me voy entre espasmos, apretando la tela de la camisa de Adrián entre los dedos, incluso clavándome las uñas que llevo tan cortas. Unos segundos después aprecio que él se derrama en el preservativo. Dios, menos mal que entre tanta locura hemos usado protección. Aunque, bien mirado, ya me he deshecho de casi todas... Y esa es la menos importante porque tomo la píldora. Las que me preocupan son las otras, ahora que empiezo a estar más lúcida. Ahora que Adrián ha terminado y aún sigue con su mirada clavada en mí.

No sé por qué, pero no me siento bien del todo. «No has

hecho nada malo. Te apetecía acostarte con él, ¿no? Es un tío atractivo, es normal. Folla bien, es lo que te gusta en un hombre. Después te olvidas de esto y a otra cosa, mariposa.»

Cuando Adrián se aparta de mí, casi me he quedado dormida.

Algo me despierta. Oh, Dios mío... Voy a morirme del maldito dolor de cabeza que tengo. Intento separar los párpados, pero todo me da vueltas. Aprieto los labios, luchando contra los alfileres que tengo clavados en la garganta y, al fin, consigo abrir los ojos.

Observo mi armario y luego la pared con un calendario que se quedó en muchos años atrás. Ni siquiera ha cambiado eso mi madre. Parece que haya querido dejar el dormitorio como la última vez que pasé en él mis diecisiete años. Cojo aire, me desperezo un poco y descubro que el mundo se mueve alrededor. Si yo anoche apenas bebí. ¿Es que me echaron algo en el cubata o que la cercanía de la treintena me ha convertido en una de esas personas que no tolera nada de alcohol?

—¡Joder! —murmuro cuando algo de luz acude a mi mente—. Lo has hecho.

Me llevo una mano a la boca y, con mucho cuidado, vuelvo la cabeza. Me incorporo de manera lenta mordiéndome el labio inferior. Es Adrián. Está durmiendo justo a mi lado, boca abajo, desnudo de cintura para arriba. No puedo evitar pensar lo atractivo que es. Me dedico a observarlo durante unos minutos. La piel de su espalda tiene un tono perfecto y no presenta ninguna imperfección. Eso sin mencionar los músculos que se le marcan. No son los típicos de esos hombres ciclados que se pasan el día mirándoselos delante del espejo. Los de Adrián parecen naturales, y precisamente por eso me gustan más. Y su rostro... Todavía aniñado, aunque con una mandíbula perfilada que le otorga ese aspecto de chico duro. Con unos labios de lo más apetitosos... Y ese cabello despeinado, rebelde, brillante... ¿Qué narices le ha pasado? Cuando era un adolescente tenía algo que atraía, pero no era el típico guaperas. Y ahora, en cambio, se ha convertido en una jodida tentación. Hay que ver lo bien que crecen algunos.

Cuando voy a levantarme suelta un gruñido, mueve un brazo y lo deja caer sobre mí. El grito se me queda atascado en la garganta. Lo miro con cara de susto. No ha abierto los ojos y su respiración es profunda, lo que significa que no es que se haya puesto en plan cariñoso, sino que está soñando.

Me estudio a mí misma. Llevo puesto el vestido. Me lo levanto... También las bragas. ¿Que no esté desnuda significa que no me acosté con él? Porque al mirar su ancha y maravillosa espalda por mi mente pasan imágenes subidas de tono.

Los párpados de Adrián se agitan y al segundo siguiente su mirada somnolienta se clava en mí. Para mi sorpresa, esboza una sonrisa encantadora. No, no, no. Tienes que ser cabrón, como antes. No voy a entregarte nada de mí de lo que tú tampoco me diste.

—Buenos días —murmura en voz baja.

—¿Has dormido bien? —le pregunto con sarcasmo.

Se da cuenta de que tiene el brazo sobre mí y lo aparta. Aprovecho para salir de la cama. Me observa con la cabeza aún apoyada en la almohada, y su gesto burlón provoca que me enfade un poco.

—¿Podrías levantarte? —le pido con mi tono más amable.

—¿Ya me estás echando? —dice incorporándose y apoyándose en un codo.

—En otras circunstancias, quizá ahora estaría encima de ti. —Remarco la palabra «encima» y él pone los ojos como platos. Adrián antipático 0 - Blanca seductora 1—. Lo que pasa es que no sé si te acuerdas de que estamos en casa de mis padres.

Compone un falso gesto de incredulidad.

—¿De verdad? ¡Vaya, no lo sabía! —Se frota los párpados y añade con sarcasmo—: Blanca, eras tú la que anoche iba tajada. Yo sé dónde me encuentro.

—¿Y te quedas tan tranquilo? ¡Adrián, que ya no somos unos críos! ¡Y vuelvo a decirte que no iba borracha!

—Precisamente por eso, porque ya somos mayorcitos, no tengo por qué esconderme.

Pongo los ojos en blanco. Le apetece jugar. A mí, esta mañana no. Lo único que quiero es que se levante y se vaya antes de que nos pillen con las manos en la masa.

—Al final nos acostamos, ¿verdad? —La pregunta me acelera el corazón, no sé muy bien por qué.

Adrián se toma unos segundos para contestar. Lo maldigo por dentro.

—Es obvio, ¿no? —Se señala a sí mismo y después a la cama.

De repente un montón de imágenes acuden a mi mente. Yo debajo de Adrián. Él muy dentro de mí arrancándome roncos jadeos. Yo rogándole que me follara con más fuerza. Él jadeando.

—Pero si lo que estás pensando es que tuvimos sexo, puedes estar tranquila.

—¿Qué quieres decir? —Abro los ojos y lo miro confundida.

—Lo que has oído.

—No estoy para bromas. Me encuentro fatal.

—Supongo que al final tu cuerpo reaccionó a tiempo —dice, y se le ha borrado la sonrisa.

—¿No nos acostamos, en serio?

—No.

—Pero yo... En mi cabeza...

—No sé qué cojones tienes en esa cabeza tuya, pero antes de que ocurriera nada, vomitaste.

—¿Qué? ¡Joder, no me engañes! —exclamo, empezando a enfadarme.

—¿Por qué iba a hacerlo? —Se levanta y se sienta en el borde de la cama.

—Pero tú y yo... La verbena... La calle... El portal... —No acierto a formar una frase completa, tan solo a escupir palabras sin sentido y, aunque Adrián se mantiene serio, en sus ojos hay un brillo de diversión.

—Hay cierta verdad en eso —se burla—. Te besé. Y tú me seguiste el juego. Todavía no lo entiendo, Blanca. Pensé que me odiarías.

—¿Y por qué estás aquí? ¿Por qué has dormido conmigo?

—Me lo pediste tú. ¿No te acuerdas de eso tampoco? ¿Y dices que no ibas bebida? —Ladea el rostro con una sonrisa que no refleja amabilidad.

—¿Y me hiciste caso? —inquiero sorprendida. ¿Adrián queriendo cuidarme?

—¡¿Y qué esperabas que hiciera?! Te pusiste de lo más melosa y te enganchaste a mí como un koala. No tenía escapatoria. —Noto que se pone a la defensiva.

—¿Como un qué? Mira, bonito, anoche bailando tú te enganchabas a mí como una lapa —contraataco. ¿Qué se cree? ¿El rompebragas del universo?

—¿Y por qué no me permites hacerlo de nuevo? —Aprecio un poso de rabia en su tono.

Estira el brazo y me atrapa de la muñeca. Al segundo siguiente me encuentro tumbada en la cama, aprisionada bajo él, con su pecho desnudo rozando mi escote. Me observa con sus enormes ojos. La luz que entra por la ventana incide justo en ellos, otorgándoles un brillo especial y haciéndolos más claros. Su mandíbula se tensa. La vista se me va a sus abdominales. Dios, él antes no tenía este cuerpo. Cuando vuelvo a mirarle el rostro, está sonriendo de nuevo.

—Antes has dicho que en otras circunstancias podrías ponerte encima de mí, pero no has mencionado nada de no estar debajo —susurra con voz ronca y una sonrisa diablesca—. Así que una abogada muy prestigiosa... —Una de sus manos asciende por mi muslo.

—Mucho —fanfarroneo. Y le aparto la mano con gesto orgulloso.

—¿Y la responsable y seria letrada Balaguer no estaría dispuesta a perder su preciado tiempo con un poco de sexo matutino? —Otra vez sus dedos alcanzando mi pierna.

Acerca su rostro y me roza los labios. Abro los míos, ansiosa por comerme los suyos. Sonríe en mi boca. Alzo las manos, dispuesta a aferrarme a su espalda, pero no me lo permite. Cuando quiero darme cuenta me sujeta de las muñecas y me levanta los brazos por encima de la cabeza. Se roza contra mi vestido. Su bragueta abultada me hace jadear. «Blanca, que está jugando contigo, está llevando la voz cantante. ¿Vas a permitírselo?»

Estiro el cuello hasta alcanzar sus labios. Le muerdo el inferior con suavidad y, cuando él baja un poco la guardia, tironeo y, al fin, me suelto de su agarre. En cuestión de segundos cambian las tornas. Es Adrián quien ahora se halla debajo de mí, y, sentada a horcajadas sobre él, me inclino con las manos apoyadas en su pecho y le dedico una sonrisa victoriosa.

—¿Un poco? ¿Significa eso que el señor Cervera es de los que no aguantan mucho? —le suelto, burlona, al tiempo que meneo el culo sobre su paquete de manera juguetona.

Él posa las manos en mis nalgas y me las estruja. Me echa hacia delante, de forma que mi punto de placer está ahora justo sobre su dura erección. Un gemido queda ahogado por su beso. Rápido. Y muy húmedo. Como yo. El siguiente no me permite pensar. La lengua de Adrián me azota y se enrosca en la mía. Se la muerdo con fuerza. Gruñe, y sus dedos se clavan en mi carne. Empuja hacia arriba y casi me muero de placer con ese simple movimiento. Una de sus manos abandona mi culo y va directa a mi sexo. El vestido le permite llegar hasta las bragas sin complicaciones. Me encuentra mojada, dispuesta. Introduce dos dedos por la ropa interior. Ya estoy gimiendo. Aprecio su sonrisa pegada a mis labios. Será presumido... Debo controlarme un poco más. Voy a enseñarle que Blanca es el ama en la cama.

Cuando estoy a punto de gatear hacia abajo para encontrarme con su maravilloso miembro, unos suaves golpes en la puerta me alarman. Lo miro con cara de susto, pero él se muestra de lo más tranquilo.

—¿Blanca? ¿Estás ahí? Me ha parecido oír algo... ¿Me llamabas?

Es mi madre.

Sin pensarlo un segundo me abalanzo sobre Adrián y le tapo la boca con la mano. Frunce el ceño, aunque no lo evita. Noto que el corazón se le desboca.

—¿Blanca? ¿Te encuentras bien?

Y por una vez en su maldita vida, mi madre actúa de manera inoportuna y abre la puerta. Se me escapa un grito, y a ella le cambia la cara cuando nos descubre a Adrián y a mí en esa postura tan inusual y delatora. Nos quedamos los tres mirándonos, sin decir ni mu, hasta que mi madre separa los labios con intención de hablar. Me aparto de Adrián de golpe y me levanto al tiempo que me recoloco el vestido, dispuesta a rebatir todo lo que se diga o haga en esta habitación, pero mamá se me adelanta.

—Lo siento, hija... No sabía que... Bueno, es que estaba preocupada —dice, la pobre, avergonzada.

Quiero morirme. En serio, daría cualquier cosa para que el suelo se abriera bajo mis pies y me tragara hasta el infinito y más allá.

—Buenos días, María —la saluda el puto Adrián, quien se incorpora hasta quedarse apoyado en un codo. Todo esto debe de parecerle muy divertido a juzgar por su cara.

—Hola, Adri —murmura mi madre. Esboza una sonrisa nerviosa. A continuación, da un paso hacia atrás y se golpea con el tirador de la puerta—. Ay... —se queja, con las mejillas más rojas que un tomate—. Bueno, pues... Me voy.

—Mamá, no es lo que piensas —le digo antes de que salga del dormitorio. Por Dios, parece la típica frase sacada de una película cutre y barata—. Anoche me puse mala y Adrián me trajo.

—No pasa nada, Blanca. A ver, que tú eres una mujer adulta...

¡No, no y no! Esto es más de lo que puedo soportar. Me acerco a ella y repito:

—No. Esto no tiene nada que ver con lo que estés pensando.

—¡Hostia que no! —Oigo en ese instante. Javi, cómo no. Como aparezca por aquí se va a arrepentir de haber nacido—. Pero ¡si se les oyó por toda la finca!

—¡Cállate, maldito enano! —le chillo, provocando que un alfiler se me clave en la cabeza.

—No es verdad, María. No le hagas caso —interviene Adrián en tono conciliador.

Mi madre nos mira alternativamente. Cuando cierra la puerta, me paseo de un lado a otro soltando gritos silenciosos. Adrián me observa como si estuviera loca. Con el aspecto que tendré, cualquiera lo pensaría.

—¿No decías que anoche no nos acostamos? —le pregunto con mala cara.

—Ya sabes cómo es tu hermano.

—Dios, este es uno de los peores días de mi vida —me quejo.

—¿En serio? —De súbito, Adrián se muestra frío, distante.

Sin añadir nada más abandona la cama y se mete en el cuarto de baño de mi dormitorio. Tomo asiento con las manos en los labios, negando con la cabeza. Tengo que marcharme del pueblo antes de que mi madre se pase los días recordándome lo ocurrido.

—Me voy —anuncia Adrián mientras se pone la camisa.

No contesto. Me mantengo en la misma postura, con la cabeza gacha. Sin embargo, noto que se acerca y, un instante después, algo roza mi pelo. Su mano. La ha apoyado en mi cabeza. Alzo el rostro, entre asustada y aturdida. Y sus ojos, apenados, todavía me confunden más.

—¿Qué haces? —pregunto con un hilo de voz.

—Solo quería despedirme. Por si no volvemos a vernos.

Y sé con qué propósito lo ha dicho. Vuelvo a enfadarme, a sentirme estafada por él. Quiere provocarme, y al final lo conseguirá. ¿No he sido amable teniendo en cuenta cómo debería haberme comportado? ¡Joder, si hasta iba a tirármelo otra vez!

—Eso ha sido un golpe bajo y sabes que tenía motivos para irme como me fui.

La puerta se cierra. Creo que no ha escuchado lo que he dicho. Me tiro en el colchón y me quedo observando el techo con la intención de vaciar la mente.

Pero la maldita cama huele a él. Es un aroma que me trae pensamientos dulces. Y también tristes.

10

13 años antes

Había pasado por muchas fases desde que empezó a sufrir *bullying.* De más pequeña le atemorizaba mirar a los ojos a los demás, incluso a sus padres. Siempre había sido una niña seria, pero la tristeza le resultaba insufrible con el paso del tiempo. Con catorce años decidió dejar de comer para adelgazar; no soportaba que la llamaran gorda. Le dolía a menudo el estómago, sufría náuseas y jaquecas. Durante unos meses sintió que el mundo caía sobre ella. Fue lo suficientemente inteligente para darse cuenta de que eso podía desembocar en anorexia y, como no quería dar a sus agresores esa satisfacción, logró reponerse. El problema era que después llegó la ansiedad y con ella las ganas de comer a todas horas. También en esa época su rendimiento académico descendió en picado. Faltaba a clase aludiendo encontrarse mal; cuando su madre se olía algo, iba hasta la verja, pero luego no entraba en el instituto. Y a mitad de trimestre comprendió que esa era otra forma de caer en el juego de los acosadores. Descubrió que pasarse las tardes con la nariz entre los libros o haciendo trabajos la ayudaba a evadirse, y no se lo pensó ni un instante.

Su madre en ocasiones la regañaba por machacarse tanto en los estudios y le repetía que tenía quince años y todo el tiempo del mundo para ser feliz. Sin embargo, no lo era. Cada día le costaba más sonreír. Levantarse de la cama por las mañanas era un suplicio para ella. Acudir al instituto, una terrible pesadilla. A veces le rondaban la cabeza pensamientos horribles, ideas oscuras que se obligaba a apartar cuanto antes. Ella era Blanca y, por mucho que sintiera que estaba rota por dentro, no iba a mostrárselo a nadie. Ni siquiera a su familia porque, al fin y al cabo, su padre ya tenía bastante con luchar contra su enfermedad nerviosa, su madre ya contaba con suficientes preocupaciones para sacar adelante la casa y su hermano era un niño. Se dijo que era ya mayor para aguantar todo aquello sola.

Esa mañana llegó a clase más temprano de lo habitual. Apretaba con fuerza contra el pecho su trabajo de literatura sobre Garcilaso de la Vega. Le había costado muchas noches en vela, numerosas idas y venidas a la biblioteca con tal de encontrar más información y un montón de nervios. Como era muy exigente y, además, su autoestima estaba por los suelos, le preocupaba que no fuera bueno, de manera que había decidido enseñárselo a la profesora para que le diera su aprobación.

Esperó en su mesa con la cabeza gacha y el cabello desgreñado mientras el resto de la clase llegaba. Cuando las chicas que más la acosaban entraron, todo su cuerpo se tensó. Notó sus miradas fijas en ella y las oyó soltar comentarios burlescos. No había día que no acudieran a clase con algún insulto o mofa. Un par de chicos se rieron y le lanzaron unas bolitas de papel. Uno se envalentonó y le tiró una tiza que le dio en un hombro, dejando en su camiseta un rastro de polvo blanco. Respiró hondo y se obligó a mantener la calma. Por suerte, la profesora entró en ese instante y todos fueron callando.

Tenía la intención de esperar hasta el final de la clase y enseñarle el trabajo cuando estuvieran a solas. Sin embargo, mientras analizaban sintácticamente unas frases, la mujer pasó por su mesa y reparó en él. No había caído en guardarlo. Sin decir nada, la profesora lo cogió y le echó un vistazo. Blanca empezó a ponerse nerviosa. Rogó para que no dijera nada, pero al parecer la suerte no estaba de su parte esa mañana.

—¿Este es el trabajo que tenéis que entregarme la semana que viene?

Blanca asintió, poniéndose colorada. Un par de compañeros alzó la cabeza para mirarla. Una de las cosas que más odiaba era ser el centro de atención.

—Por lo poco que he visto, me parece estupendo. Quizá sea un trabajo de diez. Sigue así, Blanca.

A pesar de la vergüenza, una chispa de orgullo se iluminó en su interior, pero las miradas de desprecio de esas chicas tan horribles se la apagaron de golpe. Agachó la cabeza de nuevo cuando la profesora regresó a su mesa, pero la mecha ya había prendido.

Se pasó el recreo en la biblioteca, como de costumbre. Allí siempre había un profesor de guardia y se sentía protegida. Volvió al aula cinco minutos antes para no encontrarse con nadie. El resto de la mañana transcurrió sin ningún sobresalto y, dado que era viernes, antes de que sonara el timbre muchos ya estaban recogiendo. Blanca se apresuró a hacer lo mismo y salió a toda prisa. Un extraño presentimiento le atenazaba el pecho. Mientras bajaba por la escalera abarrotada de estudiantes, reparó en que necesitaba ir al baño. No podría aguantar hasta llegar a su casa. Se echó el pelo por delante de la cara y se dirigió a los aseos. Estaban llenos, pero todas las chicas pertenecían a cursos inferiores o superiores. Hizo cola con impaciencia, pues cada vez las ganas la apremiaban más, hasta que al fin llegó su turno.

Se demoró más de lo previsto y al terminar se dio cuenta de que los baños habían quedado vacíos. Mientras se limpiaba, oyó unas voces justo en la puerta.

—Que sí, que te digo que la he visto entrar. Estará todavía ahí.

El estómago se le encogió. Esa era la voz de una de las chicas que tanto la torturaban con sus humillaciones y sus golpes. La estaban buscando. Unos pasos y murmullos la avisaron de que habían entrado en los aseos, de manera que se apresuró a terminar de limpiarse y tan solo se le ocurrió subirse a la taza del retrete para que no repararan en sus pies. Las manos empezaron a sudarle, uno de los primeros síntomas del miedo. Trató de controlar la respiración.

—No está. Se ha ido ya. ¡Mira que eres tonta! ¿No te he dicho que vigilaras bien?

—Ese baño está cerrado.

Blanca se mordió el labio inferior rogando en silencio que no probaran a abrir la puerta. Los segundos se le hicieron eternos hasta que la voz de Sonia, la que dominaba a todas, ordenó:

—Venga, vayámonos. Esta tarde he quedado con Jesús y todavía tengo que plancharme el pelo.

Los pasos de las chicas se hicieron más lejanos poco a poco. Un minuto después se habían apagado. Aun así, Blanca permaneció un tiempo sobre el retrete. Nunca se podía estar segura del todo. Soltó el aire que había retenido y se llevó una mano al corazón. Qué deprisa latía el condenado. Descorrió el cerrojo y abrió la puerta una rendija para comprobar a través del espejo de enfrente que los aseos se encontraban vacíos. Al no apreciar movimiento, no dudó en salir.

Y entonces todo ocurrió con mucha rapidez. Nada más abandonar el cubículo, unas sombras se abalanzaron sobre ella. Cuando quiso darse cuenta su cabeza impactaba contra la puerta provocándole un dolor sordo. Cerró los ojos y gimió y, en cuanto los abrió, se topó con las caras burlescas de tres chicas. Con el rabillo del ojo descubrió a Sonia, la líder, asomada al pasillo.

—No viene nadie —comentó segundos después. Y cerró.

El silencio inundó los servicios, tan solo roto por el palpitar del corazón de Blanca, que parecía a punto de explotarle en el pecho. Como tantas otras veces, el miedo mordió su cuerpo. Intentó evitar a las chicas, se revolvió cuando ellas la cogieron de nuevo y, al fin, se rindió. Cuatro contra una. Ni siquiera ella, a pesar de no ser una chica debilucha, era capaz de hacerlas frente.

—¿Ya has soltado toda la mierda que había dentro de ese culo gordo? —Sonia se acercó con una sonrisa de suficiencia. Blanca apartó la vista, pero solo le sirvió para llevarse un nuevo empujón—. Oye, guarra, cuando te hablo me miras, ¿entiendes?

Asintió al tiempo que alzaba el rostro. Los ojos le escocían, deseosos de echarse a llorar. ¿Qué se proponían? Siempre aparecían con alguna vejación nueva.

—Queríamos hablar contigo porque lo de hoy no nos ha gustado nada —prosiguió la rubia. Era más alta que Blanca. No más fuerte… Pero sí más malvada. Más valiente.

—¿A qué te… refieres? —tartamudeó ella.

—No te hagas la tonta. Has traído tu puto trabajo para restregárnoslo por la cara porque te crees mejor que nosotras.

—Sí. ¡Te consideras más lista! —se unió otra, espoleada por su líder.

Blanca negó con la cabeza. La boca se le había quedado tan seca que no podía articular palabra.

—No, yo no…

—¿Por qué no nos lo enseñas? Queremos ver si de verdad es tan bueno.

Miró a todas de manera alternativa. El corazón iba a estallarle a causa del pánico. Quería salir huyendo de allí, gritar, pero su voz, congelada en la garganta, no se lo permitía. Como consecuencia de su negativa, se llevó un tortazo de Sonia. Uno bien fuerte que hasta le volvió la cara. Abrió la boca, aturdida, y se frotó la mejilla que le ardía.

—¿Quieres otra hostia, gorda de mierda?

Encogió el cuerpo, muerta de miedo, y negó con la cabeza. Aquel golpe no había sido de los peores, pero tenía claro de lo que eran capaces esas chicas y no le apetecía regresar a casa con un nuevo moratón. Cogió el tirante de su mochila y se la deslizó hacia delante para sacar el trabajo. Las jóvenes no se lo permitieron: se la arrebataron y empezaron a sacar libros y cuadernos, que lanzaron por los aires entre risas. Blanca tragó saliva y se atrevió a mirar de reojo a Sonia, quien la observaba con un brillo orgulloso y despectivo en los ojos.

—Es este —anunció una, mostrando el trabajo a las demás.

Sonia se hizo con él y fingió que le echaba un vistazo. Con toda su rabia, arrancó una de las hojas. Y después otra, y otra más, hasta que Blanca, desesperada, gritó que se detuviera y su atacante soltó una carcajada.

—Pero si con lo lista que eres ¡puedes hacer muchos más! —Se detuvo unos segundos, pensativa—. ¿Lo quieres?

Blanca asintió, con las lágrimas a punto de desbordársele. Ese trabajo significaba mucho para ella.

—Pídemelo de manera educada.

—Por favor, devuélvemelo.

—No eres lo suficientemente educada. —La rubia dedicó una mirada a las demás, quienes se rieron por lo bajo—. Arrodíllate.

—¿Qué?

—Que te arrodilles y me pidas tu estúpido trabajo.

—Pero...

—¡Hazlo! —exclamó Sonia, y otra le tiró del brazo para que obedeciera.

Se agachó, aguantando todavía las lágrimas, con las rodillas temblando tanto que pensó que se caería. Las apoyó en el frío suelo. La vergüenza que sentía era casi peor que el terror.

—Ahora inclínate hacia delante, como si estuvieras rezando —le ordenó Sonia.

Como no lo hizo de inmediato, una de las chicas le propinó una patada en el culo. Con un gimoteo obedeció, hasta por poco rozar las baldosas con la nariz.

—Suplica, perra.

—Por favor, dame el trabajo. Por favor...

—Levántate. Das pena —le escupió Sonia con un tono horriblemente despectivo.

Blanca intentó incorporarse con dignidad, pero no lo logró. Sentía que con esa nueva humillación se rompía un poco más. Una vez de pie, su acosadora le tendió el trabajo y, cuando estaba a punto de cogerlo, lo echó hacia atrás.

—Dicen que últimamente andas mucho con Adrián.

—¿Qué? —Blanca parpadeó sin entender. ¿Qué pintaba él en todo eso?

—¿Por qué una mierda como tú se atreve siquiera a mirarlo?

Blanca ardió en deseos de gritarle, de golpearla, de sacar fuerzas de donde no las tenía y acabar con ese calvario de una vez por todas. Ya le daba igual terminar en el hospital. Sin embargo, sus músculos parecían opinar lo contrario porque no le permitían realizar ningún movimiento.

—Me cabrea que vayas con él.

—Solo es que su madre y la mía son amigas...

—¿Qué pasa? ¿Acaso te pone? ¿Te gustaría que te besara?

—Se rio y las otras tres chicas se le unieron. Se acercó a Blanca, hasta que sus narices casi se rozaron—. Pues sigue soñando, porque una marginada gorda y fea como tú nunca podrá estar con un chico como él.

Blanca trató de ladear la cabeza, pero las otras se lo impidieron. Los ojos de Sonia se entrecerraron, dominados por el placer de convertir a otros en sumisos.

—Tíralo —dijo a una de sus amigas al tiempo que le tendía el trabajo.

En ese momento Blanca no comprendió qué se proponían, pero cuando vio que abrían la puerta del retrete algo en ella se reveló. Se removió, dio patadas y murmuró insultos. Una le tapó la boca y ella trató de morderla. Sonia le asestó un puñetazo en el estómago que la dejó sin respiración. Cayó hacia delante, sudorosa y rendida. La obligaron a volver la cara para que observara mientras su trabajo se empapaba en el inodoro.

—Eso te enseñará a no ser tan lista —masculló Sonia.

Blanca cerró los ojos y los apretó con fuerza, ansiando que todo acabara. Estaba tan cansada… Sentía que no tenía nada más que perder si no era ya la propia vida, así que se atrevió a susurrar:

—Puede que yo a Adrián no le guste nunca, pero las putas como tú tampoco.

No le dio tiempo a añadir nada más porque Sonia la tomó por la nuca y, de inmediato, su cabeza salió proyectada hacia delante. Su nariz chocó contra la puerta, y todas oyeron un ruido extraño. Notó un líquido caliente y pegajoso resbalando hacia sus labios. Se llevó las manos a la cara y entonces un nuevo golpe le dobló la espalda. El siguiente aterrizó en su trasero. Cayó al suelo hecha un ovillo, muerta de miedo. Una lluvia de patadas, insultos, puñetazos. No existía nada más que el dolor sordo que recorría todo su cuerpo, pero no lloró.

—¡Joder, tampoco os paséis! —oyó que exclamaba Sonia.

Segundos después la dejaron sola. Derrotada, dolorida, llena de vergüenza, asqueada de sí misma. Sus gafas habían volado hasta algún lugar del baño. Alzó un poco la cabeza para buscarlas. Reptó por el embaldosado hasta dar con ellas y se las puso. Un dolor horrible se expandió por su tabique nasal hasta sus ojos, que finalmente soltaron un par de lágrimas. Le costó un mundo levantarse. Le dolían partes de su anatomía que ni siquiera sabía que tenía. Se asomó al inodoro y observó en silencio su trabajo echado a perder. Metió la mano y lo cogió.

Se miró en el espejo y un pinchazo laceró su corazón. La nariz le sangraba. Al final, rompió a llorar. Se quedó un buen rato apoyada en el lavamanos, con una mano en la parte baja de la espalda y otra ocultando su nariz. Cuando logró serenarse un poco se dirigió a la puerta y la abrió con cuidado. Por suerte, no había nadie en el pasillo. No deseaba que la vieran así. En esos instantes se sentía tan humillada, tan nula, que no pensó en que aquello podría servirle para atacar a esas chicas. Pero tenía miedo. Miedo de que continuaran sin hacerle caso, de que los profesores pasaran de ella, de que nadie la ayudara y, lo peor, de que Sonia y las demás se enteraran de que se había chivado e hicieran algo mucho peor.

Se limpió la sangre seca de la nariz y de los labios. Por suerte, la hemorragia se había detenido. Se deslizó por los pasillos como una sombra, tapándose la cara con una mano y con la otra aferrando el trabajo mojado contra su pecho. Una vez en la calle, el sol la deslumbró. Maldijo su horrible vida y también a ella misma. ¿Cómo iba a ocultar a su madre el moratón que le saldría en la nariz?

En ese momento oyó un alborozo y, al darse la vuelta, descubrió que un grupito de chicos se acercaba. Se trataba de Adrián y algunos de sus amigos. La vergüenza se apoderó de ella y, antes de que pudiera descubrirla, se marchó corriendo tan rápidamente como le permitía el dolor. Uno que sentía con más intensidad en su alma y en su corazón.

11

11 años antes

Unas manos la zarandearon. Parpadeó, un tanto confundida, y al abrir finalmente los ojos se topó con los de Adrián.

—Te has quedado dormida mientras me duchaba —murmuró.

Blanca observó su cabello húmedo, y un agradable aroma a champú llegó hasta su nariz.

—Lo siento. Anoche no descansé. Estoy un poco nerviosa —se disculpó, incorporándose en la cama.

—¿Por tu marcha a la ciudad? —quiso saber Adrián.

Blanca asintió y a continuación se rascó la cara, inquieta. Ya no quedaba mucho para que se mudara. En los últimos días eso era algo que la preocupaba cada vez más y que, en cierto modo, la asustaba, aunque no llegaba a entender los motivos.

—¿Qué estabas soñando? Murmurabas algo sobre que te dejaran en paz.

—No lo sé. No me acuerdo —mintió.

Le ocurría demasiado a menudo. Las pesadillas siempre la acosaban, en ocasiones de manera muy vívida. La del baño era la más recurrente. Ya hacía dos años de aquel día, pero no se le olvidaba. Fue cuando más la golpearon, y vivió durante algunos meses con el miedo en el cuerpo.

Durante un tiempo se había alejado de Adrián, por temor a que volvieran a propasarse con ella. Sin embargo, con él disfrutaba de momentos únicos, aparte de las horas de estudio en su casa, en los que no pensaba en nada más que en ver películas, en presumir de la música que le gustaba a cada uno y en tratar de reírse. Por eso, quizá después de aquello su amistad se reforzó hasta tal punto que, dos años después, se encontraba en su casa tras haberse acostado con él. No podía creérselo.

Adrián tomó asiento a su lado y le enseñó un disco de un grupo que Blanca no conocía. Le explicó que era difícil conseguirlo, pero que uno de sus amigos moteros lo había encontrado.

—Eso sí, me ha costado una pasta. Voy a tener que vender un riñón para poder pagárselo todo.

En ese momento Blanca pensó en el CD que Adrián le había regalado. Lo había escuchado en casa en unas cuantas ocasiones, quizá más de las que se había propuesto, pero eso era algo que no confesaría a su amigo. Le había sorprendido el título de la canción que había sonado mientras se habían acostado. Se titulaba *I Wanna Be Your Boyfriend.* Al principio le había parecido que era un poco estúpida porque apenas tenía letra, repetía lo mismo una y otra vez. Sin embargo, cuando estaba nerviosa la ponía y, en cierto modo, se inquietaba aún más.

—Estoy intentando tocar en algún sitio. Quizá la semana que viene coja el tren y vaya a la capital, a probar suerte allí. ¿Por qué no te vienes?

Blanca se frotó las manos, que le sudaban como últimamente le ocurría cuando estaba con su amigo, y tan solo acertó a asentir con la cabeza. Lo observó un instante, y luego lo miró con disimulo. Sí, Adrián era muy guapo, y no entendía cómo no se había dado cuenta antes, cómo no había reparado en que una vez que te atrapaba con el movimiento de sus largas pestañas y con el gesto de sus dientes clavados en el labio inferior, ya no podías escapar.

Desde que lo habían hecho unas semanas antes, él la había llevado a su casa en algunas ocasiones más, y eso la sorprendía porque nunca había sido así. Hablaban mucho, probablemente más que nunca, sobre todo de sus planes futuros, de cómo serían sus vidas y de la gente que conocerían. Adrián la incluía en sus proyectos; Blanca no lo veía a él en sus próximos años. Imaginarlo en su nueva etapa le provocaba unas extrañas cosquillas en el vientre.

Además de charlar, Adrián la había besado alguna vez. Con suavidad, sin apenas rozar sus labios... Pero habían sido besos. En el pueblo de al lado, cuando aún estaba subida en su moto. En la montaña, mientras escuchaban música. En su habitación, tras beber unos refrescos. En un par de ocasiones, viendo *Perdidos*, una serie que a Adrián le encantaba, él había acercado su mano a la de ella, aunque no se la había cogido. Blanca no lograba comprender por qué lo hacía, y algo en ella le decía que únicamente era por pena, porque su amigo se sentía mal después de haberle arrebatado algo que consideraba importante. A ella le daba igual y, al mismo tiempo, la afectaba, y algo parecido a la impotencia y a la dignidad se apoderaba de su cuerpo.

Quería decirle que aquello no estaba bien, que los amigos no se besaban en la boca y que no tenía por qué hacerlo tan solo porque pensara que ningún tío lo haría. Sin embargo, no le salía la voz cuando Adrián acercaba su rostro y sus pestañas le rozaban las mejillas causándole cosquillas. Se le atragantaban las palabras en cuanto posaba sus labios sobre los de ella y ya no había nada más. Nada que no fueran sus besos, su saliva compartida, y los dedos de él frotándole el cuello.

Blanca se convencía de que en esos momentos tan solo la movía el placer que esos besos despertaban en sus extremidades, incluso en su sexo. Y la sensación de libertad. Cuando unían sus labios, ya no era esa Blanca humillada y maltratada, ni la fea ni la gorda, sino una chica más calmada, bonita y poderosa. En esa época sus hormonas adolescentes empezaban a llevarle de cabeza. Siempre había tratado de controlarlas, de mantenerlas al margen. Acostarse con Adrián parecía haberlas revolucionado porque desde esa tarde su mente se llenaba de imágenes calenturientas que la avergonzaban. No era que le pareciese mal. Siempre había visto el sexo como algo normal, aunque ajeno a ella. Se había convencido, tal como le decían, de que jamás ningún chico querría acostarse con ella.

Adrián se tumbó a su lado y le rozó el brazo, algo que provocó que de nuevo se alterara. Olía muy bien, y su cabello aún húmedo le otorgaba un aspecto demasiado sensual. Jamás había pensado de ese modo en su amigo, y le preocupaba hacerlo tanto últimamente.

—¿Quieres que veamos alguna peli? —le preguntó Adrián mostrándole una disquetera repleta de películas que se descargaba de manera pirata. A Blanca eso no le parecía bien, pero tampoco disponían de dinero para ir al cine tan a menudo como les habría gustado—. Hay una que he descubierto hace poco que se titula *Donnie Darko*. Creo que es de esas que nos gustan a nosotros —dijo, esperando una respuesta, pero Blanca tan solo era consciente del movimiento de sus labios.

Se quedó sentada, sin saber cómo actuar, pero su boca la llevó por otros derroteros.

—Oye, hablando de pelis… ¿Tú ves porno? —preguntó a su amigo.

Lo había pensado en alguna que otra ocasión tiempo atrás, pero mucho más desde que se acostaron. Estaba claro que la vida sexual de Adrián, a pesar de su corta edad, era bastante animada. Por el pueblo corrían rumores acerca de que era un semental. Y en los últimos tiempos eso despertaba en ella sentimientos muy contradictorios: hallaba cierto placer oculto al imaginarlo con otras chicas y, de igual manera, le irritaba pensar que las tocaba.

—¿A qué viene ahora esa pregunta, Blanquita? —dijo él, divertido—. ¿Has descubierto el maravilloso mundo de las pelis guarras o qué?

Ella le lanzó un cojín que Adrián recibió con una risita.

—Todo el mundo ha visto porno alguna vez. Y quien lo niega miente.

—Yo no —aseguró Blanca. Aunque había curioseado por internet, no se había atrevido a visionar ninguna película.

—Supongo que a las tías les basta con la imaginación. Pero, créeme, ellas también lo hacen.

«Ellas», había dicho. No «vosotras». Como si no la considerara una chica. Y, sin embargo, la había besado en alguna ocasión más desde aquel momento de intimidad.

—Dime una cosa... ¿Tú te tocas, Blanca?

La pregunta la pilló desprevenida. Supo que se había puesto como un tomate cuando las orejas empezaron a arderle. Abrió la boca para contestar. Si decía que no, Adrián descubriría la mentira. Y si respondía que sí, ¿qué haría él? Optó por guardar silencio, aunque, bien mirado, según el refrán, quien calla otorga.

—Nunca me habías hablado de nada guarrindongo. —Adrián se incorporó y apoyó la espalda en el cabecero de la cama—. ¿Eso quiere decir que hemos llegado a una nueva fase?

—¿Qué? —Blanca parpadeó, sin entender lo que su amigo insinuaba.

—Yo me toco, tía. Y me encanta hacerlo, para qué voy a mentir. A veces lo hago viendo algún vídeo, pero otras no me hace falta. —Blanca tragó saliva. Se removió, y luego subió las piernas en la cama y se recostó al lado de su amigo. Estaban muy cerca. Como cuando él la besaba o como cuando estuvo dentro de ella. Notó que una sensación extraña llenaba su vientre y se descubrió excitada. En realidad, era Adrián quien la ponía tanto, y no podía engañarse más.

—¿Y... en qué piensas? —se atrevió a preguntar, aunque sin mirarlo a la cara.

—No sé. En sexo. Imagino que estoy haciéndolo.

—Yo nunca he...

—Ya, ya sé que nunca has visto a ningún tío tocándose —terminó por ella. Y estaba observándola con tanta intensidad que al final Blanca ladeó la cabeza y también lo miró. Una voz en su mente la advirtió de que quizá lo mejor era que se marchara. Se hacía tarde, la madre de Adrián no tardaría en regresar y la suya llamaría de un momento a otro para que fuera a cenar. Sin embargo, su cuerpo la retuvo. Y también el roce de los dedos de Adrián en los suyos.

—¿Te gustaría verlo?

—¿Qué? —Blanca abrió los ojos, asustada.

—Que si te apetece mirar cómo me toco —dijo él, y no había nada en su voz que delatara el nerviosismo que Blanca, en cambio, sentía.

—No digas tonterías —murmuró, y le sonrió como si se lo tomara a broma. Sí, debía de ser eso, una de mal gusto.

—Ahora ya no eres virgen. Te has saltado un paso. Antes deberías haber practicado con los tocamientos —contestó Adrián también sonriendo. Parecía divertido.

—No es necesario.

—Ni siquiera me viste la polla bien cuando lo hicimos. A Blanca le entró tos, y eso a Adrián aún le hizo más gracia porque soltó una carcajada. Ella le dio un codazo, un poco enfadada, pero entonces él le cogió una mano y se la guio hacia abajo. A Blanca le temblaba, y encogió los dedos, pero incluso así, con el puño muy apretado, apreció el bulto en los vaqueros de su amigo. Estaba excitado. Los tíos se ponían cachondos cuando hablaban de sexo, fuera con quien fuese. No había nada de raro ni de especial en eso. No se trataba de que ella fuera Blanca, de que se hubieran acostado juntos y hubiera sido más especial de lo que creía.

—No puedes preguntarme si veo porno y qué es lo que hago cuando me pajeo y pensar que esto no va a despertarse —dijo Adrián, y su voz sonó algo más ronca.

Blanca dejó escapar una risa nerviosa. Fue a apartar la mano cuando se la soltó, pero al final no lo hizo y él sonrió satisfecho. Y en ese momento Adrián se desabrochó el botón de los vaqueros y ella pudo ver su piel desnuda, el vello de esa zona que antes nunca había llamado su atención y que ahora le secaba la garganta.

—Entonces ¿qué? ¿Te lo enseño, Blanca? ¿Te muestro qué es lo que hacemos los tíos cuando estamos cachondos?

Ella tan solo pudo hacer una leve presión en su bulto, a lo que él respondió entreabriendo la boca.

—¿Te gusta lo que ves? —le preguntó Adrián con una voz distinta.

Asintió, flotando todavía en ese extraño sueño del que no quería despertar. Adrián estaba provocándola, lo tenía claro, y no quería caer, pero era tan difícil... Lo era desde que lo tuvo en su interior, moviéndose despacio, de forma casi tierna.

—Creo que esto sería muy fuerte para ti —dijo entonces él, y le apartó la mano.

—¿Qué?

—Te estaba gastando una broma, Blanquita. —Se encogió de hombros, con una sonrisa en la que se clavaban sus dos dientes delanteros.

Y ella se enfadó porque había pensado que de verdad iba en serio, que de nuevo compartirían una intimidad que, de pronto, él quería arrebatarle. No iba a permitirlo. Estaba harta de que Adrián llevara la voz cantante, que fuera quien la besaba cuando le daba la gana, quien la mirara como si fuera una tonta estrecha. Y, además, estaba excitada. La había provocado, y los pinchazos en su sexo le molestaban. Lo deseaba. Y ansiaba que Adrián la deseara a ella.

Así que lo hizo. Contra todos los pronósticos. Los de él. Los de ella. Se inclinó y le estampó un beso en la boca. Uno fuerte, casi rabioso, sin rastro de ternura. Fue rápido, y cuando se separó de Adrián, este la observaba con los ojos muy abiertos y una expresión extraña en el rostro.

—¿Qué haces? —le preguntó.

—Besarte.

—¿Por qué? —Y lo soltó como si de verdad no lo supiera.

—Porque quiero —contestó ella, molesta.

—¿Te ha puesto cachonda tener tu mano ahí o qué?

Y también le molestó el tono burlesco con el que su amigo pronunció esa frase. Tanto que, sin comprenderlo, se abalanzó de nuevo sobre él y lo agarró de los hombros. Lo besó una vez más, durante más tiempo, y al final se convirtió en una sucesión de besos más calmados. El corazón le latía a mil por hora, a punto de estallarle en el pecho. Se apartó con brusquedad, mareada, aturdida y enfadada. Pensaba que Adrián se reiría, que le diría de nuevo que qué cojones estaba haciendo, pero lo único que descubrió fue que sus ojos se habían oscurecido y que respiraba de manera agitada.

—Ven, Blanca, ven... —le pidió estirando los brazos en su dirección.

La acogió entre ellos, la abrazó como nunca lo había hecho y la colocó sobre su erección. A Blanca se le aceleró la respiración y miró a Adrián, sin comprender muy bien qué hacía, pero sabiendo perfectamente que era lo que le apetecía.

Esa vez fue él quien la besó. Le introdujo la lengua buscando la de ella, y cuando ambas se encontraron los dos gimieron. Ese sería un sonido que a Blanca no se le borraría de la cabeza jamás. Se obligó a no pensar en ello y a dejarse llevar, a guiarse tan solo por los movimientos de su cálida lengua en la suya, de sus manos deslizándose por su espalda hasta llegar al trasero. Adrián se lo apretó y Blanca se humedeció aún más.

Se besaron durante mucho tiempo, aunque quizá menos del que ambos habrían querido. Pero si se hubieran fijado en el reloj que descansaba en la mesilla de Adrián, se habrían dado cuenta de que los besos duraron quince minutos. Y mientras se besaban, Blanca reconoció para sí lo mucho que le gustaba sentir los labios de su amigo en los suyos; fue consciente de cada uno de los movimientos, de todas las sensaciones que despertaban en cada pliegue de su piel. Fueron besos suaves, cálidos, agradables, íntimos. Algunos un poco más hambrientos, cuando ambos se emocionaban. A veces, en el instituto, había visto a algunos adolescentes besarse durante lo que a ella le parecía una eternidad, y se preguntaba cómo podía agradarles compartir tanta y tanta saliva. Ahora ella misma se encontraba en esa situación y no la habría cambiado por nada del mundo. Se habría desgastado los labios besando a Adrián. Pensó que ese lenguaje era el único y el verdadero. Y es que, al fin y al cabo, uno siempre recuerda los besos que le hicieron olvidarse de todo.

Al cabo de un rato, Adrián la colocó debajo de él y continuó besándola, traspasándole su aliento y un sabor que Blanca aún no podía reconocer pero que, tiempo después, identificaría en otros hombres como el de la excitación. Y a pesar de todo, el de Adrián era distinto, mucho más intenso, más perfecto, más acorde con lo que necesitaba.

Él no hizo ningún comentario burlesco sobre sus horribles bragas, tan viejas que incluso estaban descoloridas. Tampoco dijo nada acerca de que no llevara sujetador porque, a fin de cuentas, no lo precisaba. Su amigo le acarició los pechos, le lamió los pezones y le provocó una docena de estallidos en la piel.

Adrián se quitó la camiseta y le permitió ver ese tatuaje del corazón medio derretido que a ella siempre le causaba cierta impresión. Se atrevió a deslizar los dedos por la piel que lo rodeaba, como si el dibujo quemara. Él llevó una mano hasta su sexo, se lo rozó y la descubrió húmeda. El cuerpo de Blanca se contrajo cuando uno de los dedos de Adrián se metió en ella. Arqueó la espalda y gimió, sumergiéndose en esa idea tan bonita de que era otra persona, una mucho más libre, de la que jamás se habían burlado.

Adrián le quitó las gafas y la miró durante un buen rato. Blanca se preguntó qué pensaría, si la consideraba fea y él mismo no entendía por qué se acostaba con ella, pero entonces él dijo:

—Me gustas más con ellas. Te dan un aire de intelectual. Lo que pasa es que me molestan un poco para besarte.

Ambos se echaron a reír con ganas. Después se besaron más, mientras el dedo de Adrián se perdía muy adentro, y jugaba, y la redescubría. Y a continuación fue su sexo el que tanteó en la entrada, y él se la quedó mirando como si esperara una confirmación. Una molesta voz le gritaba en la parte de atrás de su cabeza que se detuviera ahí, que el sexo entre dos personas como Adrián y ella nunca sería perfecto, sino casi como una maldición, un peso con el que cargar. Pero todo lo que sentía le demostraba que era todo lo contrario, que sus cuerpos se acoplaban a la perfección.

Adrián se introdujo en ella. Lo hizo con sumo cuidado, como si temiera romperla, y Blanca empujó hacia delante para que no se mostrara tan delicado. Entonces él se mordió el labio inferior y se apartó de golpe. Ella se asustó y se dijo que su amigo había caído en la cuenta de lo que estaba haciendo y se había arrepentido.

—Espera, espera... —murmuró.

Blanca aguantó la respiración, preguntándose qué ocurría, mientras él rebuscaba en un cajón. Cuando se acercó con un preservativo, cerró los ojos y esbozó una sonrisa. Qué tonta era. Aguardó a que se lo pusiera, y cuando de nuevo se colocó sobre ella lo apretujó contra su cuerpo como si no quisiera dejarlo escapar.

Como en la anterior ocasión, Adrián hundió la nariz en su cuello, se lo mordisqueó y se lo besó, y Blanca no pensó en nada durante el tiempo en que él se movió muy dentro de ella, hasta el final, hasta siempre. Solo deseaba ser esa Blanca, ninguna más, por mucho que la vida le demostrara que no era posible.

Se sorprendió al alcanzar el orgasmo que la primera vez no había aparecido. La mareó. La hizo salir de su cuerpo, observarse desde arriba y después volver a caer con fuerza. Clavó las uñas en la espalda de Adrián y tuvo que contenerse para no gritar. Jamás había sentido algo como eso, tan poderoso, tan enorme, tan brillante y tormentoso a la vez.

Se quedó muy quieta mientras trataba de recuperar la respiración, con Adrián sobre ella todavía. ¿Qué era aquello? ¿Por qué estaban actuando de esa forma después de tanto tiempo? «Los amigos tienen sexo, Blanca. Ocurre cada día en todo el mundo», le susurró su mente.

Poco después Adrián se apartó y se tumbó a su lado, con un brazo tapando la mitad superior de su rostro y una sonrisa. Ella ladeó el suyo y lo observó, entre confundida, relajada y asustada. No sabía muy bien cómo acabaría todo aquello, qué pretendían acostándose juntos en secreto. Porque Adrián no era de los que cogían de la mano a su amada en el cine, ni de los que arrancaban una flor del campo para dársela. Adrián solo buscaba chicas para disfrutar. Se lo decía siempre. Y no parecía dispuesto a cambiar. Tampoco tenía claro si era eso lo que ella quería.

—Joder, no había pensado que pasaría esto... Es un poco raro, ¿no? Después de tantos años, sin que mostráramos nada más que amistad... —murmuró su amigo de repente, arrancándola de sus terribles pensamientos—. No sé, es... Es diferente. Es divertido, ¿verdad?

Blanca se dijo que esa definición no se correspondía a lo que era el sexo. Porque en aquella época, y también muchos años después, para ella el sexo sería algo duro, sucio y excitante, y no un momento en el que puedes reírte con complicidad. Fue una de las cosas que aprendería tarde. Y francamente mal.

Se molestó, a pesar de que le parecía estúpido sentirse así. Imaginó que para Adrián el sexo con ella era demasiado simple y que no se acercaba, ni por asomo, a lo que haría con las otras chicas, lo que ellas despertarían en él y lo expertas que serían.

—A ti te ha gustado, ¿no? —quiso saber él.

—No ha estado mal —respondió Blanca encogiéndose de hombros, y Adrián la miró con el ceño fruncido, como si deseara decir algo y no se atreviese.

—Si no quieres, no... Pero yo pensé que... Joder, si has sido tú la que se ha abalanzado sobre mí como una loba —se mofó, y a Blanca le pareció una insinuación de que no habría sucedido nada si no hubiera sido por ella.

Entonces el móvil de su amigo empezó a sonar. Y como estaba en la mesilla y Blanca se encontraba justo al lado, acertó a ver el nombre que iluminaba la pantalla. Era uno femenino, y de inmediato lo reconoció porque Adrián le había hablado de esa chica, una del pueblo de al lado, con la que se acostaba en ocasiones. Hacía tiempo que no la mencionaba, pero ahí estaba, requiriéndolo, y Blanca tenía muy claro para qué.

—Te están llamando —murmuró con tono seco.

—No me apetece cogerlo ahora.

—Es una tía. Esa que, según tú, tiene unas tetas enormes y tatuajes que te ponen cachondo —continuó ella, cada vez más distante.

Y apreció que Adrián se molestaba y eso aún le causó más rabia, de modo que se levantó, se puso las gafas, cogió sus bragas y se las colocó, y lo mismo hizo con el resto de su ropa.

—No me he liado con ella desde hace un montón —dijo en ese momento Adrián. Todos los músculos de Blanca se tensaron—. Pero, vamos, que podría hacerlo, ¿no?

—¿Acaso te he pedido yo algo? —soltó, de espaldas a él, sin entender por qué le insinuaba algo así—. Creo que estás equivocándote conmigo. Es la segunda vez que nos acostamos, ni siquiera sé por qué, ¿y piensas que te pediré amor eterno? —Le salió un tono mucho más mordaz que el que había esperado, y temió que su amigo se enfadara con ella.

—Pero ¿qué cojones dices, Blanca? No entiendo qué te pasa. Que yo sepa, aquí cada uno hace lo que le da la gana. Antes hablábamos de otras tías y ahora... ¿te cabrea que una me llame?

No le dejó terminar. Quizá ahí radicaba su error. El de ambos. Más el de ella. Que le hubiera permitido hablar de otras chicas, de lo que hacía, cuando ella también era una tía. Pero antes él era Adrián, su vecino. Tiempo atrás podía reírse con él y asombrarse cuando le explicaba lo que alguna le había hecho. Ahora ya no. Y se preguntaba qué era lo que había cambiado, ya que su mente calculadora no estaba preparada para entender que en el amor no se elige, que el amor no se planea, que simplemente aparece y te rompe en dos, se apodera de ti y te hace querer a la persona más inesperada, a la que estaba más lejos de ti y al mismo tiempo más cerca. Tanto el mundo exterior como el interior de Blanca estaban tan trastocados, tan desprovistos de ternura, que ni por asomo se le ocurría pensar que podía enamorarse de su amigo Adrián.

Agarró su mochilita, que colgaba del respaldo de la silla, y se dirigió a la puerta del dormitorio. Antes de que saliera, Adrián exclamó:

—¡A veces se te va mucho la olla, Blanca!

No contestó. Se fue dando un portazo, con la certeza de que se había comportado como una necia y de que esa sería la última vez en la que se expondría tanto. Debía andarse con cuidado. Adrián jamás había mostrado interés en chicas como ella. Le daba pena, estaba segura, y ese no era el sentimiento que quería despertar en él. Deseaba ser como las otras: excitarlo hasta límites insospechados, tener poder sobre él. Pero tenía claro que alguien como ella no lo conseguiría ni en años.

Adrián era de los que podían romperle el corazón. Lo conocía demasiado. O al menos, eso creía.

12

Índices de bienestar – Martes 4 de agosto

Al desayunar:
A mediodía:
En la ducha:
Al cenar:

Tres cosas buenas que me han pasado hoy:

1. He almorzado un bocadillo de tortilla de patatas riquísimo.
2. Y lo he rematado con un flan, de postre.
3. ¿Cuenta que me haya acostado con Adrián, el tipo que fue mi primer amor, el que me destrozó, y que habría repetido si no hubiera sido porque mi madre nos ha pillado? ¿O eso no es algo bueno?

Me río de mi propia ocurrencia. Cierro la libreta y lanzo una mirada a la puerta. Cuando esta mañana he salido de mi dormitorio aseada y con mi mejor cara, ya que al final me he dicho que era una tontería avergonzarme por algo que hacen todos los adultos y que mi familia sabe que no soy una monja de clausura, mi madre se había ido a andar para cuidar su circulación, como acostumbra hacer. Pero me había dejado preparada una tortilla y un flan casero. Y en la nevera había una nota con un mensaje de lo más cariñoso. Estoy segura de que su alegría se debe a haberme encontrado con Adrián.

Quien, por cierto, me ha dicho que no nos hemos acostado juntos. Es un puñetero mentiroso. ¿Por qué juega así conmigo? Y encima está el hecho de que, si me detengo a pensar, el sexo fue magnífico. Rabioso, cargado de rencor seguramente, pero disfruté como una loca. Y en el fondo, eso es algo que no está tan mal. Sin embargo, algo me dice que haberme acostado con él es todo lo contrario a la terapia que Emma me ha impuesto. O quizá no. ¿Qué mejor que salir de dudas con una llamada?

Cojo el móvil y rebusco en la agenda hasta dar con su nombre. Me llevo el aparato a la oreja y, mientras espero con los tonos de llamada de fondo, tamborileo con los dedos en mi rodilla.

—Consulta de la doctora Emma Valenzuela.

—Hola. Soy Blanca —digo a trompicones.

—¿Qué Blanca?

—Blanca Balaguer.

—Ah —murmura la secretaria. Y a continuación, me pregunta—: ¿Deseas algo?

—¿Podría hablar con Emma?

—Ahora mismo se encuentra con un paciente... —Se queda callada un momento. Oigo voces atenuadas y luego me dice—: Enseguida te paso con ella.

Espero unos segundos más que se me hacen eternos. Al fin, la agradable voz de Emma llega hasta mi oído.

—Buenas tardes, Blanca. ¿Cómo estás? ¿Sigues en el pueblo?

—Sí —respondo—. En mi habitación de cría estoy, para ser más exactos.

—¿Y qué tal va?

—Mi madre está encantada de la vida, claro. He salido estas dos noches y me he encontrado un par de veces con las chicas esas tan desagradables, pero bien. Y él está aquí.

—¿Quién?

Ya empezamos. Como si no lo supiera. Está poniéndome a prueba, como siempre. Cojo aire y contesto:

—Adrián.

—Tu amigo de la infancia.

—Ajá.

—¿Y qué hay de malo en ello?

—Supongo que nada, pero ha pasado algo.

—¿Algo malo o bueno?

—Para eso te llamo, para que me lo digas tú. Yo creo que te parecerá atroz, pero quién sabe.

—¿Atroz? —Emma continúa con su tono neutro—. Explícame qué ha ocurrido.

—Fui a las fiestas del pueblo...

—¿Qué más? —me anima.

—Al regresar a casa, me encontré con él en la calle. Fue extraño, aunque, claro, imagino que en realidad es lo normal después de tantos años. Él se mostró tan tranquilo, como si no hubiéramos acabado mal. Vamos, como dos viejos amigos que se reencuentran. Hasta ahí bien, puedo entenderlo porque él ha sido siempre así. Pero la segunda vez...

—¿Qué pasó?

—Me besó.

Emma aguarda unos instantes al otro lado de la línea. Le gusta crear expectación.

—Entiendo —contesta Emma.

—¿De verdad? ¿No es raro? Discutimos antes de marcharme, ninguno dio señales de vida. Creí que yo no le gustaba... Pero va y me besa, como quien no quiere la cosa.

—Mira, Blanca, voy a explicarte algo. La lógica nos dicta que las personas no deberían acercarse en términos sexuales a otras a las que les guardan rencor o a quienes no les caen bien. Pero el sexo es de todo menos lógico. Bueno, en realidad lo que sucede es que tiene su propia lógica. Por una parte, tenemos la biología. Y, por otra, las emociones. ¿Me sigues?

—Supongo que sí.

—En la literatura científica existe el término «sexo por despecho», o también conocido como *sex hate*. Se trata de practicar sexo con…

—Eh, no, no. No hemos hecho algo así —miento.

—Me has dicho que os habéis besado —me recuerda Emma tan tranquila—. ¿Nada más?

Me quedo callada unos segundos, sopesando si contarle la verdad o no. Al final decido inventarme algo a la de tres, dos, uno…

—He tenido un sueño después de su beso.

—¿Qué tipo de sueño?

—Pues… subidito de tono.

—¿En él Adrián y tú os acostabais?

—Sí. Pero a ver, se supone que yo estaba enfadada con él.

—¿Y cómo era el sexo?

Qué preguntas. Emma ha pasado de ser una simple psicóloga a una sexóloga.

—Salvaje, duro… Rabioso.

—Eso corrobora lo que estaba explicándote, Blanca. No es tan extraño como crees. Desde un punto de vista biológico, cuando alguien te atrae físicamente se activan unos determinados neurotransmisores, como la adrenalina o la serotonina, que son independientes a cómo te caiga una persona.

—¿En serio? —Arqueo una ceja en la soledad de mi dormitorio.

—Está claro que puedes evitar acostarte con esa persona, pero los sueños son otra cosa. Forman parte del subconsciente, que todavía es más difícil de explicar. Además, el sexo es una forma de comunicarse y con él pueden transmitirse emociones negativas.

—Vale. ¿Y qué tengo que hacer? —le pregunto.

—Nada.

—¿Nada? ¿No soy una gilipollas por tener esos sueños con un tipo al que detesto?

—Los sueños no pueden evitarse. No los controlamos. Si fuera así, nadie tendría pesadillas. Por otro lado, quizá te equivocas y no lo odias tanto como crees.

—Eso parece —respondo malhumorada.

—Encontrarte con tu antiguo amigo y haberte comunicado con él es algo positivo.

—¿En serio? Me hizo daño. Bueno, y yo a él también, imagino. Pero él a mí más, ¿sabes?

—Claro que lo sé. Pero apenas conozco nada de la historia. Cuando vuelvas, quiero que me cuentes más, que me expliques qué es lo que sucedió realmente. Y también charlaremos acerca del beso y de tus sueños. —Como otras veces, no es una petición, sino casi un mandato.

—Ya.

—No te digo que tengas que volver a hablar con él, Blanca. Aunque en ocasiones es bueno entender lo que pasó. Por lo que me has dejado entrever, ni siquiera le diste la oportunidad de justificarse.

Claro que no. Estaba tan enfadada que lo único que quería era alejarme, no saber nunca nada más de él… Aunque he de reconocer que alguna vez, tiempo después, lo busqué en las redes sociales.

—¿Cuál es tu grado de bienestar hoy? —me pregunta Emma de repente.

—Pensé que sería una mierda —se me escapa. Le pido

perdón—. Pero no, al final me siento mejor de lo que esperaba.

—Eso está muy bien. Y con las chicas esas, ¿qué tal?

—No sé. Me pareció que decían algo de mí... Pero bueno, tampoco lo sé seguro.

Ni siquiera he pensado en ellas desde que sucedió esto con Adrián. Una chispa de alegría se enciende en mi pecho.

—¿Te afectó? —quiere saber Emma.

—Casi nada. Pasé por delante de ellas con la cabeza bien alta.

—Estupendo, Blanca. Lo dicho: si necesitas que hablemos, llámame. Descansa, disfruta de tu familia y pasea por el pueblo. Seguro que hay lugares bonitos.

Por un momento me dan ganas de decirle que sí, que hay uno realmente precioso, al que acudí en infinidad de veces con Adrián... Pero él es el culpable de que esté haciendo esta llamada. Consigo retener las palabras y me despido de Emma.

La siguiente es para Begoña, quien por fin la atiende.

—¡Hola, cariño! —exclama con la respiración agitada.

—¿No te habré pillado en un mal momento?

—Ojalá. Acabo de terminar la sesión de hoy en el gimnasio. Iba a meterme en la ducha cuando he oído el teléfono. Las tías me miran mal cada vez que suena *Balada triste de trompeta* de Raphael. Pero es que son muy jóvenes. Ellas no entienden que es un portento —me suelta atropelladamente. Ni que Raphael fuera de nuestra época. Bego es una auténtica fan suya—. Por cierto, hay una nueva aquí que tiene un culo en el que pueden partirse piedras.

—¿Qué tal va todo por ahí? —Hago caso omiso de su comentario.

—Hija, lo dices como si hiciera cien años desde que te fuiste —responde riendo.

—¿Por qué no te vienes aquí el fin de semana? —se me ocurre de repente. Tengo ganas de verla.

—¿A tu pueblo?

—Claro. ¿Dónde si no?

—¿Y dónde duermo?

—No sé, en la habitación de mi hermano. Que se quede en casa de algún amigo suyo. Y si no, conmigo, en mi cama.

—Pues no sé, había pensado centrarme en un caso...

—Me apetece verte, Begoña —gimoteo.

—Vaya, esa voz me anuncia algún desastre —se mofa.

—Acabo de hablar con Emma.

—¿Qué es lo que te ha trastornado ahora?

—No digas tonterías. No estoy trastornada. Pero ha ocurrido algo que debes saber.

—Pues ilumíname.

—Me he encontrado con Adrián.

—¡Joder! ¡Deben de haberse abierto los cielos y todo! —continúa Begoña con su sarcasmo—. Si te contara las veces que me he topado yo con alguna ex... Y con algunas de ellas ha pasado lo que no... —Se calla de sopetón y luego suelta a grito pelado—: ¿No me digas que habéis tenido un reencuentro caliente?

—¡No! Bueno, ¡sí!

—Pero ¿no lo odiabas?

—¡Eso es! —grito yo también.

—Vale, espera. No te preocupes. Es normal. Me ha pasado en alguna ocasión.

—Eso es lo mismo que me ha dicho Emma.

—Al final la psicóloga va a ser lista y todo...

—Por favor, Begoña, dime que no estoy loca y que no hago mal.

—¿Por querer tener un orgasmo? Pues claro que no, mi vida. —La oigo saludar a alguien y luego se dirige de nuevo a mí—. Entonces ¿qué ha pasado?

—Según él, nada.

—¡¿Qué?! Pero ¡si acabas de decirme que habéis folleteado! —exclama.

—Él, que es muy gracioso, y quiere hacerme creer que bebí mucho y me confundí.

—Habíamos quedado en que el alcohol no nos exculpa —me recuerda Bego en tono divertido.

—¡Si no bebí casi nada! Es un mentiroso. Nos acostamos, Begoña. El primer día todo normal. Me lo encontré en la calle por casualidad y me saludó como si nos hubiéramos visto el día anterior. Nos retamos. Y a la noche siguiente acudí a la verbena del pueblo de nuevo y él también, como si quisiera verme.

—No estarás mezclando una peli de Cameron Diaz con tu vida, ¿no?

Hago caso omiso de su ironía y prosigo con mi historia.

—Bailamos. Nos rozamos. Me subió la libido. A él también porque, vaya, me besó y, para mi sorpresa, se lo devolví. Me dejé llevar por mi cuerpo.

—¡Olé tú! —Se carcajea Begoña, la muy perra. Podría tomarme más en serio. Pero, claro, ella no sabe apenas nada de mi historia con Adrián—. Y dime, ¿cómo fue el beso? ¿Soso? ¿Apasionado? ¿Con lengua?

—Después nos fuimos a mi casa —continúo, pasando de sus comentarios—, todavía besándonos y... Joder, en mi cabeza hay un montón de imágenes de nosotros dos teniendo sexo. Me he despertado con él al lado, sin camiseta...

—¿Y está bueno?

—¡Begoña, que eso ahora es lo menos importante! —me quejo.

—Hombre, pues no es lo mismo despertarte con un dios griego al lado que con un mostrenco.

Me aparto el flequillo de manera violenta y me dejo caer en la cama, observando el techo.

—Vale, reconozco que es un tío muy atractivo.

—Y con lo que te gusta a ti un buen meneo…

—Y para colmo, mi madre nos ha pillado esta mañana. O sea, que ha abierto la puerta y me ha encontrado encima de él con el vestido por la cintura porque, agárrate donde puedas, casi volvemos a acostarnos.

La carcajada de Begoña retruena en mi oído. Resoplo, un poco molesta, pero después me doy cuenta de que en realidad la situación sí que tiene algo de gracioso. Si no te ha ocurrido a ti, claro.

—Eso te pasa por llevártelo ahí. Casa de los papis, caca. Coño, haberlo hecho en un parque.

—¿Con todas las mierdas de los perros? Estás loca.

—Y ¿cómo fue? ¿Es bueno en la cama?

—Es un puñetero dios. Qué asco, en serio. ¿No podría haberme follado como el culo?

—¿Y qué hay de malo en todo lo que me cuentas, cariño?

—Pues que disfruté, Begoña. Gocé como una loca y se supone que debería odiarlo.

—Mira, ya te he dicho que a mí me ha pasado alguna vez. Ya sabes, encontrarme con una ex que todavía me ponía, acostarme con ella y luego pensar en las consecuencias. Pero antes recibía una alegría para el cuerpo.

—Que folle bien no lo exculpa de su comportamiento cabrón.

—Claro que no, pero te ha ayudado a pasártelo bien un rato.

Suelto un suspiro. Tiene razón. Ha sido solo sexo. Un pequeñito desliz de esos que todos tenemos de vez en cuando. Soy una adulta capaz de controlar sus emociones y algo así no va a cambiar mi actitud.

—Entonces ¿vendrás?

—Pues, mira, creo que sí.

—¿En serio? —Me incorporo en la cama, presa de una

gran alegría. No sé por qué, pero me hace ilusión que Begoña conozca mi pueblo y a mis padres. Después de tantos años de amistad, ya va siendo hora.

—Sí. Me apetece conocer al tío al que guardas tanto rencor. ¡El que te moja las bragas! —se mofa.

—No lo conocerás.

—Pero digo yo que, en un pueblo tan pequeño, lo veré en algún momento, ¿no?

—¡Nos pasaremos el fin de semana encerradas en casa! —la amenazo medio en broma.

—¡Y una mierda! A mí me sacas de fiestorro por ahí, a ver si conozco a alguien interesante.

Le dedico un par de insultos. Ella a mí otros tantos. Acabamos riéndonos como siempre. Begoña… Esa amiga que nunca me ha fallado. Tendría que haber estado ahí desde siempre para hacerme comprender cuando era una joven amargada que en la vida existe gente bonita.

13

Cuando salgo al salón para comer tras la charla con Begoña, mi hermano suelta una carcajada. Mi padre, que ya ha regresado de la casa de los jubilados, aparta la vista del periódico y mira a Javi con la ceja arqueada sin entender sus risas. ¡Mejor! Y mi madre... Bueno, ella me observa con una sonrisa estirada que la convierte en una figura del Museo de Cera. De las del pasaje del terror.

—Anoche fue muy divertido, ¿no? —se mofa el crío de los cojones.

Hago caso omiso y me siento en el sofá, disimulando. Mi padre es un poco anticuado para estas cosas. Es evidente que sabe que su hija mayor practica sexo, pero que lo haga en su casa es algo diferente.

—¿Qué pasa? ¿Me he perdido algo? —Nos mira con cara de bobo.

—Tu hija no se encontraba muy bien. Le sentaría mal la cena, supongo —miente mi madre.

—Si es que en verano hay que tener mucho cuidado con lo que se come —nos ilumina él en uno de sus arranques de sabiduría. Ahora se pondrá a explicarnos algo de lo que dicen los médicos de los programas que ve—. Por ejemplo, la mahonesa y...

—En la cocina tienes tu plato —lo interrumpe mi madre dirigiéndose a mí un tanto ansiosa—. Caliéntatelo si eso, Blanca.

Y allá que me voy a la cocina como una loba muerta de hambre. Parezco un extra de *The Walking Dead* mientras me arrastro por el pasillo.

Estoy zampándome dos filetes con un huevo frito cuando ella asoma la cabeza por la puerta. «Tierra, trágame y escúpeme en otro planeta.» Me mira con una sonrisa que no augura nada bueno.

—¿Quieres algo, mamá? —le pregunto con la boca llena de carne. En el pueblo tengo que aprovechar. Cualquier tontería que cocina mi madre sabe a gloria. A mi regreso ya me pondré las pilas para recuperar la silueta.

—Que no te preocupes, que no estoy enfadada.

—¿Y por qué ibas a estarlo? —Le pongo mala cara.

Mamá no dice nada, sino que entra, va hasta el congelador y saca un enorme cucurucho de fresa. Bien sabe que es mi favorito, la muy pécora. Cuando era niña y quería sonsacarme alguna cosa o disculparse por algo, me daba uno. Está claro que aquí se cuecen habas.

—Mamá, en este juego puedo salir ganando con toda la facilidad del mundo. Las abogadas tenemos que ser muy listas.

—Las abogadas no pueden vencer a las madres —dice con gesto risueño y los ojos brillantes.

Me termino la comida y aparto el plato con un suspiro. Me encantaría fumarme un cigarro, pero sé lo mucho que le fastidia que fume en casa, ya que además asegura que es un mal ejemplo para Javi (como si él no fuera peor que yo, vamos, o como si el nene viviera en una caverna), de modo que alargo el brazo y cojo el helado. Sustituiré la nicotina por el dulce, qué remedio. Mientras lo libero del envoltorio, mi madre ensancha aún más la sonrisa.

—Ya sé lo que estás pensando. Crees que ese chico y yo hemos tenido algo.

—¿Ese chico? Blanca, ¿por qué lo llamas así? Mira, no sé qué os pasó, ¡erais tan amigos...! Adrián siempre cuidó de ti.

—Ya, claro —digo por lo bajini, y después muerdo con rabia el crujiente del helado.

—A mí esos tatuajes nunca me han hecho mucha gracia, la verdad, ni ciertas compañías que frecuentaba, pero ya sabes lo amigas que somos su madre y yo, y ella siempre decía lo bueno y cariñoso que era Adrián, y yo lo sabía... y estoy segura de que tú también porque no te despegabas de él.

—Mamá, ¿a qué viene todo esto? —le pregunto un poco molesta. Tanto tiempo sin hablar de él, ¿y ahora quiere largarme un monólogo sobre lo maravilloso que era Adrián? A otro perro con ese hueso.

—Pues no sé, lo que pretendo decir es que si tuvisteis algún problema no puede haber sido tan malo como para estar enfadada con él toda la vida. Ser rencorosa no es sano, hija, porque lo pasas mal, te pierdes un sinfín de cosas bonitas, y eso no es vivir.

—Lo sé —me limito a contestar. Y continúo comiéndome el helado, que está tan bueno que me proporcionará un orgasmo gustativo.

—Yo no tengo muchos estudios, y puede que tampoco sepa tanto como la gente de la ciudad, que es tan moderna y abierta, como dice tu padre. Pero de lo que sí sé es de sufrimiento y de vivir enfadada con todo y con todos. Porque a mí me habría gustado vivir de otra forma y, ya ves, nunca me ha resultado sencillo. —Se queda callada unos segundos y después añade—: A ver, que me voy por las ramas. Lo que te digo es que Adrián a veces me preguntaba por ti, y cuando yo le contestaba solo «sí» o «no»... Porque he hecho lo que me pediste, Blanca, nunca le he hablado de ti más de lo necesario...

—Eso no es del todo cierto —le replico—. Bien que sabe que soy abogada. No me mientas, mamá, que te has ido de la lengua.

—¡Yo a él no le he explicado nada! En todo caso, a su madre. Pero ¿qué querías? Somos amigas, nos contamos nuestras cosas.

Asiento con la cabeza como dándole la razón. Si, total, ahora ya da igual. Mi madre duda unos instantes y luego prosigue con su charla.

—Bueno, pues que cuando yo le mencionaba algo de ti, Adrián tan solo asentía y sonreía, pero no como cuando era un crío. Siempre ha tenido una sonrisa más bien tristona, pero en esos momentos en los que hablaba conmigo, aún más.

El último mordisco del helado se me atraganta y tengo que levantarme para beber. Lo hago directamente de la botella, otra cosa que a mi madre no le gusta. Sin embargo, ahora está tan metida en lo suyo que ni se da cuenta. ¿Adrián triste por mi marcha después de su patada?

—Es que me ha alegrado veros juntos, ¿sabes? Después de tantos años, que hayáis tenido un reencuentro es maravilloso. Así que no discutáis, que no he entrado a propósito. Díselo a Adrián.

Me doy la vuelta hacia ella, con los labios apretados. Es hora de cambiar de tema.

—Este fin de semana va a venir mi amiga Begoña.

—¿En serio? ¡Qué bien, Blanca! —exclama la mujer toda emocionada.

Claro, está de lo más feliz porque aquí nunca vinieron niñas a celebrar una fiesta de pijamas o simplemente a hacer los deberes.

Hay que ver... En veintinueve años de vida, es la primera vez que voy a traer a una amiga a casa.

El resto de la semana va bien. Adrián no da señales de vida y decido olvidarme de lo ocurrido, como si se tratara de un episodio más en mi existencia sin ninguna importancia. Salgo por el pueblo y me siento tranquila y segura. Acompaño a mi madre al mercado y charlo con la gente como si de verdad el pueblo me encantara. Bueno, en realidad la gente de aquí no tiene la culpa de nada. Ninguna de esas personas que he visto me hizo la vida imposible, lo que ocurre es que llegué a coger asco a casi todo el mundo que pisara este suelo.

El jueves y el viernes salgo a correr de buena mañana. Como aquí no fumo apenas, el pecho no se me pone a punto de explotar en los diez primeros minutos. Aguanto hasta los quince corriendo sin parar. Esto es un gran avance, que conste.

El viernes por la mañana mi madre me manda a comprar el pan como si fuera una quinceañera. Cuando salgo del horno, alzo la vista y contemplo la fachada de la finca donde vivían Adrián y su madre. ¿Seguirá en el pueblo? Y, por un momento, no puedo evitar pensar en nuestra sesión de sexo alocado. ¿Qué se le pasó por la mente para darme ese beso que desencadenó todo? ¿Acaso la nueva Blanca lo atrae hasta el extremo de perder los papeles? No sé si debería molestarme o sentirme orgullosa. Muevo la cabeza y opto por no recrearme en ello más de la cuenta.

A media tarde Begoña me manda un mensaje anunciándome que ya coge el coche para venir. Me pregunta si resulta fácil encontrar aparcamiento. Va a tener la suerte de que en este barrio suele haber bastantes huecos libres. Mi hermano y yo bajamos a uno de los bares que hay en esta calle para tomar algo. Él entra a trabajar a las ocho y no para de decirme que cuándo llegará Begoña porque quiere conocerla. Es de los típicos que piensa que las mujeres de treinta años son maduritas sexis. ¿Perdona, niñato? ¿Maduritas nosotras?

¿Qué leches será para él una mujer de cincuenta años? ¿Una anciana?

—Lo mismo se siente atraída por mí. Las tías de vuestra edad buscáis a alguien más joven, con más potencia, que...

—A ver, Javi —lo interrumpo con voz de ultratumba y cara de troll, para que entienda que me está cabreando—, voy a explicarte un par de cosas... Primero, nosotras somos jóvenes. ¿Entiendes la palabra? Si no, la buscas en el diccionario. Segundo, a Begoña le gustan las mujeres y, aunque no fuera ese el caso, tampoco creo que un niñatillo como tú le hiciera tilín. Hay gente más interesante en el mundo.

—¿Estás insinuando acaso que no soy un tío interesante? —Arruga la nariz.

—Veo que lo vas captando —le contesto con una sonrisa diabólica.

—¿Y en serio tu amiga es lesbiana? ¿Y se besa con otras tías y...?

—¡Eh, eh! —Levanto la mano y casi se la planto en la nariz—. Sé lo que estás pensando y lo que vas a decir. Ahórratelo, que no quiero tener pesadillas.

Cuando regresamos a casa descubro en mi dormitorio un colchón en el suelo. Eso sí, perfectamente arreglado. Idea de mi madre, seguro. A Javi no le ha dado la gana de irse a dormir a casa de un amigo, por lo que habíamos pensado que Begoña se acostara conmigo, en mi cama. En ese momento mi madre se asoma a la habitación.

—¿Qué te parece? Me lo ha prestado Lolín, la vecina. Así podréis dormir más cómodas —me anuncia con una sonrisa de oreja a oreja. Le devuelvo una nerviosa. Por Dios, esto de verdad parece una fiesta de pijamas. Espero que no se le haya pasado por la cabeza comprarnos unos conjuntos rosas de Hello Kitty, porque la creo capaz.

Una hora después me llega otro mensaje. Begoña ya ha aparcado. Me asomo a la ventana y la descubro ahí abajo lidiando con una maletorra casi tan grande como las que me traje yo. Tal para cual. Teníamos que ser amigas. ¿Qué llevará ahí, si solo se quedará dos días?

Javi se empeña en bajar conmigo para ayudar a mi amiga, como si nosotras solas no nos bastáramos. Lo que quiere es dárselas de caballero andante.

—Pero ¿tú no estás medio liado con una? —le pregunto de manera mordaz.

—Solo quiero ser amable con Bego.

—No la llames así porque entonces tus posibilidades con ella pasarán a ser de menos cien —le digo con sorna.

Nada más vernos, Begoña alza un brazo y nos saluda toda efusiva. Conchi, que ya está abriendo la pollería, se nos queda mirando. Ahora solo falta que la gente piense que es mi pareja. Aunque, bueno, realmente tendría que darme igual. Este pueblo ya no es mi hogar.

Begoña me abraza y me da dos besos, y luego dirige sus enormes ojos hacia Javi. Mi pobre hermano se queda alelado ante la majestuosidad de los rizos negros de mi amiga.

—Tú debes de ser el hermano de Blanca —dice, y lo saluda con dos besazos que Javi recibe bien gustoso—. La verdad es que os parecéis bastante —observa.

Javi y yo nos miramos y después la miramos a ella como si estuviera loca. Antes de entrar al portal, saludo a Conchi, quien me devuelve una sonrisa. Mientras esperamos el ascensor, bromeo sobre la maleta de Begoña.

—¿Traes ahí un muerto o qué?

—A ver, que yo no sé qué ponerme aquí. Me he traído unos cuantos trapitos para que me ayudes a elegir.

Javi, con lo parlanchín que es, se ha quedado mudo y no aparta la vista de Begoña. No tiene una cara guapísima, ni unas medidas perfectas; es más, posee un buen pandero como yo, pero ni falta que le hace. Begoña es de esas mujeres que tienen un atractivo personal, que derrochan sensualidad y al mismo tiempo elegancia, y todo ello con cualquier ropa que se ponga.

Mi madre se comporta como una maravillosa anfitriona. Abraza a Begoña, le da dos besos, le hace un tour por todo el piso, le presenta a mi padre, quien se queda tan estupefacto como mi hermano, pero al menos él sabe disimular, y por último la guía hasta mi dormitorio como si fuera un santuario. Mi madre se va de la habitación, pero Javi se queda plantado en el umbral con las manos en los bolsillos. Le hago un gesto impaciente.

—¿Tú no tienes que irte a trabajar? —le recuerdo.

—Eso. ¿Cómo te va en la pizzería? ¿Te gusta? —le pregunta Begoña.

A mi hermano se le ilumina la cara.

—¿Sabes dónde trabajo?

—Claro, hombre. Tu hermana me lo contó.

—¿Habláis de mí? ¿Y te acuerdas de lo que te cuenta?

—Pues... sí. —Begoña arquea una ceja. Seguro que ya estará preguntándose si a mi hermano le falta algún tornillo o si se dio un golpe al nacer.

—Ten presente que somos abogadas, hermanito. Nuestra memoria es perfecta. —Me acerco a la puerta y sacudo la mano para echarlo—. Venga, y ahora vete al curro, que vas a llegar tarde.

Una vez que se ha marchado, Begoña y yo tenemos que jugar al tetris para colocar la maleta en el dormitorio. Entre que es enorme y que hay un colchón en el suelo, apenas hay espacio.

—Pues digas lo que digas, tu hermano no parece tan mal chico —comenta mientras me enseña toda la ropa que se ha traído.

—Mal chico no es. Tocapelotas, bastante.

—Pues como casi todos los hermanos pequeños, ¿no? Pero al final resultan ser unos cielos.

Al cabo de un rato mi madre vuelve a la habitación para preguntarnos si vamos a cenar en casa o fuera. Nos decidimos por lo segundo. Ya que Begoña ha venido hasta aquí, tendré que enseñarle el pueblo.

—Y luego me sacas de parranda.

—Eso sí que no —me niego.

—¿Estás insinuando que me negarás la diversión? —Me mira con los ojos muy abiertos.

—Tampoco es que haya ningún lugar para irte de fiestorro. Este pueblo es aburrido.

—¡Venga ya! Seguro que hay alguna discoteca. No es tan pequeño —dice mientras se observa en el espejo para decantarse por un vestido u otro—. Me lo pintaste de una forma que no tiene nada que ver con lo que es en realidad.

—Reconozco que en estos diez años ha crecido bastante. También será que yo tengo otra visión de él. Para mí era como una cárcel. —Me encojo de hombros y me pongo a rebuscar en mis cajones—. Pero ya te digo que discotecas no hay. Pubes sí.

—¡Pues me llevas a uno! —exclama encantada.

—Ni hablar. No me gustan nada. Ni el ambiente ni la gente que va.

—Blanca, ese aire monjil no te pega. Si en Valencia te pasas los findes de pista en pista…

—Es diferente. Aquí siempre ves a los mismos, y la música es horrible.

—Lo que te pasa es que no quieres cruzarte con esas zorrupias.

—No digas tonterías. Que sepas que el otro día ya las vi y me quedé tan ancha.

—Pues hoy lo mismo. Se supone que has venido a tu pueblo para enfrentarte a tus miedos. —Se queda pensativa unos instantes—. Ha sonado muy trascendente, ¿no?

Terminamos de arreglarnos medio discutiendo sobre si

al final iremos de fiesta o no. Esa fue una de las razones por las que nunca compartimos apartamento. Durante nuestra etapa universitaria, Begoña tuvo unos compañeros y yo otros. Siempre pensamos que quizá vivir juntas estropearía nuestra amistad. Tonterías de jovenzuelas alocadas, supongo. Podría haber sido algo bonito. Ahora cada una tiene su piso, claro está, pero hemos pasado días juntas en nuestras respectivas casas y ha ido bien.

Mi madre se asoma para echarnos un vistazo antes de que nos marchemos. Alaba el bonito vestido de Begoña, uno de color verde oscuro que le llega a medio muslo, y pone cara de sufrimiento al ver los taconazos que lleva. Yo me he decantado por unas sandalias de cuña mucho más cómodas y un vestido veraniego hasta los tobillos con la espalda abierta. Me chifla. Nos pide que nos divirtamos mucho y poco le falta para decirnos que volvamos a casa a las doce.

—¿Ahora entiendes por qué estoy tan a gusto en Valencia? —comento a Bego en cuanto nos metemos en el ascensor.

—Venga ya. Tener el cariño de tus padres es fundamental, en especial el de tu madre. Lo que daría yo por que la mía fuera como la tuya.

Se me borra la sonrisa. A veces puedo ser una metepatas. No debería haberme quejado de mi familia porque realmente no tengo motivos. Y mucho menos delante de Begoña, que sí los tiene. Desde que al terminar la facultad confesó a sus padres que le gustaban las mujeres, la relación con ellos no ha sido la misma. De la noche a la mañana su madre, una mujer bastante amable, todo hay que decirlo, cambió su actitud y ahora la trata con frialdad y, en ocasiones, incluso de manera irrespetuosa. Su padre no es tan cerrado de mente, pero se comporta como un calzonazos, para qué mentir. Puedo llegar a entender que en el mundo en que ellos se mueven —tienen bastante dinero, son muy creyentes y se relacionan con gente con pensamientos anticuados— sea difícil recibir una noticia así. Pero, joder, ¡que es su hija! Y Begoña es ejemplar. Inteligente, cariñosa, buena, servicial. Ojalá algún día esa mujer abra los ojos y vuelva a comportarse con ella como antes.

Por suerte, mi amiga, que es también una persona muy fuerte y asesta los golpes con templanza, continúa sonriendo a pesar de mi desafortunado comentario y me agarra del brazo para salir a la calle.

—Bueno, ¿y adónde vas a llevarme a cenar?

—Al bar donde hacen los mejores bocadillos de toda la faz de la tierra —le anuncio orgullosa.

—¡Bocadillos! ¡Qué prestigio, cariño! —Se echa a reír.

Puede burlarse todo lo que quiera, pero en cuanto pruebe la comida de ese bar tendrá un orgasmo. En los cumpleaños de la familia, siempre acudíamos allí. Y cuando Adrián y yo nos quedábamos estudiando hasta tarde, su madre nos compraba en él unas patatas bravas y...

—¡Vaya por Dios! —exclamo enfadada.

Begoña se detiene y me mira con cara de póquer.

—¿Qué pasa? ¿Te has dejado las bragas en casa o qué? No te preocupes, yo tampoco llevo —bromea con una sonrisa maligna.

Niego con la cabeza. Paso de explicarle que he soltado ese grito porque he pensado en Adrián. No volveré a hacerlo. Tres, dos, uno... Ya no estoy pensando en él. ¡Eh, no! ¡Sí lo estoy haciendo!

Agarro a Begoña de la mano para ayudarla a caminar. La pobre anda como si llevara unos zancos de circo. Afortunadamente no se le tuerce un tobillo ni acabamos las dos con la cara pegada al suelo.

Cuando llegamos ya hay unas cuantas mesas ocupadas, sobre todo por jóvenes, ya que aquí la cerveza es muy barata y puedes acompañarla con tapas. No reconozco a ninguno de los presentes, aunque sí al dueño, por supuesto. Ramón me abraza, me da sus viejas palmadas en la mejilla y me repite una y otra vez que estoy muy mayor. Como si fuera una niña, joder.

—Pero ¡¿cómo puede ser todo tan barato?! —chilla Begoña una vez que hemos ocupado una mesa y estamos estudiando la carta.

—Hay mundo más allá del que tú visitas —me mofo.

A Begoña le encanta ir a restaurantes caros, con ese tipo de comida que parece estar hecha para gnomos. Tengo que reconocer que en la capital yo también frecuento lugares con precios mucho más elevados que este.

Pedimos un par de tapas y un bocadillo para cada una. Begoña hace un gesto de placer cuando prueba las patatas bravas y el bocata.

—Esto está de muerte. Voy a tener que venir más a tu pueblo —me dice con una sonrisa traviesa.

Al terminar no logro convencerla para ir a una heladería.

—Lo que quiero es un copazo en el que casi pueda nadar.

—No voy a llevarte a los pubes. —Me cruzo de brazos.

Sin embargo, acaba por persuadirme y la guío hasta uno de los bares de copas a los que va más gente. El Dromedario Rojo. No he puesto aún un pie en el escalón cuando veo unas figuras familiares. Cómo no, las buitronas. De adolescentes ya se pasaban por aquí, siempre se jactaban en clase de que las dejaban entrar a todos los sitios a pesar de su edad. Y una de ellas hasta se ha traído al bebé en el cochecito. Begoña enseguida entiende lo que sucede por la cara de estreñida que pongo, pero me sujeta del brazo con fuerza y tira de mí.

—Vamos, mueve el culo. Que vean de lo que eres capaz.

Con ella me siento más protegida. Pasamos por delante de la mesa de las buitronas, que han acudido con novio o marido incluido, con nuestro mejor porte. Con el rabillo del ojo veo que Sonia no las acompaña. Mantengo la cabeza bien alta, sin mirarlas, aunque puedo notar sus miradas clavadas en nosotras. Me rodea con los brazos en cuanto pedimos; Begoña un gin-tonic y yo una cerveza, que no quiero acabar por los suelos, o en otro lugar, como la fatídica noche.

—¡Qué orgullosa estoy de ti! Esas giliputienses se mueren de la envidia. —Me acaricia la mejilla.

—Si me tratas así, pensarán que somos lesbianas —le digo medio en broma, medio en serio.

—Bueno, amor, en esta mesa el cincuenta por cierto lo es. —Me guiña el ojo y luego me estampa un beso cerca de la comisura de los labios. Ella es así. Jamás ha intentado nada conmigo ni ha dado señales de que yo le interesara como mujer, pero es muy cariñosa.

Me fijo en que las buitronas hablan entre ellas mirándonos con disimulo. Puedo imaginar lo que estarán diciendo. Nada bueno, seguro. De repente, una presencia se cierne sobre nosotras. Creo que es el camarero, pero cuando alzo la vista me topo con la persona que durante unos cuantos años, que a mí me parecieron toda una vida, me martirizó y me humilló, y que, en parte, fue la culpable de lo que sucedió con... ¡Brrr! ¡Fuera de mi cabeza, bicho!

—¡Qué sorpresa, Blanca! —saluda con una sonrisa que a mí se me antoja falsísima—. Cuánto tiempo hace desde que nos vimos por última vez.

—En concreto once años —respondo devolviéndole la sonrisa—. ¿Cómo estás?

Me encantaría arrojarle la cerveza en su cara horrorosamente maquillada, pero me contengo. Como dice mi madre, diez años son suficientes para superar las rencillas, ¿no? Y soy una dama.

—Pues muy bien. Aquí seguimos, en el pueblo. ¿Y tú dónde vives? —me pregunta con esa voz de pito que siempre me ha sacado de quicio.

Sonia es guapa, para qué engañarnos. Y continúa teniendo un buen cuerpo. Y también sigue vistiendo como si tuviera dieciséis años.

—En Valencia.

—¡Vaya! ¡Qué bien! ¿No?

Asiento con la cabeza. Esta situación me parece surrealista. La verdad es que no entiendo por qué está hablándome como si no hubiera sucedido nada entre nosotras. ¿Qué le pasa a la gente de este pueblo? Tienen una enfermedad muy contagiosa: se llama falsedad. Me muero por soltarle: «Me insultaste, me humillaste e incluso me golpeaste durante mi adolescencia. ¿Es que se te ha olvidado?».

—Tú no eres del pueblo, ¿verdad? —pregunta a Begoña.

—De Valencia. Una amiga suya.

—Yo soy Sonia. Encantada. Blanca y yo estudiábamos juntas en el instituto.

—Sí, lo sé. —Begoña le sonríe, pero no de manera amistosa, sino como advirtiéndole: «Sé que te comportaste como una perra con mi amiga».

Sonia se toquetea el pelo y luego dice:

—Blanca, ¿por qué no vienes a saludar a las demás? Tienen ganas de verte.

Mentirosa. Lo que quieren es escrutarme de cerca para sacarme todos los defectos posibles y así después hablar de ellos durante dos o tres cenas grupales. Como no atino a contestar, Begoña me da una patada.

—Sí, claro. Me termino la cerveza y voy.

Sonia sonríe otra vez con los labios apretados y se va hacia la mesa en la que están las otras. En cuanto se sienta, se ponen a cuchichear.

—Cariño, a lo mejor desean disculparse contigo —me dice Begoña.

—No puedo creerme que seas tan inocente.

—En serio, ¿quién sabe? Las personas cambian.

La miro con recelo.

—Esas no.

—¿Te acompaño?

—Como quieras. —Sin contestar, ya está tirándome del brazo. Por poco me caigo al suelo.

Un viejo recuerdo cruza mi mente al ver todas esas caras que nos esperan. Yo caminando por el pasillo del instituto, acechada por unas hienas de dieciséis años que sonreían casi como ahora. Un empujón repentino que me empotró contra la pared y me rompió uno de los cristales de las gafas. Tuve que mentir a mi madre diciéndole que me había caído en la clase de gimnasia.

Sin embargo, al plantarnos ante el grupo tan solo recibimos holas por parte de ellas y miradas nada disimuladas de ellos. Uno de los tíos, el típico chulo de gimnasio cuyos músculos son más grandes que su cabeza, se come con los ojos a Begoña.

—Le comentaba a Blanca que qué bien que esté por aquí. —Sonia se vuelve hacia mí con su sonrisa postiza—. Mira, Tamara ha tenido un hijo. —Señala al bebé del cochecito, que está dormido. La madre, que era la que más lamía el culo a Sonia, nos mira con desaprobación, como si no le hiciera gracia que estemos aquí. Ni a mí, bonita, ni a mí. Quizá el que mira a Begoña cual lobo hambriento sea su novio o marido.

—Es precioso —digo observando al bebé.

En ese momento mi amiga, a la que le encantan los críos, se arrima un poco más al cochecito para observar mejor al niño. Y lo que sucede me cabrea, y mucho. Tamara se levanta repentinamente y espeta:

—Nosotros nos vamos.

El musculado también abandona su silla (no me equivocaba yo) y las otras buitronas los imitan. Vaya, siguen actuando como clones. Dios, son una puta secta. Sonia se encoge de hombros y se da la vuelta para acompañarlas. ¿Qué pasa? ¿Ahora es Tamara la líder o qué? Begoña está mirándome con cara de circunstancias.

—¿Qué ha sido eso? —me pregunta.

—Ya te he dicho que estas no cambian...

No he terminado la frase cuando oigo algo que me deja muerta. Algo como: «Eso se contagia». Y, de inmediato, entiendo lo que ha querido decir.

Begoña parece darse cuenta de lo mal que me ha sentado. La verdad es que ahora mismo tengo ganas de soltar un bofetón a esa chica que se cree superior. Y por supuesto, parte de este enfado es por la falta de respeto hacia mi amiga, pero también es por mí. Porque están acudiendo a mi cabeza todas las burradas que me hicieron, el daño que me provocaron física y mentalmente. Lograron que creyera todo lo malo que contaban de mí.

Nada ha cambiado aquí. Y si ahora guardo silencio, tampoco lo habría hecho yo. Lo que más deseo es abandonar para siempre a aquella Blanca que fingía ser fuerte y que, en realidad, dejó todo atrás y evolucionó por no darse de bruces con la verdad. Tengo la oportunidad de hacerlo bien —aunque no sé si lo lograré con el mosqueo que he pillado—, y no solo por mí, sino por todos los que alguna vez han sufrido lo que yo: el desprecio por ser considerados diferentes.

Doy un paso hacia delante y enseguida Begoña me retiene por un brazo. Me vuelvo hacia ella y veo que niega con la cabeza con gesto preocupado.

—¿Es que no has oído lo que han dicho?

—Da igual. Me ha pasado en otras ocasiones, y no será la última. Y he oído cosas más fuertes.

Chasco la lengua y me suelto de Begoña. Estoy decidida. No sé qué sucederá, pero por primera vez voy a plantar cara a estas personas. He tardado diez años, lo sé; sin embargo, más vale tarde que nunca.

—Oye, Tamara —la llamo. El grupito se da la vuelta. Me observan con curiosidad—. Te olvidas de algo.

—¿De qué? —pregunta buscando en la mesa con la mirada.

—De tu inteligencia.

Se hace el silencio. Me contemplan atónitos, como si lo que he dicho fuera sorprendente. Esto en realidad parece una estúpida e infantil pelea, pero con el cabreo es lo único que se me ha ocurrido. Nos observamos con recelo y Begoña se coloca a mi lado.

—¿Me estás llamando tonta? —Tamara da un paso hacia mí, abandonando el cochecito.

—Eso creo. —Asiento con la cabeza.

De nuevo el silencio. Begoña me da un golpe en el costado, pero hago caso omiso. Estoy eufórica.

—¿Estás llamando tonta a mi mujer? —El «mazao» se acerca a mí. Ha alzado la voz y me doy cuenta de que algunos clientes nos miran con curiosidad.

—¿Cuántas veces he de repetirlo? ¿También sois sordos?

—Blanca, cállate, que hoy no estás borracha. Vámonos —me susurra Begoña cogiéndome del brazo.

—Quiero que pidas perdón a mi amiga por lo que has dicho —me dirijo a Tamara.

—Oye, tía, yo no he dicho nada. Háztelo mirar.

Sonia, que antes me había saludado tan simpática ella, ahora me observa con cara de asco.

—Sé perfectamente lo que he oído. Lo que no sé es quién te crees que eres para faltarle al respeto de esa forma.

El marido da otro paso con aspecto amenazante. Ay Dios, Blanca, ¿es que ahora piensas que eres superwoman, la heroína que salva a los que sufren *bullying*?

—Eres tú quien está insultándonos —gruñe el tío.

—¿En serio? Yo creo que tú no sabes de la misa la mitad, ni de lo que hicieron estas chicas. Sí, tu mujer también. Aunque, ¿qué más da? Viéndote ya me imagino que serías igual.

—¡Te estás pasando! No me toques la moral, Blanca —se inmiscuye Sonia, dejándome aturdida—. Te hemos saludado con nuestra mejor voluntad, ¿y ahora vas de chulita? Han pasado diez años de aquello. ¡Éramos unas crías! No hicimos nada malo.

Se me abre la boca, atónita. No puedo creer que de verdad piense así. Suelto un suspiro medio indignado medio jocoso, con lo que solo consigo que el marido de Tamara cierre la mano en un puño. Begoña me aprieta el brazo con fuerza. Vale. Ahora es cuando nos llevamos una leche... O yo, porque mi amiga no ha hecho nada. Y lo más probable es que la gente de aquí no mueva un dedo para ayudar por no meterse en líos.

—¿Que no hicisteis nada malo? Parece ser que se te ha olvidado que una vez me rompisteis las gafas. Que un día trajisteis a clase sujetadores y los dejasteis sobre mi mesa burlándoos porque no tenía pechos, como vosotras. Que convencíais a los chicos para que me propusieran sexo a cambio de pagarles porque, según vosotras, no podía conseguirlo de otra forma. Que una mañana que llovía a mares intentasteis hacerme tragar tierra mojada. Y menos mal que no lo lograsteis gracias a que llegó el profesor de gimnasia. Y que otra me disteis tal paliza que por poco me dejáis sin nariz y que durante días me dolió todo el cuerpo. Me pegasteis en muchas ocasiones más —suelto atropelladamente. Begoña deja escapar una exclamación. Conoce parte de las humillaciones, pero no las más fuertes—. Me hicisteis creer que no valía nada, que no merecía tener a nadie a mi lado, que era un bicho raro. Parte de la culpa fue mía, por esconderme tanto tiempo. Pero dejad que os diga una cosa... —Cojo aire y paseo la mirada por cada una de ellas—. Erais vosotras las ridículas, las que atacaban a los demás porque se sentían inferiores o celosas. En ese momento no me di cuenta, pero luego sentí mucha pena por vosotras. Porque necesitabais infundir miedo en otros para sentiros completas.

Sonia y el resto me observan con los ojos muy abiertos. Una de sus amiguitas hasta tiene la cara púrpura. Begoña se lleva los puños a las caderas en señal de apoyo hacia mí.

—Y después de lo que acabo de presenciar, sigo sintiendo mucha lástima, en serio.

Trago saliva. Dios, qué a gusto me he quedado. Estaba harta de callar. Esbozo una sonrisa orgullosa. Y entonces Sonia grita y de repente la tengo sobre mí tirándome del pelo. Alzo la mano para darle una bofetada y apartarla, pero me contengo. Eso sería ponerme a su altura. Chillidos e insultos retumban en mi cabeza y, a pesar de todo, estoy contenta porque les he dicho lo que necesitaba.

—¡Suéltala! —exclama Begoña a mi lado.

Ya verás que al final regreso a casa con un ojo morado como en mis años de juventud.

—¿Qué es lo que pasa aquí? —Oigo entonces.

14

De inmediato, Sonia me suelta el pelo. La muy perra seguro que me ha arrancado algún mechón. Trato de mostrarme lo más serena posible. Begoña me lo arregla para que no parezca una demente.

Vale. Ahora sí que estamos todos. Que empiece la fiesta.

Acaba de aparecer Adrián, acompañado de un hombre vestido de cuero y repleto de tatuajes. Imagino que aún conserva esos amigos moteros que tuvo de adolescente. Begoña estira el cuello para descubrir de quién se trata.

—¿Va todo bien? —pregunta de nuevo al ver que nadie responde.

Más silencio. Las buitronas y sus respectivos acompañantes lo miran muy serios. El motero se acerca a ellos con gesto de curiosidad. Entonces el marido de Tamara abre la boca.

—Esta nos ha faltado al respeto. —Me señala.

Adrián dirige su mirada hacia mí y arquea una ceja, como si le sorprendiera que me hubiera enfrentado a ellos. Otro valiente gilipollas.

—Habrá sido un malentendido —dice.

—¿Insinúas que no sabemos diferenciar un malentendido de un insulto? —interviene Sonia.

La odio. Un nuevo recuerdo acude a mí, uno muy doloroso en el que una carta es la protagonista, aunque consigo mantenerlo a raya. Adrián desvía la mirada de mí a ella y le dedica una sonrisa. Se remueve, algo incómoda.

—Claro que no. Pero estoy seguro de que Blanca no ha querido ser irrespetuosa con vosotros.

Sonia se relaja un poco y hasta le pone ojitos. Vaya, Adrián todavía conserva la capacidad de tranquilizarla con tan solo unas palabras. Tamara y su marido me dedican una dura mirada, como insinuando que esto no va a quedar así. El motero hace crujir sus nudillos sin dejar de observar al grupito.

—Vámonos. Esto es una chorrada —murmura Tamara.

Y así se zanja la discusión. Las buitronas se marchan y nos dejan a solas con Adrián y su amigo, quienes nos miran serios. Suelto el aire que he estado reteniendo debido al cabreo. Todavía me duele el cuero cabelludo de los tirones que me ha dado Sonia.

En ese instante Begoña me suelta el brazo y, con todo su desparpajo, pregunta a Adrián:

—¿Y tú quién eres?

Él esboza una sonrisa ladeada y pongo los ojos en blanco. La cabrónida de mi amiga seguro que sabe perfectamente quién es.

—Adrián. —Alarga un brazo para estrechar la mano de Begoña—. Blanca y yo fuimos amigos de críos.

—Vaya. Adrián —repite Bego con un tono que no me gusta nada.

—¿Y tú? —le pregunta él, que ya se ha dado cuenta de algo.

—Begoña.

—Encantado. Este es Raúl. —Señala al motero, quien nos saluda con una sacudida de su cabeza rapada.

—Un placer. —Begoña asiente sin borrar la sonrisa. Y yo ahí, con una falsa en el rostro.

—Pues nosotros ya nos vamos.

Adrián da un paso hacia atrás, pero mi amiga no se da por vencida.

—¿Por qué no os quedáis un poco más y os invitamos a algo?

—Sí, claro. Si no hubieseis aparecido, ahora tendría que buscarme una peluca —comento con ironía.

Con mi ofrecimiento, Adrián parece pensárselo. Ladea el rostro y mira a su amigo, quien dice:

—Yo me marcho ya. Mi mujer me ha prometido una buena noche. —Suelta una carcajada atronadora.

Begoña y Adrián también se ríen, y yo esbozo una sonrisa que me habrá convertido en la niña de *El exorcista*. Él me lanza otra mirada disimulada. Qué guapo está, por el amor de Dios.

—Nos vemos, tío. Te llamo. —El motero choca una mano con Adrián y, a continuación, se despide de nosotras con una nueva sacudida de la cabeza.

Como Adrián se ha dado la vuelta, a mí la vista se me va a su tremendo culo enfundado en unos vaqueros negros que le quedan como un guante.

—¿Tomamos algo aquí o en otro sitio? —pregunta sacándome de mis pensamientos. Al reparar en el destino de mi mirada, se ríe de manera pilla.

—Pues no sé. Soy una forastera. ¡Decidid vosotros! —exclama mi amiga toda contenta.

—¿Vamos a otro bar menos atestado?

En la calle los tres caminamos en silencio, hasta que Begoña lo rompe:

—Pues muchas gracias, en serio. Aquí a mi amiga le había dado un ataque de valentía —se mofa.

—Ya lo he visto, ya. Un poco más y acaba con el pelo por el suelo.

—No me has dado tiempo a demostrar a esa loca de lo que soy capaz —me defiendo.

Por un momento, estas bromas me recuerdan a las pullas que Adrián me soltaba en nuestra adolescencia y un recuerdo, no uno feo sino uno bonito, acude a mí.

Acabamos en otro garito al lado de los pubes, justo donde no quería ir. Ellos se piden bebidas alcohólicas y yo me decanto por un refresco. Una vez que tenemos nuestros vasos delante, Begoña da una palmada y se frota las manos, sonriente.

—¡Bueno, Adrián! Blanca alguna vez me ha...

La interrumpo con un codazo en el costado. Se queda callada, con los ojos muy abiertos, y después sonríe a Adrián, quien la mira un poco confundido.

—¿Te ha...?

—¿A qué te dedicas? —le pregunta. Vale, esto no está tan mal.

—Compositor.

—¿En serio? ¿De qué?

—Piezas musicales para teatro.

Su respuesta me choca. Y muchísimo. Esperaba que contestara algo como que tiene una banda punk-rock y que intenta hacerse un hueco en el mundo de la música o que, simplemente, trabaja en cualquier otra cosa. Sé que esto puede sonar algo superficial, pero como a él no le entusiasmaba estudiar... Lo cierto es que desde hace muchos años no he buscado información sobre él. Alguna vez estuve tentada de teclear su nombre en Google, pero al final no lo hice.

—¿En serio? ¿Y has participado en alguna obra importante...? —Begoña continúa con su interrogatorio.

—Bueno, hace unos meses se estrenó *Bodas de sangre*...

—¿La de Federico García Lorca? —Begoña se muestra tan sorprendida o más que yo, aunque por otras razones. A ella le encanta la literatura y el teatro.

—Sí. —Adrián asiente con una sonrisa y se lleva la copa a los labios, dando un buen trago.

—¡¿No me digas que tú eres Adrián Cervera?! —Mi amiga se lleva una mano al pecho como si estuviera dándole un ataque.

—Pues sí, ese soy yo. —Suelta una risita, y los dientes se le clavan en los labios y a mí la piel se me eriza. Me atrae, joder. Y no quiero parecer una quinceañera sobrehormonada.

—¡Por favor, no me lo puedo creer! Pero ¡si la obra fue un exitazo! —Begoña está eufórica—. Intenté comprar entradas y se agotaron rapidísimo.

—La verdad es que fue bastante bien. No me quejo.

—¡Todos los críticos coincidieron en que las piezas musicales eran fantásticas! —exclama mi amiga, aún con la mano en el pecho y moviendo la cabeza, incrédula—. Dios mío, Blanca, deberías habérmelo dicho.

Yo de teatro ni fu ni fa. Las pocas veces que he asistido fue de pequeña, cuando la escuela nos llevaba a ver alguna actuación infantil como actividad extraescolar. Mi vida ahora se reduce a trabajo, más trabajo, salidas nocturnas y sexo deportivo. Y hasta hace nada me sentía satisfecha.

—Qué callado te lo tenías. —Begoña me da una palmada en la espalda que me lanza hacia delante. Pero ¡si yo no tenía ni puñetera idea!

—¿Y estás trabajando ahora en algo?

Aunque es Begoña la que le pregunta, es a mí a quien Adrián observa, con los ojos entrecerrados. Me mantengo recta en mi silla y con la sonrisa intacta.

—En breve estrenaremos *La vida es sueño.* Es un proyecto diferente, pues los monólogos son cantados. Y, bueno, he participado junto con otro compositor en el libreto.

Begoña se aprieta el corazón como si estuviera muriendo de amor. Me imagino que así es. Es capaz de insinuarle que le regale unas entradas.

—¿Y a qué te dedicas tú? —le pregunta Adrián.

—Soy abogada. Como Blanca, vamos. Aunque no de lo mismo.

—Es curioso. Cuando éramos críos, Blanca quería ser periodista.

—¿En serio? Eso no lo sabía yo. —Begoña se vuelve para mirarme.

—Cuando eres joven no sabes lo que quieres —me defiendo.

—Ya. Y algunos más que otros —dice Adrián observándome fijamente.

Otra pullita. Doy un respingo y me siento muy tiesa, tratando de mantener la dignidad. Begoña nos mira con gesto divertido. La mataré cuando lleguemos a casa. Le dolerá mucho, lo prometo.

—¿Qué instrumentos tocas?

Vale. Cambiar de tema va a ayudarle a que no la torture demasiado. Adrián da otro trago a su bebida y asiente con la cabeza.

—La guitarra y el piano. Y... alguno más.

—Qué maravilla. —Begoña esboza una sonrisa de oreja a oreja—. Seguro que tienes a todas las mujeres loquitas.

Adrián suelta una carcajada que me sacude entera. Ese sonido... Hacía tanto tiempo que no lo oía. Tan puro, tan pegadizo, tan desenvuelto, tan... él.

—No a todas. —Lo ha dicho mirándome.

Casi me dan ganas de reír. Menudo juego se trae. A pesar de todos estos años, sigue gustándole provocarme. Solo que yo ya no reacciono como antes entrándole al trapo.

Begoña nos mira a uno y a otro, y luego da una palmada y se levanta, provocando que me asuste y que casi derrame el refresco por la mesa. Adrián lo atrapa a tiempo y lo coloca bien.

—Voy al baño. Pensad adónde me lleváis a bailar. La peñazo esta no quería. —Se calla de repente y estira el cuello.

Adrián y yo nos damos la vuelta y divisamos a una chica de cabello corto, cara preciosa y cuerpo de escándalo. A mi amiga se le van los ojos—. ¿Os habéis fijado en el culo que tiene esa tía?

—No está mal —opina Adrián. Mujeriego, como antes.

—Mi radar de bolleras se ha activado —dice Begoña con alegría.

—Esa chica no es lesbiana. —Pongo los ojos en blanco.

—¿Perdona? ¿Vas a decirme tú, a la que tanto le gusta lo que le cuelga entre las piernas a un tío, si esa preciosidad entiende o no entiende? —Me da un toque en el hombro con el dedo índice—. Sea como sea, saldré de dudas.

Y nos deja solos. Miro a Adrián con disimulo y me fijo en que sigue el movimiento del trasero de mi amiga.

Cuando dirige la vista hacia mí me encuentra con la mejor cara. He de reconocer que su presencia altera mi piel, todo mi cuerpo, y que, aunque quiera, no logro evitarlo. Parece mentira... Adrián no dice nada, tan solo me observa. Y qué narices, aprovecho para hacer lo mismo. Desde aquí puedo oler su colonia, que no es la misma que usaba cuando era un crío y que le regalaba su madre. Esta es mucho más... adictiva. La camiseta azul se le pega al cuerpo, permitiéndome apreciar unos músculos perfectos. Y su cuello. Creo que es el único cuello masculino que me ha gustado. Más bien, que me ha vuelto loca. Sus manos... me traen recuerdos. Esas manos me sacaron suspiros y, por un momento, me sorprendo pensando que me gustaría sentir su roce otra vez. «Mal, muy mal, Blanca. Esta atracción nunca te traerá nada bueno.» Es como un castigo. ¿Cómo es posible que tantos años después Adrián continúe despertando en mí sensaciones que adoro y odio a partes iguales?

—Así que... ¿qué cojones es lo que les has dicho a esos para que estuvieran tan enfadados? —me pregunta de repente.

—Nada demasiado malo. Le dije a Tamara que se había olvidado su inteligencia.

Suelta una carcajada, al tiempo que niega con la cabeza y se frota la frente.

—Tú siempre tan pedante.

—Y luego les solté que eran penosas.

—¿Establecisteis una batalla dialéctica?

—¿Esperabas que me abalanzara sobre ella y la cogiera del pelo?

—Al menos me habría reído.

—Soy una dama, Adrián.

—Una dama tremendamente sensual y buena en la cama.

Arqueo una ceja. Me observa de esa forma en la que jamás me mostraba sus sentimientos. En la mayoría de las ocasiones no pude descifrar qué estaba pensando. Sobre lo que fuera. Mucho menos sobre mí.

—¿Y cómo sabes tú eso? ¿No decías que no nos habíamos acostado?

—Bueno, es que siempre he tenido una imaginación desbordante.

—Apuesto lo que sea a que adivino qué es lo que imaginas —contesto maliciosa.

—Adelante, letrada —dice con los ojos entrecerrados. Y a mí la entrepierna ya me arde.

—Me imaginas con ropa interior sexy, ¿a que sí? —bromeo.

—Frío, frío.

—Piensas en mí desnuda.

—Templado...

Me inclino hacia delante de manera que mis pechos queden apretados. La mirada de Adrián se desliza hasta ellos y sonrío para mis adentros. Todavía conservo algo de poder, no es él el único que domina la situación.

—Piensas en mí desnuda encima de ti.

—Bastante caliente.

—¿Como tú ahora?

—Como yo siempre que te he recordado —murmura con voz ronca al tiempo que se acerca y, por poco, nuestros labios se tocan.

Me pilla desprevenida. ¿Qué quiere decir con eso? ¿Que nunca me ha olvidado?

—Este tonteo que nos llevamos me recuerda a nosotros de adolescentes, Blanca.

—¿En serio? No me acuerdo de que flirteáramos —objeto.

—Quizá no. A lo mejor todo ocurrió demasiado rápido y por eso…

Antes de que Adrián pueda mencionar lo que pasó, Begoña regresa a la mesa con su amistosa sonrisa.

—¡Os lo dije! Esa tía es de las mías. Bueno, ¿y qué? ¿Adónde vamos? Me ha dicho que dentro de un rato se pasará por los pubes.

—Creo que a casa —responde Adrián. Parece enfadado. ¿Qué le pasa ahora?

Begoña compone una mueca de tristeza y niega con la cabeza.

—¡Eh, no! Pero ¡si la noche es joven! Vamos a bailar —se dirige a mí poniendo morros.

—Vámonos tú y yo —contesto.

—¡Venga ya! Pero si nos lo estábamos pasando bien los tres.

—Adrián se ha convertido en un soso —lo reto.

—¿Yo? Qué poco sabes de mí, Blanquita.

El diminutivo hace que lo vea como a aquel adolescente punk y me trae a la memoria más recuerdos. Se inclina hacia atrás en la silla, y se me van los ojos al pan… Menos mal que no las manos a otra cosa. Chica mala, tendrás que ponerte una venda.

—Pues, hala, ahora tenéis la oportunidad de enseñaros todo lo que no sabéis. Los pubes están aquí al lado, ¿no? —Begoña me coge de la mano y tira de mí para levantarme.

—A Adrián la música comercial no le gusta. Es que él tiene gustos más exquisitos —me mofo.

—Por eso no tengo en mi dormitorio un póster de los Backstreet Boys —me ataca. ¡Se acuerda de lo que vio el otro día!

Me levanto con la intención de ir a los pubes para contentar a mi amiga, que la pobre tiene muchas ganas de fiesta después de una semana ajetreada en el despacho.

—¡Vamos a menear el culo! —Begoña lanza un grito de júbilo y me guía hacia la salida. A pesar de su negativa, Adrián nos acompaña con una sonrisa en el rostro.

Unos minutos después estamos en uno de los pubes, más apretados que en un vagón de metro a las ocho de la mañana y con un aroma a humanidad que tira para atrás. Suena música de reguetón y todo eso, como siempre desde tiempos inmemoriales.

—¡Pues no está mal esto! —exclama Begoña emocionada—. ¡Vamos a por unas bebidas!

Otra vez ellos con su alcohol y yo con una botella de agua. Adrián me dedica una mirada burlona.

—¿Te da miedo emborracharte y caer en mis brazos de nuevo? —me espeta al oído para que Bego no lo oiga.

—¿No serías tú, más bien, el que se rendiría a mis encantos como la otra noche?

—No lo dudo.

Lo miro con suspicacia. Begoña no para de estirar el cuello para comprobar si la chica que ha conocido en el bar entra en el pub.

—¡Eh! ¡Esta es genial! —exclama señalando hacia arriba con un dedo. Claro, se encuentra cerca de ese estado en el que hasta las canciones más casposas te parecen maravillosas.

Es Pitbull, cómo no. Parece que en este pueblo es el máximo exponente. Preferiría que pusieran música dance antes que esto. Sin embargo, no solo Begoña está emocionada, sino que a Adrián se le van los pies.

—¡A falta de pan, buenas son tortas! —exclama ella.

Y se agarra como una lapa a la cintura de Adrián. Sonrío para mis adentros. Ver a Adrián bailando es algo nuevo para mí. A veces, cuando escuchaba su música, le daba por pegar saltos o hacer movimientos y gestos raros con el cuerpo, y yo pensaba que se le había ido la olla. Hasta la otra noche, cuando me demostró que es capaz de moverse con sensualidad.

Pero ahora... Ahora está bailando reguetón amarrado a la cintura de Begoña. Estoy segura de que pretende provocar en mí alguna reacción. Lo gracioso es que él no sabe que a mi amiga los rabos le importan un comino.

—¿Quieres unirte? —chilla Bego volviéndose hacia mí.

—¡No, tranquilos! Estoy bien, aquí con mi agua. Dadle, dadle.

Begoña no se queda contenta, no. Me tiene que agregar a la diversión. Me atrapa por la mano y me arrima a ellos, y después también coge a Adrián y nos levanta a ambos los brazos y al final parece que estemos haciendo el corro de la patata. Eso sí, acabo muerta de risa porque a los dos les da por bailar haciendo el tonto. Que si el robot, que si un paso al estilo *Fiebre del sábado noche*, que si ahora se cogen la nariz y se zambullen, que si la Macarena... La gente de alrededor los mira, pero les da igual. Reconozco que estoy pasándomelo bien y todo.

—¡Eres muy divertido! —exclama Begoña, medio borracha, al oído de Adrián.

Él le sonríe y le dice algo que no consigo entender, a pesar de esforzarme por poner la oreja. Begoña me mira con expresión diabólica.

Al cabo de un rato mi amiga anuncia que se va al cuarto de baño. Me dispongo a seguirla, aunque nosotras no solemos ir juntas a hacer pis, pero quiero contarle una cosa. Tengo que explicarle que la presencia de Adrián me pone las hormonas a mil; a ver qué opina ella de esta atracción que pensé que se había borrado. Sin embargo, cuando estoy a mitad de camino, se da la vuelta y me mira con las manos apoyadas en las caderas.

—¿Adónde vas tú?

—Al baño contigo.

—Pero ¿te estás meando?

—No. —¡Auch! A la próxima tengo que asegurarme de dar la respuesta correcta.

—Pues entonces no hace falta que vengas, que me puedo levantar el vestido yo sola —me dice con su sonrisa de Cruella de Vil.

—No me seas perra.

—Además, cielo mío, mira quién está allí. La del culo maravilloso. —Me señala a la morenita del bar—. No me cortes la diversión.

Antes de que pueda hacer nada, ya está empujando a la gente para que le abra paso. Y de inmediato el pasillo se cierra, dejándome medio atrapada. Cuando me doy la vuelta con disimulo descubro que Adrián está observándome con curiosidad. Y, otra vez, por mi mente pasan un montón de imágenes de la otra noche. Su cuerpo desnudo, la manera en que me tocó, sus labios carnosos sobre los míos. Mientras pienso en todo esto, se acerca. Nos quedamos en silencio unos segundos, hasta que le pregunto:

—¿Has venido mucho por los pubes desde que no nos vemos?

—Tampoco tanto. Sabes que a mí esta música no me va mucho.

—Pues te he visto muy suelto bailando.

—Sé adaptarme a diferentes situaciones. —Duda unos segundos—. ¿Te ha molestado que bailara con ella?

—Adrián… —Sonrío con coquetería—. ¿Por quién me tomas?

—Vaya, entonces mi plan no ha surtido efecto —responde simulando estar triste, con las paletas apoyadas en el labio inferior. Se las observo con gula.

—Si lo que quieres es picarme, necesitas mucho más que bailar pegadito a mi amiga, a la que, como ya te habrás dado cuenta, le gustan las chicas. —Me echo a reír ante su gesto divertido—. No, no ha sido un plan muy astuto, el tuyo.

Se le escapa una carcajada. Da el último trago a su bebida y, como estamos cerca de un rincón, la deja en uno de los estantes de la pared donde hay un montón de copas. Para mi sorpresa, me hace un gesto con el dedo para que me acerque más a él. Arrugo las cejas, sin entender.

En ese momento empieza a sonar *La mordidita*, una canción de Ricky Martin que la verdad es que me gusta bastante y que me ha ayudado en más de una ocasión a seducir a algún tío. Tiene un ritmo muy pegadizo y sensual. Es una buena excusa para volver a sentirlo cerca porque, la verdad, me apetece. Ni yo misma me creo todo esto. Esta atracción, el deseo incontrolable que Adrián despierta en mí. No obstante, antes de que pueda dar el paso, lo tengo delante. Apoya una mano en la parte baja de mi espalda y con la otra agarra la mía. Me empuja contra su cuerpo y hasta se me escapa una exclamación de sorpresa. Mi vientre se estrella contra el suyo. Vale, no. Como soy más baja que él, en realidad choca contra otra parte.

—¿Qué es lo que te propones? —le pregunto juguetona.

—Bailar. Para eso hemos venido aquí, ¿no? —Me sonríe, y a continuación se clava los dientes en el labio inferior con suavidad—. Bueno, eso y que querías que bailase contigo.

—¿No crees que si quisiera yo misma te lo habría pedido?

Otra carcajada se le escapa. ¿De verdad le resulto tan graciosa? Siempre fue así. Siempre se rio mucho conmigo. Bueno, no sé si conmigo o de mí.

—A lo mejor no me lo pides porque no quieres confirmarme que mi beso te gustó. —Y esto lo ha dicho con su rostro pegado al mío. Mi piel se eriza al contacto de su aliento.

—¿A quién le amarga un dulce, Adrián?

—¿Y no deseas repetirlo? —Me empuja aún más contra él. Ni un milímetro. Me coloca en posición, como si fuéramos a marcarnos unos pasos de salsa—. ¿Bailamos o qué? La canción va a acabarse, y estamos haciendo el tonto.

No me permite añadir nada más porque ya ha empezado a moverme. Me lleva él y, al final, se lo permito. Tampoco es que podamos hacer un baile exitoso porque aquí hay mucha gente, pero me sorprende un montón que Adrián sepa bailar este tipo de música.

Su cuerpo rozándose con el mío es un maldito pecado. Me dejo hacer y lo sigo, y bailamos de manera sensual, con su mano cerca de mi trasero, quemándome a través de la ropa. Sus ojos verdosos se encuentran con los míos y luego descienden hasta mis labios. Los entreabro de forma casi inconsciente.

—¿Te has fijado en la letra de la canción? ¿Dice lo que estoy pensando?

—Dice muchas cosas —contesto con las pupilas fijas en su boca. Me arde el cuerpo. La verdad es que su piel también. Hace demasiado calor aquí dentro.

—Es un poco caliente —continúa con su juego—. Dice algo como que quiere pecar abrazadito hasta el amanecer. Y algo de una fiesta para tu boquita.

Sus manos se deslizan hacia abajo. Me roza el trasero con los dedos. El sexo me palpita bajo el vestido, dentro de las minúsculas bragas de encaje que ahora mismo siento que sobran. Me muero por lanzarme a su boca y pasarme toda la noche enganchada a sus labios. Ansío que me empuje contra una pared de este pub y me bese y me toque, y que nos dé exactamente igual lo que piensen los demás. Deseo enroscarme a su cuerpo y enraizarlo al mío. Sentirlo muy dentro, moviéndose muy lento y luego con rapidez mientras me susurra palabras subidas de tono. Joder, joder... Estoy poniéndome como una moto.

—Espera, espera —musito apartándolo un poco. Me mira confundido—. Es que hace mucho calor.

—¿Te encuentras bien?

—Sí, sí. Solo quiero agua. Ahora vengo, ¿vale?

—¿Voy a buscártela?

—No, tranquilo.

Me suelto de su agarre y me escabullo entre la gente. La piel de Adrián es una maldita adicción para mí. ¿Qué está pasándome? Con los otros tíos de mi vida por supuesto que me excitaba, pero no de esta forma tan intensa. «Adrián no es cualquier hombre», retumba una voz en mi mente.

En lugar de ir a comprar una botella, me dirijo al baño. Necesito lavarme la cara y echarme agua por la nuca. Y unos cuantos cubitos de hielo en otra parte. Me abro paso entre la multitud y, justo al llegar a los servicios, me doy cuenta de que también necesito hacer pis. Y hay un montón de chicas esperando. Me sitúo al final de la cola, pero cinco minutos después esta no ha avanzado ni un centímetro.

—¿Qué pasa ahí dentro? —pregunto a una.

—Al parecer solo hay dos baños, y uno no funciona y del otro no sale nadie.

—¡Están follando! —exclama alguien.

Suelto un gruñido y me cuelo. Unas cuantas protestan y las calmo diciéndoles que solo voy a lavarme la cara. Mientras me humedezco la nuca, oigo unos gemidos procedentes de uno de los cubículos. Contengo la risa. Joder, qué fiesta tienen montada. Segundos después callan y, al abrirse la puerta, aparece Begoña con el vestido mal puesto y el cabello revuelto. Y, detrás de ella, la morena.

—¡Cochina! —exclamo dándome la vuelta. Al verme, se tapa la boca con una mano como si se avergonzara, aunque está más contenta que unas pascuas.

—¿Te molesta si me voy con ella?

Chasco la lengua. Se supone que venía a visitarme a mí, pero no pienso comportarme como una amiga celosa.

—Anda, ve. Si regresas esta noche, mándame un mensaje y te abriré para que no despiertes a mis padres.

—¡Te quiero! —Me da un abrazo y un beso baboso en la mejilla, y acto seguido sale del baño de la mano de su ligue.

Espero mi turno para entrar en el retrete, y cuando noto que la excitación ha desaparecido vuelvo al pub. Busco a Adrián por todas partes, pero no lo encuentro. ¿Otra vez jugando conmigo como la otra noche? Me quedo unos diez minutos esperándolo, imaginando que me atrapará de la cintura, pero no ocurre nada de eso, claro. ¿Y si se ha ligado a alguna y me ha dejado plantada? No sería raro en él…

Quince minutos después abandono el local con la sensación de que me las ha dado, pero bien. Doblo la esquina y me meto en una solitaria calle. Todo el mundo anda por los pubes. Oigo unos pasos a mi espalda, pero no veo a nadie cuando me doy la vuelta. Un resquicio de temor asoma a mi pecho. ¿Y si las buitronas y sus parejas han estado observándome y quieren vengarse? «Blanca, no seas estúpida, que eso fue de pequeña, ahora ya sois adultos y no…»

No acierto a pensar en nada más porque una mano enorme me tapa la boca desde atrás y en una milésima de segundo me veo empujada contra la pared. Me revuelvo, asustada, y entonces una voz seductora susurra junto a mi oído:

—Deberías tener miedo de andar sola por la noche con ese cuerpo y esas piernas. El lobo podría comerte.

Los labios de Adrián atacan mi boca sin piedad.

15

Mi boca se abre sin oponer resistencia. Es como si mi cuerpo no dispusiera de voluntad propia cuando Adrián me toca, besa o mira con esos ojos que me rompieron tiempo atrás. Y, a pesar de que mis labios se mueven al compás de los suyos, en mi cabeza hay un pensamiento que no me permite soltarme del todo. Mientras me come entre jadeos y acaricia toda mi piel al descubierto, en mi mente se reproduce el encuentro de horas antes con las buitronas. Soy consciente del temor que continúa adherido a mi cuerpo al haber imaginado que ellas o sus parejas eran quienes me seguían con la intención de hacerme daño. Y después se cuela por las rendijas de mi cerebro el amargo recuerdo del cruel final que Adrián y yo tuvimos. Más bien el que nos dio él.

Juega con mi lengua y suelto un gemido, y no solo de satisfacción. Tiemblo, y no solo a causa del placer. Me estremezco también por los gélidos recuerdos de lo que Adrián hizo, por permitir que me abriera a él, que me desnudara y le mostrara a la Blanca débil, hecha de paja, que con un simple soplo podía derrumbarse y que él, sin reparos, sabiendo todo eso, la destrozara. Vibra por la desconfianza de que algo así vuelva a suceder. Me doy cuenta de que el rencor y la rabia que albergaba han sido sustituidos por la atracción que todavía siento. Y eso me da mucho miedo.

—¿Ocurre algo? —me pregunta justo en ese instante, al percibir la tirantez de mis extremidades.

—No... Es que me has asustado un poco. —Trato de sonreír.

—No pretendía eso. Quería sorprenderte. —Atisbo en sus ojos una disculpa y algo en mi pecho empuja.

—Pues lo has conseguido. —Esta vez sí me echo a reír.

Adrián inclina el rostro, me atrapa de las mejillas y se dedica a estudiar todos mis gestos durante unos segundos que se me hacen eternos. Vuelvo a caer, como una cría, en la magia de sus ojos. Parece que no han pasado los años... Cubro sus manos con las mías y, al acariciarle la piel del dorso, casi puedo oír en mi mente las canciones que tocaba con la guitarra.

—Blanca, no quiero joderte —susurra con un tono cargado de tristeza—. Me dijiste que todo estaba bien, pero si no es así, he de saberlo. Hacerte daño de nuevo sería lo último que desearía en esta vida y en las siguientes.

Un coche con la música a todo volumen pasa por la carretera. Suena *We Found Love* de Rihanna y Adrián me dedica una sonrisa melancólica.

—Nosotros también encontramos amor entre tanta desesperanza, ¿recuerdas? —Me aparta el flequillo de los ojos—. Y lo perdimos. Aunque yo la cagué más. Y...

—No hablemos de eso ahora, Adrián. No es el momento.

—Pero quizá sea mejor que no nos besemos, ni nos toquemos... Aunque me cueste horrores.

Me suelta de las mejillas y da un paso atrás. De inmediato, mi cuerpo desea volver a tenerlo cerca, que me traspase la calidez de su piel y de su aliento. Sin dudarlo, lo tomo de la muñeca y lo atraigo hacia mí. Su pecho choca contra el mío y nos fundimos en un abrazo. Entierro la nariz en su cuello y aspiro su aroma. Huele a serenidad, a felicidad, a hogar. Como aquellas veces en las que morí de placer entre sus brazos.

—Bésame —le pido alzando la barbilla y exponiendo mis labios.

Sus ojos se oscurecen por el deseo. Me aplasta contra la pared. Su respiración acelerada se funde con la mía. No puedo ser racional con él. Por más que lo intento, caer es inevitable. Y me jode pensar que esto pueda ser como retroceder en el tiempo.

—Somos inteligentes, Adrián —insisto al ver que no se decide—. Esto no es más que pura atracción. Es sexo entre adultos.

—Tus palabras son casi idénticas a las que me dijiste hace muchos años atrás. Y ocurrió que...

—Pero esta vez no. Yo ya no soy esa Blanca, e imagino que tú no eres aquel Adrián... o es lo que me gustaría creer. De cualquier forma, no importa. Me atraes, y yo a ti. Podemos acostarnos sin necesidad de malos rollos.

Al parecer lo convenzo porque agacha la cabeza y atrapa mis labios con sus dientes delanteros. Me da un pequeño mordisco que sabe a gloria. Cierro los ojos y me dejo llevar. Hacía tanto tiempo que no me liberaba totalmente...

—Es increíble que después de todos estos años mi cuerpo reaccione al tuyo de una manera tan brutal —jadea en mi boca.

Recorre mis labios con su lengua. Un gemido se ahoga en mi garganta al recibir su apasionado beso. Húmedo. Impregnado de deseo. Un remolino de dos lenguas que luchan por encontrar el placer. Me coge del trasero y me estruja las nalgas, al tiempo que me sube hasta que mi sexo queda a la altura del suyo. La erección que pugna en sus pantalones termina por volverme loca. Me muero por tenerlo dentro, por acompasarme a sus movimientos y flotar en la espiral del orgasmo.

Nos besamos durante un rato eterno, ignorantes de los transeúntes que, de vez en cuando, pasan cerca de nosotros. Oímos algún que otro murmullo y risita, pero no nos importa. Estoy abandonada a los latigazos de su lengua y a los dibujos que sus manos trazan en mi piel.

—Quiero que me folles —le pido entre beso y beso.

—¿Aquí? —Se echa a reír.

Estoy segura de que mis padres ya habrán vuelto a casa y llevarlo otra vez allí no es plan. ¿Por qué no estaremos en la ciudad, donde podríamos acabar lo que hemos empezado en mi tranquilo piso? Tampoco podemos ir al suyo, ya que su madre nos descubriría.

Una idea se enciende en mi cabeza. Tiro de su mano con ansiedad. Mi coche no se encuentra lejos. Corremos por la mal iluminada calle, muertos de ganas. Nos chocamos el uno con el otro al detenernos en un cruce para que un vehículo no nos atropelle. Adrián aprovecha y me estrecha entre sus brazos. Nos besamos entre risas. Más gruñidos, jadeos. Manos que se pierden por debajo de mi vestido y por dentro de su camiseta. Sus dedos se hincan en la carne de mis muslos.

Casi sin darnos cuenta entramos en el parque principal del pueblo. Nos dejamos caer en uno de los bancos más ocultos sin cesar en los besos. Adrián me sienta encima de él. Su bragueta abultada se clava en la parte interior de mis muslos. El gemido que escapa de mi garganta resuena en la noche.

—Dios, van a vernos —murmuro.

—No hay nadie —dice.

Esconde el rostro en mi cuello y me lo roza con la nariz. Tiemblo como la luna reflejada en un arroyo.

—Como venga la policía, nos detendrá por escándalo público —bromeo.

Adrián está tan excitado que todo le da igual. Ni siquiera me contesta. Me muerde la barbilla y después lame la sensible zona. Me muevo sobre su erección, humedeciéndome cada vez más. Introduce las manos por debajo de mi vestido y me acaricia hasta llegar a las nalgas. Me las estruja casi con rabia. Sus dedos causan estragos en mi piel desnuda.

—Vamos a un lugar más oscuro, al menos —propongo, a pesar de que podría hacerlo aquí mismo.

Adrián se levanta a toda prisa conmigo en brazos. Enredo mis piernas en su cintura y apoyo la cara en su hombro, conteniendo la risa. Segundos después me deposita en la hierba y se tumba sobre mí. Le ayudo a desabrocharse los vaqueros. Se los baja junto con los calzoncillos. La visión de su polla desnuda, brillante y tremendamente dura, termina por desinhibirme.

—Mira lo que me haces...

—No, Blanca, esto es lo que provocas tú en mí. Que vaya a follarte en un parque porque no puedo esperar más.

Lo cojo de la nuca y lo atraigo a mi rostro. Nos besamos con la boca abierta, entre jadeos y saliva. Adrián se mueve hacia delante y hacia atrás, frotando su sexo en la piel de mis muslos. Aprovecho y deslizo las manos por debajo de su camiseta. Su torso de acero me hace gemir en su boca. Me derrito con las contracciones de sus músculos bajo mis dedos. En un momento dado me agarra el rostro con las manos, hincándome los dedos en las mejillas, como si quisiera hacerme comprender que es él quien tiene el mando. Y esta vez ni siquiera hago amago de luchar.

Me suelta, dejándome con ganas de más, con ganas de todo y de siempre, y se desliza hacia abajo mientras deposita un reguero de besos por mis pechos y mi vientre. Joder, ojalá no llevara el puñetero vestido y pudiera notarlos en mi piel, que está a punto de arder en un fuego eterno.

Me levanta una pierna y, a continuación, me lame el tobillo y, con una lentitud que se diría estudiada, va subiendo hasta llegar a la cara interna de mi muslo. Su nariz toca mi centro de placer por encima de las bragas. Gimo, mareada. Me siento como si fuera a correrme sin que me haya hecho casi nada.

De repente se detiene y me observa. Sus ojos nublados me anuncian lo excitado que se encuentra.

—Me muero por probarte, Blanca. Y a la próxima estaré ahí abajo todo el tiempo del mundo.

Mi cuerpo se estremece. ¿Cómo puede hacerme vibrar con tan solo unas cuantas palabras sucias? Me sube el vestido hasta dejarlo enrollado en mi cintura. Con los dedos índice y pulgar me acaricia el hueso de las caderas y no puedo evitar arquear la espalda.

—Dios... Por favor... —suplico mordiéndome el labio.

No me creo lo entregada que estoy debajo de su cuerpo, esperando con ansiedad que se introduzca en mí.

Se ve que quiere hacerme sufrir porque se coloca de nuevo sobre mí para besarme. Pero el beso es tan suave, tan lento, tan él, que acabo gimiendo de manera escandalosa. Se aparta con una sonrisa y me indica que haga menos ruido. Nos detenemos de golpe porque nos ha parecido oír algo. Estiro el cuello, asustada. Solo faltaría que nos pillara alguien del pueblo.

—Nos ocultan los matorrales, pero tienes que quedarte callada... —Me muerde el labio inferior y tira de él. Abro la boca esperando la suya, que no llega. Maldito—. ¿Podrás guardar silencio?

Asiento de inmediato. La Blanca dominante aparece justo en ese momento y lo atrapa de la nuca para comérselo a besos. Adrián gruñe cuando enredo los dedos en su pelo rebelde. A continuación, bajo por su espalda hasta alcanzar su culo. Clavo las uñas en él, al tiempo que me abro de piernas con la intención de que se meta en mí. Baja su boca por mi cuello, se recrea en mis clavículas y después llega hasta mis pechos y me lame un pezón erecto por encima de la tela del vestido.

—Doy gracias a Dios por tu acertada idea de no llevar sujetador —bromea.

Me animo con su comentario y suelto una de sus nalgas para buscar su erección. Cuando rozo el vello de su pubis, jadea. No me hago más de rogar, básicamente porque yo también me muero por notarlo en mi mano, así que le acaricio de arriba abajo. Le pregunto si le gusta y me contesta con un gruñido. Me coge de las piernas abiertas y me las engancha a su cintura. Mi sexo palpita contra las bragas. Ni siquiera me las quita, sino que las hace a un lado y acerca su pene.

—¡Joder! —exclamo. Me tapa la boca con sus labios. Me aferro a ellos, buscando su sabor, su aroma inconfundible.

Traza pequeños círculos en mi clítoris con su pene, y creo que me correré si se demora mucho más. Y, sin previo aviso, me la mete de una sacudida. A pesar de lo húmeda que estoy, me escuece un poco. Me muevo bajo su peso, tratando de acoplarlo a mis paredes. Adrián se queda quieto y, poco a poco, estas van cediendo. Vuelve a empujar y chillo en sus labios. Enrosca su lengua en la mía. Me abandono al placer. La saca unos centímetros para hundirse otra vez en mí de una manera deliciosa. Toda mi piel se despereza con sus avances.

—¿Te gusta así, Blanca? —jadea en mi oído.

Asiento sin ser capaz de articular palabra. Me coge de las nalgas y hace fuerza para introducirse más; una embestida brusca que me hace tocar las estrellas y convertirme en un ser de luz.

—¿Y así?

—Más fuerte —gimoteo.

Otro empellón que me acerca a la luna. Esbozo una sonrisa, muerta de placer. Entonces Adrián empieza a follarme como tan solo él sabe, de esa forma jodidamente salvaje y, al tiempo, dulce. Trato de aguantarme los gemidos, pero siempre me ha gustado soltarlos porque me parece que disfruto más. Así que al final tiene que taparme la boca con una mano para no llamar la atención.

—Blanca, me pones tanto... —me susurra al oído, y eso me hace arquear la espalda.

Acelera. Desacelera. Imagino que para no irse ya, aunque a mí no me falta mucho. Se emociona de nuevo y me embiste de una manera tan brutal que me colma. Ambos gemimos sin poder evitarlo. Y justo entonces me agarra de la cabeza y me obliga a mirarlo, y me mira, como hacía cuando éramos unos críos, y siento que me mareo, que asciendo hasta el cielo y luego caigo en picado. Se le escapa de la garganta un ronco jadeo y entreabro los labios húmedos. Me tiemblan las piernas y se me encogen los dedos de los pies dentro de las sandalias, señal de que en pocos segundos estaré nadando en el orgasmo.

—Joder... —gruñe Adrián.

—¿Qué? ¿Qué pasa? —pregunto asustada, creyendo que nos han pillado.

—Lo estamos haciendo sin condón y no me queda mucho.

Suspiro de alivio. Lo aprieto más contra mí y lo animo a seguir moviéndose. Me mira completamente sorprendido.

—Uso protección siempre. No tengo ninguna enfermedad. ¿Y tú? Imagino que no.

—No, pero...

—Termina lo que has empezado —susurra la Blanca mandona.

Deseo notar cómo se derrama en mí. Es una sensación que no me he permitido nunca con ningún hombre. Me parece algo demasiado íntimo, tierno, apasionado, sentimental.

Pero ahora mismo necesito que Adrián me llene, apreciar su calidez inundando cada uno de mis rincones.

Reanuda las embestidas con una tan enérgica que me impulsa hacia arriba. Atrapa mi barbilla con los dedos y me arrima a su boca. Nos lamemos los labios de manera brutal, hambrientos el uno del otro. Hunde el rostro en mi cuello y me lo besa. Mordiscos salvajes. Y es eso lo que me desboca. Arqueo la espalda, me aferro a sus brazos y le araño la piel. Una oleada sacude todo mi cuerpo. Entra por los dedos de mis pies, se instala en mi sexo y mi vientre, y sube hasta mi pecho. Incluso se me congela el grito en la garganta porque me quedo sin respiración. Adrián empuja un par de veces más y entonces aprecio las contracciones en su miembro. Cuando estoy despidiéndome del orgasmo, es él quien se corre. Su rostro sudoroso y contraído por el placer despierta en mí viejos recuerdos. Hermosos y también tristes. Suelta un par de gruñidos más y, segundos después, cae sobre mí como un peso muerto.

Nos quedamos unos minutos en esa postura, luchando por recuperar la respiración, hasta que la cordura regresa a nosotros y nos apresuramos a vestirnos para abandonar el parque. Mientras Adrián se sube el pantalón saco un pañuelo de mi bolso y me limpio. Dios mío, qué locos estamos. ¿Cómo se nos ha ocurrido hacerlo aquí?

Una vez vestido, me tiende la mano y me ayuda a levantarme. Camino unos pasos por delante y, al salir del jardín, oigo que se echa a reír. Me doy la vuelta, confundida.

—¿Qué pasa?

—Tienes todo el culo manchado.

Vuelvo la cabeza cuanto puedo y acierto a ver una mancha oscura en la tela. ¡¿No me digas que me ha tumbado sobre una caca de perro?!

—Tranquila, solo es tierra. —Me da un par de palmadas en el trasero para limpiarme y lo fulmino con la mirada.

—Con lo caro que es este vestido —me quejo, medio en broma.

—Ha sido idea tuya ir al parque —me recuerda.

Nos quedamos callados y continuamos avanzando hasta llegar al cruce que une su calle con la mía. Adrián se detiene y lo imito. Hago amago de darle dos besos de despedida, pero echa la cabeza hacia atrás. Lo miro sin entender.

—¿Y ahora qué, Blanca?

—¿Cómo que ahora qué?

—¿Nuestros encuentros van a reducirse a esto? ¿A follar como conejos en un parque? —Su tono vuelve a ser tan cortante como el de la primera noche en que nos vimos.

—¿Qué quieres decir?

—Lo sabes muy bien. Deja de hacerte la tonta.

—Perdona, pero yo no me hago la...

—Me gustas, Blanca. Eso no te lo niego. Y seguro que yo a ti también, o es lo que me gustaría creer. Aun así, esto resulta raro... Es jodidamente raro que, desde que hemos vuelto a encontrarnos, todo se haya reducido a coqueteo y polvos. Y existen dos opciones: o no quieres verlo y te haces la tontita, o lo ves pero te importa una mierda. Y de verdad que no sé qué es peor.

—Se te olvida una tercera, que es la que te he comentado en el parque: somos adultos.

—La adultez no tiene nada que ver en esto.

—Pero ¿qué cojones es lo que te resulta tan extraño? —La Blanca con mal carácter y deslenguada hace su aparición.

—¡Tu actitud! Porque es del todo comprensible que acabe acostándome contigo, ya que eres una tía de lo más sensual... —Se queda callado unos segundos mientras se pasa la mano por el pelo con gesto nervioso—. Pero, Blanca, es que yo a ti te jodí, y soy consciente de ello precisamente porque soy un adulto, como dices. Sé que te hice daño, por eso me parece increíble que no me odies o qué sé yo...

—Odiar no es sano, Adrián. El odio no te permite ser feliz.

—¡Esperaba algún rechazo por tu parte! Algún insulto, que me echaras en cara lo que sucedió, que me dijeras que fui un gilipollas... Pero no, te has comportado de manera amable.

—¿Preferirías que me hubiese puesto a discutir contigo? —Parpadeo sorprendida.

—Claro que no, pero sí que al menos hubiéramos tenido una charla para aclarar las cosas antes de acostarnos juntos.

—¡Pues no he visto que te quejaras!

¿Cómo se atreve a decirme todas estas cosas? ¿Me reprocha que hayamos tenido sexo cuando ha sido él quien lo ha empezado al provocarme al salir del pub?

Toma aire y alza una mano en señal de paz. Me limito a guardar silencio, con ese sabor amargo en la boca que tantas veces he notado. El sabor de la incomprensión, de las dudas, del temor, de los momentos en los que discutimos.

—Es tarde y es mejor que durmamos. Mañana veremos las cosas de otra forma —murmura con la cabeza gacha—. Pero, en serio, deberíamos hablar. Quiero explicarme.

—¿Y eso no es algo que deberías haber hecho antes?

Alza el rostro y me mira con los ojos muy abiertos. Su mandíbula se tensa y descubro en sus ojos una mezcla de tristeza y enfado.

—Nunca fui capaz de entenderte, Blanca. Y quizá jamás pueda hacerlo.

El silencio nos envuelve. Me duele el estómago y quiero dejarlo ahí plantado, pero mis piernas se niegan a moverse.

—Que descanses —musita.

Se da la vuelta y soy yo quien se queda muy tiesa en la oscuridad de la noche, sintiéndome también lóbrega por dentro. Lo veo alejarse con sus andares descuidados y, al mismo tiempo, seguros. Esos que hicieron perder la cabeza a tantas chicas de este pueblo y de los de alrededor. Y a mí, por supuesto, y a mí…

¿Por qué una sensación de vacío me atenaza el pecho? Esto es solo sexo.

16

Begoña llegó veinte minutos después sin bragas y a lo loco, con sus rizos negros revueltos y una cara de satisfacción que no podía con ella. Me encontró en el portal de la finca, sentada en la escalera con la mirada perdida. Me había pasado ese rato pensando en todo lo que había ocurrido con Adrián en tan poco tiempo y en sus duras palabras, que me habían dolido a pesar de todas mis protecciones.

—¿Qué haces aquí? —preguntó una Bego sorprendida cuando le abrí la puerta—. No me digas que has perdido las llaves y que tus padres no oyen el timbre.

Alcé el llavero y soltó un suspiro aliviado. Se sentó a mi lado y se quejó de lo frío que estaba el suelo. Normal, si se había dejado la ropa interior en el coche de aquella chica, según me contó después.

—¿Por qué tienes esa cara?

—Adrián y yo hemos discutido… o eso creo —contesté con una mano apoyada en la barbilla.

—¿Me lo acabas de explicar tumbadas en la cama? Estoy agotada.

Asentí, y ambas nos incorporamos y nos dirigimos al ascensor. Begoña se moría de ganas por relatarme todo lo acontecido con la morena del buen culo, pero se contuvo por culpa de mi ceño fruncido y mis morros arrugados. Una vez en el dormitorio, con nuestros camisones suaves y frescos, volvió a interrogarme.

—Quería hablar sobre lo que pasó años atrás.

—En realidad, lleva algo de razón.

—Puede, pero también debería entender que me causa dolor recordarlo y que, en ocasiones, es mejor olvidar.

—Que no es lo mismo que superarlo. Y quizá vosotros necesitáis una charla en la que os digáis todo lo que sentís.

—Begoña, sabes que se me da fatal hablar de sentimientos.

—Nunca es tarde para aprender. —Se encogió de hombros y, mirándome con sus ojazos, añadió—: El silencio se enquista en el alma.

—Ya llegó la filósofa —bromeé.

Nos quedamos calladas, y ya pensaba que Begoña se había dormido hasta que, unos diez minutos después, susurró:

—No sé lo que Adrián hizo realmente, pero si algún día te sientes preparada, cuéntamelo. Y si crees que va a dolerte seguir encontrándote con él, detente. Páralo antes de que sea dañino para ti. O para los dos. Nadie es capaz de controlar lo que siente.

Desde que el domingo Bego se marchó, Adrián y yo no hemos vuelto a encontrarnos a pesar de que he salido a comprar el pan, a correr o a tomar algo. Lo más probable es que todavía esté molesto, ya que siempre fue así: los enfados le duraban. Y aunque me he convencido de que la lejanía es lo mejor, un vacío me asalta cuando pienso en las pasadas noches. Y de repente me descubro imaginándolo desnudo ante mí, besándome, tocándome, susurrándome que todo ha cambiado y que puede ser mejor, que llevo razón en no querer sacar a relucir el pasado y que nos centremos en disfrutar del presente. Cuando abro los ojos me veo sola en la cama, con la mano en la entrepierna húmeda.

En cuanto a mi familia, he decidido ser más simpática

con ellos. Mis padres se sorprendieron muchísimo cuando, el domingo por la tarde, una vez que Bego se hubo marchado, dejé los expedientes de un cliente por un rato y me uní a ellos en el juego de las cartas. Y luego al del parchís. Y al del bingo. A mi madre le hacían chiribitas los ojos. Un poco más y se me echa a llorar ahí mismo. Hasta Javi ha notado mi cambio y ya no me suelta tantas tonterías.

En el cuaderno he anotado mis porcentajes de bienestar y lo cierto es que son aceptables, a pesar de todo. He conseguido apuntar tres cosas positivas sin tener que pensar mucho. ¡Vamos por el buen camino!

El martes me levanto temprano para correr y, de ese modo, relajarme. Eso sí, da igual a la hora que lo hagas, pueden ser las cuatro de la madrugada que tu madre ya estará despierta y habrá hecho un montón de faena.

Cuando entro en la cocina, dispuesta a tomarme un yogur líquido y coger una botellita de agua para el camino, un maravilloso olor me conquista. Enseguida caigo en que mi madre debe de haber hecho una de esas cocas con trocitos de chocolate que tanto me han gustado siempre. ¡A las ocho de la mañana!

—Blanca, ¡qué bien que te hayas levantado!

—Buenos días para ti también, mamá —la saludo. Me acerco a la nevera, saco una botellita de Actimel y me la bebo de un trago sin apartar los ojos de ella—. ¿Ocurre algo?

—He preparado una coca —me dice sonriente.

—Genial. Pues cuando vuelva me como un trozo.

—No, no. Es que no es para ti.

—¿Para quién, entonces? —le pregunto con una ceja arqueada.

Me da la espalda, abre uno de los cajones, saca papel de aluminio, corta un pedazo grande y se pone a envolver la coca. Me arrimo un poco para verla. Madre mía, qué bien huele, y me la quiere negar. Cuando se da la vuelta, me mira con los ojos brillantes.

—Es para Nati. —Me tiende el paquete—. Iba a llevársela yo, pero estoy muy liada y como tú vas a salir...

—Es una trampa, ¿verdad?

—¡No digas tonterías!

—Está claro. ¿Qué has ideado? ¿Que Adrián y yo retomemos nuestra antigua amistad?

—¿Qué trampa ni qué niño muerto? Yo tengo muchas cosas que hacer y tú, en cambio, vas a salir a la calle ahora mismo. Vamos, blanco y en botella. —Y me tiende la coca con más insistencia.

—He de salir a correr. —Me cruzo de brazos.

—¡La tía Nati se muere de ganas por verte!

—Pues que venga ella aquí —me quejo—. Además, ni siquiera es mi tía, por favor.

—¿A qué viene eso ahora? ¿Qué te ha hecho a ti la pobre mujer, con lo que te ha querido siempre? —Lo ha dicho con ojos tristes, para que me sienta mal, que ya me conozco yo sus tretas.

—Mamá, tengo cosas que hacer.

Me dispongo a dar media vuelta y salir pitando, pero mamá chasca la lengua y me llama como si yo fuera una cabra triscando por el monte.

—¡No tienes ninguna excusa buena para no ir! —insiste. Ya se le están poniendo los mofletes rojos. Eso significa que está cabreándose. Mi madre es como Hulk, solo que, en lugar de ponerse verde, se tiñe de magenta—. La tía Nati sabe que estás aquí, y se siente apenada porque no has ido a saludarla siquiera.

—¿Apenada? Pero ¡será posible! —Se me escapa una risa sardónica. Un poco más y le suelto que es que he estado ocupada con su hijo entre las piernas.

—Ya sabía yo que esa simpatía que derrochabas iba a

durarte poco —se pone a murmurar. Ahora emplea la psicología inversa.

Total, que cinco minutos después me ha convencido con sus empujones hulkonianos y con sus ataques sentimentales que han logrado hacer mella en mí.

¿Es necesario que explique quién es la tía Nati? No es mi tía de verdad. No compartimos la misma sangre, ni está casada tampoco con un hermano de mis padres. Nada de eso; la tía Nati es la madre de Adrián. Que conste que le tengo un enorme cariño, que, como mi madre afirma, siempre me ha tratado como a una hija. Es otra persona quien me incomoda porque no sé qué podría decirle después de lo de la otra noche. Solo espero que todavía esté durmiendo o que, por un milagro divino, lo hayan llamado para una nueva obra teatral y haya tenido que marcharse de súbito.

Llamo al timbre. Me aclaro la garganta para contestar, pero me abren la puerta sin preguntar. Imagino que mi madre ya ha telefoneado a Nati para avisarla. No aguardo al ascensor, sino que empiezo mi ejercicio subiendo escalones. Este culo hay que ponerlo duro, que aquí en el pueblo estoy pasándome con los postres.

Y la sorpresa me llega cuando alcanzo el rellano. ¿Que por qué? Apoyado en la puerta, con el pelo revuelto, cara somnolienta y pecho desnudo, porque lleva solo unos calzoncillos, me espera Adrián. Esto ha sido una treta urdida por estos tres, estoy segura.

—Vaya, ¿a qué se debe esta visita?

Ni un buenos días ni nada. El tío va directo al grano. No puedo apartar la mirada de su pecho. De su abdomen. De su piel. De su tatuaje en el bajo vientre que quiero lamer... ¡Stop! «Blanca, por favor. Vale que sueltes la mente, pero hasta cierto punto.» Como no contesto, Adrián ladea la cara y esboza una sonrisa.

—Mi madre, que se ha empeñado en que...

No me deja terminar. Me arranca el paquete de las manos, vuelve la cabeza hacia el interior del piso y grita:

—¡Mamá, mira quién ha venido!

La tía Nati sale corriendo, se lleva las manos a la boca y, en cuestión de segundos, se me lanza a los brazos y me come a besos. Por un momento hasta me siento mal por no haber querido venir. Esta mujer es puro sentimiento. La apretujo yo también, sintiendo su cuerpo menudo. Huelo ese aroma tan suyo, un olor que es mezcla de suavizante y canela, y me doy cuenta de que está llorando. Me aparta, sin soltarme de las manos, para echarme un vistazo.

—¡Mírate, corazón! Pero ¡si estás hecha una maravillosa mujer! ¿A que sí, Adri?

—Vaya que sí —contesta él dándome un repaso. Su mirada se detiene en mis pechos, que, aunque sean pequeños, se marcan bastante con esta camiseta que uso para correr. Ni me molesto en ocultarlos. ¿Quiere mirar? Pues, hala, que lo haga.

—Cuánto tiempo, mi vida. Siempre pregunto por ti a tu madre, y lo único que me dice es que estás muy ocupada, que trabajas mucho, pero que estaba segura de que pronto vendrías y te quedarías unos días...

El mamón de Adrián ha rasgado el papel de aluminio y se ha puesto a comer la coca. La tía Nati habla que te habla, pero yo no puedo apartar la vista de él, quien tampoco deja de mirarme. A la luz del día puedo apreciar mejor su cuerpo y... Joder, qué pecho. Menudo abdomen. Y esas dos líneas que se deslizan hacia un lugar que debería estar prohibido. Creo que hasta me ruborizo, así que me apresuro a despedirme.

—Tengo que ir a correr.

—¿Ya nos dejas? —La tía Nati esboza un gesto triste—. Pues ven mañana a comer. Haré puchero, que te gusta mucho y seguro que lo echas de menos.

Lo cierto es que sí, que me comería un buen plato.

—Pues no sé cuándo...

—¡Que venga también tu madre y así celebramos tu visita!

—Oye —interviene Adrián en ese momento, con la boca llena de coca—, espérame y salgo contigo a correr.

¿Qué? ¿Él y yo? Pero ¿a santo de qué viene esto? ¿Se cabrea hace unas noches y está tan normal? De verdad que cada vez entiendo menos a la gente de este pueblo. Aunque, bien mirado, Adrián siempre fue un enigma para mí. La tía Nati le lanza una mirada y dice:

—Eso, hijo, ponte algo de ropa, que no sé qué haces abriendo la puerta de esa guisa.

—No te preocupes, que aquí no hay nada que Blanca no haya visto —suelta tan feliz con una sonrisa maquiavélica.

Por suerte, la tía Nati no entiende, o no quiere entender, lo que el caradura de su hijo ha insinuado. Al final tengo que esperar a que se cambie mientras me como un buen trozo de la coca de mi madre, que sabe a gloria. Nati me cuenta cosas sobre su vida y la del pueblo, y voy asintiendo con la cabeza hasta que, por fin, diez minutos después, Adrián sale de su habitación con unos pantalones cortos, una camiseta y unas zapatillas de deporte. Y hasta así está de lo más atractivo. Me zampo el último bocado enorme de coca para olvidar su magnífico cuerpo.

Los cinco primeros minutos los hacemos en silencio. Después parece que Adrián no puede quedarse callado y empieza una conversación.

—Dime una cosa, Blanca, ¿por qué has decidido venir de vacaciones después de tanto tiempo?

—Supongo que ya era hora. No podía mantenerme alejada toda una vida.

—Te veo muy segura —opina mirándome de reojo.

Je, ¿más segura? Si él supiera que acudo a una psicóloga por mis tontas obsesiones. Pero ¿para qué voy a decir nada?

Se me hace extraño que esté hablándome tan tranquilo, aunque por otra parte él era un tanto extraño en cuestiones de disputas. Se enfadaba, se pasaba días con cara de perro y sin dirigirme apenas la palabra y, de repente, volvía a mostrarse contento.

—No es bueno hablar mientras se corre —digo con esfuerzo.

—¿Qué más da? Yo voy bien. A lo mejor eres tú quien está ahogándose.

Tiene más razón que un santo, pero para disimular mi mal estado físico, me detengo y hago unos estiramientos.

—¿Ya te has cansado? —me pregunta con retintín.

No me molesto en contestarle. Puedo notar su mirada clavada en mi trasero mientras me inclino hacia delante y me toco la punta de los pies. Me quedo en esta posición un poco más de lo necesario.

—¿Estás mirándome el culo? —murmuro, provocándolo.

—Me lo pones casi en la cara, ¿adónde quieres que dirija la vista?

Me incorporo un poco cabreada y, sin darle tiempo a reaccionar, me lanzo a correr una vez más. A los pocos segundos se coloca a mi altura. Marchamos callados cuatro kilómetros, hasta llegar al límite del pueblo de al lado. Damos la vuelta y regresamos, también en silencio. Esto es raro de cojones. O al menos a mí me lo parece. Diez años sin vernos, sin una despedida. La primera vez que nos encontramos, empieza el juego. La segunda, nos besamos y acabamos en mi cama. La tercera, bailamos y tonteamos, follamos en un parque y después regañamos. Y ahora corremos (y no es el verbo reflexivo, ejem) como si nada.

Lo miro de reojo. Está sudado y tiene las mejillas sonrosadas de un modo encantador. Coge aire y lo suelta de manera pausada. Deslizo la mirada por su cuello, sus brazos... Cuando me doy cuenta él también está observándome y sonríe de esa forma suya tan encantadora.

—¿Tengo algo en la cara? ¿Un moco? —se burla.

Continúa siendo el niñato punk, ese que siempre tenía la última palabra. Ese que despertó algo en mí que traté de dormir y no lo conseguí, por lo que parece. Suelto un bufido y acelero. Se une a mí, y como estoy tan rabiosa aún corro más rápido y Adrián me imita. Y al final parece que estemos haciendo un maratón o qué sé yo.

Llego al centro del pueblo resoplando como una cerda. Me ha entrado un dolor en el costado que me está matando. Adrián, en cambio, está tan tranquilo. Sudoroso y congestionado, pero seguro que no va a caerse redondo de un momento a otro como yo.

—Dios, eso ha sido demasiado —digo con la voz entrecortada, sin resuello.

No me detengo hasta llegar a mi calle. Y Adrián trotando a mi lado. Me suda todo, hasta partes insospechadas. Creo que voy a desmayarme como no me meta en la ducha enseguida. Casi me empotro contra la puerta del edificio. Llamo al timbre desesperada. Cuando corro sola, me tomo mi tiempo, voy a mi ritmo. Lo de hoy ha sido demoledor.

No contesta nadie. Pulso el botón de nuevo, empezando a enfadarme. Pero ¿dónde se ha metido la peña? ¡Por favor, necesito una ducha que me limpie todo este sudor! En ese momento, Conchi, que ya está abriendo la pollería, se asoma, me dedica una sonrisa y me anuncia:

—Tu madre me ha pedido que te diga que se iba al mercado.

La miro con horror. Las salidas de mi madre al mercado duran horas.

—¿Cuándo se ha ido?

—Pues hace unos diez minutos.

—¡Jodeeer! —exclamo.

Conchi me mira confundida.

Noto una presencia a mi lado. Ah, sí, Adrián. Por poco me olvido de que sigue conmigo. La pollera lo saluda con una sonrisa y él se la devuelve tan simpático. Mira, qué bien le cae a todo el mundo.

—¿Ocurre algo? —pregunta.

—Que no hay nadie en mi casa. O Javi sí, pero está como un tronco —respondo sin mirarlo.

—¿Y...?

—Pues que no puedo entrar. —Señalo la puerta.

Adrián ladea la cabeza y arquea una ceja. Su gesto es ahora fanfarrón.

Conchi, que ve que el horno no está para bollos, se despide y se mete en el asador.

—¿Y tus llaves?

—Nunca las cojo cuando salgo a correr.

—Entonces ¿cómo entras en tu casa? —me pregunta mirándome como si ahora fuera yo la estúpida.

—Tenemos un conserje. Le dejo las llaves a él.

—¿Y no es más fácil que las lleves al cuello? —Sus ojos adquieren un brillo burlón.

Apoyo la espalda en la puerta con un golpe seco que hasta me hace daño en el culo. Estoy chorreando, con el pelo encrespado y el aspecto de una Miss Camiseta Mojada.

—¿Por qué conviertes cualquier tontería en un drama? —inquiere con una sonrisa ladeada.

—Odio sudar. Quiero ducharme.

—¿A la señorita le molesta un poco de sudor?

Para mi sorpresa, Adrián se coloca delante de mí, con su rostro cerca del mío y dice en voz baja:

—Si tanto ansías una ducha, puedes usar la de mi casa.

Me aparto de golpe y lo miro como si estuviera loco. Se encoge de hombros.

—¿Crees que volvemos a tener diecisiete años o qué?

—Para nada. A tus diecisiete años no eras tan exquisita y borde. O puede que sí...

—No voy a ir a ducharme a tu casa, con tu madre allí y sin ropa para cambiarme.

—No iremos al piso de mi madre.

Arrugo la nariz, sin entender.

—Tengo otro piso.

—¿Y eso? —le pregunto asombrada—. No me lo habías dicho. —Lo miro sorprendida. O sea, que permitió que lo llevara a un parque para acabar teniendo sexo en él. Me dejó parecer una ninfómana desesperada por un coito—. ¿Eres rico y no me he enterado?

Se echa a reír. Niega con la cabeza, mordiéndose con suavidad el labio inferior; un gesto realmente encantador que a cualquier mujer la traería loquita. A mí también, para qué mentir.

—Ojalá. No, lo que pasa es que hace unos años murió mi abuelo y heredamos. Mi madre me dijo que hiciera lo que quisiera con el dinero, y decidí comprar un estudio pequeñito.

—¿Para qué? ¿Y por qué aquí? —Me muestro por completo sorprendida.

—Blanca... Cada vez me preocupa más el odio que sientes hacia este pueblo.

Me quedo callada sin saber qué contestarle. La verdad es que me cuesta creer que comprara un estudio aquí pudiendo hacerlo en cualquier otro lugar muchísimo mejor.

—Entonces ¿qué? ¿Te quedas aquí como una amargada o dejas a un lado tu orgullo? No me como a nadie. A menos que esa persona quiera, claro.

Lo miro unos segundos, que parecen eternos, con cara de tonta, seguro. Echo un vistazo a mi camiseta empapada y a mi cuerpo brillante. Mi familia podría aparecer a la hora de comer, y lo cierto es que no me apetece esperar tanto.

Mataría por una ducha. Acepto y, por unos instantes, la voz maléfica de mi cabeza me susurra que ambos llevamos segundas intenciones. No le digo nada, simplemente echo a andar, aunque no sé dónde está su piso.

—Por el otro lado —me guía con su sonrisa sardónica.

—En serio, ¿por qué compraste un piso aquí? —vuelvo a preguntarle.

—A diferencia de ti, me gusta el pueblo. Me trae recuerdos de la infancia. Cuando no estoy trabajando me apetece venir aquí, a casa de mi madre, pero también aprecio la intimidad. A veces duermo en su piso para hacerle compañía. Otras me voy al mío. Además, me viene genial para componer. De esa forma no la molesto con la música.

—¿Así que es como una especie de lugar para trabajar?

—Podría decirse que sí. Aquí todo es tranquilo y consigo inspirarme bastante.

Asiento con la cabeza, aunque de manera indiferente, como si no me importara mucho lo que me está contando. La realidad es distinta: no entiendo bien por qué, pero me apetece saber más sobre él, lo que ha hecho durante todo este tiempo que no nos hemos visto, qué música ha compuesto, dónde vive cuando no está en el pueblo, si todavía le gusta el punk, si ha conocido a muchas mujeres, si se ha acordado de mí... «Eh, Blanca, control. Eso debería darte igual.»

Al final resulta que el piso se encuentra prácticamente a las afueras del pueblo. Como hace tanto calor, continúo sudada. Seguro que apesto. Mientras abre la puerta, empiezo a ponerme nerviosa. Por Dios, ¿qué hago aquí? Es todo tan... surrealista. Mi vida se ha convertido en una película de Almodóvar.

—Pase, alteza —me dice inclinándose hacia delante.

Le dirijo una mueca de desdén y entro en el edificio. Es moderno y cuenta con ascensor. Sin embargo, él va hacia la escalera y no tengo más remedio que seguirlo. Cinco plantas más. Mis piernas van a quebrarse de un momento a otro. Está haciéndolo a propósito, lo sé.

—Es muy nuevo, ¿no?

—Lo compré de obra nueva, sí.

—¿Vive mucha gente aquí?

—No, un par de parejas jóvenes que no son del pueblo. Muy simpáticos. Nunca se quejan cuando toco.

Al entrar en su estudio, me quedo maravillada. Es pequeño, pero bonito y muy luminoso. Está decorado con un estilo práctico y actual, tal como me gusta. Sin duda tiene el aspecto de un piso de hombre, de uno con buen gusto. No puedo creer que él solo haya elegido los muebles. Apuesto a que lo habrá ayudado su madre o alguna mujer con la que...

—El baño está por allí. —Señala el fondo del pasillo, interrumpiendo mis pensamientos—. Te enseñaría antes el estudio, pero como estás tan ansiosa por ducharte... —se burla.

—No tengo ropa para cambiarme —le recuerdo.

—Te dejo algo mío.

Lo miro como si estuviera loco. Suelta un bufido y mueva la cabeza, aunque no parece molesto, sino divertido.

—¿Te importa ponerte uno de mis pantalones cortos y una de mis camisetas? Joder, Blanca, te has vuelto una tiquismiquis. Antes usabas cualquier ropa y te parecía bien. ¿Necesitas lavarte el pelo con champú de caviar?

—Otro comentario de ese estilo, y me voy —lo amenazo. Que me haya recordado mi aspecto adolescente me ha sentado como una patada en el estómago.

—Eres tú la que necesita limpiar su cuerpo. ¿Qué pasa, tan sucia te sientes?

No entiendo nada. ¿A qué vienen estos ataques de macho alfa? La Blanca de la ciudad lo habría mandado a donde amargan los pepinos y se habría marchado con la cabeza bien alta. Sin embargo, me limito a frotarme la frente, tratando de acallar el insulto que me viene a la garganta.

—Dame una toalla —le pido sin ninguna cortesía.

—Por supuesto, alteza —dice sonriendo, aunque ahora ya no parece tan alegre.

Le oigo mascullar por el pasillo algo parecido a: «Debe de cagar terrones de azúcar».

—Perdona, ¿qué has dicho? —exclamo asomándome.

Tan solo me llega su carcajada. Apoyo los puños en las caderas, enfadada. En mala hora he venido aquí. ¿Y si cojo y me voy? ¿Quedaría como una auténtica niñata? No me da tiempo a pensarlo más porque aparece de nuevo. Se detiene ante mí y me entrega una toalla con una sonrisa tirante.

—Espero que sea de su agrado, alteza.

—¡Basta ya de bromitas! —le recrimino.

Me deja en medio del pasillo y se marcha hacia lo que imagino que será el salón. Antes de poder meterme en el baño, me grita:

—¡Por cierto, no hay pestillo!

Su tonito irónico me enfurece aún más. Definitivamente necesito esta maldita ducha. Cierro la puerta y echo un vistazo alrededor. Es un baño pequeño, pero acogedor. Una ducha, un lavamanos y un armario diminuto. Mientras me deshago de la ropa empapada, cotilleo un poco. Tan solo hay pasta dentífrica, un cepillo de dientes y una maquinilla de afeitar. Ni rastro de enseres femeninos.

Me ducho con agua fría primero, después templada y, por último, otra vez fría. Adrián tan solo tiene un frasco de gel del Mercadona y otro de champú. Mi bañera es completamente diferente: enorme, repleta de jabones, cremas suavizantes y demás productos maravillosos que me encantan. A pesar de todo, el agua consigue relajar mis músculos y, una vez que he terminado, me siento limpia de nuevo. Me seco un poco el cabello con la toalla que Adrián me ha dado y después me envuelvo con ella. Mierda, no tengo ropa. Me ha dicho que iba a prestarme algo suyo, pero no me lo ha traído.

Abro la puerta con cautela y asomo la cabeza.

—¿Adrián? —lo llamo. No recibo respuesta—. ¿Hola? —insisto.

En ese mismo instante oigo algo. Música. Arqueo una ceja, confundida. Salgo del baño con la toalla ceñida al cuerpo. Recorro el pasillo de puntillas, tanteando la pared con una mano. La melodía es triste, aunque bonita.

No lo encuentro en el salón. Justo al lado hay otra puerta y de ella parece salir la música. En silencio, me asomo. Lo encuentro de espaldas. Se ha quitado la camiseta sudada y está muy concentrado en algo, con la cabeza ladeada. Me quedo muda, tiesa, sorprendida. Hacía tanto que no lo veía tocando una guitarra...

No conozco la canción, pero me fascina. Está tatareando algo muy bajito. Mueve una pierna al compás de la melodía. Los músculos de su espalda se contraen con cada una de las notas.

Siempre me pareció que su manera de tocar era mágica, que se convertía en otra persona cuando tenía la guitarra entre las manos. Me quedo aquí, apoyada en el umbral de la puerta, con los ojos muy abiertos y el corazón encogido. Recordando momentos pasados que fueron felices. Tal y como Adrián dijo la otra noche, parafraseando la canción de Rihanna, encontramos amor en un lugar sin esperanza. Él me ayudó a creer que podía y merecía ser deseada y querida, aunque luego me arrebatara esa fe de forma rastrera. Por unos instantes pienso que soy una auténtica gilipollas. Una que se ha acostado con el tío que la hizo sufrir y que, encima, ha disfrutado y sentido cosas que no debería. ¿Cómo es que los seres humanos somos tan estúpidos para tropezar dos veces con la misma piedra?

17

De repente deja de tocar. Y como si se hubiera percatado de mi presencia, se da la vuelta y me descubre. Su cara es todo un poema. Parece que no le ha gustado mucho que lo haya descubierto con la guitarra en las manos. Es como si para él eso significara conocer a otro Adrián, uno más sensible y menos borde, uno capaz de romper el corazón de una chica y componerlo con cada una de las notas que saca a las cuerdas.

Carraspea, se incorpora y deja el instrumento en su funda.

—Pensaba que tardarías más en ducharte —se limita a decir.

—Ya. En mi casa sí puedo tirarme una hora —contesto sin mala intención.

—Imagino que mi ducha no tiene las mismas comodidades que la tuya.

Más ataques. A ver, ahora que estoy siendo todo lo simpática que puedo, ¿por qué se muestra tan borde? Me paso la lengua por los labios, que se me han quedado secos, y murmuro:

—Era una canción bonita.

—Gracias. Al menos eso me confirma que aún tienes sentimientos.

Me quedo patidifusa. Como lo que quiera es pelear, vamos a tenerla, que mi boca solo es capaz de quedarse callada un rato. Consigo sobreponerme y no caer en su provocación.

—¿Puedes traerme algo de ropa? Me gustaría vestirme.

Sin decir nada pasa por mi lado, y reparo en que hace todo lo posible por no rozarme ni un milímetro. No sé muy bien por qué, pero ese gesto me molesta. Me quedo aquí plantada, esperando a que vuelva. Mi vena cotilla despierta de nuevo y me acerco al lugar en el que estaba tocando. Descubro unos cuantos papeles repletos de acordes. Recuerdo que un par de veces intentó enseñarme a tocar, pero era una negada. El instrumento sonaba conmigo como un gato al que le hubieran pillado un testículo con una puerta.

Acaricio las hojas, ensimismada, y de repente noto una respiración en mi nuca y me doy la vuelta sobresaltada. Adrián me observa con la mandíbula tensa y un brillo extraño en los ojos. Me tiende lo que me ha traído, un pantalón corto y una camiseta. Mi cabeza vuela a la que a él le encantaba de pequeño, la de los Ramones, que una vez cubrió mi cuerpo y lo impregnó de su esencia.

Hay algo raro aquí, un ambiente tenso y cargado de reproches que todavía no se han materializado. También de atracción. De deseo. De una química peligrosa. Su aroma me llega, ese tan suyo que jamás logré desprender de mi piel. Se me tensan todos los músculos y la respiración se me acelera. La mirada se me va hacia sus labios carnosos y sugerentes, esos que creí que estaban hechos para mí. Pienso en los besos que nos dimos hace unas noches y en sus manos recorriéndome entera. Un agradable cosquilleo se me instala en el bajo vientre. No sé si podrá oír mi corazón, pero lo cierto es que me retumba en cada rincón de mi cuerpo. Tenerlo a unos centímetros con el pecho desnudo, y yo cubierta con tan solo una toalla, me descoloca por completo.

Como no ocurra algo, se me va a ir la cabeza otra vez. Y es que al final Begoña tendrá razón en lo que insinuó la otra noche: Adrián continúa formando parte de mi piel, de mis lunares, de mis recovecos más ocultos. Sigue despertando en mí lo que ningún hombre: un deseo incontrolable y desgarrador de lanzarme a sus brazos para comérmelo a besos y permitir que él se beba cada uno de mis jadeos.

Abro la boca de manera inconsciente. Justo entonces Adrián se inclina hacia delante, salvando la mísera distancia que había entre nosotros. Se me escapa un leve gemido, que imagino que habrá oído. Va a besarme. Y lo recibiré con todas mis ganas. Sin embargo, lo que hace es murmurar:

—¿Qué pasa, Blanca? ¿Por qué estás tan exaltada? ¿Es que lo único que quieres es subirte a mi polla o qué?

Su tono es tan cruel que me deja paralizada. Me echo hacia atrás, boquiabierta. Lo miro de hito en hito, sin entender lo que ha sucedido. Estaba segura de que sus labios se unirían a los míos y, en cambio, me ha lanzado un ataque de lo más gratuito. Me coge una mano, y el simple roce de sus dedos sería capaz de hacerme volar.

—Espero que esto te valga, alteza, porque no tengo ropita de Louis Vuitton.

Le arranco las prendas con toda mi mala leche.

—Muchas gracias —digo con sarcasmo—. Está claro que nunca podrás ser una persona amable y buena.

—Debo de haberlo aprendido de la mejor —contraataca.

—¿Qué coño te pasa ahora?

—¡Me pasa que desde que llegaste al pueblo te has comportado como un robot sin emociones! —exclama furioso, algo que me sorprende—. Ni por un momento has tratado de solucionar algo.

—¿Acaso sabes cómo me siento?

—¡Por una vez en tu puñetera vida podrías explicármelo para que pudiera entenderte!

Le rodeo y me dirijo a la puerta. Atravieso el pasillo en dirección al baño, dispuesta a vestirme y marcharme de aquí. No tendría que haber venido. Adrián y yo somos dos personas que arden en su propio deseo y que no saben cómo evitarse el daño.

—¡Así me gusta, Blanca! ¡Huye como siempre! ¡Escapa de los problemas, y de tus sentimientos, y...! —Me aturulla siguiéndome por el pasillo.

Cojo el pomo de la puerta con furia y estoy a punto de cerrarla cuando algo la detiene. Por supuesto es Adrián. Forcejeamos: una intentando cerrar, el otro tratando de impedirlo. Al final gana él y empuja la puerta con tanta fuerza y cabreo que choca contra la pared. Doy un brinco.

—Sal del baño —le ruego, aunque sin elevar el tono de voz—. Quiero irme. —Me aprieto los bordes de la toalla—. No deseo discutir más, Adrián. Estoy harta de todo eso.

—¡¿Y crees que es lo que yo quiero?!

—¡Visto lo visto, sí! —exclamo señalándolo con la mano abierta.

—Contigo únicamente tengo dos opciones, Blanca. O discuto o...

—¿O qué?

—¡Joder! O me abalanzo sobre ti, Blanca. Me lanzaría a besarte, a comerte entera. No puedo evitar sentir esto. Cada vez que te veo, me consume el deseo. Me muero por descubrir si el sabor de tu cuerpo es el mismo de hace diez años. Y me enfado, mucho, porque esto no tiene sentido. Tú deberías odiarme por lo que hice. ¡Me siento culpable, hostia! Siento que, de alguna forma, has querido borrar lo que ocurrió. Y no puedo entenderlo. —Guarda silencio durante unos segundos. Su pecho sube y baja, y lo miro boquiabierta, procesando sus palabras. Se arrima un poco más a mí, pero retrocedo hasta que mi trasero choca con el lavamanos—. Grítame de una puta vez a la cara que me detestas, que desearnos no es lo correcto, que todo lo que hemos hecho desde que nos reencontramos ha sido un maldito error. Así podremos quedarnos en paz.

Soy incapaz de hablar. Tan solo puedo mirarlo con la cabeza ladeada, notando que me falta la respiración. Todo me da vueltas y ese sabor amargo que me acudía a la garganta cuando pronunciaba su nombre parece extenderse por todo mi paladar. Y es que sus palabras son como un reflejo de lo que me sucede. Es eso, ¿no? Es lo que dice él. Para nosotros solo hay dos opciones: consumirnos en el deseo o destrozarnos.

Y de repente, lo tengo sobre mí. Alzo un brazo y apoyo la mano en su pecho. Su corazón se desboca bajo mi palma. Y el mío, como sucedió ya alguna vez y siempre en presencia de él, quiere explotar. Estoy tan confundida que no caigo en la cuenta de que va a besarme hasta que sus labios se posan en los míos. Me los reclama con ímpetu, con rabia, con una urgencia que me impresiona. Me revuelvo un poco, aún con la mano en su pecho, contagiándome del palpitar de su corazón. Niego con la cabeza y, al fin, se aparta.

—Dímelo con palabras, Blanca. Escúpeme a la cara que no quieres que te bese —repite con una fiera mirada.

Aparto la mano y me la llevo a los labios, donde aún noto la presión de los suyos. Y algo en mí se derrumba. Es ese muro enorme que había construido, el que pensaba que era tan sólido. Me he topado de bruces con la verdad, y duele. Porque la verdad es que deseo tanto a Adrián que me escuece en la piel. Él divisa en mi rostro alguna señal porque, sin previo aviso, me atrapa de la cintura y me empuja contra el lavamanos con tanta fuerza que impacta en la pared. Me quejo levemente, pero no me da tiempo a nada más porque, de nuevo, sus labios me someten a un dulce tormento.

Sus manos abandonan mi cintura y suben hasta mi rostro. Me sujeta por las mejillas y me las acaricia con las mismas ganas con las que me besa. La presión me hace daño, y un sinfín de hormiguitas me recorren de la cabeza a los pies. Sus dedos se deslizan hasta mi nuca. Me la masajea, me la aprieta, me tira del pelo.

Abro los ojos y descubro que está observándome. Como entonces. Como cuando me besaba o me hacía el amor no solo con sus labios y con su sexo, sino también con sus ojos. Me inquieta reflejarme en su mirada y, al mismo tiempo, me libera, como si mi alma se descargara de un terrible peso.

No quiero hacer nada más, únicamente sentirlo. Sentir sus manos perdiéndose en mi piel. Notar sus labios reconquistando los míos. Apreciar el calor que emana de todo su cuerpo. Ahora mismo ya no soy esa Blanca que lo maldijo muchas noches, sino esa otra que se reía con él, que lo ayudaba a resolver problemas matemáticos y que le pidió que le echara una mano para ser una nueva persona. Me toma en brazos y, de inmediato, abrazo con mis largas piernas su cintura y me aprieto contra él, para recordar lo que era la vida, la familiaridad, la paz. Se me escapa un profundo suspiro y Adrián sonríe en mis labios. Le dibujo la sonrisa con la lengua.

Me saca del cuarto de baño y me lleva por el pasillo sin apenas esfuerzo, a pesar de que no soy una mujer muy liviana. Todo esto sin parar de apremiarme con sus besos, que poco a poco van dejando de ser rabiosos para convertirse en unos más suaves, lentos, con mucho más sabor a tranquilidad.

Deduzco que me ha traído a su dormitorio, pero antes de que pueda hacer nada me separo de él. Apenas unos milímetros, los suficientes para poder hablar.

—¿De verdad piensas que esto no tiene sentido, que está mal?

—No, Blanca —niega, con la respiración agitada. Apoya su frente en la mía, y no puedo controlar un temblor, que mitiga con un abrazo—. Esto es bonito. Es lo que nunca debió quedar atrás.

Sus palabras me encogen el corazón. Tiene que luchar para continuar latiendo. ¿Lleva razón? ¿Qué habría sido de nosotros si no nos hubiéramos dejado guiar por el orgullo y hubiéramos hecho caso a lo que el alma y el cuerpo nos pedían? ¿Cómo habrían sido nuestras vidas si Adrián no hubiera actuado como lo hizo y yo hubiera sido capaz de esperar una respuesta o una disculpa por su parte? Estas y más preguntas cruzan mi mente, ocasionando un torbellino que no me permite pensar con claridad.

Segundos después estoy recostada en la cama con el cuerpo de Adrián sobre el mío, que lo exige. No voy a luchar. No quiero hacerlo durante un rato que deseo que sea el mejor de mi vida, el que me permita ser feliz, aunque solo dure quince minutos y después tenga que volver a ser la Blanca fría y calculadora.

Adrián me aparta las manos con suavidad para abrir la toalla. Mi piel desnuda se muestra ante él. La veo reflejada en sus ojos llenos de deseo, la noto desperezarse con cada uno de sus parpadeos. Para mi sorpresa, se arrodilla a los pies de la cama inclinado sobre mí. Apoya una de sus grandes manos en mi cuello y, poco a poco, va guiándola hacia abajo. Uno de sus dedos roza mi pezón derecho y se me escapa un jadeo. Después me acaricia hasta llegar a mi vientre, hasta mi pubis. Su ternura me pone nerviosa, así que estiro los brazos y lo atraigo hacia mí, atrapando sus labios. Le muerdo el inferior con suavidad, y se sirve de la lengua para penetrar en mi boca y rebuscar en ella. Más jadeos que no logro controlar.

—Adrián... —murmuro.

Sus labios todavía reposan sobre los míos, pero ya no se mueven. Abro los ojos, confundida, y me topo con los suyos. Caigo en ellos, en un dulce infierno envuelto de recuerdos amargos y, al mismo tiempo, brillantes. Se separa y me observa un buen rato. Sus pupilas recorren cada rincón de mi cuerpo sin perderse detalle. Me revuelvo sin comprender lo que sucede.

—No puedo, Blanca.

—¿Qué? —Por un momento pienso que tiene novia o está casado, aunque no he visto que lleve una alianza.

—Ya te lo he dicho. Esta vez quiero hacerlo bien. Sucumbir al deseo no nos ayuda. No me quitará del pecho esta culpabilidad que siento. ¿Lo entiendes? —Me dedica una mirada tan cargada de tristeza que no sé qué responder—. Dime que lo entiendes.

—Si quieres que me vaya...

—No es eso, Blanca. Es solo que no me gustaría que el sexo fuera la única forma de confesarnos nuestros pecados. Necesito más, y con más me refiero a tenerte aquí ahora, a mi lado, simplemente hablando. Me preocupa que no seamos capaces de comunicarnos.

—El sexo es una forma de comunicación.

Me dedica una mirada sarcástica. Niega con la cabeza y, con una sonrisa apenada, dice:

—¿Va a empezar todo otra vez?

—¿A qué te refieres?

—Mírate, eres toda una mujer, y yo, un hombre. Ya no llevo ropas negras y botas con tachuelas. Tú te has cortado el pelo y te has quitado las gafas. Somos diferentes. Sin embargo, seguimos siendo incapaces de decirnos con palabras lo que sentimos. Si continuamos utilizando el sexo para ello, no solucionaremos nada.

Adrián y yo llevamos demasiado peso en la espalda, una mochila con numerosas piedras que nos impedirían avanzar. Y estoy cansada de luchar contra el miedo, las dudas, la incomprensión, la rabia.

—Hablemos.

—¿Qué? —Adrián parpadea sorprendido.

—Es lo que quieres, ¿no? Entonces, vale. Sé que piensas que soy fría y que no me apetece arreglar las cosas, pero no es eso. Lo que ocurre es que me cuesta hablar sobre aquello que duele, como a todo el mundo, joder. Expresarme no es lo mío, tú lo sabes. El sexo me resulta mucho más fácil.

Me quedo callada al darme cuenta de que no es cierto, no al menos con Adrián. El sexo es mucho más complicado con él, embadurnado de sentimientos y emociones que nunca he vivido con ningún otro hombre.

—Charlemos, vamos.

—Solo pretendo saber si tú has estado bien.

—¿Que si lo he pasado bien? Sí, dentro de lo que cabe. Eso no quita que también haya tenido malos momentos. Pero tú deberías saberlo sin tener que mencionarlo. Si de verdad te sientes culpable, tal como me has confesado, entonces entenderás lo incómodo y doloroso que es para mí recordar aquello.

Adrián estudia mi rostro en silencio. Su mano derecha cae en mi vientre y todos mis músculos se tensan con ese contacto. Arqueo la espalda cuando me acaricia en dirección ascendente hasta llegar a mis pechos. Sus dedos rozan mis pezones erectos y, a continuación, suben hasta mi cuello y se quedan ahí.

—No estoy tratando de ignorar lo que sucedió. Solo lucho por mí. Quizá sea egoísta, pero ¿qué haces cuando sobrevivir es lo único que te queda? —Esbozo una sonrisa melancólica al recibir sus dedos en mi barbilla y en mis labios—. ¿Lo comprendes?

Temo que conteste que no, pero al final asiente y noto un enorme alivio en mi interior. El silencio reina en el dormitorio durante unos instantes en los que nos dedicamos a estudiarnos, a buscar en nuestros rostros adultos algo de los adolescentes que fuimos, cuando aún nos sentíamos libres.

—¿No te incomoda estar así ante mí? —me pregunta de repente.

—Acabas de verme desnuda. Y no es que sea la primera vez. —Me encojo de hombros, restándole importancia. Si supiera la cantidad de hombres que me han visto sin ropa—. Si a ti te molesta, puedo vestirme. O me cubro con la sábana. —Estiro el brazo sin esperar su respuesta, pero me detiene.

—No hace falta. Me gusta mirar tu cuerpo.

Adrián fue el primer chico que me vio desnuda y el único ante el que me sentí pequeña y tímida. Cuando era una cría me daba vergüenza que descubriera mis michelines o que me encontrara alguna imperfección. Pero supo cómo hacerme sentir deseada. Igual que ahora. Me agrada ver mi piel reflejada en sus ojos.

—Lo siento —dice al cabo de un momento.

—¿Qué?

—Haberte gritado hace un rato y haberte dicho cosas que no estaban bien. No era mi intención. Lo que más deseo es que veas que soy diferente. No sé... Yo... —Se muerde el labio inferior, dubitativo—. Es lo que ya te he comentado. Me enfurecía cómo estabas comportándote. Había imaginado que, si volvíamos a encontrarnos, sería distinto.

—¿En serio? ¿En qué sentido?

—No sé... No me hagas caso. —Hace un gesto con una mano para restarle importancia.

—¿Esperabas un reencuentro de película romanticona? —bromeo.

Adrián mueve la cabeza con una sonrisa ladeada. Caigo en la cuenta de que echaba de menos esa imagen.

—Habrás cambiado en muchas cosas, pero en otras no.

—¿Ya empezamos? —continúo con un tono divertido, aunque preocupada de que reanudemos las discusiones.

—Solo iba a decir que sigues teniendo respuestas ingeniosas para todo. —Carraspea y, de nuevo, su mirada se desliza por mi cuerpo desnudo—. Cuéntame. Dime qué tal te va en la vida. Aunque, bueno, parece que muy bien.

Arquea una ceja, pone morros y me mira con sus preciosos ojos. El corazón se ha vuelto a despertar en mi pecho y retumba en él.

—No puedo quejarme. Estoy haciendo lo que quiero, a pesar de que sé que te sorprende que sea abogada. También yo me sorprendí al saber de lo tuyo, pues siempre pensé que estarías tocando en algún grupo o algo así.

—¿Con eso quieres decir que alguna vez has pensado en mí? —me pregunta, y su tono me parece ansioso.

—Bueno, no es tan raro, ¿no? Compartimos muchas cosas. También me acuerdo de otras personas con las que no tuve una relación tan estrecha.

Observo con el rabillo del ojo su reacción. Está mirando la pared de enfrente, como si en ella hubiera algo muy interesante.

—Lo del grupo habría estado bien, lo reconozco. Pero al poco tiempo de entrar en el conservatorio me di cuenta de que esto me gustaba muchísimo más. Y la fama me quedaría grande. No sería capaz de llevarla bien. Eso no significa que no toque. No solo compongo para los demás, también lo hago para mí.

—¿Como la canción de antes? —lo interrogo con curiosidad—. Es tuya, ¿verdad?

—Sí, sí lo es.

—Así... ¿componiendo te ganas bien la vida? —continúo.

—Sí. A ver, quizá es más difícil encontrar oportunidades que en otros trabajos... Pero si eres bueno poco a poco vas abriéndote camino. Eso no quiere decir que me haya resultado fácil. Al principio me costó que confiaran en mí. Quizá fuera por mis tatuajes y por la pinta que tenía. —Sonríe, y se lleva una mano a los labios y se estira el inferior de manera descuidada.

Vuelvo a excitarme con ese gesto. Y con su cercanía. Con su torso totalmente desnudo a mi lado. Su piel me llama de una manera muy distinta a la de todos los otros hombres.

—Y a ti te va genial, ¿a que sí? Toda esa ropita de marca, los bolsos, tu manera de actuar. Tienes un aspecto muy sofisticado. —Me observa con una sonrisa que es triste otra vez, y no entiendo por qué—. Háblame de tu profesión. Debe de ser muy interesante.

—No está mal, pero si estás pensando en los abogados de las pelis americanas, para nada resulta así.

—¿Por qué cambiaste de opinión respecto a lo de estudiar periodismo?

—Pensé que con esta profesión podía ser la Blanca que buscaba.

—Bueno, parece que lo has conseguido, ¿no?

Se me queda mirando con intensidad. Me gusta trabajar como abogada, tomar decisiones con la cabeza fría como siempre había deseado, pero lo cierto es que alguna vez no lo he logrado y eso es algo que me frustra.

—¿Vives sola en Valencia? —Adrián prosigue con su interrogatorio.

—Claro. ¿Con quién si no? Ya no soy una jovenzuela que tenga que compartir piso con otras personas. —Lo miro como si estuviera loco.

—No sé, podrías vivir con…

—No estoy con ningún hombre, si eso es lo que quieres decir. ¿Cómo iba a acostarme contigo si no? ¿Qué concepto tienes de mí, Adrián? —le suelto medio en broma medio en serio.

Deja escapar una risa y niega con la cabeza. Acto seguido se pone muy serio y, durante unos segundos, una sombra se cierne sobre mí, me aturullo y las palabras me salen a borbotones.

—No me digas que tú... ¡Joder! —exclamo incorporándome en la cama—. Me prometí a mí misma que no volvería a acostarme con hombres que...

Adrián no me deja terminar. También se incorpora y se acerca, colocando el rostro delante del mío para mirarme bien, con los ojos muy abiertos.

—¿Estás insinuando que tú te has tirado a tíos que tenían novia o que estaban casados?

Por la forma en que me escruta, deduzco que es algo que no le parece nada bien. Me paso la lengua por el labio inferior. Abro la boca, sin saber qué responder.

—Tranquila, Blanca. No tengo pareja. Yo jamás engañaría a nadie. —Lo ha dicho como si yo fuera una auténtica pecadora.

Me dan ganas de insinuarle que eso no es cierto, que a mí me mintió, aunque no se tratara de lo mismo.

—¿Sigues teniendo las aficiones de antes? —le pregunto conciliadora.

—Si te refieres a ser un adicto a las series y a las películas... sí. —Se ríe y me contagia ese sonido tan brillante. Como docenas de campanillas tintineando. Música para los oídos—. Y aún me encanta la comida china y la japonesa. Estudié unos cuantos años japonés, ¿te lo puedes creer?

—Las otras asignaturas no se te daban bien, pero los idiomas sí.

Me coloco de lado para mirarlo. Aprovecho para observar sus tatuajes. Sin pensarlo, acaricio el pez koi y él reacciona con un brinco.

—¿Y tú aún detestas los tatuajes? ¿O solo te pasa con los míos?

Se me escapa una risa. Si le confesara que no me acuesto con tíos tatuados quedaría como una loca.

—¿Tienes...? —No me da tiempo a terminar la frase.

Adrián se da la vuelta, me toma una mano y la coloca sobre el borde de su pantalón. Uno de mis dedos roza la piel desnuda de la parte baja de su espalda y por poco no se me corta la respiración.

—¿Quieres descubrirlo tú?

Le bajo un poco la tela y el dibujo de una guitarra con alas negras me sorprende. Es precioso. Y muy sexy. La boca se me seca y, casi sin darme cuenta, me humedezco el labio inferior.

—Es muy bonito. —Es lo único que se me ocurre ante esta imagen tan perturbadora.

Adrián boca abajo, con su esplendorosa espalda desnuda y el nacimiento de su trasero, todo para mí, y la manera en que me mira con los ojos entrecerrados y una sonrisa ladeada.

—Te excita.

—¡No seas engreído! —exclamo soltándole el pantalón.

Pasamos el resto de la mañana poniéndonos al día sobre nuestras nuevas vidas. Él me habla de sus estudios en el conservatorio, de lo pijos que eran casi todos los chavales y de los trabajos cutres que tuvo para costeárselo y ayudar a Nati. Yo le cuento acerca de mis años en la universidad, del día en que Begoña se acercó a mí en clase y de cómo nos hicimos inseparables. Omito la época en la que me hundí en un pozo oscuro y que, en parte, se debió a todo lo acontecido en el pueblo. Charlamos sobre series y películas que hemos visto en los últimos años. Él se burla sin maldad de la nueva Blanca un poco estirada y yo contraataco diciéndole que continúa teniendo cara de niño.

Cuando quiero darme cuenta ya casi ha pasado la hora de comer. Reparo en que no tengo hambre. Para mi sorpresa, el tiempo se nos ha ido volando, y me he sentido cómoda. No se lo confieso, pero le agradezco enormemente que al final no haya mencionado nada del pasado. Me pongo su ropa de espaldas a él, notando en mi cuerpo la quemazón de su mirada. Cuando estoy vestida me incorporo y me doy la vuelta con intención de despedirme. Sin embargo, Adrián rodea la cama y camina hacia mí a paso rápido. Para mi sorpresa me envuelve en un abrazo. Hundo el rostro en su pecho desnudo y cierro los ojos, abandonada al aroma de su piel.

—No ha estado tan mal, ¿eh, Blanca? Volver a conocernos ha sido bonito.

Asiento en silencio. No, claro que no ha estado mal. En realidad, ha sido sereno, familiar, hermoso. El Adrián con el que he pasado toda la mañana es el mismo con el que perdí la virginidad, el que me hacía sentir normal, y no aquel que me hizo un gran daño. Y estoy confundida; ya no sé cuál es el verdadero.

Adrián. El único al que nunca he podido borrar, del que jamás olvidé su olor, ni el color de sus ojos ni cada uno de sus gestos.

El chico que me hacía sonreír y me sacaba de mis casillas. Al que le desnudé mi alma. Del que me enamoré.

Adrián. Mi mejor y mi peor error.

18

En la lista de canciones que he escogido en el Spotify suena una de las más famosas de Lana del Rey. Se titula *Blue Jeans* y cuenta la historia de una chica que cae rendida a los encantos de un tipo punk con tatuajes y pinta de chulo. Lana del Rey sabe bien lo seductor que puede ser un tío así y también cuán peligroso. Lana tiene el corazón roto por su culpa.

Y yo estoy aquí, tumbada en la cama y rezongando como una quinceañera. Y es que justamente me siento de esa forma. Me parece que he retrocedido más de diez años, que el pueblo vuelve a ser el de antes y que he recuperado el aspecto cutre de aquella adolescente con pechos diminutos, culo enorme y caderas anchas que no sabía ni podía vestir bien y dedicaba todas sus horas a estudiar con tal de escapar de sí y de su entorno.

La piel me huele a Adrián. Hace dos días de nuestro encuentro y su aroma permanece en mí. No he vuelto a saber de él. Trato de no pensar. De no recordar sus besos, sus caricias, su mirada en mi cuerpo, sus palabras, la familiaridad y la serenidad que experimenté mientras charlábamos desnudos el uno al lado del otro. Intento continuar siendo la Blanca ciega y sorda, la mantis religiosa que se come a los hombres una vez que ha terminado con ellos. Pero, ahora mismo, no sé si esa mujer es buena, si es la correcta o un experimento fallido.

No he contactado con Emma. Quiero solucionar mi dicotomía por mí misma y aprender a ser una auténtica adulta. Puedo serlo en otros aspectos de la vida, pero en lo personal me cuesta tanto que me da rabia.

Dentro de poco regresaré a la ciudad y me instalaré en la rutina que, hace tan solo unos días, adoraba. Lo más probable es que ahora eche de menos las comidas de mi madre, sus continuas preguntas, los ataques burlescos de Javi y las ocurrencias de mi padre. En realidad, me he dado cuenta de que esa nostalgia solo estaba guardada, a buen recaudo, eso sí, y reconozco que, en ocasiones, no es tan malo dejarla salir.

La canción de Lana se acaba justo cuando mi móvil empieza a sonar. Me doy la vuelta de manera perezosa para descubrir quién es. Begoña. No la he llamado desde hace días. Imagino que quiere saber de mí. Al descolgar, me saluda con su seductora voz telefónica:

—Zorrasca... Estás muy perdida.

—Yo también te quiero, Bego.

—¿Qué haces por allí? —me pregunta mientras mastica algo.

—Pues va a sorprenderte viniendo de mí, pero la verdad es que aquí no hago nada. Mi madre cocina, mi hermano da por culo y mi padre me presiona para jugar al parchís —le respondo con los ojos cerrados y una sonrisa.

—¿Y no te aburres? ¿No estás trabajando a escondidas? Pero ¡si tú eres un culo inquieto! —exclama.

—A veces la tranquilidad está bien.

—No me lo puedo creer. Hace nada te quejabas por tener que ir al pueblo y ahora estás de lo más feliz. Eres bipolar. Entiendo que necesites ayuda psicológica.

—¿Y tú qué haces?

Me aparto el móvil de la oreja y echo un vistazo al reloj. Son casi las dos de la tarde.

—Estos días han sido de locos. Estoy a tope con un caso que va a juicio hipotecario y me tiene asqueada. —Da un suspiro y luego añade—: Pero este mediodía me lo he tomado con calma. Hasta hace nada estaba comiendo con una amiga.

—¿Una amiga? —repito, consciente de que conozco a todas sus amistades y siempre que me habla de ellas menciona sus nombres.

—Bueno, una de esas que te deja besarla en los labios. Y no solo en los de la boca.

—Eres una pervertida. —Se me escapa una carcajada.

—Y esta pervertida te ha conseguido una cita para cuando vuelvas a Valencia —dice con tono orgulloso.

—¿Perdona? —Me incorporo sin dar crédito a sus palabras. Bueno, vale. Es lo que muchas otras veces ha hecho. Conoce a algún tío que le parece bueno para mí y quiere encasquetármelo. Y ya sabemos lo que ocurrió con Hugo—. ¿A qué te refieres con que me has conseguido una cita?

—Resulta que esta amiga… —Se detiene un segundo, y puedo imaginarla dibujando unas comillas con sus dedos, hecho que me resulta gracioso—. Tiene un hermano de lo más resultón. Ha estado hablándome de él y, claro, lo halagaba tanto que al final le pedí que me enseñara fotos. Si yo fuera…

—Ya, ya sé. Si tú fueras hetero, te lo ligarías.

—¡Qué bien me conoces! —exclama divertida.

—Te lo agradezco, de verdad, pero no me apetece en absoluto. —Vuelvo a tumbarme en la cama con la mirada fija en el techo.

Bego hace un silencio y puedo oír el ruido de los cacharros en la cocina. En nada mi madre me llamará para que vaya a comer. Quizá debería proponerle cocinar un día yo, para no sentirme tan manca, aunque estoy segurísima de que me diría que mis platos no valen nada.

—¿Blanca?

—Dime.

—¿Cómo que no te apetece? Eso no es normal. A ti te gusta salir, tontear con un tío y luego hacerle de todo.

—Gracias por recordármelo. —Pongo los ojos en blanco—. Pero, en serio, quiero tomarme un tiempo.

—Una no se toma tiempos para eso. Te tomas un tiempo en una relación, pero no para dejar de acostarte con tíos. —Lo ha dicho con un tono serio, como si fuera una verdad universal.

—Bueno es saberlo —le contesto con ironía.

Una vez más, mi amiga guarda silencio. La oigo masticar de nuevo, posiblemente un chicle. Es una manía que tiene: después de comer, siempre se mete uno en la boca. Detesta el mal aliento y le horroriza pensar que el de ella sea horrible.

—A ti te pasa algo.

—¿Y eso lo deduces solo porque te digo que no quiero que me conciertes citas? A mí me parece algo normal. Me las sé buscar yo solita.

—Entiendo.

—¿Ah, sí?

Suelta una breve risa. En la soledad de mi habitación, arqueo una ceja. Antes de que Bego pueda añadir algo trato de intervenir, pero no me da tiempo.

—Has estado pensando en tu ex amigo el roquero.

—El punk roquero, mejor dicho —la corrijo—. Y ya no lo es.

—¿Qué más da? Hoy estás muy tiquismiquis. Pero ¿a que tengo razón?

—No —me apresuro a responder.

—Sí —insiste ella.

—Que te he dicho que no.

—Y yo te contesto, de nuevo, con un sí rotundo —continúa alzando la voz.

Dejo escapar un bufido y me aparto el flequillo, un tic del que me gustaría desprenderme. Hay una parte de mí que no desea desvelar nada, pero la otra se muere de ganas de contárselo todo, todo y todo. Al fin y al cabo, las palabras de Begoña son un bálsamo para mí.

—Vale. Sí he pensado.

—¿Para bien o para mal?

—Si insistes, te lo cuento.

—¿Estoy haciendo eso? —se mofa ella.

Tomo aire, me toqueteo una vez más el pelo y, unos segundos después, se lo suelto sin anestesia, pero con la boca pequeña:

—Hemos estado hablando como viejos amigos.

—¿Qué? Creo que no te he oído bien.

No sé si es verdad o lo que quiere es que se lo repita, para regodearse en que tenía razón cuando me dijo que Adrián y yo debíamos hablar.

—Que mantuvimos una charla sobre cómo nos va todo.

—¿Tú y quién? —Se hace la tonta.

—¡Joder! ¿Quién va a ser? ¡Adrián! —exclamo perdiendo la paciencia.

—Pues no me sorprende, fíjate. Era algo que tenía que pasar tarde o temprano. El sexo está muy bien, pero también hay que conversar —alega con voz de sabihonda.

—Vaya, señorita, no sabía que usted fuera adivina —me burlo con mala cara, aunque no me ve.

—Pero ¡si te lo dije cuando estuve ahí...! —Cada vez sube más la voz. No sé dónde está porque no se oye ningún sonido de fondo—. Dime qué tal fue —me pide con emoción.

—Es demasiado complicado para contarlo por teléfono. Cuando nos veamos, ya te lo explicaré.

—¡Pues entonces mañana te quiero aquí!

Me echo a reír ante su impaciencia. Justo en ese momento mi madre me avisa de que la comida ya está lista. Le pido disculpas a mi amiga, pero ella me retiene.

—Y ahora ¿qué?

—¿Cómo que ahora qué?

—Que qué vas a hacer.

—¿Con qué?

—Con qué no, con quién. Con Adrián, joder. No te comportes como una tonta.

—No voy a hacer nada.

—¿No volveréis a quedar?

—No sé si sería lo más adecuado.

—¿Tan mal fue la charla? —me pregunta.

—Al contrario, Begoña. Fue genial, como si no hubiéramos estado separados todos estos años, como si nada hubiera cambiado, como si él no me hubiera... —Me corto a mí misma. Un ligero malestar me ha invadido el estómago.

—¿Quién decidió empezar la conversación? Imagino que él...

—Todo fue como de casualidad. Yo había salido a correr y Adrián se apuntó sin que lo invitase.

—Claro. Y de correr juntos pasasteis a correros juntos.

Se me escapa una carcajada. Bego se echa a reír también y nos tiramos así un rato, sin poder aguantarnos.

—¡Esa vez no nos acostamos! —protesto.

—¡Eso sí que es una novedad viniendo de ti!

—Deja de hablar de mí como si fuera una guarrilla.

—Me sorprende que estés tan tranquila.

—¿Por qué?

—Porque después de eso, te habrás dado cuenta de muchas cosas...

Qué lista es la tía. Cómo quiere sonsacarme. Pues lo tiene claro.

—Sí. Me he dado cuenta de que me encanta el sexo —me mofo—. ¡Ah, no! ¡Que eso ya lo sabía!

—Y ya está.

—Exacto.

—¡Odio a los mentirosos, y tú ahora mismo estás siendo la mayor farsante del mundo! —chilla como si se hubiera enfadado de verdad.

—Pero ¿qué tonterías dices? ¿Acaso es tan raro charlar con viejos amigos?

—¡Con ese chico sí!

—¿Qué tiene de especial?

—Ese tío fue tu amor de juventud, el que según tú te rompió el corazón. Y ahora te lo tiras, luego habláis como si nada, ¿y todos tan felices? ¡Estas cosas no funcionan así! —Deja escapar un bufido.

—Sí funcionan así si eres una persona madura y adulta que sabe diferenciar entre presente y pasado y entre sexo y... Bueno, lo que sea.

—¿Y él qué opina de todo esto?

—Pues lo mismo que yo, joder.

Me incorporo y me siento en el borde de la cama, dispuesta a colgar en breve para ir a comer. En cualquier momento mi madre me dará otro grito de los suyos.

—¿No hablasteis sobre lo mal que te sentó lo que hizo cuando erais críos? —Begoña no deja de obstinarse y ya está poniéndome de los nervios.

—Pues no. Él tampoco insistió.

—¿No habéis saldado las cuentas pendientes? ¿El sexo y una charla sobre vuestras nuevas vidas lo han solucionado todo? —dice de manera mordaz—. Pues, hija, me alegro. Qué fáciles son las cosas para ti.

—Te cuelgo que mi madre me requiere.

—¡Espera, espera! ¡No puedes dejarme así! —se lamenta.

—Nos vemos pronto. Te quiero —me despido de Bego con voz cantarina.

Tiro el móvil en la cama de cualquier manera, tratando de no pensar en nuestra conversación. Me meto en la cocina para ayudar a mi madre a llevar los platos al comedor. Mi padre se ha dormido en el sofá con el periódico en la cara. No puedo evitar esbozar una sonrisa de cariño. Una vez que he dejado los trastos en la mesa me acerco a él, le retiro el diario y le doy un beso en la frente. Abre los ojos y se me queda mirando con sorpresa. Al darme la vuelta descubro que mi madre está plantada observándonos como si hubiera visto un fantasma.

—¿Pasa algo? —les pregunto confundida.

—No, claro que no. Voy a por el pan —dice mamá, y se escabulle por el pasillo.

—Tu madre no está acostumbrada a que nos des esas muestras de afecto —me explica mi padre a la vez que se levanta del sofá—. Y yo tampoco, para qué mentir.

—Si no lo hago, mal, y si lo hago, también.

—¡Claro que no! A mí me ha encantado. —Esboza una sonrisa.

—¿Dónde está Javi? —pregunto a mi madre cuando regresa.

—Le mandó un mensaje antes a tu padre diciendo que comería con una amiga —contesta mientras me pasa el bol con la ensalada—. Y seguro que se han ido al Burri King ese.

—Burger King, María —la corrige mi padre.

—Pues lo que he dicho.

Papá y yo nos miramos con disimulo y con una enorme sonrisa en el rostro. En la tele hablan sobre la ola de calor que se acerca, y mi padre empieza a explicarnos las precauciones que debemos tomar. Estoy comiéndome la fideuá tan a gusto, con la cabeza totalmente vacía de cualquier tema indeseable, cuando mi madre me interpela.

—A todo esto, me ha dicho Nati que Adri y tú fuisteis a correr juntos.

Me atraganto con un trozo de sepia, toso un par de veces creyendo que voy a morir. Mi padre me da unas palmaditas en la espalda, mi madre me acerca el vaso de agua y, al fin, consigo tragar por el lado correcto.

—Sí —me limito a contestar.

Nati es la mujer más buena del mundo; sin embargo, al igual que mi madre, no puede callarse nada. Entre ellas se lo cuentan todo. Tonta de mí, que no había pensado que esto también. ¡Esto sobre todo!

—¿Quiere decir eso que lo has perdonado? —me pregunta con emoción.

—María, deja a la niña con sus asuntos, que ya es una adulta —la regaña mi padre, y mamá lo traspasa con la mirada y el pobre hombre se pone a mirar la tele.

—No tengo nada que perdonarle. Además, yo iba a correr sola y él se unió como quien no quiere la cosa.

—Me parece maravilloso que estéis retomando vuestra amistad —prosigue mi madre, sin hacerme ni caso.

—Tampoco es eso... Es difícil, mamá —protesto. Solo falta que quiera dárselas de celestina, que no me extrañaría nada.

—Podríamos decir a Adrián que un día viniese a comer aquí —propone con ilusión. Pues no voy tan desencaminada.

—¿Qué hay de postre? —la interrumpo.

—Sandía. Pero, en serio, Blanca, que se venga a comer una de las paellas de tu padre.

—No tenemos diez años para esas tonterías —contesto de mala gana. Una cosa es que me haya acostado con Adrián y que hayamos mantenido una charla como dos personas adultas, y otra es continuar creando unos lazos que podrían provocar que la cosa terminara... rara, o mal.

—¿Qué pasa, que los adultos no comen juntos o qué? Además, también puede venir Nati.

—Mamá... —Vuelvo el rostro hacia ella. Me mira con los ojos muy abiertos, expectante—. Adrián corrió conmigo y ya está. Eso no significa que me apetezca que vengan a comer. Pero, bueno, es tu casa, puedes hacer lo que quieras. Y ya sabemos cómo eres.

Hace un puchero, como si mis palabras le hubieran dolido. Mi padre chasca la lengua.

—Blanqui...

Me levanto de la mesa de golpe, sorprendiéndolos a ambos, que se me quedan mirando muy serios.

—Saldré a caminar para bajar la comida.

Recojo mi plato aún medio lleno y me marcho del comedor. Friego lo que he ensuciado. Voy a mi dormitorio, cojo el móvil y las llaves y, sin despedirme de mis padres, salgo al rellano. Mientras espero el ascensor reparo en que no he cogido bolso, que para mí es casi indispensable, pero como no quiero volver a entrar en el piso, no al menos hasta dentro de una hora como mínimo, me aguanto.

En la calle hace un bochorno que tira para atrás. El mes de agosto está siendo muy caluroso. Me encamino hacia el parque que hay enfrente de la casa de mis padres. A estas horas no se ve ni un alma, de modo que podré pasear tranquila. En cuanto entro, un sinfín de recuerdos acude a mi mente. De niña mi madre me traía a jugar aquí. Cuando era un poco más mayor, le rogué que no lo hiciera. No soportaba que las buitronas se pasaran el rato observándonos y riéndose. Mi madre fingía que no le importaba, pero yo estaba segura de que nadie podía ser tan buena.

No han pasado ni diez minutos desde que he salido cuando mi móvil empieza a sonar. Bufo. Será mi padre pidiéndome que regrese porque mi madre está triste. Sin embargo, al mirar la pantalla descubro el teléfono fijo del despacho. Descuelgo un tanto extrañada.

—¿Sí?

—Buenas tardes, Blanca. ¿Cómo estás? Disculpa que te llame a estas horas, y estando de vacaciones, pero es importante. —La voz de Saúl, nuestro jefe de equipo, me sobresalta.

—No se preocupe. ¿Ocurre algo?

—¿Recuerdas uno de los casos que llevaba Nieves?

Arqueo una ceja, intentando hacer memoria. Nieves es una conocida suya, también abogada. En alguna ocasión unos cuantos compañeros, él y yo hemos ido de copas con ella. La última vez que la vi, hace bastante tiempo, nos habló de un caso complicado.

—¿La demanda de modificación de medidas familiares?

—Exacto.

—Sí, lo recuerdo. Lleva ya más de un año con ella, ¿no?

—Así es.

Me acerco a uno de los bancos del parque y tomo asiento para mantener una conversación más tranquila.

—Dígame, ¿qué pasa?

—La clienta ha solicitado un cambio de abogado —me informa.

—¿Y eso por qué? —pregunto sorprendida.

—Al parecer no está satisfecha.

Por una parte me sabe mal, ya que la pérdida de un cliente siempre es uno de los «malos momentos» de nuestra profesión. Por otra, me alivia saber que ningún compañero cercano se encuentra en esta situación.

—La clienta no se lo ha comunicado a Nieves, sino que directamente ha contactado con nuestro despacho.

—¿Tan mala era la relación?

—Me ha comentado algo acerca de su decisión. Ha perdido la confianza en ella y no está nada contenta con sus actuaciones. No se siente debidamente atendida, pero creo que también ha influido un poco, o bastante, la opinión de la familia de la clienta.

—¿Y por qué me llama a mí? —Voy directa al grano, aunque me huelo lo que va a responderme.

—Pues, mira, la cuestión es que la vista se celebrará en octubre y, ya ves, no queda nada. Sé bien que estás de vacaciones... Es más, de momento solo tendrías que venir un día o dos para hablar con la clienta y ponerte al día.

—¿Está diciendo que quiere que sea yo quien lleve el caso?

—Sí.

—¿Y Sandra?

—Ella ya ha llevado muchos casos así. Para ti, es una buena oportunidad.

Suelto un bufido. Ahora no recuerdo muy bien lo que Nieves nos contó, pero lo que sí sé es que era muy complicado y que estaba teniendo algún que otro problemilla con su clienta. Solo me faltaba eso, la verdad. Tengo muchísimos expedientes por revisar y hace unos meses estuve agobiadísima por un caso que me traía de cabeza. Cuando empecé la pasantía jamás pensé que establecería vínculos de ningún tipo con los clientes. Me decía a mí misma que podría ser una Blanca lo suficientemente dura como para mantener la cabeza fría. Y lo logré durante largo tiempo, pero porque no tuve casos demasiado difíciles. Sin embargo, alguna vez debía tocar. Y cuando tú luchas para que todo llegue a buen puerto, pero ves que los juzgados van lentos y que hay muchos sentimientos en juego, entonces se hace duro. No tengo por qué aceptar este caso, aunque reconozco que podría ser una buena oportunidad para el despacho y para mí.

—Entonces ¿la clienta no se encargará de comunicárselo a la abogada?

—No, Blanca. Vas a tener que pedirle la venia.

—Eso no me gusta —me quejo.

—No te preocupes. Nieves es una persona comprensiva. No he hablado aún con ella, pero estoy seguro de que ya habrá intentado convencer a la clienta de continuar con la relación y, si no lo ha conseguido, no puede hacer nada más.

—¿Cuándo quiere que lo haga?

—Cuanto antes. Hay mucho con lo que ponerse al día. Llámala por teléfono y mándale un fax después. Acuérdate también de avisar al procurador.

Me llevo una mano a la frente y me la masajeo. Con lo a gusto que estaba en el pueblo... Las vacaciones se me acaban antes de lo previsto.

—No habrá problemas, te lo prometo —continúa Saúl al otro lado de la línea—. En cuanto te haya concedido la venia, se lo notificaremos al juzgado. ¿Te parece bien que el lunes nos veamos en el despacho? Tienes que ocuparte de esto lo antes posible. Dale prioridad.

—Claro —murmuro.

—Ahora te enviaré en un correo electrónico el contacto de Nieves, ¿de acuerdo?

Asiento con la cabeza, como si pudiera verme. Me apresuro a responder con un sí.

—Quieres el caso, ¿no, Blanca?

—Por supuesto.

—Bien. Lo sabía. Confío mucho en ti. Pues entonces nos vemos el lunes. Avísame si surge cualquier contratiempo.

Nos despedimos con un rápido adiós.

19

La llamada a Nieves no resulta nada cómoda, aunque he de reconocer que la abogada trata de mostrarse de lo más comprensiva y, ante mis muestras de intranquilidad —no debería darlas, ya que procuro ser siempre muy profesional—, me asegura que esto no la coge por sorpresa. En todo el tiempo en el que ha trabajado con la clienta, no se han entendido. O, más bien, ella está segura de que quienes no están satisfechos son los padres de ella, que son los que pagan. No me dice nada más, pues tampoco sería ético, pero sí me pide que tenga paciencia con este caso. Además, el abogado del marido trabaja en uno de esos bufetes enormes y poderosos donde todos son unos tiburones de tomo y lomo.

La informo de que mañana le enviaré un fax solicitándole la venia y Nieves me promete que me pasará toda la documentación existente lo antes posible. Prefiere hacerlo en persona, por lo que quedamos también para el lunes, que es cuando iré a la ciudad.

En cuanto colgamos se me escapa un suspiro y me quedo sentada en la cama con cientos de martillos en la cabeza. Bueno, esto era lo que yo quería, para lo que luché tanto: casos complicados con los que mejorar en mi profesión. Sé que, una vez terminado, si todo sale bien, mi jefe estará muy contento conmigo. Siempre he sido ambiciosa y, además, es lo mejor para alcanzar el nivel de vida al que aspiro. Puede sonar superficial, pero ya pasé bastantes penurias de pequeña y durante mi época de estudios. Ahora mismo no sabría vivir sin mi ropa y mi calzado de marca y sin mis caprichos.

Al cabo de un rato de estar sentada en la cama meditando, mi madre llama a la puerta. No espera a que le dé permiso para entrar, sino que abre con ímpetu y me dedica una mirada cargada de preocupación.

—Has entrado en tu cuarto como si te persiguiera el diablo. ¿Tan enfadada estás? Siento si he dicho algo que no debía.

Una de las mejores virtudes de mi madre es la capacidad que tiene para pedir perdón, y encima siempre lo hace de manera sincera. Con lo complicado que me resulta a mí. Si es que ya lo decía Alaska: «Qué difícil es pedir perdón. Ni tú ni nadie, nadie, puede cambiarme».

—No es eso, mamá. —Le regalo una sonrisa para que se desprenda de esa cara de susto—. Me han llamado del despacho. He de hacerme cargo de un asunto. —Me doy unas palmadas en los muslos—. Así que tendré que regresar a Valencia antes de lo previsto.

—¿Por qué? ¡Si estás de vacaciones! —se queja acercándose a la cama y tomando asiento.

—Esto es así. Cuando se trata de un caso importante, ni vacaciones ni leches.

Arquea una ceja y arruga la nariz, molesta por mi palabrota.

—Pues fíjate tú que uno de los sobrinos de Carmen... ¿Te acuerdas de Carmen, la que tiene la tienda de ropa en la plaza? —Se me queda mirando y niego con la cabeza—. Bueno, da igual. Que ese chico también trabaja de abogado, y se coge sus vacaciones como todo el mundo y vive la mar de bien.

—¿Y cuántos años tiene? —le pregunto con picardía.

—Creo que tendrá cuarenta... o quizá más.

—Con eso me lo dices todo. Ese señor a lo mejor hasta posee su propio despacho o está asociado a otro.

—¿Y qué? —continúa ella, sin entender.

—Pues que yo aún soy joven y debo escalar mucho. Y, para eso, debo trabajar todo lo que pueda, mamá —le explico con toda mi paciencia. Así voy practicando para el caso.

Niega con la cabeza, como si no estuviera convencida.

—Además, vacaciones continúo teniendo. Me pondré al día desde mi casa. Lo que ocurre es que deberé ir al despacho algunos días.

—Eso no es tener vacaciones —dice disgustada—. Trabajas demasiado, Blanca, y eres muy joven para eso. Mira tu padre, lo mucho que trabajaba también, los disgustos que se llevaba y después...

Chasco la lengua. No me gusta que me hable de esa época. Yo era muy pequeña entonces, pero a partir de ahí llegaron todos los problemas. No es que mi padre tuviera la culpa, claro, pero todos pensamos, él también, que su enfermedad nerviosa le sobrevino a causa del estrés. Estuvo mucho tiempo sin poder trabajar, al menos durante todos mis años de niña, hasta que cuando alcancé la adolescencia mejoró y decidió limitarse a dar clases de matemáticas. Mi madre trabajaba muchas horas en lo que le saliera: limpiando casas, cuidando niños o ancianos...

—En esta familia todos sois fuertes. Habéis salido adelante siempre, ¿no? —le recuerdo con una sonrisa—. Pues yo igual. Y no olvidemos que hay gente que está peor.

—Sí, eso sí, Blanca. Ni más ni menos la tía Nati, que la pobre tuvo que tirar adelante sola con una criatura.

¡Eh, eh! Eso sí que no. Le tengo que callar la boca para que no empecemos a hablar del mismo de siempre.

—Quiero que hagas una coca antes de irme —le suelto; es lo único que se me ocurre, pero seguro que enseguida se centra en eso.

—¡Pues claro que sí, cariño! —Da una palmada de la alegría—. ¿Sabes? Estaba acostumbrándome a tenerte aquí otra vez.

—Te prometo que vendré más a menudo. —La miro a los ojos para que se dé cuenta de que voy en serio.

—¿De verdad? —pregunta como si no lo creyera, escrutándome.

Me inclino hacia delante, dispuesta a darle un abrazo. Se muestra sorprendida, pero de inmediato me recibe con todo su amor. Me pongo un poco tensa entre sus brazos y pienso que Sheldon Cooper, el maniático de la serie *The Big Bang Theory*, a mi lado es una persona completamente normal.

—¿Cuándo te vas? —me pregunta en cuanto nos separamos.

—Este fin de semana todavía dormiré aquí —le contesto con una sonrisa.

—Entonces salgamos toda la familia a cenar —dice ilusionada.

—Invito yo —me ofrezco.

—¡No, Blanca!

—Sabes que puedo permitírmelo.

Discutimos un rato acerca de quién pagará la cuenta, y esta vez gano yo. Mi madre propone ir al bar de siempre, pero le digo que me encantaría llevarlos a un lugar más moderno y bonito. Acepta encantada y se marcha a su dormitorio murmurando que necesitará muchos días para encontrar una ropa adecuada.

Al día siguiente, bien temprano, me pongo a redactar la

venia. En realidad, esta parte es la menos complicada. El escrito es muy sencillo. Se la hago llegar a la abogada una vez terminada y recibo la respuesta unas horas después. También aviso al procurador y comunico a Saúl, mediante un correo electrónico, que todo ha ido bien.

En ese momento me doy cuenta de que he recibido uno de Begoña. No especifica «asunto». A saber lo que querrá, porque además me lo envía desde su correo personal, uno que se hizo hace un montón de años y que solo usa para enseñarme chorradas.

De: begoñasiempreestadecoña@terra.com
Para: blancaeternalflame@hotmail.com
Asunto:

¡Hola, mi cariñín!
Anoche estaba aburrida y estresada en casa después de trabajar en un caso que es un auténtico coñazo... Mis clientes son un matrimonio. Ella es encantadora... Creo que es homo y aún no lo sabe. En fin, que me puse a escuchar música, y en esas que YouTube me iba aconsejando temas, como suele hacer, y me mostró lo nuevo de 30 Seconds to Mars.
Caí en la cuenta de que...
¡ME RECUERDA UN POCO A ADRIÁN!
Mira, mira, te paso unas fotos.
Besotes.

Suelto un bufido. ¿Por qué habrá tenido que escribir esa estupidez... y encima en mayúsculas? Como siempre, caigo cual tonta y descargo las fotos. En ellas sale Jared Leto, el cantante de 30 Seconds to Mars, en todo su esplendor, con tan solo sus tatuajes como ropa y una toalla.

De inmediato me pongo a teclear como una loca.

De: blancaeternalflame@hotmail.com
Para: begoñasiempreestadecoña@terra.com
Asunto: ¿Te estás pasando al lado oscuro?

Pero, a ver, bonita, ¿eres realmente lesbiana o llevas tropecientos años engañándome?
De todos modos, creo que esto lo has hecho más bien para tocarme la moral, por no decir otras cosas, sobre quien ya sabemos. Que sepas que me gusta cómo canta Jared Leto, pero no como tío. No es que no esté bien… aunque no es mi tipo. Sabes que odio los tatuajes.

No han transcurrido ni diez minutos cuando recibo su respuesta. ¿Qué pasa? ¿Acaso tiene este correo abierto en el trabajo o qué?

De: begoñasiempreestadecoña@terra.com
Para: blancaeternalflame@hotmail.com
Asunto: La que está en el lado oscuro eres tú

Hasta yo puedo ver el atractivo de este tío. No sé qué es, pero algo está ocurriéndote. Y sí, tiene un nombre que ya sabemos. Estoy esperando a que me digas que has vuelto a acostarte con él. Si la respuesta es afirmativa, me tomaré unas cañas a tu salud. Ya que Jared Leto no te satisface, te envío otro tío que seguro que sí. No me digas que este no se parece a… Llamémosle El Innombrable. ¡Si hasta se ríe con los dientes apoyados en los labios! Me fijé en que tu amiguito lo hacía…
No me has enviado ningún beso; aun así, vuelvo a mandarte uno bien grande.
Bego.

Frunzo el ceño, sin saber a lo que atenerme. Una vez más caigo en su juego y descargo las imágenes. No sé quién es el tío de la foto, pero la verdad es que guarda cierto parecido con Adrián.

Me levanto de la cama y me acerco al armario, adonde lancé de cualquier manera la ropa que me prestó. Sin ser demasiado consciente de lo que estoy haciendo la cojo y la miro. Me la llevo a la nariz. Huele a él. También a mí. Como si quemara, la dejo donde estaba y cierro la puerta de golpe.

En ese instante mi móvil pita y veo un whatsapp de Begoña.

> Sé que has leído el correo… He dado en el clavo, a que sí?
> Para tu información, ese chico se llama Shia LaBeouf. Es uno de los actores más famosos del momento. También ha participado en el videoclip de una cantante llamada Sia. Búscalo…
> Te gustará

Me niego a contestarle. Es una amiga excelente, pero a veces le gusta chincharme. Me doy la vuelta hacia el ordenador, recordando lo que me ha dicho. Un videoclip…

Por suerte, mi madre me salva chillándome desde el pasillo que ha encontrado la ropa perfecta.

El viernes por la noche, justo cinco minutos antes de salir de casa, mamá se pone a berrear a Javi porque, según ella, se ha vestido para ir a cenar con una camiseta horrible y unos vaqueros rotos.

—¡Cámbiate ahora mismo! —le grita.

Mi padre los observa comiéndose unos cacahuetes, para hacer tiempo. He reservado a las diez y está acostumbrado a cenar más temprano.

—¿Y por qué tengo que cambiarme yo? ¡Blanqui va como le da la gana! —Me señala con la mano abierta.

Me indigno. Echo un vistazo a mi vestido de Dolce & Gabanna y mis maravillosos zapatos, de lo más glamurosos y bonitos. ¿Qué sabrá de moda el niñato este?

—A esto se le llama elegancia, hermanito. Imagino que esa palabra no te la enseñaron en la escuela.

Javi se dispone a replicarme, pero mi madre suelta otro berrido, ahora a los dos, que nos deja patidifusos. Como buena poseedora de los genes de Hulk, logra que mi hermano se ponga unos pantalones negros sin rotos y una camisa que le compró para una boda.

En el ascensor nos encontramos a una vecina que no reconozco y que nos mira de arriba abajo.

—María, qué guapa te veo esta noche —le dice a mi madre.

—Mi hija, que nos va a invitar a cenar —contesta ella con un orgullo que no le cabe en el pecho.

Un día le contará a todo el mundo lo que hacemos mientras estamos en el baño o cualquier cosa peor. Ya ves tú, ¿qué le importará a esa mujer si vamos a un restaurante o dejamos de ir?

Entramos en mi coche entre risas y preguntas de Javi, quien quiere saber adónde vamos. He reservado mesa en uno de los mejores restaurantes del pueblo. Se encuentra situado justo un poco antes de subir a la montaña, con unas vistas preciosas, y es lo bastante bonito para que mi familia recuerde esta noche durante toda la vida.

Mi padre suelta un silbido al llegar y a mi hermano casi se le salen los ojos de las cuencas. Lo más lujoso que ha pisado Javi es un Foster's Hollywood.

—Qué vergüenza, Blanca. Nosotros nunca hemos estado aquí —empieza mi madre con su discurso de siempre cuando algo va a resultar muy caro. La cosa es que hoy pago yo y debería importarle un comino.

—Pues para todo hay una primera vez —le respondo con una sonrisa.

Detesto que se rebaje por su condición económica. Mis

padres tienen los mismos modales, si no mejores, que cualquier persona con pasta. Y en estos años he conocido a muchas con millones y millones de euros, y algunas de ellas eran realmente groseras.

Ya sentados a la mesa Javi no para de preguntarme qué significa cada uno de los platos de la carta y, al final, mi padre le advierte que o se calla o regresa a casa andando. Pobres, los noto nerviosos.

—Vamos a pedir una botella del mejor vino que tengan —les informo. No suelen beber, así que mi madre pone cara de susto y la esconde tras la carta para mirar los precios. Se la arranco de un tirón y la observo muy seria—. Basta, mamá. Pago yo. No hay más que hablar. Quiero que hoy os relajéis y os lo paséis bien. ¿Me lo prometes?

Asiente con la cabeza, como si fuera la niña y yo, la adulta. Justo en ese momento uno de los camareros se acerca a nuestra mesa y nos pregunta qué queremos beber. Soy yo quien decide también la cena, asegurándome de que todos los platos son del agrado de mis padres, que a veces con las «modernidades», como dice mi madre, pueden ser muy tiquismiquis. Sin embargo, cuando empiezan a traerlos y los prueban, compruebo que les gustan, y mucho. No puedo evitar esbozar una sonrisa.

—Y ese nuevo caso que te han dado ¿es muy difícil? —me pregunta mi padre al cabo de un rato.

—Espero que no, pero el abogado contrario es de un bufete muy exitoso. Todavía no tengo muchos datos, por eso he de irme a Valencia la semana que viene. Falta poco para que se celebre el juicio, así que... a trabajar. —Me encojo de hombros.

—Blanqui... —Mi hermano termina de tragar lo que tiene en la boca y me mira muy serio, con la copa de vino en la mano haciéndose el intelectual—. Si alguna vez tuvieras que defender a un asesino, ¿qué harías?

—¡No preguntes esas cosas a tu hermana! —lo regaña mi madre.

—Pero si es algo normal. Puede pasarle —se queja él.

Antes de que le conteste, mi padre propone un brindis. Mi madre suelta una risa al recibir su tercera copa de vino blanco. A la buena mujer se le sube muy pronto y tiene la cara como un tomate, pero se la ve radiante y eso me pone contenta.

—Brindemos por estos días que Blanca ha pasado con nosotros. Han estado bien, ¿no?

Todos asienten y yo, después de muchos años, me noto un poco más ligada a este pueblo y a ellos. Hay que ver, el muro que había levantado empieza a caer. Aunque he de reconocer que ellos, en el fondo, no tuvieron la culpa de nada por mucho que yo haya intentado buscar otros culpables.

Y entonces lo veo. No me había fijado antes. Quizá haya entrado hace poco porque en su mesa aún no hay comida, pero ahí está él, y no solo, ni con un hombre, sino con una mujer. Bonita, con una tez de caramelo de esas descaradas, tatuajes en el brazo y ropa sexy. No me gusta prejuzgar, pero ¿qué hace Adrián con una chica así? ¿Y por qué aquí? Malditas casualidades. ¿Por qué tengo que encontrármelo en todas partes? Este pueblo tiene más restaurantes, ¿no?

Me apresuro a ocultarme tras la carta de postres para que no me vea. Pero, claro, mi familia está al descubierto y, además, Javi, en su mejor actitud de hermano tocapelotas, alza la mano para llamar su atención. Mi madre le da un golpecito en el antebrazo para que la baje. Ya da igual. Adrián nos ha visto. Dice algo a la chica y, a continuación, se levanta y camina hacia nosotros.

—¡Adrián! —exclama mi madre en cuanto lo tiene al lado. Se incorpora y le da dos besos.

—María... Qué guapísima estás esta noche. Si no fuera

porque te conozco, pensaría que eres la hermana de Blanca y no su madre.

Pongo los ojos en blanco. ¿Qué gilipollez es esa? Mi padre se echa hacia delante y le da la mano con una sonrisa. Javi se la choca y después mueve las cejas hacia arriba y hacia abajo. Sé que se está comunicando por señas y que en su lenguaje de *Homo erectus* le da a entender que la tía está buena.

—Blanca nos ha traído a cenar —le informa mi madre.

—Vaya, qué bien. —Adrián sonríe y sus paletas le rozan el labio inferior.

Algo en el estómago me vibra. He cenado demasiado. Sí, debe de ser eso.

—Qué casualidad que nos hayamos encontrado aquí. Y qué pena que hayas venido acompañado, porque si no te habríamos invitado a unirte a nosotros.

—Mamá, lo raro sería que hubiese venido solo. —Javi la mira como si estuviera mal de la cabeza.

Entonces Adrián fija su atención en mí. Para disimular ante mi familia, me incorporo con toda la rapidez del mundo sin reparar en que, justo en ese momento, él se ha inclinado para darme dos besos. Y claro, nuestras frentes se dan semejante hostión que hasta me rechinan los dientes. Ante la ridícula situación, Javi y mi madre se echan a reír. Hasta mi padre esboza una sonrisa.

Adrián y yo nos miramos medio asustados, medio nerviosos. Y al final ni siquiera nos damos dos besos. Me apresuro a sentarme otra vez y a mirar al frente. Sin embargo, la mirada se me va a él. A su cuerpo enfundado en una bonita camisa Lacoste y unos vaqueros de lo más elegantes. El tatuaje de su brazo llena mis retinas y tengo que pasarme la lengua por los labios porque se me han secado.

—Bueno, después de este inusual encuentro creo que me retiro. Mi acompañante me está esperando —se disculpa Adrián.

—¿Es una amiga tuya? —le pregunta mi madre con todo el descaro.

—Una de esas con derecho a roce, ¿no? —se burla mi hermano.

Adrián tan solo sonríe, con sus dientes en el labio inferior, provocándome una sensación extraña en el pecho.

—Mi hija y tú tenéis que sentar la cabeza. —Mi madre pone mala cara.

—¡Deja al muchacho en paz, María, que está en edad de hacer lo que le dé la gana!

—¿Qué pasa? ¿Que tú también lo hacías? —Se vuelve hacia mi padre.

—Yo solo tenía ojos para ti.

Mamá suelta una carcajada y le acaricia la barbilla. Mi hermano se lleva un dedo a la boca como si quisiera vomitar. Y mientras tanto, Adrián ha clavado su mirada en la mía, como si esperara algo, y un terrible calor se apodera de mi cuerpo.

—Pasadlo bien —se despide con una inclinación de la cabeza y se aleja hacia su mesa.

Mi madre empieza a soltar uno de sus monólogos sobre el matrimonio y la maternidad. En un momento dado sé que está dirigiéndose a mí, pero ni caso. No me entero. Me pitan los oídos y solo puedo mirar en dirección a la mesa en la que Adrián comparte una ensalada con la chica. Ella se la da a probar de su tenedor. Y luego estira la mano por encima de la mesa y la posa sobre la de Adrián. Y él no la aparta. En mi cabeza únicamente oigo sus palabras: las que me dedicó en la adolescencia y las de todos estos días. El palpitar encabritado de mi corazón me asusta.

Quince minutos después pago la cuenta y nos levantamos dispuestos a marcharnos. Me propongo no mirarlos más, porque al fin y al cabo nada debe importarme que Adrián cene con una mujer en un restaurante elegante. No somos nada. Solo hemos tenido sexo, hemos charlado un poco sobre nosotros y... «Y se te ha pegado a la piel más y más en cada uno de esos encuentros, como antes», susurra la voz artera de mi cabeza.

A pesar de mis intentos por no hacer caso, no lo logro. Mientras caminamos hacia la salida, vuelvo la cara con disimulo. Para mi sorpresa, él también está observándome. Hay algo en sus ojos, algo que... No logro adivinar de qué se trata. Y una parte de mí quiere desandar mis pasos, ir hasta la mesa y pedirle que deje plantada a esa chica y se venga a dar una vuelta conmigo. Me digo que eso sería muy egoísta por mi parte y que no soy nadie para inmiscuirme.

En ese momento ella reclama su atención inclinándose todo lo posible hacia delante, con los pechotes bien apretujados, y le acaricia la barbilla. Y él interrumpe el contacto visual conmigo. Un molesto frío desciende desde mi garganta hasta mi pecho.

Entonces recuerdo. Y me contesto la pregunta que me he hecho antes.

Esas son las chicas que siempre le han gustado a Adrián. Esta situación parece un maldito *déjà vu*.

20

11 años antes

Cuando él le abrió la puerta, el estómago se le encogió. Su amigo Adrián llevaba una camiseta blanca ceñida al cuerpo y unos vaqueros negros. No había reparado hasta ese momento en que en sus brazos despuntaban unos incipientes músculos. Se sorprendió al fijarse en algo así. Siempre había sido inmune a los chicos. Mientras todas sus compañeras cuchicheaban entre clase y clase de fulano o mengano y fantaseaban con el culo de Brad Pitt, Blanca hundía las narices en los libros para repasar apuntes o, simplemente, para desaparecer.

Adrián la miró muy serio al tiempo que apoyaba el puño en el marco de la puerta y arqueaba una ceja, como instándola a explicarle qué hacía allí si el último día que se habían visto habían terminado discutiendo. Pero es que ella echaba de menos sus charlas, sus sesiones de series, incluso sus pullitas, su cercanía, su olor, sus labios…

—Hola —lo saludó con voz débil.

—Hola, Blanca —pronunció su nombre con rabia.

—¿Está tu madre? —le preguntó mientras se frotaba las manos, nerviosa.

—Sabes muy bien que no. A estas horas está trabajando.

Blanca se pasó la lengua por los labios resecos y asintió con la cabeza. Se quedó callada mirando a todos lados, sin saber qué decir, hasta que reunió valor y clavó su mirada en la de Adrián.

—¿Puedo pasar?

—¿Para qué? —quiso saber él, con ese gesto serio que empezaba a inquietarla.

—Me gustaría hablar contigo.

—¿Hablar? —Esbozó una sonrisa, pero no una amable, ni siquiera esa fanfarrona que la sacaba de sus casillas, sino una que incrementó su inquietud.

—Por favor. Es importante —insistió, preocupada por el comportamiento distante de su amigo.

Adrián soltó un suspiro y, unos segundos después, se apartó de la puerta y se inclinó hacia delante, como en una reverencia.

—Pase, alteza.

Le molestó que se dirigiera a ella de esa forma, pero trató de restarle importancia; no deseaba enfadarse. No había ido para discutir. Tan solo quería marcharse del pueblo con la conciencia tranquila. También había una razón oculta que había intentado alejar de sí sin éxito. Y no era otra que descubrir qué era lo que de verdad sentía por Adrián. Había intentado engañarse, convencerse de que aquello no podía ser, pero la discusión la había acercado un paso más a la realidad.

Su amigo se encaminó por el pasillo tras ella, pero cuando se disponía a ir al dormitorio, la sujetó del codo y la detuvo. Blanca lo miró sin comprender.

—Dime qué quieres. —Se cruzó de brazos, ausente.

Blanca había pensado que la llevaría a su dormitorio, como había hecho en las últimas ocasiones en que se habían visto. Su relación, de ese modo, había alcanzado un grado de familiaridad e intimidad que no deseaba romper. Hablar en el salón le resultaba extraño y frío, como si hubiesen descendido miles de peldaños hasta esos días en los que Adrián no la invitaba a su casa.

—Sé que no fui la persona más agradable del mundo.

—Vaya, ¿eres capaz de reconocerlo? —soltó él con un tono de voz tan rabioso que la sorprendió.

Blanca tragó saliva y se dijo que no iba a caer en su provocación. Adrián estaba molesto con razón, de manera que lo mejor que podía hacer era calmarlo, hacerle entender que se había equivocado en su forma de actuar.

—Me enfadé un poco porque esa chica te llamaba —confesó, muerta de la vergüenza.

Alzó la mirada y observó la reacción de su amigo, pero él continuaba con los brazos cruzados y el rostro imperturbable.

—De eso ya me di cuenta —contestó Adrián—. ¿Y puede saberse por qué?

Blanca esperaba la pregunta, y seguramente él quería una respuesta que podía cambiarlo todo. O nada. Y ella no sabía cuál era la mejor de las dos opciones. En la soledad de su casa había meditado sobre ello y se había prometido ser valiente y sincera, pero ahora que se encontraba cara a cara con Adrián las palabras volvían a trabársele.

—Porque tú y yo siempre hemos sido muy amigos y me molestaba pensar que dejaríamos de serlo —dijo.

Estaba mintiendo. Mucho. La realidad era una bien distinta: se había puesto celosa. Lo había entendido cuando, al llegar a su casa y contemplar el CD de los Ramones que Adrián le había regalado, una gran impotencia se había adueñado de ella.

—¿Y ya está? —Por fin clavó su mirada en la de Blanca. Insistente, fuerte, profunda. Esperando mucho más. Algo más que ella, en ese momento, no se consideraba capaz de darle.

«Vamos, Blanca. Dile que sentiste celos al pensar que podía estar con otra chica, que no habías sido consciente de ello hasta que lo llamó, y que no entiendes muy bien todo esto, que no sabes nada de amor hacia un chico y que quizá no estés enamorada aún, pero que necesitas descubrirlo.» Le preocupaba que él la rechazara y que, entonces, su amistad se terminara. Adrián había sido su único amigo. Quizá no el mejor, ni el más cuidadoso o el más cariñoso, pero él había sido el primero que se había acercado a ella, que le había dirigido la palabra para algo más que para burlarse. Y le daba miedo. La aterrorizaba pensar que su confesión lo echara atrás y que todo cambiara. Ella se marchaba a la ciudad, empezaría una nueva vida, pero de todas formas no deseaba perder a Adrián. De ese pueblo, junto con su familia, se había dado cuenta de que era la única cosa que no quería olvidar.

Por otra parte, el no ya lo tenía. Eso era algo que su padre le decía continuamente, para todo. Y ella era valiente. O eso creía, porque comenzaba a pensar que quizá no lo era tanto como creía.

En ese instante los berridos de un cantante la sacaron de su burbuja. Se trataba del móvil de Adrián. Siempre había sido un chico de lo más solicitado, pero hasta entonces Blanca no se había cerciorado de que le fastidiaba.

—Un momento —se disculpó él, y fue al dormitorio.

Blanca se quedó muy tiesa, esperando en el salón. No obstante, lo que le apetecía era ir junto a Adrián, ver por última vez su habitación, contemplar los pósteres de los grupos que le gustaban, rozar los lomos de todos esos libros que tenía y, en especial, sentarse en su cama. Deseaba echar un último vistazo para poder recordarla a la perfección por si ya no regresaba más.

De modo que se armó de valor y se dirigió al pasillo. La puerta del dormitorio se encontraba abierta, por lo que pudo oír a su amigo hablar con alguien, con un tono de voz mucho más amistoso que el que había empleado con ella unos minutos antes. Notó un pinchazo en el pecho y se detuvo a medio camino. ¿Sería una chica? Tomó aire y reemprendió la marcha hasta asomarse a la habitación. Adrián permanecía de espaldas a ella, charlando muy animado. Se dijo que no iba a preocuparse. Y lo habría conseguido si él no hubiera pronunciado ese nombre que le había procurado tantos dolores de cabeza. No podía ser. Seguramente no lo había escuchado bien o se trataba de un malentendido. Adrián jamás había tenido una relación estrecha con esa chica...

Entró de puntillas, sin hacer ruido. Se sentía como una vulgar intrusa, una forastera en un lugar al que no pertenecía. La guitarra de Adrián descansaba justo a la derecha, sobre su mesa de estudio. Y en ella divisó unas partituras. Estiró el cuello con curiosidad y, al leer el título de la canción, un temblor le sacudió todo el cuerpo. *Eternal Flame*. ¿Adrián estaba aprendiendo a tocarla? Reparó también en una foto medio oculta bajo unos papeles. Los apartó para verla mejor: aparecía Nati, mucho más joven, un bebé que sería Adrián y un hombre con cara de enfadado que debía de ser su padre. Sintió tristeza por su amigo, por haberse quedado huérfano cuando era tan pequeño. Él jamás le hablaba de su padre, tan solo años atrás le había mencionado el hecho de que estaba muerto. Y ella, conocedora del dolor que podían provocar algunas cosas, se había esforzado por no preguntarle nada.

Apartó la vista de la fotografía y descubrió a su amigo mirándola con un gesto extraño. No se había dado cuenta de que había terminado de hablar por teléfono. Blanca abrió la boca, dispuesta a decirle todo lo que había planeado. La partitura de la canción le había insuflado ánimos. Sin embargo, Adrián no se lo permitió. Se acercó a ella en dos zancadas y, furioso, agarró el papel y lo arrugó hasta hacer una bola con él y luego le arrebató la foto y la guardó en uno de los cajones del escritorio. Blanca lo observó todo sin entender lo que pasaba, confusa.

—¿Por qué has entrado en mi habitación sin que te invitara? —le espetó alzando la voz.

—Yo... solo quería...

—¡¿Qué cojones es lo que querías, Blanca?! Porque de verdad, no lo sé. No sé qué es lo que se te pasa por la cabeza para comportarte como una cría.

Sus duras palabras la fastidiaron. Apretó los puños, temblorosa, y agachó la cabeza.

—¿Estabas hablando con ella? —Lo había dicho en voz muy bajita con la vista fija en el suelo.

—¿Qué?

—¡¿Te ha llamado la persona que me ha hecho la vida imposible durante tanto tiempo?!

Alzó el rostro y lo miró, consciente de que las lágrimas pugnaban en sus ojos por derramarse en un llanto desconsolado. Uno que no deseaba mostrarle.

—¿Qué gilipolleces estás diciendo ahora?

Y al no obtener respuesta, supo que se trataba de un sí. Se levantó las gafas y se llevó la mano a los ojos para frotárselos en un intento por controlar las lágrimas. Lo consiguió. Adrián la estudiaba con el ceño fruncido y los labios apretados. Sin añadir nada más, dio media vuelta, dispuesta a marcharse de ese dormitorio al que quizá no regresaría jamás. Pero entonces, al ver la guitarra con el rabillo del ojo, una fuerza superior a ella la descontroló. Y decidió hacer algo que jamás habría imaginado.

Se desabrochó el viejo vaquero, aún de espaldas a su amigo, y se lo bajó. Se deshizo de las sandalias y levantó un pie y otro para sacarse el pantalón. Entonces se volvió hacia Adrián y lo contempló vestida tan solo con sus feas bragas y con la camiseta. Él arqueó una ceja, soltó una risa amarga y negó con la cabeza.

—¿Puede saberse qué haces? ¿Estás pirada o qué? —la increpó.

Blanca no respondió, sino que llevó las manos a los bordes de la camiseta y se la subió hasta quitársela. Sus pequeños pechos quedaron al descubierto y, de inmediato, los pezones despertaron. Adrián la observaba boquiabierto. Ella continuó quieta, con los brazos pegados a ambos lados del cuerpo, mostrándose entera a él como no lo había hecho nunca. Estaba muerta de vergüenza y, a pesar de todo, por primera vez se sentía fuerte y bonita. Deseaba que Adrián se diera cuenta de que estaba abriéndose, desnudándose no solo de manera literal, no únicamente su cuerpo, sino también su alma. Era la única forma en la que sabía confesarle todo.

—Entiendo —dijo Adrián al final con una sonrisa burlona—. Cada vez que te enfades conmigo, o que no te salgan las cosas bien… o simplemente cuando estés celosa, vendrás a provocarme, ¿no?

No esperó a que su amigo la atacara más. Ni siquiera le importaban sus duras palabras porque, en el fondo, tras haber descubierto la partitura de su canción favorita, había comprendido que lo más probable era que Adrián también tuviera miedo. Tenía la esperanza de que, si no la quería, al menos la deseara, o bien que un pequeño sentimiento hubiera anidado en él.

Se abalanzó sobre él sin más. Se aferró a su cuello y lo besó con todas sus ganas. Estaba demasiado excitada. La presencia de Adrián despertaba en ella sensaciones que ya no desaparecerían jamás. Necesitaba que la correspondiera, aunque solo fuera de ese modo. Sin embargo, su amigo la apartó y la miró como si estuviera loca.

—No voy a ser tu objeto sexual. ¿Lo entiendes, Blanca?

No puedes tratarme como te dé la gana y luego venir y fingir que no ha pasado nada.

Intentó besarlo otra vez y él volvió a rechazarla. Dio un par de pasos hacia atrás, confundida y mareada, hasta que pisó la camiseta que había dejado caer al suelo. Evitó la mirada de su amigo, se dio la vuelta, se agachó para recogerla y se dispuso a vestirse. Empezaba a sentirse muy avergonzada. Un error más. ¿Por qué no quería acostarse con ella como las otras dos veces? ¿Qué significaba, pues, la partitura de su canción favorita?

Y entonces notó en el cuello una respiración acelerada. La piel se le erizó cuando los labios de Adrián se lo rozaron. Sin entender lo que ocurría, se sintió empujada hacia delante. Su vientre chocó contra la mesa de estudio. Adrián la apresó por las caderas y le mordió el cuello. La sorpresa y la excitación no la dejaban pensar. Se le escapó un gemido cuando su amigo le atrapó un pecho y se lo estrujó.

En las dos ocasiones anteriores Adrián no había sido rudo, sino calmado y dulce. Y, sin embargo, a Blanca le agradaba la forma en la que ahora la besaba y tocaba, porque le demostraba algo más... Algo como que él también la necesitaba. Se frotó contra su trasero y ella apreció su erección. Gimió de nuevo y meneó las caderas, muerta de ganas de tenerlo dentro. No se reconocía. La timidez y el nerviosismo de las otras veces habían desaparecido, sustituidos por ese ardor que Adrián despertaba en cada pliegue de su cuerpo.

La cogió por la barbilla, le volvió la cara hacia él y la besó con rabia. Blanca abrió la boca y recibió ansiosa la lengua que pugnaba por conquistarla. Por su cabeza pasó la idea de que estaban besándose de una manera sucia, carnal, primitiva. Y le gustó más que nunca. Apreció la humedad extendiéndose por su entrepierna y, sin pensarlo, agarró una de las manos de Adrián que estaba posada en su cadera y la dirigió hacia su sexo.

Él la metió bajo sus bragas y se lo acarició, empapándose de su excitación. Uno de sus dedos recorrió sus labios y después lo introdujo. Soltó un gruñido junto a su oído, y Blanca echó el trasero hacia atrás para notar mucho más su erección.

—¿Es esto lo que querías, Blanca? —le preguntó en un susurro. La respiración de su amigo le acarició el oído y jadeó, incapaz de contestarle—. ¿Querías que te hiciera todo esto? —insistió.

Al fin, logró murmurar un «sí» y él la correspondió con un nuevo beso, mucho más apasionado y también un tanto dulce. Uno que Blanca pensó que sabía como saben las cosas que te otorgan paz. Adrián retiró el dedo que tenía en su interior, provocando que Blanca se quejara. Sin embargo, el sonido de un botón desabrochándose y de un vaquero cayendo al suelo la animó. Trató de darse la vuelta para ver su cara, pero él se lo impidió y de un empujón con sus caderas la echó hacia delante.

Blanca apoyó los codos en la mesa y clavó la mirada en ella. Su cuerpo sudaba y temblaba, expectante por recibir a Adrián. Jamás se habría imaginado en una postura igual, con un chico a su espalda que estaba a punto de penetrarla. Pero ese chico era Adrián, su mejor amigo y quizá su primer amor, algo que había descubierto poco a poco, y seguramente tarde y mal. Y por esos motivos, se dijo que lo que estaban haciendo no podía ser un error. A ella, en realidad, se le antojaba lo más maravilloso del mundo.

Justo en ese momento Adrián se asomó a su entrada y, de una embestida, la penetró. Blanca soltó un quejido de dolor y él se detuvo, preocupado por si había sido demasiado brusco. No obstante, Blanca movió las caderas y el trasero para que se animara, para que la hiciera volar. Adrián la cogió de la cintura con una mano mientras apoyaba la otra en su espalda. Al empezar las sacudidas, ella sintió un ligero escozor. Sin embargo, el placer era mucho mayor y cerró los ojos, dispuesta a dejarse llevar.

Adrián la colmaba, hacía que se sintiera plena. El sexo de su amigo encajaba a la perfección en el suyo, como si estuvieran hechos el uno para el otro. Gimió cuando él aceleró los embates. Sus gafas se le deslizaron por la nariz. Pensó que Adrián lo hacía muy bien, y rio para sus adentros al recordar que no tenía con quien comparar. Tampoco quería. Únicamente deseaba el sexo de Adrián en su interior, descubriéndola, conquistándola, amándola, aunque solo fuera de esa forma.

Iba a irse si continuaba embistiéndola así. Se inclinó hacia delante un poco más y subió el trasero, con la esperanza de que él se introdujera hasta el final. Adrián gruñó en su cuello. Se lo mordió con suavidad, y la imagen de su amigo sonriendo, con los dientes apoyados en su labio inferior, la excitó tanto que soltó un grito. En ese instante Adrián salió de ella. Parpadeó, confundida. Comprendió entonces que no estaban usando protección. Sin embargo, no quería parar todavía, deseaba más, mucho más, de modo que se dio la vuelta y se topó con la mirada sorprendida de su amigo. Bajó la vista y recorrió el cuerpo desnudo de Adrián. Esa imagen la sacudió tanto... Era lo más bello que jamás vería en su vida.

—Blanca, yo... Lo siento. Joder, no he pensado en que... Ha sido todo tan... —El chico se llevó una mano al rostro y se frotó los ojos—. No te preocupes. No me he corrido dentro de ti.

Sinceramente, a ella eso era lo que menos le importaba en ese momento. Ni siquiera tenía sus menstruaciones bien, de modo que no le preocupaba. Lo que le hacía perder la tranquilidad era el retumbar de su corazón mientras observaba los tatuajes de Adrián. Lo que la asustaba era pensar que quizá después de esa vez no se repetiría. Lo que le dolía era comprender que lo más probable era que no hubiera un más allá porque no era el tipo de chica que a él le iba.

—Blanca —la llamó.

Al mirarlo a los ojos, todo el cariño que sentía por él la empujó.

Se estudiaron el uno al otro durante unos minutos que para ella fueron los más largos y también los más cortos del mundo. Entonces alargó la mano y le cogió del sexo. La movió dubitativa, sin saber muy bien lo que debía hacer. Adrián la observó confuso, pero, segundos después, posó su mano sobre la suya y la guio. Y luego, con la otra, exploró el húmedo sexo de la muchacha. Se masturbaron el uno al otro, sin apartar las miradas, reconociéndose, ofreciéndose. Blanca pensó que aquello era dulce, hermoso, que el sexo de Adrián palpitando en su mano era lo único que quería sentir para siempre. Él apoyó la frente en la suya. Ella aceleró los movimientos. Los de él en su sexo también aumentaron. Los jadeos de Adrián la llevaron al límite. Se fue con un pequeño grito en la mano de su amigo, quien se apartó de repente, como si quemara.

—Yo... —carraspeó él.

Y entonces la burbuja se rompió. Oyeron el sonido de la puerta al abrirse y cerrarse y, a continuación, la voz de Nati llamándolo. Ambos miraron la puerta. Ella con horror. Él tranquilo.

Blanca se apresuró a recoger toda su ropa y empezó a ponérsela casi sin comprobar si estaba haciéndolo bien. Adrián, por su parte, tan solo se colocó los calzoncillos y la observó con una sonrisa un tanto triste. De repente fue consciente de lo que habían hecho y un tremendo pudor se apoderó de ella. Quiso decirle que hablarían, que esa vez no iba a huir, pero los pasos de Nati se acercaban y no acertó a soltar palabra alguna. Ni siquiera le lanzó una última mirada, sino que salió escopetada de la habitación. Quizá haber vuelto la cara hacia él y haberle dedicado una sonrisa habría cambiado algo, pero el miedo suele hacernos perder las mejores oportunidades, cuando no las únicas.

Blanca pensó. Mucho. Y no solo con la cabeza, sino también con el corazón, algo poco usual en ella. Quería ser periodista, pero no sabía materializar sentimientos. De modo que decidió escribir una carta en la que los soltaría todos. Después de eso, no habría marcha atrás. No sabía si recibiría un sí o un no, pero ya no importaba. Tan solo quería que Adrián supiera lo que había ocurrido, los motivos de su comportamiento y lo que había llegado a sentir por él. Algo tan fuerte que la asustaba y que todavía no entendía, un cariño distinto al de antes, uno mucho más cercano al amor. Sin apenas darse cuenta, Blanca había permitido que Adrián entrara en su corazón como algo más que un amigo. Con cada palabra, cada mirada, cada caricia, se había ido enamorando de él.

Se pasó tres noches sin apenas dormir, tratando de dar con las palabras adecuadas. Cuando lo consiguió, notó que se había desprendido de un gran peso. Aun así, no estaba segura de si debía entregarle esa carta. Pero justo la mañana anterior a su partida, al bajar a buscar el correo, como de costumbre, se encontró en el buzón un sobre de color rojo sin remitente. No era una persona que se inmiscuyera en las cosas de los demás, pero un presentimiento le avisó de que aquella misiva iba destinada a ella. Esperó a encerrarse en su dormitorio para abrirla. Un mensaje escrito en el ordenador. Una confesión de Adrián. Él también sentía algo por ella y no se atrevía a decírselo. Esa carta contenía palabras tan bonitas que a Blanca se le erizó la piel y se convenció de que existía una oportunidad para ambos. De modo que metió la suya en el mismo sobre junto con una foto que se habían hecho el año anterior. Ella salía muy seria, con sus horribles gafas, y él con una gran sonrisa y sus paletas asomando. La tenía cogida por el hombro. Fue la primera vez que Adrián se había arrimado tanto a su cuerpo.

No lo llamó porque quería presentarse por sorpresa en su casa. A mediodía apenas probó bocado, y su madre lo achacó a los nervios de la inminente mudanza. Esperó a que se hicieran las seis de la tarde, cuando ya no hacía tanto calor, para salir a la calle. Además, sabía que Adrián se echaba una siesta todos los días hasta las cinco, más o menos.

Trató de vestirse un poco mejor. Más femenina. Se dejó el pelo suelto, tan largo que le llegaba casi a la cintura, y se aplicó espuma hasta darle una forma aceptable. Su cabello siempre lucía encrespado, así que tampoco podía hacer milagros. Se pintó los labios con un brillo que su madre le había regalado en su último cumpleaños y que hasta entonces no había usado porque pensaba que eso quedaba reservado para las chicas bonitas. Cuando se sintió preparada, salió de casa.

Se detuvo justo en la esquina que la separaba de la de Adrián. Llevaba el sobre en una mano temblorosa. Cogió aire, luchando por tranquilizarse. Su amigo sentía lo mismo por ella, ya no podía equivocarse. En ese momento Blanca había olvidado lo crueles que pueden llegar a ser los seres humanos, aunque después de esa tarde se acordaría muchas veces, y en numerosas ocasiones, sobre todo por las noches, cuando se sentía sola y atemorizada, sin saber quién era ni cuál era su destino en la vida, lloraría hasta desangrarse.

Oyó unas voces familiares. Una de ellas era la de Adrián. Las otras, las de dos chicas. Las reconocía a la perfección. Sonia y otra buitrona. Un terrible presentimiento estuvo a punto de echarla atrás. Si se hubiera lanzado a correr, no habría oído nada y, quizá, todo habría sido distinto. Pero el destino ya había elegido por ella.

—¿Qué dices? ¡Claro que no! —Ese era Adrián.

—Siempre vas con ella. Tú a mí no me mientes. —Y esa, la asquerosa de Sonia.

—¡Venga ya! Solo es una amiga.

—Entonces ¿no estáis saliendo juntos? —le preguntó la chica con voz melosa.

—No es mi tipo.

Blanca dudó. ¿Hablaban de ella? No, Adrián jamás sería tan cruel como para negarla ante esas malvadas chicas. Respiró con fuerza y se mareó. ¿Huir? No, eso debía quedar atrás. Tenía la oportunidad de ser esa Blanca fuerte que tanto ansiaba, de modo que continuó en su avance. Dobló la esquina y los divisó: la amiga de Sonia en el extremo de un banco. Sonia sentada al lado de Adrián, muy cerca. Él cogiéndola del hombro. Como a ella en la foto que iba a entregarle.

Adrián la descubrió y, como impulsado por un resorte, apartó el brazo de la otra. Blanca caminó hacia ellos con la barbilla alta, aunque los ojos le escocían y le temblaba el alma. Recordó los insultos, los golpes y las vejaciones de Sonia y las demás, y los empleó para mantenerse firme. El corazón le latía en todo el cuerpo a medida que se acercaba al banco. Sonia clavó la mirada en el sobre rojo y se echó a reír. ¿Qué era lo que le hacía tanta gracia?

—Adrián, ¿podemos hablar? —le preguntó Blanca al llegar a su altura.

Le pareció que él asentía de manera leve, pero Sonia se adelantó y dijo con descaro:

—¿No ves que ahora está pasando el rato con nosotras?

—Es importante —insistió ella.

Se mordió el labio inferior mientras esperaba a que Adrián se levantara para acompañarla a otro lugar en el que nadie los oyera, pero nada ocurrió y, al ver cómo Sonia y la otra lanzaban miraditas al sobre, un rayo de certeza la alcanzó y el cielo cayó sobre su cabeza. Estuvo tentada de dar media vuelta y correr, pero sus piernas se negaron a moverse.

—¿Te ha gustado la carta? —le preguntó Sonia con tono burlón al tiempo que se levantaba del banco.

Blanca guardó silencio y desvió la vista hacia Adrián, quien observaba todo con ese gesto suyo indescifrable. Un doloroso pinchazo afloró en su pecho al comprender la verdad.

—¿No me digas que te lo has creído? —Sonia continuó pinchándola, aproximándose hasta que estuvo tan cerca que Blanca apreció el empalagoso perfume que usaba mezclado con el aroma del tabaco—. ¿En serio pensabas que Adrián te enviaría una carta como esa? ¿De dónde ha sacado tanta autoestima una gorda fea como tú?

Blanca apreció con el rabillo del ojo que la mano derecha de Adrián se cerraba en un puño de manera nerviosa. Pensó que ahora sí iba a defenderla. Sin embargo, se mantuvo tan callado como segundos antes. Siempre se había convencido de que no necesitaba la protección de su amigo, pero en ese momento habría dado lo que fuera para que él dijera cuatro cosas a esas maquiavélicas chicas y les demostrara que se equivocaban.

Mientras lo miraba, buscando en su rostro una señal de arrepentimiento, Sonia aprovechó para arrebatarle el sobre. Cayeron al suelo ambas cartas, la que supuestamente había escrito Adrián y la suya, y también la foto. Notó que un ardor le subía desde el cuello hasta las orejas. La buitrona se agachó para recoger los papeles, pero al menos esa vez ella fue más rápida e impidió que su acosadora leyera su revelación.

—¡Vaya, qué bonito! Tú también has querido confesarte. Mira, Adrián, la rarita te ha escrito una carta de amor. ¿No es deprimente? —se burló Sonia con una enorme sonrisa.

Él compuso un gesto entre asustado y confundido, y Blanca apretó los puños y se clavó las uñas en la carne para adormecer el dolor del pecho. Uno horrible. No entendía los motivos por los que Adrián guardaba silencio y no salía en su defensa si se suponía que era su amigo y habían compartido tantos momentos íntimos en los últimos tiempos, pero se dijo que podía pasarlo por alto siempre y cuando accediera a hablar con ella y diera de lado a ese par de buitronas. Consiguió reponerse y, volviendo el rostro hacia el chico, susurró:

—Adrián, necesito decirte algo.

Lo miró con ojos esperanzados y atisbó en su amigo un brillo de duda. Le sonrió.

—¿Es necesario ahora, aquí?

Adrián había roto el silencio con una voz diferente, una dura y desprovista de cualquier sentimiento.

—¿Por qué no? —Aunque no pretendía confesarle todo ante Sonia y la otra, claro.

—No es el momento.

Blanca abrió la boca, si bien las palabras se le quedaron ahogadas en la garganta. Las buitronas observaban la escena con gesto divertido. Habría vendido su alma a cambio de que esas dos personas que tanto la habían humillado no estuvieran allí.

—¿Y cuándo lo será? ¿Cuando me marche? —atinó a decir, molesta.

Justo entonces Adrián pareció reaccionar. Los ojos se le abrieron mucho, ladeó el rostro hacia las buitronas y las miró como si se hubiera olvidado de ellas. Sonia compuso un mohín, casi esperando que él finiquitara la conversación y, al ver que no lo hacía, le ordenó:

—Adrián, dile que se marche y no nos fastidie más.

Blanca apretó los dientes con tanta fuerza que hasta le rechinaron. Su amigo se limitó a observar en silencio a las buitronas y, al fin, Sonia soltó un bufido de exasperación.

—Mira, paso. La película va a empezar dentro de nada. ¿Vienes o no?

Y Adrián negó. Rechazó la propuesta, y Blanca cogió aire y en su pecho ardió una llama de esperanza. Él iba a quedarse con ella para hablar. Sonia les echó una última mirada. A Blanca de asco. A Adrián la de un cachorrito ansioso. Luego cogió del bracete a la otra buitrona y se alejó. Sin embargo, se volvió un par de veces para curiosear. Blanca esperó a que estuvieran lo suficientemente lejos para abrir la boca.

—Acabas de confirmarme lo que llevaba pensando desde hacía un tiempo.

—¿Qué? —quiso saber él, pero lo preguntó a la defensiva, y esa actitud provocó a Blanca más malestar y enfado.

—Es evidente, ¿no? —Señaló la dirección por la que habían desaparecido las buitronas—. Esas cabronas estaban humillándome, como siempre, y tú te has callado como una puta. —Había escupido esas últimas palabras con tanto rencor que Adrián clavó la vista en ella con sorpresa.

Esperaba que le pidiera perdón, pero tan solo le contestó, a la defensiva:

—¿No decías que querías ser fuerte? ¡Pues haberles plantado cara! ¿Es que ahora soy yo tu héroe?

Blanca bufó y movió la cabeza. Intentó calmarse para terminar lo que se había propuesto, aunque en esos momentos todo parecía haber perdido el sentido porque ni siquiera la carta recibida la había escrito él, sino que era otra mofa de las buitronas. ¿De verdad Adrián no había participado? Se lo veía confundido y sorprendido, pero ya no sabía quién era Adrián realmente, ni si debía confiar en él. A pesar de todo, decidió ser valiente. Demostrarle que sí podía. Que tenía sentimientos. Su mirada se desvió a la carta que sostenía entre las manos. Adrián también posó los ojos en ella. Lo vio tragar saliva con tanta dificultad que la nuez le bailó en su largo y delgado cuello. ¿Estaba asustado? ¿Significaba aquello que...?

Pero antes de que pudiera hablar, Adrián la cortó de manera brusca.

—Hice lo que hice porque tú me lo pediste.

—¿Qué? —Parpadeó—. Pero tú y yo...

—No hay un tú y yo, Blanca. Me pediste que me acostara contigo y accedí tan solo porque era lo que, según tú, necesitabas. Me sabía mal, ¿entiendes? —murmuró él en tono sombrío.

Se quedó sin respiración. De inmediato las lágrimas afloraron a sus ojos. Y en su interior el corazón estalló. Aunque esa vez lo hizo de incomprensión. Le dolía tanto que creyó que iba a morirse allí mismo. Se había dicho que estaría preparada para cualquier respuesta, y lo creía firmemente, pero en ese instante, delante de él y observando su rostro, volvió a sentirse débil.

¿Había ocurrido algo para que Adrián se enfadara? ¿Había cometido ella algún fallo o estaba siendo sincero y todos aquellos encuentros habían sido una maldita mentira, una simple ayuda tal como ella le había pedido? ¿Es que solo ella había ido sintiendo más y más?

—Perdona si fui una tonta —pronunció con un nudo en la garganta. Dio un paso y lo cogió de la muñeca, pero Adrián se soltó como si quemara, con una extraña mueca. Se le escapó un sollozo que la avergonzó aún más—. Ya no tienes que comportarte así solo por hacerte el chulito. Ellas ya no están aquí, y ambos nos iremos a estudiar fuera, de modo que ¿qué más da? Me dijiste que debía darme igual lo que opinaran, y creí que a ti también...

—Me importa una mierda lo que crean —la cortó él tajante.

—Entonces ¡qué coño estás haciendo! —chilló, perdiendo la poca compostura que le quedaba, sin entender qué le sucedía a su amigo—. ¡Me estoy confesando ante ti y te comportas como un gilipollas!

—¡No seas niñata! —la increpó con un grito que hasta le acalló el llanto—. Crece, madura. Se suponía que tú eras la que entendía todo eso. Me lo aseguraste un montón de veces, que solo nos acostábamos porque no querías ser la misma Blanca de siempre. Me rechazaste cada vez que intenté ser un poco más cariñoso contigo. Y ahora ¿qué? ¿Qué esperas ahora? ¿Quieres más? —Los huesos de su mandíbula se tensaron—. Pues yo no puedo dártelo.

—¿Por qué? ¿Porque fui distante contigo? ¿Es por eso que...?

—No, Blanca. Es solo que yo no siento...

—¡Mentira! —gritó negándose a creerlo, aunque se suponía que no importaba, que debía serle indiferente lo que Adrián contestara. Sin embargo, después de lo que le había costado dar el paso, le era imposible aceptar una negativa.

—Déjame en paz, Blanca. No seas pesada...

Cuando ella volvió a sollozar, entrevió en la comisura de los labios de su amigo cierto temblor. ¿Por qué hacía aquello? ¿De verdad no existía ningún sentimiento en él?

—Yo no... No siento por ti más que amistad. —Calló porque ella había dado una patada en el suelo, rabiosa, y eso todavía pareció molestarlo más—. Mételo en esa cabeza tuya tan terca —añadió, no obstante.

Deseó ser capaz de asestarle una bofetada. Todo a su alrededor daba vueltas. Unas horribles náuseas navegaban por su estómago. Aunque lo peor era el hielo de su pecho. Y el dolor sordo en el corazón. Le había explotado y se desangraba, estaba segura. Adrián no la quería. ¿Y qué? No pasaba nada. Pero en realidad sí, porque imaginó que, después de todo, había sido tan imbécil como siempre, tan tonta como para creer que un chico como él iba a fijarse en ella. Estaba enfadada con él, por supuesto, pero no fue consciente en ese momento de que lo estaba más con ella misma.

Cuando quiso darse cuenta, sus manos actuaban por

ella. Entre temblores y sollozos rasgó en docenas de pedacitos las cartas y la foto. Cuando el último trozo tocó el suelo, ya había decidido que ningún hombre volvería a hacerle daño.

—Adrián —dijo con voz seca.

Él abrió la boca, dispuesto a rebatir, pero no le dio tiempo porque Blanca lo frenó con su mirada, una cargada de resentimiento, odio y, al mismo tiempo, un amor roto y traicionado.

—No volverás a verme en tu vida, si eso es lo que deseas —escupió.

Se dio la vuelta con el rostro desencajado de Adrián clavado en el pecho. Pero él no fue tras ella. Ni siquiera la llamó. No iba a rebajarse más. Si no la quería en su vida, si había sido tan cobarde de echarla con tanta crueldad, no sería ella quien le insistiera. Tras tantos años de humillaciones, esa tarde fue el punto de inflexión que le permitió convencerse de que quererse a sí misma era lo más inteligente que podía hacer.

Al día siguiente decidió marcharse por la mañana en lugar de por la tarde, como había previsto. Su madre lloró mucho, su padre la despidió con los ojos brillantes y su hermano se enganchó a su camiseta. Pero ella ya empezaba a convertirse en una Blanca mucho más fría y segura, una Blanca que lucharía por sobrevivir en un mundo que se le antojaba sumamente despiadado.

Adrián no se puso en contacto con ella ni para despedirse. Y Blanca supo que su decisión había sido la correcta.

Aunque estuviera matándola por dentro.

21

Mi madre sale del coche como un cohete al tiempo que va soltando un improperio tras otro.

—¡Podríamos habernos matado! —Se detiene ante la puerta del edificio y se da la vuelta para mirarme con el rostro congestionado—. ¡Si es que no tendrías que haber tomado vino!

—María... —Mi padre la llama una vez que ha bajado de mi coche—. No ha pasado nada. Deja de gritar, que bastante nerviosa está la pobre.

Aún estoy dentro del vehículo, apretando el volante con tanta fuerza que los nudillos se me han puesto blancos. Javi se encuentra a mi lado, silencioso hasta que me pregunta en voz baja:

—Blanqui, ¿estás bien?

—Sí, sí... Solo ha sido un susto.

La verdad es que un poco más y me como un coche. No sé qué ha pasado. Soy una buena conductora. Tenía los sentidos puestos en la carretera, pero por lo que parece mis pensamientos se han rebelado en un momento dado, y cuando he querido darme cuenta mi madre estaba chillando como una posesa y he tenido que dar un volantazo. Se ha resuelto con unos cuantos insultos por parte del ocupante del otro automóvil y con mi familia revolucionada.

—No me refiero a eso —dice Javi.

Aparto la vista del volante y la poso en él. Está sonriendo. No de esa forma burlona suya, sino con una casi seductora. Está mal que yo lo diga, pero mi hermano es la mar de guapetón, leñe.

—¿Entonces...? —inquiero con curiosidad.

—Ya sabes... Hemos tenido este susto por alguien.

—¿Qué? —Parpadeo.

—Vamos, Blanqui, que seré joven, pero no tonto. Aunque tú pienses que sí.

—Baja del coche —lo espoleo.

Mis padres ya han entrado en el edificio, y en la calle solo estamos ahora Javi y yo y el jaleo de los adolescentes, pues este es uno de los caminos más socorridos para ir a los pubes.

—Me he fijado en cómo os mirabais.

—¿Quiénes?

—Adri y tú. En el restaurante. —Me observa esperando alguna reacción por mi parte, pero me mantengo en silencio—. ¿Tenéis algo?

—¡Por supuesto que no! —respondo con voz chillona. Ups, no ha sido una buena manera de disimular.

—Pues él te miraba como lo hacemos los tíos cuando estamos colados por una tía —continúa el crío, que se ve que para estas cosas ya no lo es tanto.

—No digas tonterías. Lo que pasa es que hace mucho que no nos vemos.

—¿Qué más da eso? —Javi sacude los hombros al tiempo que se ríe. Lo más raro es que no parece querer mofarse de mí—. Adri siempre me ha caído bien. Es un buen tipo. Haríais una pareja guay.

—Se te ha subido el vino —le espeto.

—¿Te ha molestado verlo con esa chavala y por eso ha pasado lo de la carretera?

—No, Javi, no. Simplemente me he despistado. —Bufo hacia arriba para que mi flequillo deje de taparme un ojo—. Y ahora... ¿bajas de mi coche?

—¿Tú no? —me pregunta con curiosidad.

—Voy a dar una vuelta. No tengo sueño.

Javi arquea una ceja y me pongo nerviosa, imaginando que soltará algo más, pero lo que hace es abrir la puerta y apearse del vehículo. Pero en cuanto la cierra se inclina hacia la ventanilla con una sonrisa que, esta vez sí, es de lo más malévola.

—Y ahora ¿qué? —le increpo.

—En serio, Blanca. Piensa en cómo te ha mirado —insiste—. Hasta la tía más tonta del mundo puede verlo. Así es como miramos los hombres cuando queremos devoraros.

Da un golpecito en el lateral del coche y, al fin, se da la vuelta y se marcha, dejándome con la cabeza repleta de tambores de Semana Santa.

Que a Adrián le atrae la nueva Blanca no es nada nuevo. Pero pensé que, tras descargar ese deseo que nos controlaba, todo pasaría. No ha sido así. Al menos, no para mí. Recordar nuestros encuentros me provoca cosquillas en el vientre y cerca del corazón.

Me echo hacia atrás, apoyando la cabeza en el asiento, y cierro los ojos. Ya queda poco. El lunes estaré de nuevo en la ciudad, lejos de este pueblo y de cuanto puede dañarme. Quizá sea una actitud cobarde, pero ahora mismo es lo único que quiero. Y no me voy antes porque prometí a mis padres que me quedaría el resto del fin de semana y me sabría mal desilusionarlos.

Este lugar saca lo peor de mí. Hace que vuelva a sentirme débil, pequeña y confundida por hechos que sucedieron hace mucho tiempo atrás. En la capital, alejada, puedo mantener a raya esos sentimientos. Pero aquí, con él cerca... Retrocedo. Ni yo soy capaz de creer algo así.

Dios, no sé por qué me ha trastocado tanto verlo con esa chica. Imagino que simplemente lo he asociado con aquella mala época, con ese recuerdo por el que me enfadé tanto. Me lo prometí a mí misma: nadie iba a pisotearme nunca más.

—Ay, Adrián, ¿por qué te comportaste como lo hiciste? ¿Y por qué ahora, en cambio, te has mostrado tan interesado en mí? ¿Por qué no hemos sido capaces de dejar el pasado donde estaba?

No es hasta al cabo de un rato cuando me doy cuenta de que hay alguien fuera del coche. Me digo que debe de ser Javi, que ha bajado otra vez para molestarme. No obstante, con el rabillo del ojo descubro un tatuaje.

—¿Adrián?

Noto su mirada clavada en mí, y es tan intensa que tengo que volver la cara hacia él. Está inclinado sobre la ventanilla, apoyado. Su expresión es extraña, oscura.

—No sé por qué, pero creo que estabas hablando de mí —murmura, y esboza una sonrisa melancólica—. ¿Qué haces aquí, Blanca?

—Me gusta la soledad.

—En eso no has cambiado. —Se calla esperando que yo hable, pero como no lo hago pregunta—: ¿Puedo entrar?

—¿Para qué quieres entrar, Adrián?

—Estás muy seria. Te pasa algo.

No atino a contestar. Él continúa fuera del coche durante un buen rato, asomado a la ventanilla, hasta que me rindo y con un gesto le indico que suba. Su fragancia lo inunda todo una vez que se sienta a mi lado.

—¿Qué ocurre? ¿Malas noticias? —insiste.

—Casi tenemos un accidente. Me despisté en la carretera.

—Pero ¿estáis todos bien? —pregunta asustado.

—Joder, claro que sí. ¿Crees que de no ser así estaría aquí como una tonta?

—No lo sé, Blanca. A veces pienso que no te conozco. —Se encoge de hombros.

—Y es la verdad. Tú conoces a la Blanca que se fue de aquí cuando tenía dieciocho años.

—Me gusta recordarla —murmura, y, aunque no estoy mirándolo, puedo apreciar una sonrisa en su tono de voz.

—¿Qué quieres?

—¿Tengo que querer algo? ¿No puedo disfrutar, simplemente, de la compañía de una vieja amiga?

Se me escapa una amarga carcajada. Niego con la cabeza, incrédula.

—¿Amiga? —Como me han entrado unas ganas tremendas de fumar, me doy la vuelta para alcanzar el bolso, que está en el asiento trasero.

Adrián estudia todos mis movimientos y, al descubrir la cajetilla de Lucky, chasca la lengua.

—¿Qué? —digo molesta.

—No es bueno. —Señala el cigarrillo que he sacado.

—¿Me lo dice el que se hinchaba a porros?

—Hace mucho que no lo hago.

—El primer día que nos vimos fumaste —le recuerdo.

Enciendo el cigarro y le doy una honda calada. Cierro los ojos al tiempo que suelto el humo. Dios, esto sienta tan bien... A pesar del olor a tabaco, el aroma de Adrián continúa impregnando todo el coche. Y no quiero eso. No quiero marcharme y que él, en cierto modo, se venga conmigo.

—En serio... Dime, Adrián, ¿qué haces aquí?

Con la cabeza aún apoyada en el respaldo, ladeo el rostro con suavidad y abro los ojos para mirarlo. Los suyos tan verdosos, tan familiares para mí, me causan un pinchazo violento en el pecho.

—Volvía a casa de mi madre y he visto tu coche.

—¿Cómo has sabido que era el mío?

—Solo tú tendrías uno como este. —Sonríe de una manera tan encantadora que una sensación de vacío se apodera de mí.

—¿Dónde está tu acompañante?

—Imagino que en su casa.

—¿Y por qué no estás con ella? —No tendría que estar llevando la conversación por estos derroteros, pero... ¿Por qué es lo único que me interesa conocer?

—¿Debería estarlo?

—Claro que sí. Era tu cita.

—Es una amiga —dice manoteando en el aire para apartar el humo.

—Entiendo.

—Es actriz. Trabajamos juntos para el nuevo proyecto y tenía algunas dudas.

No parecía una simple amiga, pero no quiero echar más leña al fuego. Al fin y al cabo, no somos nada y no tendría ningún sentido que le demostrara que me ha molestado verlo con ella. Doy la última calada al cigarro y lo lanzo por la ventanilla. Adrián no aparta la mirada de mí.

—¿No tienes amigos, Blanca? —me pregunta de repente.

Por un instante creo que se burla. Me vuelvo hacia él con brusquedad y lo miro con los ojos muy abiertos. Parece darse cuenta de su inadecuada pregunta porque mueve la cabeza en una disculpa.

—Claro que sí. Ya conoces a Begoña.

—Me refiero a amigos de sexo masculino.

Me quedo callada. ¿Para qué decirle que lo único que hago con los hombres es acostarme con ellos? Ni siquiera sé si podría y sabría llevar una relación amistosa con uno. Ya lo intenté, y todo se jodió. Supongo que no me apetece pasar por eso otra vez.

—Crees que me acuesto con todas las mujeres con las que me cruzo —murmura Adrián en tono amargo.

—No he dicho eso.

—Pero lo piensas, ¿no?

Ahora somos los dos los que permanecemos callados. El ambiente en el coche se tensa. Su mirada se desliza hasta mis labios. La mía recorre el tatuaje de su brazo. La respiración se me acelera. Recordando. Sintiendo. Aspirando.

—¿Has estado tú con muchos hombres?

—¿A qué viene ahora esa pregunta?

—Era simple curiosidad. —Alza las manos en señal de paz.

—¿Y qué más da, Adrián? Tenemos nuestras vidas, ¿no?

—Entonces ¿por qué me parece que te molesta imaginarme con una mujer?

—¿Porque siempre has creído que todas estábamos locas por ti?

—¿O será porque estás celosa?

—Estoy cansada, Adrián —me quejo en un susurro—. Esta semana está siendo dura y, la verdad, estas conversaciones son lo que menos necesito. —Me froto la frente, apreciando que empieza a dolerme la cabeza.

—¿Ha sucedido algo? —insiste, y entreveo en sus ojos un matiz de preocupación.

—Son cosas del trabajo.

—¿Algún caso duro?

—En general, siempre son absorbentes. Pero esta vez me espera uno muy difícil.

—Mis compañeros ya están empezando a agobiarse con la obra que preparamos. Aunque como somos dos componiendo en esta ocasión, la presión es menor.

—Fantástico —me limito a contestar.

Adrián se queda callado unos instantes, interpretando mi actitud. Me preocupa que cualquier palabra que digamos, cualquier frase, pueda convertirse en dinamita y estallar en una nueva discusión.

—El lunes me marcho —se me ocurre decirle de repente.

—¿Tan pronto?

—Sí, por el curro.

—¿Es que no haces vacaciones? Es agosto.

—Me quedaré en mi casa, pero trabajando.

—Bueno, a mí tampoco me queda mucho aquí. Dentro de nada iré a Madrid porque la obra se estrenará a principios de septiembre.

—Espero que salga genial —le digo con total sinceridad.

Es cierto que hasta llegar al pueblo pensaba que, si algún día volvía a encontrarme con Adrián, lo único que le desearía serían cosas malas. Sin embargo... No puedo. Cuando lo miro a los ojos me parece advertir en ellos miedo, dudas, tristeza. Y todos esos sentimientos han ido aferrándose a mí en estos días, provocando que me dé cuenta de que no soy capaz de guardarle rencor. Dios, ¿de qué me han servido todos estos años de lucha sin tregua conmigo misma, intentando cambiarme, sin sucumbir a los sentimientos?

—Puedo conseguirte una invitación. Para ti, para algún acompañante... Es en Madrid, pero si quisieras venir a vernos... ¿Te gustaría? —Ha sonado dubitativo.

—Te lo agradezco, pero el trabajo no me lo permitiría. —Me invento una excusa con rapidez.

Quiero que el recuerdo de Adrián que tenía sea sustituido por uno nuevo, el de estos días en el pueblo, que en el fondo no han sido tan malos aunque hayamos discutido. Por eso no me apetece alargar todo esto. No deseo que volvamos a cometer errores.

—Si cambias de opinión, solo tienes que decirlo. —Me guiña un ojo, pero en su semblante advierto desilusión.

—Habrá más obras, ¿no? Y seguro que alguna en Valencia.

Le devuelvo una sonrisa nerviosa. Cuando conseguimos charlar sin peleas, sin sobresaltos, sin esa pasión arrebatadora que nos acosa cada vez que nos encontramos, me confunde.

—Blanca... —Y, al pronunciar mi nombre con su ronca voz, un pequeño torbellino despierta en mi estómago.

—¿Sí? —Lo miro sin parpadear.

Me gustaría que repitiera mi nombre. Ver cómo lo paladea, cómo sus labios se mueven al compás de cada una de las letras que lo conforman.

—Necesitamos hablar. Y creo que es un buen momento. Antes de que volvamos a ir cada uno por su camino. Si te digo la verdad, no ha sido casualidad que nos hayamos encontrado en el restaurante.

—¿Qué? —Lo miro sin entender.

—Tu madre le dijo a la mía que ibas a llevarlos a cenar a un restaurante lujoso. Pensé que, si había uno al que tú acudirías, sería ese. Quería encontrarme contigo y que no se notara mucho... No sabía si te apetecería verme de nuevo. Pero, bueno, ahora ya sabes la verdad. Tenemos una conversación pendiente, por mucho que no quieras. Joder... —Se lleva una mano al pelo y se lo revuelve. En mi mente surge una imagen en la que soy yo, sentada a horcajadas sobre él, la que se lo acaricia—. Tú lo sabes. No dejemos que ocurra otra vez. No nos vayamos sin perdonarnos.

—No tengo nada que perdonar —respondo, aturdida por su confesión.

—Blanca, en ocasiones debemos perdonar a los otros para perdonarnos a nosotros mismos.

Lo miro sorprendida, con sus palabras rebotando en mi cabeza. Me muerdo el labio inferior con fuerza. Quizá tenga razón y esta es la última oportunidad de estar en paz con nosotros mismos. Él quiere darme una explicación. En cuanto a mí... Aunque me haya convencido de que no, puede que me ayude.

—Está bien. Hablemos —acepto asintiendo.

—Aquí no.

—¿Dónde pues?

—En mi piso —propone.

Niego muy seria. ¿Qué pretende?

—Blanca, ¿crees que podemos decirnos encerrados en un coche todo lo que tenemos pendiente? Vayamos a mi casa, tomemos algo... Allí estaremos tranquilos.

—No es una buena idea.

—Te prometo que solo quiero hablar. ¿Confías en mí, aunque solo sea por esta vez?

Justamente la desconfianza es uno de los sentimientos que me ha acompañado durante todo este tiempo. Me gustaría deshacerme de ella. Y regresar a la ciudad con la conciencia tranquila. De modo que, sin añadir ninguna palabra más, arranco el coche. Adrián se pone el cinturón, también en silencio. En el breve trayecto hasta su piso ninguno abre la boca. Mi estómago está haciendo de las suyas y también mi corazón.

—La verdad es que este coche encaja bastante contigo —opina cuando salimos de él en un intento por distender el ambiente.

Le dedico una de esas sonrisas que te estiran la cara y que te acaban dando dolor de comisuras. Le indico con un gesto que abra la puerta. No me apetece perder más tiempo. Necesito... No, necesitamos que esto se acabe de una vez por todas y cuanto antes. En esta ocasión, a diferencia de la primera, subimos en el ascensor. Es diminuto, y Adrián se sitúa a mi espalda. Una escena subida de tono cruza por mi mente, arrancándome un quejido. Su olor inunda todo el espacio y me escuece en la piel. Lo tengo tan cerca... Y a la par se me antoja tan lejano. Como antes.

¿Qué va a decirme? ¿Y yo a él? ¿Qué le pediré? ¿Que construya una máquina del tiempo y lo cambie todo?

Una vez dentro, Adrián me indica que lo siga por el pasillo. Me señala el pequeño sofá con la mano abierta y tomo asiento, seria.

—¿Quieres beber algo?

—No... Bueno, un vaso de agua estará bien.

Asiente con la cabeza y me deja sola. Lo oigo trastear en la cocina. Un armario cerrándose. La nevera abriéndose. Más recuerdos por mi mente. Su habitación juvenil. La cama en la que nos acostamos. Una mesa de estudio en la que tuve el mayor orgasmo de mi vida. Confesiones dolorosas. Un amor juvenil roto. Cuando regresa, observo sus pies enfundados en unos bonitos zapatos de color negro.

—Lo siento.

Alzo el rostro para encontrarme con un Adrián meditabundo, triste, de ojos brillantes. Me entrega el vaso y me lo bebo de un trago.

—No pasa un verano sin que me acuerde de todo y me arrepienta —continúa aún de pie. Imponente. Como un ángel oscuro—. Cada vez que se acerca ese día, pienso en lo mal que me comporté. En lo irresponsable y cobarde que fui. Me pregunto cómo habría sido todo si las cosas hubieran ocurrido de otra forma.

—Espera, espera. Creo que has empezado demasiado fuerte.

—Necesito mostrarte algo.

Lo miro con el ceño fruncido. Vuelve a dejarme sola y lo espero con las manos apretadas entre las piernas. Dios, Adrián me ha pedido perdón. Acaba de decirme que está arrepentido. Que lo estuvo.

Regresa con la guitarra. Doy un respingo. Me muerdo el labio inferior. Él arrastra una silla hasta colocarla frente a mí. Se coloca en posición, con los dedos rozando las cuerdas. Unos dedos que hacían magia. Magia en todas partes. En la música. En mi piel. En mi alma. Niego con la cabeza, suplicándole con la mirada. Y entonces saca a la guitarra los primeros acordes de mi canción favorita cuando era una adolescente hastiada con el mundo.

«Close your eyes, give me your hand, darling. Do you hear my heart beating? Do you understand? Do you feel the same, or am I only dreaming?» («Cierra los ojos, dame tu mano, cariño. ¿Oyes mi corazón palpitando? ¿Lo entiendes? ¿Sientes tú lo mismo o solo estoy soñando?»)

Adrián me está cantando. De verdad aprendió a tocar mi canción preferida. ¿Lo hizo por mí? ¿Por qué? ¿Por qué lo hizo si yo no le importaba? Quiero preguntárselo, pero tan solo puedo guardar silencio y observar sus dedos en las cuerdas, la forma que tiene de acariciarlas como si se lo estuviera haciendo a una mujer. A mí. Y únicamente cierro los ojos y me dejo llevar por la melodía, y por su voz. Y canto yo también, en voz bajita, esa canción que jamás he olvidado.

No logro entenderlo. ¿Por qué me hace esto? ¿Por qué, una vez más, quiere quebrarme el corazón?

Cuando toca las últimas notas y acaba la canción, soy un poco menos fuerte y mucho más la Blanca adolescente que se quedó en una carta y una foto hechas pedazos. Al fin me atrevo a abrir los ojos. Adrián está mirándome de una forma que me asusta. Me tiembla todo el cuerpo. Y entonces dice:

—Tú fuiste la primera chica con la que me acosté.

22

Consigo controlarme, como de costumbre en los últimos años, y simplemente vuelvo el rostro hacia él y lo miro casi sin parpadear. En ese momento Adrián deposita la guitarra en una de las sillas con mucho cuidado, se incorpora y me observa desde su altura.

—Blanca...

—¿Sabes qué, Adrián? Que ahora tendría que enviarte a la mierda por tus mentiras y tal. Porque te juro que no entiendo nada. No debería permitir que te mofes de mí una vez más.

—¿Mofarme? ¿En serio lo crees? —Advierto que empieza a enfadarse.

—Eso que me has dicho hace nada es increíble. ¿Cómo te parece que actuaría cualquier otra? Te lo diré: se habría levantado y se habría largado.

—Solo trato de ser sincero.

—Y después de todo lo sucedido, ¿debería creerte? Así pues ¿me muestro contentísima?

—¡Claro que no! —exclama alzando los brazos con exasperación—. Sé que es extraño, después de tanto tiempo, pero eso no significa que no sea cierto.

Niego con la cabeza, sin poder entender a qué vienen

todas esas tonterías. Pero ¿qué espera con esta confesión? Adrián se frota los ojos con las manos y, a continuación, vuelve a tomar asiento. Baja la cabeza y se queda un buen rato en esa postura mientras me mantengo callada.

—Supongo que sigues pensando que soy un cabrón —dice con voz trémula.

Realmente ya no sé qué pensar, viéndolo tan apesadumbrado. Y la verdad es que ignoro qué es mejor: que esté marcándose un farol para encandilarme y hacerse el hombre superguay con sentimientos, o que me mintiera cuando éramos unos críos.

—Esto es una locura. Lo sabes tú. Lo sé yo. No tiene ningún sentido. Y te juro que no lo entiendo. No logro explicarme por qué me habrías mentido en algo así, Adrián. Porque te recuerdo que tú, un montón de veces, me contaste lo que hacías con cada una de las chicas que te tirabas. —He recalcado esta última palabra mientras mantengo la mirada clavada en él, a ver si de una puñetera vez alza la cabeza y se digna corresponderme.

—Era gilipollas. No hay otra explicación. No puedo ofrecerte más que esa.

Se frota el cabello. Brillante, rebelde, suave... Como él. O, al menos, como yo creía que era él. Ahora mismo me siento como si el Adrián al que yo conocía nunca hubiese sido real.

—¿No te acostaste con ninguna chica antes que conmigo? ¿En serio? —pregunto curiosa.

Al fin mueve ligeramente el rostro para mirarme. Nos observamos unos segundos, con cautela. Los ojos de Adrián parecen tristes. Todo su rostro, de hecho. Jamás lo había visto así.

—Había hecho muchas cosas —dice en voz tan baja que apenas si puedo entenderlo—. Pero no acostarme con ellas. Hay muchas maneras de tener sexo, Blanca. Yo ese no lo quería. Las otras tías me importaban tan poco que ni me merecía la pena hacer ese esfuerzo.

—Pero... entonces... —Trato de buscar las palabras adecuadas—. ¿Por qué me decías todo eso? ¿Por qué me mentiste? Era tu amiga, Adrián. Y luego me demostraste que jamás me apreciaste. ¿En cuántas cosas me has mentido?

—En nada más... —responde mirándome, aunque lo cierto es que no parece verme. Como si estuviera muy lejos de aquí—. Y, joder, en realidad, en todo.

—¿Qué quieres decir?

—Te contaba que me acostaba con esas chicas y... No sé. No sé lo que esperaba, pero sé que esperaba algo. Una reacción por tu parte. Un gesto. Una mala cara. Un insulto, llamándome guarro, por ejemplo. Lo que fuera que me hiciera pensar que te molestaba que anduviera con otras.

—¡¿Qué?! ¿Por qué? ¿Para qué querías que me enfadara?

—Blanca, yo no sé cuándo cambió todo. —Se muerde el labio inferior con nerviosismo—. Tú habías sido siempre mi mejor amiga, casi como una hermana pequeña. Y, de repente, un día me levanté y ya no era el mismo, y tampoco lo eras tú a mis ojos. Te miraba y me encontraba con una chica a la que deseaba abrazar, besar, saber cómo olía su piel.

Carraspea. Imagino que tendrá la boca tan seca como yo. Necesito un cigarro. O dos. Y una copa. Algo que me ayude a olvidar que todo podría haber sido distinto. Mucho mejor. Más bonito. Con un final feliz.

—Pero tú... Maldita sea, no sé. Es muy difícil explicarlo. Aunque pienso que somos nosotros los complicados y los que hicimos que todo lo fuera. Tú... tú no te fijabas en los tíos. Ni siquiera hablabas de ninguno. No te inmutabas ante mis comentarios. No te dabas cuenta de cómo te miraba o de cómo me ponía de nervioso estar cerca de ti. Y yo mismo no me entendía. Estaba cagado, Blanca. Ese es uno de los principales motivos por los que lo fastidié todo. Por miedo, por cobardía. Y por otras razones ajenas a ti... Otras que quizá no podrías entender y que no puedo explicar ni siquiera ahora mismo, pero que me mataban por dentro. Y te juro que no tuve nada que ver con esa carta. No lo descubrí hasta que hablasteis de ella. No la escribí para burlarme de ti. No formé parte de esa cruel broma.

Lo detengo con una mano. ¿Qué es esto? ¿Es la confesión que yo esperaba? Puede, pero hace diez años. No ahora, después de todo el dolor que tuve en el corazón.

—¿Intentas decirme que te gustaba, Adrián? —Lo miro con incredulidad—. ¿Que todas las cosas horribles que me soltaste esa tarde fueron una mentira? ¿Por qué? ¿Qué querías conseguir? ¿Quedar de tipo duro y guay que se había burlado de la gorda fea y que, encima, ella va y se prenda de él? Porque eso es muy retorcido, Adrián. Eso es muy jodido, de verdad. Quizá hasta habría sido mejor que no hubieras sentido nada por mí.

No contesta. Noto un ligero escozor en los ojos. «No, Blanca, no. Te prometiste no llorar por un hombre. Cumple tus promesas y sé fuerte.»

—El último día que nos vimos estabas hablando mal de mí con la persona que tanto daño me hizo. Luego no me defendiste y, al final, me rechazaste de malas maneras —le recuerdo molesta.

—Me arrepentí enseguida.

—Podrías haber ido a buscarme, y no lo hiciste.

—Pensé que, después de eso, no querrías volver a saber de mí. Pero aprendí que la mejor forma de solucionar las cosas es siendo sincero y valiente. Fui a verte. Llegué tarde. Ya te habías ido esa mañana. Tu madre no te dijo nada, ¿verdad?

—Me hiciste daño, Adrián. Muchísimo. En realidad, fuiste tú quien echó por tierra todos mis intentos de ser una persona valiente.

—Lo sé. Joder, es que tú... Siempre eras tan fría conmigo… Nunca acertaba a saber qué estabas pensando o qué sentías. Me dabas una de cal y otra de arena. Intentaba abrirme a ti como jamás lo había hecho con nadie. Pero entonces te miraba a los ojos y me topaba con un muro.

Me echo hacia atrás y apoyo la cabeza en el respaldo del sofá. Me dedico a mirar el techo con la rabia hirviéndome en el estómago. Y hay otro sentimiento más: lástima. Por él. Por mí. Por los ratos que podríamos haber compartido. Por el dolor y el rencor que nos habríamos ahorrado.

—Siempre decías o hacías algo que me impulsaba a recular. Íbamos hacia atrás continuamente. Los dos. Ambos fuimos culpables de lo que ocurrió.

Abandono el respaldo y lo miro con una ceja arqueada, enfadada.

—¿Perdona? Fuiste tú quien se comportó mal —respondo con voz seca, la de esa Blanca fría que soy desde hace tiempo—. Te escribí una carta en la que puse todo. Y tú, al parecer, te vengaste porque, hasta entonces, no había sabido cómo expresar lo que sentía, y te daba rabia. Es eso, ¿no?

—¡Y tú me jodiste una de las cosas más importantes para mí! Me pinchaste las ruedas de la moto y me la rallaste. ¿Es que ya no lo recuerdas, Blanca? —me escupe con acritud.

Como para no hacerlo. La verdad es que me quedé muy a gusto. Sé que fue una venganza cutre, de joven despechada, pero fue lo único que se me ocurrió. Sabía bien el tiempo que dedicaba a su moto y cómo la adoraba.

—Podrías haberme preguntado, simplemente —le digo más calmada. De todas formas, ya no hay nada que hacer. Ya da igual. Todo eso es pasado y es atrás donde debe quedarse—. Tenías miedo, vale. Pero si me hubieses dicho lo que ocurría…

—Estaba asustado porque era un crío y lo que sentía era demasiado grande. Me ahogaba la idea de que tú, después de mi confesión, cambiaras conmigo. Y había muchas razones más, unas que no podrías entender.

—Deberías explicármelas. Porque, si no, continuaré pensando que hiciste todo aquello porque eras un maldito cobarde que quería mantener las apariencias ante los demás. Un superficial.

—No soy capaz de explicarte los otros motivos, Blanca. Me duelen. Son difíciles. Implican muchas cosas penosas sobre mí. —Suspira con el rostro contraído por el dolor—. No quería perderte, ni hacerte daño. —Suelta un gruñido—. Pero, ya ves, de todas formas lo hice.

—No ganó ninguno de los dos —musito.

Me doy una palmada en los muslos, finiquitando la conversación. Lo único que quería era una disculpa. Sinceramente, todo esto es mucho peor. Me levanto del sofá y me mira desde su asiento con ojos suplicantes.

—Me voy, Adrián. Ya no hay tiempo para nosotros.

Paso por su lado en silencio, sorprendida yo misma de mi serenidad. Quizá soy más fuerte de lo que pensaba. Él no me sigue, pero, a diferencia de aquella vez, me pregunta:

—¿Y tú? ¿Por qué no me confesaste la verdad antes? ¿Por qué no insististe? Me hiciste creer que era un juguete a tu antojo y que solo nos acostábamos por tu deseo de ser otra.

Aprecio ansiedad en su voz. Me quedo plantada en medio del salón, dudando. ¿Cómo explicarle que soy una persona incapaz de revelar mis auténticos sentimientos?

—¿Qué más da? No cambiaría nada, Adrián. Absolutamente nada. Necesitaba sobrevivir, ¿entiendes? Igual que ahora. Protegerme.

Avanzo sin mirar atrás. Mi corazón late a punto de escapar de mi pecho y caer al suelo, abatido. Estoy a punto de alcanzar la puerta cuando lo noto a mi espalda. No me da margen para reaccionar. Me veo empujada contra la mesa. Mi mente viaja en el tiempo, y me parece que estamos viviendo de manera cíclica y cometiendo los mismos errores.

—Eres tan egoísta... —susurra en mi cuello.

Agacho la cabeza, con el flequillo cubriéndome los ojos. Tener a Adrián tan cerca me hará enloquecer. Me estallará el corazón una vez más. Y ya son demasiadas.

—Pero eso era lo que más me gustaba de ti. Tu forma de ser. Esa que me enseñaba que podías comportarte como la persona más egoísta y la más generosa a la par.

El dedo de Adrián se desliza por la piel de mi espalda, confundiéndome. Provocándome dudas. Quiero que me haga sentir como cuando tenía dieciocho años y, al estar con él, todo lo demás desaparecía. Mi sonido favorito era su risa. Y mi lugar preferido, su boca. Pero es solo eso. Intentar revivir un recuerdo. Ya no soy aquella adolescente...

—Alguno de los dos podría haber dado el paso. Tendría que haber sido yo —murmura justo en mi oído.

Las piernas me tiemblan. Adrián apoya la frente en mi nuca, y cierro los ojos, apreciándome condenada. Quiero darme la vuelta y estrecharlo entre mis brazos, pero no puedo. En este juego es muy fácil entrar. Lo difícil es encontrar la salida.

Estoy a punto de conseguirlo cuando noto sus labios en mi pelo. A continuación, llega hasta mis oídos el sonido de una cremallera. No es hasta segundos después que descubro que es la de mi vestido.

—No podemos hacer esto, Adrián. No está bien pensar solo con ciertas partes. Me lo dijiste tú, que las cosas no se solucionan con el sexo.

No contesta. Se limita a rozarme los omóplatos y acto seguido a reseguir mi columna vertebral con las yemas de los dedos. Se me pone la piel de gallina en cuanto me cubre la cintura con ambas manos.

—¿Por qué hablas de eso como si fuera un pecado? —me pregunta acariciándome con suavidad—. ¿Qué más da? ¿Acaso no vas a irte y todo seguirá como antes?

No respondo. Me echo hacia delante con la intención de

separarlo, pero lo único que consigo es provocarlo más. Mi trasero choca sin querer, o eso es lo que quiero creer, con su miembro, que, por supuesto, ya ha despertado.

—Sé que me deseas, Blanca. Quizá tan solo sea porque tú eres una mujer y yo, un hombre. Porque te gusta disfrutar del sexo. Y eso está muy bien. Pero, desde que hemos vuelto a encontrarnos, me gustaría pensar que hay algo más, que todavía queda en nosotros parte de lo que fuimos. No te culpes. No te martirices. No te sientas peor por ello. Yo también pensé siempre que lo mejor que podrías hacer es odiarme por lo cabrón que fui. Sin embargo, ahora ya no quiero eso. Ahora yo también estoy comportándome de manera egoísta, pero es que no logro dejar de pensar en ti, en lo que pudimos llegar a ser. Necesito desprenderme de la culpa. Dime que me perdonas, joder.

Algo en mí cruje. Es esa barrera que había construido con mucho esfuerzo. Una vez más, está rompiéndose. Y, en cierto modo, me da igual. Puede que Adrián me destroce el corazón de nuevo, pero eso solo si yo se lo permito. Quiero su cuerpo, sus manos, sus labios, su lengua. Lo necesito dentro de mí. Será sexo, tal como me prometí cuando volví a caer en sus brazos al llegar al pueblo. Y no habrá más. Esta vez sí que no. Ya no me lo encontraré y, con él lejos, podré olvidar. Y si continúa acordándose de mí, entonces estará bien porque entenderá lo que sufrí y lo horribles que pueden ser los recuerdos.

Sin poder aguantarme más, voy a darme la vuelta cuando Adrián me retiene. Pone una de sus manos en el centro de mi espalda y me echa hacia abajo. Cierro los ojos, consciente de lo que se propone hacer. Revivir. Quedarse atrapado en uno de los momentos más jodidamente bonitos de nuestras cortas vidas. Tener, una vez más, dieciocho años. Antes de que todo se derrumbara.

Mi corazón grita que me toque ya. Me acaricia el trasero

por encima del vestido, y lo aúpo con la intención de provocarlo. Su mano se mete por debajo de la tela. Suelta un gruñido al encontrarse con mi diminuto tanga.

—Me escuece respirar cada vez que pienso en tu piel —jadea.

Se inclina y me cubre con su cuerpo. Noto en mi espalda desnuda la frescura de su camisa. Su pene se aprieta contra mi culo. Lo muevo a un lado y a otro, frotándome hasta que me humedezco.

Adrián desliza sus manos por mis costados hasta llegar a mis brazos. Los recorre hasta alcanzar mis dedos, que tapa con los suyos. Me muerde la oreja, arrancándome un suspiro. Decido actuar. Me gusta ser yo quien domine la situación y con él no va a ser diferente. Antes lo fue, pero ya no soy esa Blanca; ahora soy fría, dura, insensible, controladora. De modo que me incorporo sacando todas mis fuerzas y, al fin, logro darme la vuelta. Adrián y yo nos observamos en silencio. Sus labios, húmedos, me piden en silencio que me los coma. Paso mi lengua por su sonrisa hasta borrársela. Desde el primer momento, el beso es animal, primitivo, cargado de deseo, de dudas, de rabia, de dolor, de temor, de lucha. Somos dos titanes y ninguno dará su brazo a torcer.

Apoyo una mano en su pecho y lo guío por el salón hasta llevarlo al sofá. Lo empujo y cae con un gemido. Me planto frente a él para mostrarle a la Blanca más sexy, esa que conoció en nuestro último encuentro, y con la que se va a topar una única vez más. Me meto las manos por debajo del vestido y, poco a poco, me deslizo el tanga por los muslos. Me detengo en las rodillas y lo miro con la boca entreabierta. Sus labios brillan por la saliva de ambos. Cuando creo que ya lo he provocado bastante me deshago de la ropa interior con un sinuoso movimiento.

—Blanca... —susurra.

Se lleva una mano al pantalón y se coloca el tremendo bulto que pugna por liberarse.

En silencio, me arrodillo ante él. Le aparto las manos y se las coloco a ambos lados del cuerpo. Empiezo desabrochándole la camisa, lentamente, sin apartar mi mirada de la suya. Cuando sus tatuajes aparecen ante mí el corazón me brinca en el pecho. Basta. Es solo sexo. Adrián, el chico que puede darme el mejor orgasmo de mi vida. El que me sacia, el que quema mi piel hasta hacerla entrar en combustión. Pero ya está. Él debe ser como los otros para no dañarme.

Le acaricio el pecho desnudo dibujando su tatuaje con la punta de los dedos. Bajo por su vientre y, al alcanzar su ombligo, me inclino y se lo beso. Adrián echa el trasero hacia arriba y me golpea la barbilla con su sexo. Lo miro con una sonrisa traviesa, comunicándole con los ojos que aquí se hará lo que yo quiera. Advierto sorpresa en su rostro cuando le desabrocho los pantalones. Aprieto su miembro en mi puño y suelta un quejido. Se muerde el labio inferior mientras le bajo el bóxer. Su erección me saluda con entusiasmo. Al lamerlo, algo me araña el pecho. Me asalta la idea de que mi lengua está hecha para disfrutarlo solo a él. En cuanto me la meto en la boca, da un brinco. Jadea. Gime. Gruñe. Apoya su mano en mi cabeza, me coge de un mechón de pelo y se lo enrolla entre los dedos.

El sabor del sexo de Adrián me confunde. Me gusta. Demasiado. Esto no es algo que me encante, aunque cuando ellos me lo hacen a mí, trato de devolverles el favor. Con Adrián, sin embargo, es distinto. Lo es porque anhelo notarlo en mi lengua, en mis dientes, en mi garganta. Y quiero oírlo gemir y ver cómo se muerde el labio inferior cuando se corra.

—No... Para, Blanca. Para, coño. Me voy a ir en tu boca. Es demasiado sucio hacer algo así.

Murmuro un «calla» que suena raro porque aún tengo

su sexo dentro. No obstante, le obedezco y me lo saco, pero continúo masturbándolo con la mano. Echa la cabeza hacia atrás y gime con la respiración agitada. Su pecho sube y baja, expandiendo su tatuaje. Un corazón pigmentado en la piel que parece latir al ritmo del real. Palpita bajo mi mano. Sus dedos estiran de mi mechón, los de la otra mano se le crispan y, segundos después, se corre en la mía.

—Dios... Blanca. Eres tan especial...

Me monto a horcajadas sobre él, con las rodillas apoyadas a ambos lados de su cuerpo, dispuesta a meterlo en mí sin ninguna piedad. Adrián se inclina hacia delante, acercándose peligrosamente, y me pasa una mano por la nuca. Me atrae hacia él con los labios entreabiertos, con la intención de besarme. Ladeo el rostro, con lo que su boca acaba en mi mejilla. Me la besa con suavidad, hasta que se emociona y saca la lengua para lamerme la mandíbula.

Trato de evitar su boca, pero, al final, no lo consigo y caigo. Y quiero pensar que en su lengua y en sus dientes tan solo hay sexo cuando me besa, pero no es así, o al menos no me lo parece. Porque los besos de Adrián son muy distintos a los de los otros hombres con los que he estado. Y eso me da miedo. Tanteo buscando su pene y, cuando lo encuentro, lo guío hacia mi entrada. Él gruñe en mi boca y me da un mordisco en el labio inferior y otro en la barbilla. Me dejo caer y, sin más, se cuela dentro de mí en un suave balanceo. Mi carne tira deseosa por abrirse a él. Noto a Adrián nervioso, apretado contra mí, sujeto a mis caderas.

—Quiero sentirte, Blanca —jadea. Le beso con más fuerza para acallar sus palabras—. Perdonarme en tu piel. Redimirme. Expiar mi pecado.

Apoyo ambas manos en el respaldo del sofá y empiezo a moverme. Es él quien me pide más. Dibujo círculos con las caderas, me muevo de la manera más sensual posible. Adrián se acelera debajo de mi sexo y gime. A mí también se me escapa un jadeo. Sus dedos se clavan en mis nalgas, separándolas, en un intento por adentrarse más en mí.

—Joder... No quiero que esto se acabe —susurra con la voz cargada de placer.

Pero ya no lo escucho. Si lo hago, estaré perdida. He abandonado mi mente. Me concentro en lo que siento, en las llamas que recorren mi cuerpo, en el estremecimiento en el vientre y en el cosquilleo de los dedos de los pies. Puede que Adrián tenga razón y sea una egoísta. Pero tan solo quiero que no me hagan daño.

Doy un par de bruscas sacudidas, provocando que cierre los ojos y gruña. Sé que está a punto de correrse. Su sexo no para de palpitar en mis paredes. Acelero mis movimientos con tal de alcanzar el orgasmo antes que él. En mis ojos cerrados, veo sus tatuajes. La humedad de mi entrepierna crece. Siento que caigo en un torbellino, una espiral que me impulsa a volar. Me corro en silencio, con la cabeza echada hacia atrás. Me muerde un pezón por encima de la tela del vestido. Como no llevo sujetador, puedo notarlo a la perfección. Hunde la cabeza en el hueco de mis pechos. Se abraza a mí, soltándose, vaciándose. Estoy a punto de acariciarle el pelo, pero logro contenerme.

Cuando estoy segura de que ha terminado, me levanto y lo saco de mí. Me mira algo confundido, aunque en sus ojos advierto que también sabe lo que va a ocurrir. Supongo que, por eso, no dice nada.

Recojo mi tanga del suelo y abandono el salón en dirección al baño. Mientras me lavo, me recuerdo que estoy por encima de todo lo que me ha hecho sentir. Cuando salgo, él ya se ha colocado la ropa y espera sentado en el sofá. Serio, con la mirada perdida. No sé qué palabras puedo dedicarle a modo de despedida. Para mi sorpresa, se adelanta.

—No voy a pedirte nada más, Blanca. Es solo sexo. Sé que todavía no puedes ofrecerte a mí.

Trago saliva, confundida. En mi garganta pugnan unas palabras: «Te perdono, Adrián. Y me gustaría no hacerlo, pero simplemente es superior a mis fuerzas. Todavía estás en mí, ahogándome, quemándome». No se materializan.

—Lo que sí te pido es que no ignores lo que ha ocurrido estos días. Estaré un tiempo en Madrid, lejos, para que puedas reflexionar. Yo lo haré, y si me doy cuenta de que he cometido un error con mi acercamiento, entonces daré marcha atrás. No voy a dañarte otra vez, te lo juro.

—No puedo dejarte entrar en mi corazón. Cuando lo hice, me heriste. ¿Lo entiendes, Adrián? —susurro—. No es que me hagas daño. Es que desde que ocurrió aquello el dolor se halla dentro de mí y no he conseguido desprenderme de él. Puedo evitar que me lastimes, pero no el hecho de que tenerte cerca duele. Duele como si mi cuerpo fuera a romperse.

Asiente con la cabeza. Un nudo me aprieta en la garganta. No nos despedimos. Imagino que es lo mejor. Me doy la vuelta y me dirijo a la puerta, intentando aparentar tranquilidad en mis pasos.

—¿Crees que algún día serás capaz de confiar en mí y tratar de recomponer nuestra amistad? —me pregunta antes de salir.

Me detengo, apretando el pomo con fuerza. Me hago daño, y este dolor es una forma de mantenerme en la realidad. Tardo unos segundos en responder, pero lo hago segura.

—No es cuestión de confianza, Adrián. —Ladeo la cabeza para encontrarme con sus ojos brillantes—. Necesito tiempo. Entender qué ocurrió aquella horrible tarde y qué es lo que ha pasado aquí estos días.

—Lo sé. Y esta vez seré paciente.

Cuando estoy esperando el ascensor, oigo los acordes de su guitarra.

Eternal Flame.

23

Creo que ella es una persona cabal. O, al menos, es lo que siempre me ha parecido hasta que su familia se entrometió. Si consiguieras convencerla de que lo que quiere no es seguro y que probablemente no funcionará… Tuvimos una buena relación como clienta y abogada la anterior vez. Sin embargo, esta no lo he logrado. Cuando eches un vistazo a todo el papeleo te darás cuenta de que antes todo fue complicado y, ahora, si se mantiene en sus trece, aún lo será más. El otro abogado es duro de pelar.

Nieves habla y habla. Se pasa al menos diez minutos parloteando ella sola, y sé que esto no es mera cháchara, que no es Begoña poniéndome al día de su último enamoramiento, sino que estoy ante otra profesional a la que le he pedido la venia. Debería poner toda mi atención y los cinco sentidos en lo que la mujer que está enfrente de mí me explica, pero no sé por qué, por más que lo intento, no lo consigo.

—¿Estás bien, Blanca?

Parpadeo ante su pregunta. Al parecer, se ha dado cuenta de que estoy en otro mundo y no aquí. No obstante, trato de disimular y asiento con la cabeza. Cojo los expedientes que me ha traído y abro uno al azar, como si estuviera muy concentrada. Dios, no puedo darle la impresión de que soy una pésima profesional porque quizá lo largaría en el despacho. Me digo a mí misma que ya está bien. Hace casi una semana que regresé del pueblo y ya va siendo hora de que retome mi vida, de que deje atrás lo que ocurrió allí.

—Me duele un poco la cabeza, pero sí, estoy bien. —Asiento, y dedico una sonrisa a la mujer de aspecto serio que me observa con inquietud.

—Imagino que todo te ha venido demasiado de sopetón —dice comprensiva. Tiene unos cuarenta años, mucha más experiencia que yo y, por lo tanto, sabe que nuestra profesión en muchas ocasiones resulta muy complicada.

—No te preocupes. Me gustan los casos así.

—¿Tienes muchos últimamente?

—Unos cuantos. No son complejos, aunque algunos están paralizados. —Suelto un suspiro, aún con la vista posada en las líneas del dossier que he abierto—. Es lo que menos me agrada de todo esto. Seguro que tú ya estás más acostumbrada, pero yo pensaba que podría dejar al margen mis sentimientos. —Alzo la vista para mirarla.

—Al contrario, Blanca. —Da un sorbo a su cortado y sonríe—. Es con el paso de los años que vas entendiendo cómo funciona la justicia.

—A veces vienen familias pidiéndome explicaciones o rogándome que todo vaya más rápido... Y me encantaría. Pero no siempre está en mi mano.

—Quédate con esto que voy a decirte: nosotras no tenemos la culpa. Lo hacemos lo mejor que sabemos y podemos.

—Lo sé.

Se me escapa un suspiro. Me termino el café y me rasco la barbilla, deseosa de fumarme el cigarrillo de después. Imposible, ya que Nieves ha preferido que lo tomásemos dentro de la cafetería para estar más tranquilas que con el jaleo de la terraza.

—Eres muy joven. Y buena. Eso lo sé también. —Me

guiña un ojo de manera casi imperceptible—. Pero aún te queda mucho por delante y vas a encontrarte de todo. Desde casos muy sencillos que se resolverán fácilmente hasta otros que te llevarán por el camino de la amargura y con los que experimentarás todo tipo de sentimientos, desde frustración hasta deseos de apuñalar a alguien. —Se echa a reír. Nieves es una mujer de aspecto formal y serio, pero lo cierto es que resulta bastante divertida cuando se la conoce bien—. Recuerdo un caso que tuve hará unos seis años. Dios mío, jamás podré olvidarlo. Malos tratos, alcoholismo, drogadicción, mujer sumisa que denunciaba pero después daba la razón al marido... Todos sufrimos; los que más, los niños. Una pena. Eran pequeños, aunque con la suficiente edad para darse cuenta de lo que ocurría.

—Todavía no me he encontrado con algo así.

—Ahora sí. —Me señala todos los expedientes que hay esparcidos por la mesa—. Y vas a tener la oportunidad de demostrar a todos lo que vales.

—¿Sabes que de cría quería ser periodista? —le confieso con una sonrisa tímida.

—Seguro que habrías tenido menos dolores de cabeza. —Se ríe de manera abierta—. De todas formas, creo que la profesión que has elegido va contigo.

—Gracias. —Asiento con la cabeza. Viniendo de ella, me siento muy halagada.

Quince minutos más tarde nos despedimos en la puerta del café. Me dice que, si tengo algún problema, la llame, que no tiene ningún inconveniente en echarme una mano. Se lo agradezco enormemente, aunque lo más probable es que no la telefonee. Me gusta hacer las cosas por mí misma, aunque necesite ayuda.

Dejo mi maletín en el suelo y la bolsa que me ha traído. Pesa, la condenada. Me enciendo un cigarrillo mientras observo cómo se aleja. Madre mía, qué ganas tenía de dar estas maravillosas caladas. Aunque estoy pensando en dejar de fumar. Dicen que engordas, pero... ¿Y lo que ganaré en salud? Al menos saldré a correr sin ahogarme. Y me ahorraré dinero que podré gastar en bolsos, zapatos, ropa...

Una vez que he terminado el pitillo cojo el maletín y la bolsa y me encamino al coche. La leche, no recordaba que lo he aparcado a unos diez minutos de aquí. ¿Veis? Otro motivo por el que debo dejar de fumar: solo he dado unos cuantos pasos y ya voy resoplando.

Estoy esperando en un semáforo cuando, con el rabillo del ojo, advierto que alguien me mira. Al volver la cabeza me topo con un chico, más o menos de mi edad, bastante atractivo. De sus orejas cuelgan unos auriculares, e incluso desde aquí aprecio la escandalosa música. Me dedica una bonita sonrisa. Tiene los dos dientes delanteros un poquito grandes. Se me seca la garganta, pero obligo a mi mente a no asociar esa imagen con otra que no es buena para mí.

El chico se saca un auricular y señala mis enseres sin borrar la sonrisa.

—Vas un poco cargada, ¿no? —También posee una bonita voz.

—Ya ves —confirmo con una risa.

—¿Adónde vas?

—Pues mi propósito es llegar al coche. Si lo consigo, me doy con un canto en los dientes.

Se echa a reír y se muerde el labio inferior de una forma exquisita. El pulso se me acelera en las muñecas. «Ay, Blanca, esa cabeza tuya tan loca y pervertida...»

El semáforo me salva, aunque no por mucho tiempo. Él se acerca y hace amago de cogerme la bolsa. Por un instante me siento tentada de rechazar su ayuda, pero como no quiero parecer una maleducada, me callo.

—¿Dónde está tu coche?

—Dos manzanas más allá. Cerca de la estación de tren.

—Pues vamos en la misma dirección, así que asunto arreglado.

Se adelanta a mí y empieza a cruzar el semáforo. Me quedo observando su culo, enfundado en unos vaqueros cortos. Está muy en forma, para qué mentir. Lleva una camiseta de color azul oscuro que le marca todos los músculos. Justo en ese momento se da la vuelta para comprobar que lo sigo y me pilla con los ojos en la masa. Trato de disimular, aunque imagino que se ha dado cuenta porque su sonrisa se ensancha. Una vez que hemos cruzado, me pregunta:

—¿Puede saberse qué es todo esto que llevas aquí?

—Papeleo del trabajo.

—¿A qué te dedicas?

—Soy abogada.

—Ya me imaginaba que sería algo de eso.

—¿Por qué? —Me muestro divertida.

—La ropa, el pelo, tu manera de andar y de ir tan recta...

—¿En serio? ¿Así es como piensas que somos las abogadas?

—Al menos, tú sí.

Ambos nos reímos. Cinco minutos después llegamos a mi coche. Gracias a él, no se me ha roto la bolsa o se me han quebrado los brazos. Me ayuda a descargar todo en el maletero. Cuando lo cierro, está observándome con las manos en los bolsillos.

—Bueno, pues muchas gracias —digo simplemente.

—¿Solo eso? —Finge estar triste. Me fijo en que tiene un hoyuelo en la barbilla y unos ojos del color de la miel muy expresivos. Es de lo más atractivo, el cabrón—. Después de todo el esfuerzo que he hecho me merezco algo más, ¿no?

—¿Como qué?

—Tu nombre.

—¡Ah! Blanca.

Alargo la mano para estrechar la suya, pero se inclina, me agarra de la cintura con fuerza (por Dios, qué dedos) y me planta un beso en cada mejilla. También huele bien. Si no me equivoco, es Bambú de Adolfo Domínguez. Reconozco que soy una fanática de los perfumes masculinos.

—Yo soy Sebas —me dice tras separarse.

—Encantada, Sebas.

Sonrío y, a continuación, saco la llave del bolso con la intención de meterme en el coche. No obstante, me reclama de nuevo.

—¿Y no me merezco algo más?

—¿Qué? —pregunto fingiendo impaciencia, aunque he de reconocer que la situación me resulta divertida. Lo que a mí me gusta coquetear con un tío. Temía que, después de mi visita al pueblo, esa Blanca hubiera desaparecido.

—Pues no sé. Algo como una invitación a una cerveza... —deja caer, alegre.

—Ya has podido comprobar que estoy muy ocupada. —Señalo el maletero. No es una excusa, es la verdad. Esta tarde he de empezar a ponerme al día. Y a tope.

—No digo ahora, ni hoy o mañana... —Se rasca la barbilla decorada por una fina barba rubia—. Te doy mi número y me llamas cuando te apetezca desconectar de todo ese trabajo.

—Suena bien —acepto—. Vale, apúntamelo. —Extraigo el móvil del bolso, entro en la agenda y se lo preparo—. Toma.

Un par de segundos después lo tengo guardado. Él se queda mirándome mientras guardo el teléfono.

—¿Qué? —pregunto sonriendo.

—¿Y no me das el tuyo?

—No, Sebas, no. Yo no soy de las que esperan a que las llamen. Si me apetece, lo haré yo. —Arqueo una ceja con mi mejor cara de *femme fatale*.

Se ríe, asintiendo con la cabeza, y sé que mi reacción aún le ha gustado más. Este tío me ha estado tirando los trastos desde que nos hemos encontrado en el semáforo. Le pido con un gesto que se aparte y me subo al coche de la manera más provocativa posible. La falda se me sube hasta la mitad del muslo y tengo claro que está mirándome, aunque no puedo verlo.

Enciendo el motor y, antes de que arranque, Sebas rodea el coche y se inclina en la ventanilla. Le dedico una mirada inquisitiva.

—Estaré esperando su llamada, señorita abogada.

Su forma de decirlo me causa unas agradables cosquillas en la entrepierna. Aprieto los muslos. No le doy una respuesta para que se quede con más ganas de saber de mí.

Unos segundos después estoy conduciendo por el centro de Valencia con una enorme sonrisa en el rostro, más contenta que unas pascuas. Cómo adoro la capital y a la Blanca que aparece aquí. En realidad no sé si lo llamaré, pero que me sienta fenomenal tener el poder, eso no me lo quita nadie.

Una vez en mi adorable piso, tan cuco y fantástico, decorado al completo por mí, me pongo cómoda y preparo una tetera para pasar el resto de la tarde leyendo informes y estudiando el caso. La próxima semana tengo una cita con la clienta y quiero demostrarle que no se ha equivocado conmigo y que estoy perfectamente capacitada para conseguir lo mejor. También debo verme con el otro abogado y eso me asusta un poco. Tres horas y cinco tés con vainilla después la cabeza me da vueltas y me duele horrores. Hago una pequeña pausa para ir al baño por enésima vez. Me preparo más té. Me tomo un ibuprofeno y reanudo la tarea.

A las diez de la noche hago un descanso para cenar algo. Una ensalada y un bocadillo con pan de centeno y pavo. Mientras me lo como, me doy cuenta de que extraño las comidas de mi madre. Podría pasarme por casa algún fin de semana a zamparme una de esas paellas tan ricas. O arroz al horno. Dentro de poco volveré a comer mal en el despacho y, al fin y al cabo, Adrián ya no estará en el pueblo. Me dijo que se marcharía para el estreno de la nueva obra que estaban preparando.

Tras la cena me recuesto en el sofá con otro informe entre las manos y con un poco de música. He elegido el disco de Ed Sheeran que me regaló Begoña. La muy cabrona lo hizo a propósito: al principio me negaba a escuchar sus canciones porque pensaba que eran muy moñas. A mí todo eso del romanticismo no me va. Por eso, mi amiga decidió comprármelo y, al final, caí en la magia de las letras de Sheeran. Desde entonces me relaja cuando trabajo. Y Begoña está de lo más contenta por el hecho de que Blanca la Iceberg cante en el coche a pleno pulmón esas canciones tan románticas.

Lo cierto es que este caso es más complicado de lo que me esperaba. Y ya es mucho decir. El anterior proceso judicial, de hace unos años, fue duro. Divorcio contencioso, desatención del núcleo familiar, drogadicción notoria con pruebas testificales y documentales que el padre aportó. Nieves trató de minimizar cuanto pudo el hecho con la intención de demostrar que no afectaba a la vida de los niños, pero no fue posible. De modo que la sentencia final fue favorable para el padre, quien, además, pidió que no hubiera régimen de visitas para la madre. Sin embargo, el juez decidió que los abuelos maternos sí lo tuvieran. Tras esto, mi actual clienta ingresó en una clínica de rehabilitación. Años después, tras su salida, quiere recuperar la custodia. Los hijos aún son menores, pero supuestamente ella ya no es tan drogodependiente. Y digo «tan» y «supuestamente» porque Nieves solicitó, con tal de aportar pruebas, un examen clínico que dio positivo. Mal vamos. ¿Cómo quiere recuperar esta mujer a sus hijos si continúa así?

La clienta requirió una demanda de modificación de medidas familiares. Nieves puso objeciones, y supongo que aquí es cuando empezaron los problemas porque, al parecer, la clienta alega que recibió malos tratos por parte de su marido cuando estaban casados y que, además, estos también iban dirigidos a los niños y afirma que sigue haciéndolo. También asegura que el padre desatiende a los hijos a causa del trabajo y que ellos han pedido a sus abuelos en infinidad de ocasiones vivir con su madre. No obstante, en el anterior proceso no se mencionó que el padre fuera un maltratador y encima el abogado de este manifiesta que en realidad los niños a quien no desean ver es a la madre. La clienta quiere que se le retire la custodia al padre y tenerla ella al completo. Imagino que Nieves intentó dejarle claro que los jueces no suelen tomar decisiones drásticas, por lo que dicha custodia no va a pasar del uno al otro al cien por cien. Incluso si el padre fuera un maltratador real, el juez podría llegar a entregárselos al Estado, o al menos buscaría otro familiar. Visto así, lo más seguro es que detrás de todo esto estén los padres de mi clienta.

Y es a partir de ahora cuando yo entro en acción. Con la vista cerca, sin que la clienta esté convencida de la situación, con los padres de por medio... Además de los otros casos que llevo, que, por suerte, son más fáciles y estamos en espera de fechas para vistas y sentencias. Si esto sale bien pienso celebrarlo a lo grande. Por otra parte, me avergüenza que Nieves ya haya hecho casi todo el trabajo y que, cuando supuestamente está llegando al final, pase a mí.

Media hora después apago el equipo de música, dejo los expedientes sobre la mesa y me voy al baño. Me doy una ducha con el agua muy caliente, me lavo con mi gel favorito de Rituals, que hace que mi piel huela de maravilla, me aplico el exfoliante a conciencia y, tras veinte minutos, salgo mucho más relajada.

Al regresar al salón descubro que tengo una llamada perdida de mi casa. Imagino que será mi madre para preguntarme qué tal el regreso.

—¡Hola, Blanca! —me saluda tras cuatro tonos.

—Dime, mamá.

—Vaya, ¿te pillo en uno de esos momentos tuyos de mala leche?

—¡Qué va! Si acabo de darme una ducha que me ha dejado como nueva. Es que es un poco tarde. ¿Qué haces despierta aún?

—He estado mirando álbumes de fotos de cuando eras pequeña —dice con melancolía.

—Ah, ¡qué divertido! —me burlo.

—No seas así. Sabes que te echo de menos.

—Pues ya deberías estar acostumbrada. Hace tropecientos años que me fui —le recuerdo.

—Una madre nunca se acostumbra a estar lejos de su hija.

—¿Lejos? Mamá, que no vivo en China. Estamos a media hora en coche. —Pongo los ojos en blanco.

—¿Sabes qué? Adrián ya se ha ido a Madrid. Esa obra va a ser muy importante para él.

—Genial —respondo de forma seca, aunque noto un sobresalto en el estómago. Qué inoportuna es ella.

—Vino a despedirse de nosotros antes de marcharse. Lo noté un poco tristón —dice con esa voz suya con la que pretende sonsacarme—. ¿Tú sabes algo?

—¿Yo, mamá? ¿A santo de qué tendría que saber yo?

—La noche en la que cenamos juntos...

—¿Qué?

—Me asomé al balcón y os vi hablando en la calle.

—¡Vaya por Dios! —exclamo. Suelto un gruñido.

—¿Os estabais despidiendo también?

—Justo eso.

Se hace un silencio al otro lado de la línea. Quiere que le

dé más información, pero es evidente que voy a guardármela a buen recaudo. En una caja fuerte, con cuatro cerrojos y una cuerda que la anude de tal forma que no pueda salir.

—¿Ya has empezado a trabajar? —me pregunta, una vez que comprende que mi boca está sellada.

—Qué remedio... —Suspiro.

—Bueno, Blanca, no te entretengo más. Acuéstate, que es tarde y seguro que mañana tienes que madrugar.

—Saldré a correr. Y luego trabajaré más.

—No tanto, hija... Que duermas bien.

—Y vosotros, mamá.

Tarda en colgar al menos un minuto más porque se entretiene con unos cuantos «hasta mañana», «adiós», «buenas noches». Yo soy más de las que se limitan a finalizar la llamada sin apenas despedidas.

Cinco minutos después estoy acostada en mi cama de sábanas frescas. Cómo la he echado de menos... La de casa de mis padres es enana. Doy unas cuantas vueltas, tratando de encontrar la postura más cómoda. No hay manera. Me digo que el problema es que estoy preocupada por el caso que tengo entre manos. Sin embargo, casi una hora más tarde, cuando ya se me cierran los ojos, me doy cuenta de que lo que sucede es que la cama me resulta fría, enorme, vacía. Y antes de caer dormida, un nombre tintinea en mi cabeza.

Adrián.

24

Alzo la mano para atraer la atención del camarero. Le pido una Coca-Cola. Necesito engañar a mi estómago hasta que venga Begoña; las tripas ya me rugen.

Esta mañana ha sido horrible. Tras una semana de estudio y revisión concienzudos del caso, por fin he tenido la cita con mi clienta. Al principio todo ha ido bien. Parecía amable, atenta y dispuesta a que trabajásemos juntas. No obstante, cuando le he dicho de buenas maneras si podíamos hablar a solas, pues los padres también han acudido, las cosas se han torcido. Se han defendido con el pretexto de que me pagaban ellos y de que habían cuidado también a los niños durante todo este tiempo y que, por tanto, tenían derecho a estar presentes. He accedido para que el asunto no fuera a peor. Después he pasado a explicarles cómo vamos a trabajar y cuáles son, a mi entender, las mejores opciones, que en realidad coinciden bastante con las que les había ofrecido Nieves.

—Queremos que en el acto de vista solicite una exploración de menores —ha dicho la madre, una señora con pinta de estirada y marimandona. Y puesto que el marido de la susodicha apenas ha abierto la boca, no me ha costado adivinar quién lleva los pantalones.

—¿Y cuáles son sus motivos para dicha decisión? —he preguntado parpadeando—. Ya se lo pidieron a Nieves y ella les explicó que...

—El padre es un maltratador. Esos niños no están bien con él. Tenemos pruebas. Testificales.

—Lo primero y básico es que necesitamos pruebas reales de que lo sea —les he anunciado muy seria. No es la primera vez que se aportan pruebas falsas por chanchullos y, aunque a mí la falsedad debería darme igual si con eso consigo ganar, no sé muy bien por qué pero no me agrada todo esto—. Lo segundo es que el interés del menor es lo que prima, incluso en las reglas del juicio. En caso de que pudiéramos solicitarlo, el juez designaría a un perito psicólogo para que estudiara la relación que los niños mantienen con el padre, pero eso retrasaría muchísimo todo. Y no es lo que queremos, ¿verdad? Y tampoco deseamos que esta demanda de modificación de medidas parezca que se busca voluntariamente para beneficio de la solicitante.

La señora me ha mirado como si fuera tonta. Le he dedicado una sonrisa, pero ha torcido los morros como si mi gesto le resultara incómodo, así que me he apresurado a borrarlo.

—¿De cuánto tiempo estamos hablando? —ha preguntado.

Por Dios, pero si Nieves ya se lo había dejado claro.

—Pues, en el caso de que el juez lo aprobara, el psicólogo judicial podría tardar seis meses...

La mujer ha resoplado y se ha cruzado de brazos. Y todo esto con mi cliente —la que de verdad debería estar interviniendo— totalmente callada y con la cabeza gacha. Al final hemos llegado a un acuerdo: ellos se pensarán lo de la exploración de menores con la condición de que yo les ofrezca mejores opciones. Y hemos quedado para otra cita la próxima semana. Y el tiempo irá pasando y estaremos, me temo, con la misma mierda.

Cuando salían he oído que murmuraban y me he acercado a la puerta del despacho para cotillear. Me ha parecido entender que la señora decía que yo era demasiado joven y que no se fiaba. Mal empezamos.

Esta tarde, después de la comida, ya continuaré con el caso. Ahora quiero centrarme en las magníficas hamburguesas de este restaurante, The Black Turtle. Está en el barrio de Ruzafa, que siempre he adorado, y lo han decorado de manera muy atractiva para que los clientes se sientan como en un auténtico local americano. Aunque, para mí, eso es lo de menos. Lo que a menudo me trae aquí es la deliciosa comida.

Estoy dando un trago a mi Coca-Cola y echando un vistazo a la carta cuando oigo el inconfundible taconeo de mi amiga. A Begoña le da igual que sea de día o de noche, festivo o laborable, que sin sus taconazos no sale a la calle. Hoy, como viene de trabajar, lleva una falda de tubo de color azul marino y una blusa blanca. Se ha recogido el oscuro cabello en una cola alta y luce un maquillaje de lo más natural. Aun sin tener una cara o un tipo excepcionales, la muy perra destaca entre la multitud con esa elegancia y seguridad que desprende.

—Hola, *baby* —me saluda sonriente y se deja caer de golpe en la silla.

—Llegas tarde —le recrimino mirándola por encima de la carta.

—Se me habrá contagiado de ti. —Me devuelve la pulla. Nos echamos a reír—. Anda, dame dos besos. —Se inclina hacia delante y me coge de la nuca.

—Antes de ponernos a hablar, vamos a pedir. Me muero de hambre.

—¡Déjame pensar, por favor! —se queja arrugando los labios brillantes por el carmín.

—Tú hazme caso: pide una Tower Burger. —Le arranco la carta de las manos—. Y, de paso, unos nachos.

—¿Dónde ha quedado la dieta? —me pregunta asombrada.

—¿Eso qué es? —respondo encogiéndome de hombros.

—Bueno, te haré caso porque yo también estoy hambrienta. —Se desabrocha un botón de la blusa y se abanica con la mano derecha—. Hoy hace un calor terrible, ¿eh?

—Terrible ha sido mi mañana.

—¿Y eso por qué?

Le indico con un dedo que espere y llamo al camarero. Este se acerca con su libreta, dispuesto a anotar lo que queremos. Tras pedir, Begoña parpadea para que le cuente.

—He tenido una reunión con la clienta. Más bien, con todos menos con ella. Los padres, que son un poco extraños. La madre es una ricachona estirada. Debe de llevar al marido más tieso que un palo.

—No está bien que hables así de tus clientes —me regaña, y a punto estoy de creerme que va en serio.

—Sabes que no suelo hacerlo, pero es que... —Suelto un gruñido—. Esa mujer va a ser un hueso duro de roer.

—Míralo por el lado bueno: en el despacho estarán contentos si todo sale bien y, a lo mejor, cae alguna proposición. —Me observa con un semblante ilusionado.

—Vale. —Levanto las manos—. No hablemos de trabajo, que me estreso más.

—Entonces cuéntame qué tal te ha sentado la visita al pueblo. —Me echa un vistazo de arriba abajo, aunque la mesa me tapa la mitad del cuerpo—. Te veo la mar de bien.

—No puedo quejarme. He comido como una cerda, me he relajado, me enfrenté a las buitronas... Vamos, que he cumplido con todos mis quehaceres.

—Y... —Abre los ojos, con una sonrisa llena de dientes.

—¿Y...?

—¿De verdad quieres que lo explique? Luego te enfadarás.

—Begoña, nos conocemos de hace ya bastantes años y sé lo que quieres.

—Claro. Pero la cuestión es: ¿tú quieres dármelo? —Pone cara de picarona.

—¿Vas a insistir hasta que desee que te ahogues con un trozo de hamburguesa?

—Sí...

—Entonces me veo obligada a contarte cosas. No deseo que mi mejor amiga sufra una muerte tan terrible. —La miro con fingido horror.

Bego da un par de palmadas. Se recompone de inmediato cuando el camarero nos trae los nachos. Nada más depositarlos en la mesa, ambas los atacamos sin piedad. Begoña esboza un gesto de placer tras el primer bocado.

—A ver, que si no te apetece, no pasa nada. Durante cinco minutos, los que tarde en comerme estos maravillosos nachos, puedo estar callada —dice con la boca llena.

—Lo he conseguido. He logrado que Adrián solo sea un polvo y no dejarme llevar por viejos sentimientos —le suelto de repente. Ella me mira sin entender.

—¿Qué? —Arquea una ceja. Da un trago a su agua y adelanta una mano—. Espera, espera. Necesito grasa para poder digerir lo que vayas a decirme.

—Pues mientras cuéntame por qué has entrado tan feliz —le propongo al tiempo que alcanzo otro nacho—. ¿Te has enamorado ya esta semana?

—Eres una pérfida, Blanca. Por supuesto que no. Mis enamoramientos van de mes en mes, ya deberías saberlo. La última fue la morena de tu pueblo. Pero ella ya me dejó claro que es un alma libre, y yo quiero sentar la cabeza. —Me apunta con un triángulo de maíz cargado de salsa cheddar—. Estoy contenta porque ha vuelto mi compañera de aventuras. —Me guiña un ojo—. Y porque el próximo sábado saldremos a divertirnos y...

—Y traerás contigo al tío ese del que me hablaste —termino por ella poniendo los ojos en blanco—. Que sepas que me encerraré en casa si lo haces.

—¡Pero...! —empieza a quejarse, aunque se ve interrumpida por dos nuevos platos con nuestras enormes hamburguesas.

Doy un bocado a la mía y un chorretón de salsa me resbala por la barbilla. Begoña juguetea con una de las patatas mientras me mira con curiosidad.

—Vale, ya estoy preparada para que me cuentes lo de Adrián.

—Cógete a la mesa —le advierto.

Me sigue la broma y se inclina hacia delante, con toda su atención puesta en mí. Yo también me acerco y digo en voz bajita:

—Volví a acostarme con él, antes de marcharme.

Begoña se aferra con fuerza a la mesa, abre los ojos como platos y exclama:

—¡Joder, tía, no me lo puedo creer! —Luego suelta una carcajada que retumba en el local semivacío—. Venga ya, ¿eso es todo? Como si fuera algo nuevo.

Me rasco la frente, conteniendo la sonrisa. Mi amiga da un buen mordisco a su Tower Burger y se queda a la espera de que yo continúe.

—Es que todavía no te he contado cómo ocurrió.

—A ver, que trato de adivinarlo... —Se lleva las manos a las sienes y se las frota, con los ojos cerrados—. Te cantó y se te derritieron las bragas.

—Pues...

—¡Lo sabía! Es imposible no caer en las artes de un músico atractivo.

—Llevé a mis padres a cenar a un bonito restaurante —le explico, haciendo caso omiso de su comentario— y adivina quién estaba allí...

—¡Uf! ¡Qué difícil es esta! —Cierra de nuevo los ojos y finge concentrarse—. ¡Ya lo tengo! —exclama chascando los dedos—. El músico sexy.

—Acompañado. De una mujer.

—¡No me jodas! Ahora sí que está poniéndose interesante la cosa —comenta en tono malicioso—. Y claro, te molestó que no veas.

—¡Por supuesto que no! —rechazo, como si lo que acaba de decir fuera una locura. Begoña se pone seria y me mira en plan: «Nena, no te lo crees ni tú»—. Además, según él era una compañera.

—De fatigas en la cama.

—No lo sé, ni me importa. —Me encojo de hombros mientras mastico una patata—. Pero lo que a ti sí te importa es que al regresar a casa... —Voy a contarle que casi tuve un accidente de coche debido a viejos recuerdos. Sin embargo, decido omitir esa información—. Me lo encontré de nuevo.

—¿Y la tía esa?

—No estaba.

—O sea, que prefirió ir a buscarte. —Begoña esboza una sonrisa cómplice a la que también hago caso omiso.

—Total, que dijo que teníamos una conversación pendiente...

—Lo que yo te comenté. Si es que tú eras la única que no lo veía.

—¿Puedes dejar de interrumpirme?

Begoña alza una mano en señal de disculpa y se centra en comerse la hamburguesa. Eso sí, sin dejar de mirarme de manera expectante.

—Acepté porque, bueno, en el fondo yo también pensé que debíamos hablar y superar rencores. Fuimos a su casa... —Reparo en que Begoña va a decir algo, pero le pongo mala cara y hace un gesto como de coserse los labios—. Y de repente saca la guitarra y se pone a cantar *Eternal Flame*.

—¡Ese fue el momento desintegración de bragas! —chilla. Me fijo en que el camarero que nos ha atendido nos mira con curiosidad.

—¡Por favor, que esto es serio! —me quejo, aunque se me escapa la risa. Con Bego, la vida es más divertida, para qué mentir, incluso en los momentos complicados—. Lo que hizo después... Vale, más bien lo que dijo, fue una cabronada.

—¡¿Qué, qué?! ¡Suéltalo ya!

—Que yo fui la primera chica con la que se acostó.

—¡La madre que lo parió! —Mi amiga suelta una carcajada—. ¿Y crees que es verdad?

—Al principio no. —Toqueteo la servilleta, recordando el mal momento que me hizo pasar. Y aún me provoca una sensación rara en el vientre pensar en ello—. Pero luego se puso a explicarse. Me confesó que yo le gustaba cuando éramos críos, se disculpó por lo que hizo. Encima repetía que no podía contarme por qué actuó de esa forma, como si tuviera un horrible secreto, y...

—Lo sé, Blanca: os acostasteis. —Begoña asiente, comprensiva.

—Yo no quería. Me pilló con las defensas bajas —me quejo, mordisqueando una patata—. Estaba a punto de marcharme y me empotró contra una mesa, ¿sabes?

Begoña vuelve a reírse, pero al ver mi cara de fastidio, agita la mano y asiente con la cabeza, como asegurándome que se calla ya.

—Vale, vale. Sé que todo esto es duro para ti.

—¿Duro? Una jodienda, eso es lo que es. Quería mantenerlo como simple sexo, pura diversión.

—¿Y lo lograste? —me pregunta Bego con curiosidad.

—Pues... —Titubeo unos segundos al tiempo que la miro—. Sí...

—Ya. —Begoña asiente, y se pasa la lengua por el labio

superior para quitarse los restos de salsa—. ¿Piensas que él siente algo por ti todavía? ¿Te gustaría, Blanca? —Me mira muy seria.

—¡No! Quiero decir que me daría igual.

—¿En serio?

—¡Ay, no sé! Es que me niego a caer en los brazos de alguien que me hizo tanto daño en el pasado. Es como si no tuviera autoestima, ¿no?

Mi amiga se mete el último trozo de hamburguesa en la boca y se dedica a masticarla con parsimonia, observando el plato. La miro en espera de que diga algo, que me dé la razón y me anime a olvidar a Adrián.

—Chica, tampoco es eso. Hace mucho tiempo que pasó. Y créeme que los adolescentes son imbéciles. Yo misma lo fui. Me comporté bastante mal con algunas personas y luego me arrepentí. Pero eso no significa que sea una mala chica, ¿no?

—No.

—Pues ya está.

Me quedo callada y me doy cuenta de que se me ha formado un molesto nudo en la garganta.

—Blanca… ¿No será que lo que te pasa es que temes enfrentarte cara a cara con esos viejos sentimientos que creíste superados? Porque supondría que no tienes tanto control como pensabas, y sé que esa es una de las cosas que más te aterrorizan.

Begoña sonríe y, un segundo después, requiere al camarero. Se pone a preguntarle qué hay de postre, pero mi cabeza acaba de desconectar. Si se supone que soy tan valiente y fuerte, que he superado mis temores y estoy tan segura, ¿por qué noto esta presión justo en el centro del pecho? ¿Por qué siento que, una vez más, me he equivocado en todo?

—¿Blanca? ¿Estás ahí o te has marchado ya? —bromea Begoña agitando la mano delante de mi cara.

—Voy a pedirme el postre más grande que haya. Y con más chocolate.

—No te preocupes, cielo, que ya lo he hecho por ti. —Me guiña un ojo.

Entonces comprendo que justo es esto lo que Begoña pretendía con sus palabras: que me pusiera a pensar en todas las estupideces que cometo, en lo que yo creo pero no coincide con lo que en realidad es, y en las veces que me miento. Pero como odio sentirme así, como me aterroriza flaquear, como ella dice, y cometer los mismos errores, mi mano se mueve sola por mí. Y saca el móvil del bolso. Begoña me observa con curiosidad mientras tecleo con rapidez.

—No cuentes conmigo para este sábado —le digo, y arruga las cejas sin entender.

Unos segundos después el whatsapp me avisa de que mi mensaje acaba de llegar a su destinatario: Sebas.

25

El sábado, a las nueve de la noche en punto, veo una llamada perdida en el móvil. Es Sebas, que debe de estar abajo. Me miro en el espejo de la entrada una vez más y me aseguro de llevar el flequillo y la melena perfectamente planchados. Me pinto los labios con un carmín rojo intenso y después sonrío y parpadeo, observando con complacencia que las nuevas pestañas postizas que me he comprado para la ocasión son una maravilla.

Antes debo decir, a mi favor, que estuve a punto de arrepentirme de esta cita y dudé si formalizarla. Pensé que estaba comportándome de manera cínica y cobarde. Sin embargo, al acudir a la consulta de Emma me cabreé. Estuvimos charlando sobre mi estancia en el pueblo, logró sonsacarme un montón de cosas —qué persuasiva es la muy cabrona, normal que tenga tantos clientes— y, al final, hablamos de Adrián. Le conté mucho sobre él. En realidad, todo. Todo sobre nuestra relación en la infancia, lo que me hacía sentir, cómo me comporté con él, cómo actuó él conmigo, los errores, los reencuentros en el pueblo, la última noche que pasamos juntos.

Emma me escuchó sin apenas parpadear, sin asentir o hacer un solo gesto. Se limitó a escribir en su libreta mientras yo estiraba el cuello con intención de descubrir lo que anotaba de mí. Su diagnóstico fue rotundo: Adrián todavía despierta viejos sentimientos en mí y de ahí vino mi deseo de aislarlo a solo sexo para no enfrentarme a la verdad que, por cierto, a Emma no pareció agradarle. Le llevé la contraria, ella se mantuvo en sus trece y finalmente me marché de la consulta con un cabreo monumental. En especial porque parece saber todo de mí, ya que insinuó si yo tenía la intención de verme con un tío nuevo. Para borrar a Adrián de mi cabeza, dijo. Y también recalcó que ella no es de las que creen que lo de que un clavo saca a otro clavo sea una buena terapia. Estuve a punto de espetarle que por quién me había tomado.

De modo que continué escribiéndome con Sebas y aquí estoy, con mi falda más bonita y una blusa que me queda fenomenal. Y con el cerebro desconectado. Voy a pasar una buena noche y punto. No hay más misterios. Esta es la Blanca real, la que debería ser siempre. No cambiaré por nada ni por nadie y, si se me presenta la oportunidad de avanzar, de pasarlo bien… ¿por qué desaprovecharla?

Al salir del portal me lo encuentro plantado con unos pantalones desgastados y una camiseta negra en la que leo: «I love rock, sex and drugs». Parpadeo, por si mis ojos me engañan.

—¡Eh, soy yo! —exclama con una mano alzada para llamar mi atención. Me echa un vistazo de arriba abajo—. Te has arreglado mucho. Es cierta esa leyenda urbana de que los abogados ganan un pastón.

—No te creas. —Chasco la lengua. No tengo un mal sueldo, lo reconozco. De todos modos, puedo permitirme caprichos porque me paso la vida trabajando.

—Vives en una zona bastante pija. —Sebas ensancha la sonrisa y me muestra los dientes.

—¿El Carmen? Bueno, hay de todo. —Rebusco en mi bolso con la intención de sacar un cigarrillo, pero justo en ese momento recuerdo que… ¡oh!, he tenido la fantástica idea de dejar de fumar.

—¿Nos movemos?

—Vayamos con mi coche —propongo. Me siento segura y dominante con el volante en mis manos.

—Será difícil aparcar.

Lo cojo de la muñeca y lo obligo a caminar. Hasta que llegamos al aparcamiento donde guardo el coche, él no deja de lanzarme miradas. Cuando descubre mi Polo sonríe de nuevo. Al menos no hace un comentario relativo a que me pega o algo parecido.

—¿Adónde quieres que vayamos? ¿Tienes algún plan? —le pregunto una vez dentro.

—Supongo que querrás ir a un lugar estiloso, a pesar de que mis pintas no… —Se señala con aire despreocupado.

—No te preocupes. Podemos ir a donde tú quieras. —Le dedico una sonrisa y él me la devuelve.

—Pues… Si te dijera adónde quiero, no estaría siendo muy cortés y todavía queda mucha noche por delante. —Tiene una cara de pillo que no se la aguanta. Me toqueteo el pelo con coquetería—. ¿Qué te parece Coco Pazzo? —sugiere—. Está en Conde de Altea. La comida es muy buena.

—No lo conozco, pero hecho.

—Es un argentino especializado en carne a la parrilla.

—Genial. Justamente esta noche me apetece carne —digo tan tranquila. Sebas suelta una carcajada. Vale, mi frase parecía tener doble sentido.

No sé cómo lo hacemos, pero logro encontrar aparcamiento cerca. Sebas lo achaca a su buena suerte. Nos reímos. Este chico me cae de maravilla. En el restaurante nos informan de que, al no haber reservado mesa, tendremos que esperar una media hora. Salimos y nos sentamos en la terraza más cercana para tomar algo mientras tanto.

—Oye, no tendrás un cigarro por ahí —digo ansiosa.

—No fumo —contesta con una enorme sonrisa—. Estaría dando mal ejemplo a mis clientes.

—¿A qué te dedicas? —le pregunto algo roja. En realidad, lo único que hemos hecho ha sido enviarnos mensajes subidos de tono.

—Entrenador personal.

—Ahora entiendo por qué estás en tan buena forma. —Muevo la cabeza y me fijo en los músculos que se distinguen bajo su camiseta.

—Tú no haces mucho deporte —apunta, y a continuación da un trago a su cerveza.

—¡¿Tanto se me nota?! —exclamo. Me llevo las manos a las cartucheras—. ¿Estoy fofa? ¿Puedes verlo?

—¡Qué va! Estás genial. —Se echa a reír—. Es que me comentaste que trabajas mucho. Pero, oye, no me digas que eres una tía de esas preocupadísimas por su aspecto.

—¡Por supuesto que no! —resuelvo muy digna—. Solo lo necesario —añado con la boca pequeña—. Además, ¿tú no tratas con gente así a diario?

—Yo trato con gente que quiere mejorar su aspecto y su salud, pero eso no quita que crea que hay que aceptarse a uno mismo tal cual es. —Me guiña un ojo y alza su vasito—. Brindemos.

—Vale —acepto divertida—. Propón tú el brindis. —Me inclino un poco hacia delante, consciente de que llevo el primer botón de la blusa desabrochado. Puede que no tenga mucho pecho, pero sé cómo sacarle partido.

—Brindo para que se cumplan todos esos mensajes que me has enviado —murmura con voz seductora, acercándose también. Su mirada se desvía durante unos segundos a mi escote—. Bonito sujetador, Blanca.

—Eres un descarado —contesto riéndome.

—Tus mensajes no eran los de una monja de clausura. —Arquea las cejas de manera juguetona.

Mi entrepierna acaba de salir de caza. Todos sus gestos desprenden sexualidad pura y dura. Y me pregunto cómo de dura tendrá otra cosa. Aunque no me gustan esa camiseta que lleva ni esos dientes ligeramente más grandes que...

—¡Oye! ¿Tienes algún tatuaje? —Se me ocurre de repente. «¡Vaya por Dios, Blanca! ¿Tú no decías que ya estabas curada? Tus ganas.»

—Pues no. —Echa un vistazo a la mesa de al lado, ocupada por unas mujeres de mediana edad—. Pero tengo un piercing.

—¿Dónde?

—¿Dónde crees tú? —Me observa de una forma tan caliente que me temo que mis bragas estarán a punto de desintegrarse.

—¡No me digas! —exclamo llevándome una mano a la boca.

—No, ahí donde estás pensando, no. —Se rasca la barbilla—. Es mejor que lo descubras tú.

Me deja a medias porque ya es hora de dirigirnos al restaurante. Pedimos un vino argentino, un Supremo Malbec, y la verdad es que cuando le doy el primer trago ya quiero más. Me digo en silencio que tengo que contenerme.

La cena está riquísima. La carne es una maravilla. Tierna y sabrosa. Y entre un sorbo y otro, mordiscos por aquí, risas por allá, la conversación se va caldeando. No hablamos mucho sobre nosotros porque, al fin y al cabo, ¿qué más da si lo que quiero es meterlo entre mis piernas? Para eso no es necesario saber el día de su cumpleaños o cuál es su película favorita.

Tras la cena convenimos en ir a Hawaika a tomar un cóctel. Me encanta ese lugar. Está ambientado en la Polinesia con mobiliario de bambú, vegetación, acuarios y fuentes que le dan un aspecto de lo más exótico, además de una música de ambiente que es capaz de transportarte a playas paradisíacas. Me pido un Perla del Vicio, que es dulce y lleva una combinación de fresa, plátano, limón, mora y ron. Sebas prefiere un Orgía Tropical.

—¿Eso va con segundas? —le pregunto cruzando las piernas. Su mirada de inmediato se desvía a mis muslos.

—Guapa, yo no necesito ir con segundas. —Me guiña un ojo y le regalo mi sonrisa más seductora.

Al segundo cóctel Sebas ha abandonado el asiento de enfrente para ocupar un hueco a mi lado. Me habla cerca del cuello con tal de hacerse oír, y su cálido aliento me pone cardíaca.

—Entonces ¿eso de que te parezco un tío atractivo sigue en pie? —Sus labios me rozan el lóbulo de la oreja.

—Por supuesto —asiento.

Una de sus manos se posa en mi rodilla. Junto las piernas y aprieto. Sebas va a besarme en el cuello, pero me echo hacia atrás. Doy otro trago a mi cóctel para disimular.

—Hueles de una forma tan excitante que lo único que me apetece es tumbarte en esta mesa —exhala en mi oído.

Sus dedos me hacen cosquillas en el muslo y noto que mis bragas empiezan a humedecerse.

—Desde que te vi en el semáforo me muero de ganas por meterte en mi cama —continúa.

Deposita un beso en la línea de mi mandíbula hasta llegar a la comisura de mis labios. Ladeo la cara hacia él y, de inmediato, los toma entre los suyos. Me besa con tantas ganas, con la boca tan llena de deseo, que no puedo evitar hundir los dedos en su cabello y atraerlo a mí. Su lengua escarba buscando la mía y, al encontrarla, la azota. Se me escapa un jadeo y me aferro a su nuca con docenas de palpitaciones bajo mi ropa interior. Sebas apoya una mano en la parte baja de mi espalda para atraerme hacia él. Un poco más y me sentará encima de sus piernas.

Apoyo una mano en su pecho y lo aparto. Me relamo los labios mientras sonrío.

—A este paso vamos a dar un espectáculo —digo divertida.

—De la forma en que me besabas, es imposible no hacerlo. —Coge su cóctel y le da un sorbo. El pobre está sudando.

—Vámonos —le propongo, con mi mejor cara de «no aguanto más, quiero follar ya».

—Niña, espera a que esto se me baje o yo sí que daré el cante. —Se señala la entrepierna y descubro semejante bulto que se me escapa una carcajada.

Cinco minutos después nos encontramos besándonos en plena calle sin ningún miramiento. Sebas me atrapa del trasero y me frota contra él. No se anda con medias tintas. Menos mal que por aquí no pasa nadie ahora mismo.

—Si no paras, te bajo las bragas —bromea, y me mordisquea el labio inferior.

Lo cojo de la mano y echo a andar lo más rápido que puedo. No quiero que se me pase el calentón. En cuanto nos sentamos en el coche, Sebas se lanza de nuevo a mis labios y, esta vez, a resguardo de miradas, su mano asciende a mi entrepierna. Lo beso con más ganas, saboreando su lengua. Jadea y palpa mis bragas, húmedas. Aprecio que sonríe y también lo hago. Busco su sexo y se lo aprieto por encima del vaquero, lo que le hace soltar un bufido impaciente.

No me lo pienso ni un segundo. Me aparto de golpe, dejándolo con cara de sorpresa y de cachondo perdido, y arranco. Sebas se dedica a acariciarme las piernas desnudas y, en un momento dado, uno de sus dedos se mete por debajo de mi ropa interior. Meneo el trasero en el asiento. Sebas ni se da cuenta de que no estamos yendo a mi casa. Quiero acostarme con él, pero no me apetece ir a mi piso. Tampoco al suyo. Se me antoja demasiado íntimo.

Así que, unos cinco minutos después, al descubrir que

nos hallamos muy cerca de un polígono industrial, se me enciende la bombilla y allí que voy. Aparco al lado de un camión enorme, asegurándome de que no hay nadie. Sebas me mira con picardía y, antes de nada, enciendo la radio para que, al menos, no se oigan nuestros gemidos. De repente resuena en el coche *Hey! Oh! Let's Go* de los Ramones. La madre que los parió. La apago de sopetón con cara de susto.

—¡Eh! ¿Por qué la quitas? Esa canción es la leche. ¿No te gusta? —Sebas la tararea.

Niego con la cabeza y, por un instante, me entran ganas de decirle que lo llevo a su casa. No obstante, se adelanta a mis ideas. Se inclina, me coge de la barbilla y me susurra:

—Pasamos de música, ¿no? Ya la ponemos nosotros.

Me animo de nuevo y, con un movimiento veloz, me traslado al asiento trasero y lo espero con las piernas separadas, muy sugerente. ¡Nada ni nadie me quitará mi orgasmo! Sebas se coloca a mi lado sin borrar su sonrisa y vuelve a acariciarme entre los muslos.

—Hace un montón que no follo en un coche —murmura depositando besitos en mis mejillas—. Me siento como un adolescente.

Puf. Demasiado lento y tierno todo esto. Me coloco a horcajadas sobre él y le cojo las manos para que me manosee las tetas. A continuación le desabrocho la cremallera del pantalón y me encuentro con su pene, que está muy animado. Menos mal. A ver, ni preliminares ni tonterías. En un coche lo que pega es el «aquí te pillo, aquí te mato». Y qué cojones, él también parece predispuesto a ello.

Sin embargo, cuando estoy besándolo con todas mis ganas, algo vibra en sus pantalones. Y sé a la perfección que no es su pene. Ojalá. Pienso que va a pasar de la llamada, el mensaje o lo que sea, pero me aparta con suavidad. Lo miro con los ojos muy abiertos.

—Un segundo… —se disculpa algo nervioso.

Y ahí estamos: él leyendo algo en su iPhone y yo encima de él con la falda por la cintura. Y hasta me da tiempo a pensar. Caigo en la cuenta al instante de que esto no es lo que realmente quiero hacer.

—¿Qué? —pregunto al ver su cara seria. No me jodas que tiene novia.

—Es mi ex —dice alzando el móvil.

En lugar de guardárselo en el bolsillo, lo deja en el asiento. Lo observo con cara de póquer.

—¿Y…?

—Escucha, Blanca… No hago esto muy a menudo.

—¿Qué? —le pregunto con voz chillona y aire de: «Pero ¿qué me estás contando?».

—Ya sabes, acostarme con una tía sin apenas conocerla. Y tú… ¡Uau! Eres una mujer con las ideas muy claras. Y maravillosa. Madre mía, en serio, es que me pusiste malo desde que te vi en el semáforo —continúa algo nervioso.

—¡Pues ya está! —exclamo preocupada por el hecho de que en mi cabeza ha aparecido un nombre con letras fosforescentes. Y no es el de Sebas, precisamente.

—Pero también quiero que sepas que… Bueno, ahora mismo no puedo tener ninguna relación con nadie.

Lo miro con cara de: «Macho, eres tonto».

—Yo tampoco —le aseguro muy seria.

—Me encantas, de verdad, pero hace unos meses mi ex y yo terminamos. Joder, la amaba, Blanca. Creo que es el amor de mi vida. —Se ha puesto triste.

—Sebas… —Carraspeo—. ¿Te me vas a poner melancólico ahora?

—Es que no quiero que pienses que me acuesto contigo por despecho o algo así.

—¡Claro que no! —exclamo, y trato de sonreír. En todo caso, me daría igual.

—Deseo continuar con mi vida, y no es nada malo que me acueste con una mujer que me encanta, ¿no? —Lo ha dicho más para él que para mí.

—¡Es perfecto! —chillo.

Empiezo a perder la paciencia, pero más porque los encuentros con Adrián, sus confesiones y sus miradas recorren mi mente, aturdiéndome.

—Dicen que el tiempo lo cura todo, y estoy intentándolo, pero a veces me resulta muy duro.

Sus palabras me golpean fuerte. Me hacen comprender que, aunque soy una mujer libre, no deseo esto. En realidad, me gustaría estar sentada encima de otro hombre. Uno que los últimos días no se me va de la cabeza y me duele demasiado dentro, como años atrás.

—¿Alguna vez te has sentido así? A la deriva, enamorada locamente de alguien que te hizo daño... o que ambos os lo hicisteis. Luchando por olvidar, por volver a sentir con otra persona los mismos estallidos en la piel que te provocaba...

—El tiempo lo cura todo, como has dicho —le confirmo muy segura de mí misma.

Nada más lejos de la verdad.

Las piernas me tiemblan y, al final, acabo bajándome de su regazo. Me siento a su lado con la cara oculta entre las manos.

—¿Te encuentras bien? —quiere saber.

En mi cabeza esa frase que ambos hemos dicho, eso de que el tiempo lo sana todo, se repite sin cesar.

Unos ojos marrones verdosos aparecen en mi mente. El vientre se me contrae.

Unos labios carnosos, con unos dientes delanteros un poco más grandes que el resto apoyados en ellos. Un tatuaje de un corazón derritiéndose. El mío explota. «¿Qué me has hecho, Adrián?»

—Creo que yo tampoco soy capaz de hacer esto —susurro.

Sebas me mira asustado al principio, pero unos segundos después asiente y me dedica una sonrisa cómplice. Acaba de entender que los dos somos los más estúpidos del universo. Pudiendo disfrutar del sexo, nos dejamos llevar por el recuerdo de otras personas.

El tiempo lo cura todo... En serio, ¿quién dijo esa estupidez? No es el tiempo el que cura. Ni siquiera un nuevo clavo. Emma tenía razón. Lo que nos sana es nuestra fortaleza y yo, ahora mismo, creo que la he perdido entera.

Adrián lo ocupa todo y no sé cómo hacerle frente.

—¿Quién es él? —me pregunta Sebas.

Niego con la cabeza y suspiro. El sabor amargo en mi boca...

—Un antiguo amor. El único. Como tú con tu ex.

—¿También te hizo daño?

—Muchísimo —murmuro. El corazón me galopa sin pausa—. Y pensé que eso bastaba para mantener a raya otros sentimientos porque él me traicionó y...

—Siempre he creído que el amor es más fuerte que una traición.

—¿Volverías a intentarlo con tu ex, entonces? —Lo miro con los ojos muy abiertos.

—Sí, porque puse en una balanza todo lo bueno, todo lo vivido, lo que construimos juntos... Y me di cuenta de que pesaba muchísimo más. Pero es necesario creer en el amor.

¿Y qué hace alguien que perdió la fe hace mucho tiempo?

26

El tiempo vuela y yo cada vez doy más asquillo. En el sentido de que es septiembre, me he incorporado al trabajo (bueno, ya estaba atareada como una perra, pero ahora he regresado al despacho), los días pasan y la clienta, su madre, mejor dicho, cada vez se pone más melindrosa. La cita con el otro abogado fue más dura de lo que pensaba. Su cliente y él van a por todas. Y yo cada vez me preocupo más y duermo menos, ya que siento que el caso se me derrumba y esta es una magnífica oportunidad para afianzarme. Y encima requiere toda mi atención y no me deja avanzar en otros asuntos que podría solucionar de un plumazo.

Para colmo, mi incorporación al bufete ha significado que Marcos me ronde como un moscardón. Marcos es el compañero con el que tuve un desliz, que, para más inri, me duró un poco más de lo acostumbrado. Me arrepiento, y mucho. Estaba a gusto con él, compartíamos aficiones y me divertía a su lado hasta que se volvió cansino. Me mandaba tropecientos mensajes, incluso aunque solo hubieran pasado cinco minutos después de estar juntos. Cuando me agoté de todo eso, le pedí que, por favor, parara, que necesitaba espacio. Me lo dio, en cierto modo. Porque desde que regresé al despacho está más pesado que nunca.

Varias veces me ha preguntado si quiero quedar con él. Y lo más probable es que la antigua Blanca, esa que no pensaba en nadie ni en las consecuencias, aceptase porque, total, si al final el polvete iba a estar garantizado... Pero desde que hace un par de semanas tuve aquel encuentro con Sebas no ha habido más tonteos en mi vida. Sebas y yo hemos continuado hablando, y la verdad es que sienta bien. A lo mejor sí puedo tener amigos de sexo masculino, qué leches.

Justamente estoy a punto de salir de mi despacho para irme a casa cuando llaman a mi puerta. Sin esperar a que responda, Marcos la abre y entra. Oh, no. Le muestro una sonrisa forzada. Pero ¿quién me mandaba a mí tener un lío con un compañero? Si se enteraran mis superiores... Son muy estrictos en ese aspecto.

—Hola, preciosa —me saluda con su habitual desparpajo.

A pesar de ello, hace ya unos días que no lo noto tan majo como antes. Hay algo en mí que le molesta. Imagino que mis continuas evasivas.

—¿Qué tal, Marcos?

—Con ganas de tomar una copa. Es viernes y esta semana he trabajado mucho.

—Sí, yo también —coincido con un suspiro.

—Entonces ¿qué me dices? ¿Vamos a beber algo? —me propone con su perfecta sonrisa.

Marcos es un tío muy atractivo. Tiene cuatro años más que yo, es inteligente, tiene un cuerpo que se machaca en el gimnasio en su tiempo libre, un culo bien duro y una cara agraciada. Caí, qué le vamos a hacer. Siempre coqueteaba conmigo en las cenas de empresa y mi carne era débil.

—Prefiero irme a casa. Estoy agotada —le digo un poco incómoda. Me mira muy serio.

—¿Te ocurre algo conmigo? —pregunta en un tono más cortante.

—Claro que no. Solo es que... —Me pongo nerviosa. Aunque parezca mentira, no me gustan estas situaciones. Emma diría que me las busco yo solita.

—Es que ¿qué? Me pediste espacio y te lo estoy dando. Pero ¿pasa algo si te invito a tomar una copa? Antes lo hacíamos, y creo que te gustaba —lo suelta con una voz rabiosa que me sorprende.

—Pues eso, Marcos, que nos divertimos y ya está. —Trato de mantener la sonrisa, pero no me hace ni puñetera gracia la manera en que está hablándome.

Cojo mi maletín y me encamino hacia la puerta, haciéndole un gesto con la mano para que me acompañe. Se queda muy quieto y me mira con un semblante tan serio que empiezo a perder la paciencia.

—¿Puedes salir, por favor? Tengo muchas ganas de irme a casa, no es una excusa.

—¿Qué ocurre? ¿Acaso ya has encontrado a otro tonto con el que jugar? —Lo ha escupido con tanto desprecio que me quedo boquiabierta.

—¿Perdona? —Lo observo con una ceja arqueada, tratando de dar una imagen de persona segura y ofendida. Lo segundo lo estoy, pero lo primero... no mucho.

—¿Ignoras la fama que tienes en el despacho, Blanca?

—Lo que yo haga fuera de aquí no es de la incumbencia de nadie —le espeto enfadada. Tendrá morro, el muy gilipollas.

—Hasta cierto punto, ¿no? —Se señala a sí mismo.

—Ya vale. —Alzo una mano para que se calle—. No tengo tiempo para esto. Además, estás siendo un poco irrespetuoso.

Abro la puerta y lo conmino a que salga. No obstante, me atrapa por la muñeca y me la aprieta con fuerza. Un molesto nudo aparece en mi estómago.

—¿A quién le has echado el ojo ahora? —Se acerca y

noto su aliento a cerveza. ¿No había estado trabajando? Por Dios, y luego habla de mí.

—Me haces daño —digo intentando desembarazarme de su apretón.

Marcos me observa con desdén y, al fin, me suelta. Me froto la muñeca dolorida y le dedico una mirada furiosa. Parece darse cuenta de su mala actitud porque sonríe, se manosea el pelo de manera nerviosa y dice:

—Oye, perdona. No sé lo que me ha pasado. Es que, últimamente, estoy muy estresado.

—Sal, por favor —le pido obviando sus excusas. Acaba de demostrarme la clase de tipo que es y no me interesa en absoluto.

Cuando salimos y cierro la puerta con llave aún se encuentra detrás de mí, como esperando algo.

—No voy a decir nada de esto, ¿vale? No soy tan estúpida como para arriesgarme —le digo sin darme la vuelta.

Pocos segundos después oigo sus pisadas alejándose. Apoyo la frente en la puerta y suspiro aliviada. Joder... ¿Qué ha sido eso? Definitivamente, una está mejor sin hombres cerca.

En el pasillo me encuentro con Sandra, una de mis compañeras, que también se marcha ya. Me mira con el ceño fruncido.

—¿Estás bien? Te veo pálida.

—Cansancio. —La tranquilizo con una sonrisa.

—Al final no has podido aprovechar las vacaciones. —Hace un mohín con los labios—. Pero, bueno, ya verás como todo el esfuerzo vale la pena. —Me frota el hombro con simpatía.

A pesar de que no mantengo relaciones muy estrechas con los otros compañeros (vale, sin contar a Marcos), Sandra siempre ha sido muy maja conmigo y, cuando estaba de becaria, aprendí muchísimo de ella. La miro mientras pienso en lo que me ha dicho el estúpido de Marcos y, por un breve instante, me viene la loca idea de preguntarle si corre algún rumor sobre mí en el despacho. Por suerte recapacito y me despido con una fugaz sonrisa.

—Hasta el lunes.

—¡Pásalo bien y descansa! —me desea.

Ojalá. Pero los días se irán volando porque siempre parece que nos roban los fines de semana. Se acercará más octubre, el maldito juicio, y sigo sin saber qué hacer con mi clienta porque nada la satisface.

Conduzco como una loca hasta casa, deseosa de tirarme en el sofá con una Coca-Cola que me suba los niveles de glucosa. Una vez duchada, con ropa cómoda, una ensalada y mi refresco, me pongo la tele y veo un rato *Tu cara me suena*.

El móvil vibra. Es Sebas proponiéndome tomar algo y charlar. Sé que no lo hace para que tengamos sexo. Es más, las últimas veces que hemos hablado ha sido de su ex novia. Quiere recuperarla y no sabe cómo, y cree que soy una máster del universo sobre relaciones. Pobrecillo.

Cuando estoy a punto de irme a dormir recibo una llamada de Begoña. No descuelgo. Poco después me envía un whatsapp poniéndome verde. Diez minutos más tarde estoy en la cama, con dos valerianas y una tacita de hierbas relajantes en el cuerpo.

No puedo pegar ojo hasta las tres de la madrugada. Doy vueltas en la cama pensando en una persona. Excitándome al recordar sus caricias. Asustándome cuando en mi pecho se enciende algo más que deseo.

El sábado me lo paso revisando el caso, leyendo, sopesando posibilidades. Tengo claro que el juez no será proclive a la exploración de menores, y mucho menos sin un motivo sólido. No podemos aportar pruebas de que el ex de mi clienta sea un maltratador. Para mí que eso se lo han inventado los padres de ella. Me aseguraron que había una vecina que testificaría en la vista, pero desconfío porque aún no me la han presentado. Debería darme igual, tan solo tendría que preocuparme por ganar el caso y punto. Sin embargo, no sé por qué, es como si mi parte moral estuviera saliendo a la luz con una fuerza tremenda.

El domingo amanezco con un dolor de cabeza de esos que se asemejan a una horrible resaca. Me tomo un ibuprofeno en ayunas y me meto en la ducha, donde me quedo casi una hora. A mediodía llaman al timbre. Por las maneras, sé que es Begoña. Al abrir me la encuentro con cara de pocos amigos y con un montón de bolsas en las manos.

—¿Por qué cojones no contestas a mis llamadas y mis mensajes? ¿Qué eres ahora, una antisocial? —Me aparta con un golpe de la cadera y entra en el piso.

Cierro la puerta con un suspiro y la acompaño a la cocina. Ya está desperdigando por la encimera un montón de paquetes de Cheetos y de dulces. También unas cajas con comida de McDonald's.

—¿Para qué es todo eso? —le pregunto horrorizada.

—Para comérnoslo, hija. Sé ver cuándo hay una situación de crisis emocional. Vamos, ni tu psicóloga tiene tanta experiencia como yo. Ni estudios ni tonterías. Práctica. —Me tiende una bandeja con dos hamburguesas, patatas, *nuggets* y bebidas.

Nos dirigimos al salón y me obliga a coger la hamburguesa más grande. Le quito el envoltorio y le doy un mordisco algo desganado, aunque de inmediato mi estómago vacío despierta y me la zampo en cuatro bocados.

—Vale. Ahora que ya tienes la panza llena, cuéntame. —Casi me lo ordena, al tiempo que me señala con una patata como si fuera un arma.

—El caso de esa mujer... ¡que me tiene loca!

—¿Solo eso? —Me mira incrédula.

—Marcos se pasó —le confieso.

—¿Tu compañero de trabajo? —pregunta con los ojos muy abiertos—. ¿Qué coño quiere el subnormal ese?

—Me dijo cosas feas. Insinuó que en el despacho tengo mala reputación —suelto con un suspiro.

—¡Anda ya! Como si los demás no follaran. Y si no lo hacen, menudos frustrados.

Se me escapa una risa, pero de inmediato me pongo seria de nuevo. Esto ya no me parece un asunto jocoso.

—¿Qué piensas tú, Bego? —Le lanzo la pregunta con un hilo de voz—. Siempre me animas a que disfrute, pero luego te contradices y me buscas hombres para algo más. Para que siente la cabeza, supongo.

—¡Ya sabes que yo soy así, pero no es por nada! —exclama. Esboza un gesto preocupado—. Además, ¿desde cuándo a Blanca le importa lo que digan o piensen los demás?

—Me sentí sucia cuando Marcos dijo eso. —Saco un *nugget* y me lo llevo a la boca, aunque no le doy ni un mordisco. Miro a Bego a los ojos, quien me observa seria—. Quizá debería detener todo esto.

—¿A qué te refieres?

—A acostarme con tantos tíos. No está bien.

—¿Quién dice que no está bien? —Resopla—. Si estuviéramos en el caso contrario, al tipo en cuestión lo aplaudirían por machote. Siempre los mismos prejuicios, Blanca. La gente es así. Y continuarán cuchicheando, pero ¿qué más da? La vida es corta, y tú no haces nada malo. Únicamente disfrutas con una de las mejores cosas de la vida, ¿no es así?

—Lo hacía —asiento con voz bajita.

—¿Ya no vas a hacerlo? Por esa tontería…

—No es solo por eso. No sé qué me pasa… —Muevo la cabeza—. Debo hablarlo con Emma.

—¡Otra vez la comecocos esa! —Bego chasca la lengua—. Chica, que me tienes a mí, que te conozco requetebién. ¿Quién va a darte mejores consejos que yo?

—Hace un par de semanas conocí a un tío, coqueteamos...

—Ajá. —Mi amiga sonríe mientras se atiborra a patatas—. ¿Está bueno? Es que no sé cómo lo haces, pero te ligas a los dioses del Olimpo. A mí me cuesta más con las mujeres.

—No nos acostamos. —Alzo la mirada y veo a una Bego expectante, con la boca abierta—. Él dijo algo que me hizo pensar y sentí que estaba equivocándome, que había algo que me impedía acostarme con él.

—¿Qué dijo? —pregunta Bego con curiosidad.

—Que estaba intentando superar la ruptura con su ex y que, en ocasiones, no creía en eso de que el tiempo lo cura todo.

—¿Ese algo que te impidió disfrutar tiene nombre de tío y tatuajes?

Le pongo mala cara, pero al final asiento. Dejo el *nugget* en la caja, me limpio las manos con una servilleta de papel y me recuesto en el sofá. Begoña me imita y se acerca a mí, dispuesta a animarme.

—Oye, de cerca eres mucho más guapa, Blanca. Tienes suerte de que las estiradas no sean mi tipo —bromea.

—Pienso en él —admito en un susurro.

—¿Y eso es malo? —Bego pone morritos cuando asiento con la cabeza—. Dime por qué.

—Porque quiero olvidarlo. ¡Joder, se supone que lo había hecho! —me quejo.

—Sabes que no es cierto. —Me pasa un brazo por los hombros y me arrima a ella. Acomodo la cabeza en su pecho—. ¿Qué es lo que sentiste al estar con él? Sé sincera, Blanca, por favor. Conmigo puedes. Pero sobre todo hazlo por ti.

—Es difícil. Yo... —Trago saliva. Noto un sabor amargo en la boca—. Sentí que ardía, que me quemaba, que iba a partirme en dos otra vez. Pero también me vi libre, y una mujer feliz y...

—¿Y tú misma?

Alzo la cabeza y la miro con un mohín. Me escuecen los ojos. Bego me acaricia la mejilla con cariño.

—Blanca, tú sientes algo por Adrián. Todavía.

—No puedo —me digo a mí más que a ella—. No quiero sufrir. Adrián no es el hombre indicado para mí.

—¿Por qué no?

—No confío en él del todo. Ni en mí. Se comportó tan mal...

—Y, sin embargo, en este tiempo no has podido dejar de pensar en él.

Nos quedamos en silencio unos minutos, hasta que Begoña dice:

—¿Por qué no lo intentas?

—¿Qué?

—Ya sabes, hablo de quedar con él, tomar algo, recuperar la amistad...

—Bego, lo que me hizo fue tan... —Me incorporo y la miro con gesto dolido—. Mira, al final voy a contártelo. Ya está bien. Le escribí una carta confesándome y, cuando fui a dársela, lo encontré hablando de mí con la buitrona, y no cosas buenas precisamente. No me defendió. Y luego me rechazó de una manera tan brusca...

Mi amiga se queda callada un instante, para acto seguido opinar:

—Entiendo que fuera duro para ti. Después de todo, sé muy poco acerca de vosotros, de cómo era vuestra relación. —Me coge una mano y me la estrecha con cariño—. Cuando somos adolescentes hacemos muchas cosas sin sentido, ya te lo dije. Cometemos errores estúpidos que pueden lastimar a las personas que nos importan. Pero diez años son suficientes, Blanca. Lo son para dejar atrás el rencor y quedarse con las cosas bonitas, que seguro que las hubo. Y si aún saltan chispas...

—A lo mejor es solo eso: una atracción demasiado peligrosa.

—Contacta con él. —Me da un golpecito animoso—. ¡Quedad! Sal de dudas y no te tortures más.

—No tengo su número.

—¡Venga ya! Hoy en día es facilísimo encontrar hasta a quien no lo conocen ni en su casa.

Begoña se da cuenta de que no quiero hablar más, de modo que se levanta. La oigo trastear en la nevera y regresa portando consigo un par de McFlurry.

—El viernes que viene, ¡fiestón! —anuncia de repente.

—¿Qué? ¿Cómo? ¿Por qué? —exclamo sorprendida.

—¿Cómo que por qué? ¡Es tu cumpleaños, tía! ¡Treinta tacos! Treinta no se cumplen todos los años. —Da un lametón a la cuchara y sonríe—. Todavía recuerdo cómo la monté en el de una amiga. Madre mía, fue cuando conocí a esa pelirroja de la que me enamoré como una tonta, ¿te acuerdas? Me rompió el corazón. —Hace un puchero—. Para que veas, no eres la única.

—Fiestas no. Te vienes a cenar aquí y ya está. Pedimos al Miss Sushi. El juicio está a la vuelta de la esquina y me temo que estoy a punto de morir. Ya tendremos tiempo de celebrarlo.

—A mí no me vengas con chorradas. El viernes nos vamos a pegar una fiesta de esas que recordaremos durante décadas. Nosotras y los que se pongan en nuestro camino —dice con un brillo maligno en los ojos.

Y toda la semana va enviándome mensajes en los que me explica los planes que tiene para nosotras. Que si podríamos contratar un *boy*, o dar un paseo en barca, o ir a un club de intercambio de parejas (¡por favor!). Y a todo le respondo que no.

En el despacho, Marcos me rehúye. Ni siquiera me saluda. Por mi parte, prefiero ignorar las miradas fulminantes que me dedica de vez en cuando.

La madre de mi clienta me llama para decirme que, definitivamente, quieren solicitar la exploración de menores. Acabo lanzando un grito de frustración que provoca que Sandra se acerque al despacho para asegurarse de que estoy bien.

Emma me felicita por la decisión de aparcar mi afición al sexo deportivo. Le hablo un poco más de mi infancia, de mis sentimientos respecto al acoso, de Adrián, y asegura que él es más mi problema que las buitronas. Le alzo la voz y me observa, como siempre, impertérrita.

Entre unas cosas y otras llega el viernes y me pongo a esperar en el sofá con un vestido nuevo, ya que Bego me ha jurado y perjurado que, como no me arregle, me arrastrará a la calle en pijama, y eso sí que no. También me he hecho un minimoño desenfadado que me queda la mar de bien y unas sandalias de cuña.

Mi querida amiga debería haber llegado ya hace diez minutos.

Pasan otros cinco. Y otros cinco más.

Saco el teléfono del bolso para pedirle explicaciones. ¿Qué pasa, que ha empezado la ronda de chupitos sin mí y no puede poner un pie delante del otro? El motor de una moto resuena en la calle. Seguro que los del tercero, unos estudiantes que se alimentan a base de comida basura, han encargado una pizza.

Justo en ese momento recibo un mensaje de Bego:

Baja, churri

Me hago con una rebeca ligera, meto las llaves en el bolso tras cerrar la puerta y entro en el ascensor. Me atuso los mechones sueltos en el espejo y me aplico un poco de brillo en los labios. Dibujo mi mejor sonrisa y la mantengo para que Begoña no me dé la monserga en cuanto me vea.

Sin embargo, al abrir la puerta de la calle el cuerpo se me congela y el corazón se me enciende.

Enfrente de mí, apoyado en una moto, sexy, guapo a más no poder, con unos vaqueros negros ajustados, una camiseta del mismo color, el cabello encantadoramente revuelto y una ligera barbita… Justo ahí, está él. Adrián. El mundo se tambalea bajo mis pies.

27

Lo miro boquiabierta, sin saber qué hacer o decir, sin entender qué narices hace él aquí. ¿Dónde está mi amiga Begoña? Entonces la cabeza se me aclara y suelto un bramido que asusta a Adrián, quien abandona la moto con las manos levantadas y se acerca con pasos cautelosos.

—¡Espera, por favor! —exclama al comprender que estoy a punto de darme la vuelta y dejarlo plantado—. No subas, escúchame un minuto —me ruega con una sonrisa de disculpa.

Está guapo a rabiar, no puedo negarlo.

—Mataré a Begoña. No sé cómo leches ha ideado esto, pero voy a estrangularla. La haré pedacitos, la...

Se me queda la mente en blanco al toparme con los ojos de Adrián. Se muerde el labio inferior con nerviosismo.

—Si ya has acabado de repasar las torturas a las que someterás a tu amiga... ¿me permites hablar un segundo? —Ladea el rostro rogándome con la mirada.

—Pero ¡¿tú no estabas en Madrid?!

—He tenido que venir a arreglar unos asuntos para mi madre. Mañana temprano me vuelvo en el AVE. Por la noche hay representación.

Me rasco la frente con la cabeza gacha y negando. ¡Dios,

Begoña! ¡Cómo me la has jugado! ¿En qué estabas pensando para hacer algo así? El móvil me pita justo ahora. Lo saco y descubro un mensaje de mi querida y traidora amiga.

Cariño, este es el cumpleaños que te mereces

—¡Cabrona! —grito al aparato. Al alzar la cara descubro que Adrián me mira con una ceja arqueada. Carraspeo y señalo la puerta—. Perdona, pero creo que esto no es lo correcto.

—¿Qué? —Se muestra confundido.

—No entraba en mis planes. Ni siquiera me apetecía salir —digo, y advierto que hasta tartamudeo un poquito.

—Blanca, por favor... He venido desde el pueblo con la moto.

—¡¿Esa es tu antigua moto?! —La señalo con horror.

—Sí —asiente con una sonrisa.

—¿Cómo es que la tienes aún? —exclamo totalmente sorprendida.

—Es un buen cacharro —contesta con orgullo, regresando a ella y dándole unas palmaditas—. No sabes lo que me costó solucionar todas esas magulladuras. —Me dedica una mirada de reojo.

Doy un par de pasos hacia él, convencida de que lo que tengo que hacer es despedirme y regresar al piso, pero se adelanta y dice:

—Mira, no he venido solo porque tu amiga me haya comentado que estás pasando por un mal momento...

—¡¿Qué?! ¿Qué te ha dicho esa loca? —lo interrumpo.

—Que estás agobiada con el trabajo —responde con las cejas arrugadas y cara de no entender nada.

—Ah, ya —murmuro, avergonzada de mis arranques.

—Pues eso, que no hago estas cosas así porque sí. Joder, Blanca, en realidad es algo que he pensado muchas veces.

—¿Qué... qué? —tartamudeo. Trago saliva.

—¡Felicitarte! Si hubiera tenido la oportunidad... ¡Y justo la tengo este año! Treinta. Es una edad importante, ¿no? —Esboza una sonrisa y una cosquilla me asalta en el estómago.

—¿Tú... te acuerdas de mi cumpleaños?

—Claro. ¿Tú del mío no? —Sus dientes aparecen y le rozan el labio inferior. Ay, Dios. Quiero morderle ese labio.

—Eh... —Me he quedado en blanco, pero sí. Es evidente que lo recuerdo. Me acuerdo de la fecha de su cumpleaños y de tantas cosas más...

—Entonces ¿qué? ¿Cambiamos a tu amiga por mí y lo celebramos? —Adrián señala la moto y me observa con cara de perro abandonado. Cómo me gustan esos rasgos suyos aniñados.

—No sé... —Me aparto el flequillo, dubitativa. En realidad, hay algo en mí que me empuja a lanzarme a su moto sin dudar ni un segundo más—. Adrián, lo que te dije de pensar...

—Como amigos.

—¿Qué?

—Esto es como amigos —repite.

—No... Tú y yo... —Niego con la cabeza, aturdida.

—Quiero recuperar tu amistad —murmura poniéndose serio—. Porque me acuerdo de cómo me sentía junto a ti antes de que todo se desmoronara. Recuerdo lo bien que nos lo pasábamos y cómo nos reíamos. —Carraspea—. Joder, no sé... Creo que podemos rescatarlo. Las cosas bonitas de la vida hay que mantenerlas, por difícil que resulte.

Vaya por Dios, parece que Begoña y él piensan igual.

—No tengo claro que podamos ser amigos —digo con un hilo de voz y apretando el asa del bolso con tanta fuerza que me duelen los dedos.

—¿Por qué no? —pregunta curioso.

«Porque cuando te veo quiero abalanzarme hacia tu boca y comérmela. Porque no he podido dejar de pensar en ti desde que nos reencontramos. Porque anhelo enredarme en tus sábanas y entre tus piernas y no salir de ellas en mil años. ¿Podemos ser amigos así, cuando me palpita el vientre cada vez que te acercas?» Pienso en todo eso, pero no abro la boca, por supuesto.

Toma mi silencio por un «sí», supongo, porque alarga la mano para que se la coja. Lo hago como en un sueño y, de repente, me veo arrastrada hacia él y termino muy cerca, empapándome de su excitante perfume.

—Así pues ¿me permites que sea yo quien celebre contigo tu cumpleaños? —me pregunta con una sonrisa que casi me deja ciega. Una sonrisa clara, sincera, inocente, mágica, aniñada.

Asiento, aturdida por miles de sensaciones. Noto un nudo insoportable en el pecho. Adrián suelta mi mano, me tiende un casco y después se sube a la moto, en espera de que haga lo propio. Me acerco con torpeza, me deshago el moño y ni pienso en sujetarme el vestido, hasta que me doy cuenta de que se me verá todo en cuanto me monte.

—¿Adónde vamos? —le pregunto.

—¡Al pueblo! —exclama, y arranca.

—¡¿Qué?! ¿Por qué cojones me llevas allí? —chillo, y me remuevo de tal forma que provoco una sacudida en la moto. Me agarro de la cintura de Adrián, asustada.

—¡Tía, no hagas eso que me la vuelcas, y ya me la dejaste bastante mal hace diez años! —se mofa. Se me escapa una risa.

—¿A qué huele? —pregunto al cabo de un rato, al reparar en que percibo un fantástico aroma a comida.

Adrián no contesta. Mientras cruzamos la ciudad pienso en lo fácil que le ha resultado convencerme. Pero es que yo... me muero de ganas de pasar un rato con él, de escuchar su voz, de observar el movimiento de sus largas pestañas cuando parpadea y de confirmar lo guapo que es. ¿Estaré haciendo mal? ¿Es este otro de mis errores?

Una vez que dejamos atrás el bullicio de la ciudad decido dejar de pensar. Abrazada a él, con la cabeza apoyada en su espalda, con el viento desordenando mi pelo, me siento tranquila. Libre. Joven. Y me doy cuenta de que hace mucho que no me sentía así.

Adrián acelera y dejo escapar un grito. Una sensación de júbilo se apodera de mí, me recorre las venas y me exalta. Me suelto de su cuerpo, me pongo recta, extiendo los brazos y me río. El viento me azota el rostro y cierro los ojos para sentir, simplemente. Por un instante creo tener diecisiete años de nuevo, y me convenzo de que no ha transcurrido el tiempo y Adrián y yo somos los mejores amigos del mundo.

Se une a mí en los gritos. La velocidad a la que vamos me hace pensar que, de un momento a otro, echaremos a volar y solo seremos él y yo... y el cielo que avanza sobre nuestras cabezas.

Cuando llegamos al pueblo descubro cuáles son sus intenciones. Va a llevarme a la montaña, que era nuestro rincón favorito. Me tenso y empiezo a preocuparme de nuevo, pero cuando Adrián detiene la moto, se quita el casco y se vuelve para mirarme con una sonrisa todo se me olvida. Le veo sacar una bolsa blanca del pequeño maletero, y sé de inmediato que es comida china. Pollo agridulce, seguro, mi plato adorado de enana. El pulso se me acelera sin poder evitarlo ya que Adrián parece recordarlo todo. Se acuerda de mi cumpleaños, de mi comida preferida, de que este lugar era para mí una vía de escape. Extrae otra bolsa más pequeña de color negro. Luego me indica con el dedo que lo acompañe.

—Pensé que no te gustaría comer en el suelo, así que... —Me muestra una pequeña manta.

—No soy tan pija —me quejo, aunque se me ha dibujado una sonrisa. No me reconozco. ¿Por qué me hace ilusión todo esto?

—Si fuera tú me daría pena mancharme ese vestido tan suger... —Se corta, y soy consciente de que sus pupilas se dilatan al observar mis curvas. Carraspea—. Tan bonito.

Nos acomodamos en la manta al tiempo que saca dos recipientes de plástico, uno de pollo para mí y uno de tallarines con ternera para él, así como un par de cervezas. Muevo la cabeza, riéndome.

—No puedo creerme todo esto. Cualquiera diría que pretendes conquistarme.

—Conquistar su amistad, señorita —aclara, atrapando un trozo de ternera con los palillos. A mí siempre se me dio fatal manejarlos.

—¿Es una trampa? —Arqueo una ceja.

—¿No puedo dar a la que fue mi mejor amiga un buen cumpleaños? —Me mira con expresión dolida—. Además, en el último estuvimos aquí, solo que entonces era más pobre que una rata y no pude pagarte una cena. Así que ahora te invito.

—Te ha faltado la guitarra —lo chincho mientras me deleito con el pollo—. Esa noche la llevabas y me cantaste una de esas canciones punk tan horrorosas.

—Vaya, tú también tienes buena memoria... —Su sonrisa se me antoja distinta. Más melancólica—. Pero puedo cantarte a capella.

Charlamos acerca de su trabajo. Del mío. Me cuenta que la obra está teniendo bastante éxito. Yo me quejo un buen rato del caso. Por un instante, pienso que tal vez Adrián esté en lo cierto y aún podemos ser buenos amigos, hasta que, al terminar nuestra comida, gatea hacia mí y observo su cabello brillante justo debajo de mis ojos y percibo el olor a champú, a colonia que lo envuelve y... Hay algo aquí. Algo intenso que me provoca ganas de cogerlo por las mejillas y atraerlo para besarlo.

Begoña, tienes más razón que una santa.

Alza el rostro y me pilla observándolo con cara de tonta. Aparto la vista con rapidez y me rasco la barbilla al tiempo que ahogo mis ganas de comerme sus labios con un trago de cerveza.

—Blanca —me llama, y el tono de su voz es diferente.

—¿Sí? —Levanto la mirada y descubro que me tiende una bolsa.

—Feliz cumpleaños. Por todos los días que no he estado a tu lado.

Agarro lo que me ofrece con recelo. ¿Me ha comprado un regalo? Me quedo boquiabierta en cuanto abro la bolsa. Dentro hay tarjetas de cumpleaños. Cuatro. Una lleva en la portada el número 30. Me da miedo mirar las otras, pero al fin lo hago y... Joder. La siguiente tiene dibujado un 18 y un «¡Felicidades!» muy colorido. Miro a Adrián con la respiración agitada. Está muy tieso, atento a cada uno de mis gestos. Dirijo de nuevo la vista a la tarjeta. La abro con manos temblorosas. Un mensaje con una fecha que data unas semanas después de mi partida del pueblo y de nuestro último encuentro.

> Hola, Blanca...
>
> ¿Cómo estás? ¿Ya has empezado la uni? Yo el conservatorio sí, y es difícil, y algunos chavales me miran mal por mis tatuajes. Son todos unos repipis, pero no pienso quitármelos, aunque no les gusten. Aun así, esto me encanta. Y me siento bien tocando y aprendiendo. Como a veces se meten conmigo por mi apariencia, no puedo evitar acordarme de ti y... Quizá no es el mejor momento para hablar de esto.
>
> ¡Feliz mayoría de edad!
>
> Adrián

La otra tarjeta, con un 20 en la portada, me acelera el pulso y me provoca ese sabor amargo en la boca que conozco a la perfección. No debería leerla. No...

¡Hola, Blanca!

No sé nada de ti y... pregunté a tu madre y me dijo que no tenía tu número nuevo ni tu dirección, pero, vamos, ¡menuda mentira! Me gustaría saber si estás bien y decirte que me equivoqué, que me comporté como un puto cabrón y que siento... [Tachón.]

Felicidades... ¡Ya son 20, abuela!

ADRIÁN

La última tarjeta me causa un pálpito en el corazón. Es del año pasado. Al abrirla, la garganta me escuece de aguantar las ganas de llorar.

Querida Blanca:

Hace mil que no te felicito. Aunque, bueno, no es que estés recibiendo estas cartas, pero... No sé, he pasado unos años creyendo que si no te felicitaba no pasaba nada porque tú no ibas a leerlo. Sin embargo, me he dado cuenta de que, cuando te escribo, de alguna forma me siento mejor.

Hace justo un año volví a hablar con tu madre en una de las fiestas del pueblo y... Joder. Blanca, lo siento muchísimo. Me contó tantas cosas que me duele pensar en ellas, y no me imagino lo que te dolerían a ti. ¿Sabes? Pensaba que el trato que recibías por parte de aquellas chicas no era tan malo. Al menos, era lo que tú me decías. Me asegurabas que solo te llamaban fea, tonta, empollona... Cosas así. Cosas de críos, ¿no? Pero eso era mentira, Blanca. Esas chicas te hicieron daño, y tú fingías que no. Tu madre me explicó que te pegaban, que te amenazaban, y no solo ellas. Me contó que una vez llegaste a casa con varios moratones en el cuerpo y que le dijiste que te habías caído en la clase de gimnasia. Y nunca me lo confesaste. ¿Por qué, Blanca? Joder, por qué. De haberlo sabido, mi actitud habría sido diferente. No tengo una buena excusa, no estoy tratando de que me perdones ya que seguramente no lo merezco. Debería haber sido buena persona antes, cuando era posible, cuando tú estabas a mi lado y eras mi amiga. Es lo que hacen los amigos, ¿no? Ayudarse. Pero tú me asegurabas que no pasaba nada, que estabas bien... Sin embargo, tendría que haberme dado cuenta de que era mentira. Si hubiera sabido lo que hicieron contigo, yo... No habría hecho muchas cosas que hice. Habría sido mejor. Me habría plantado delante de toda esa gente que te humilló tanto y les habría dicho lo fantástica que eres, lo maravillosa, lo guapa por dentro y por fuera. Habría golpeado al mundo de ser necesario para evitarte los golpes a ti.

Me siento culpable, Blanca. Y la culpabilidad es muy jodida. Hice cosas que... [Tachón.] Te mentí, me engañé a mí mismo. Mira, yo sé que piensas que lo hice por aparentar que era el guay del pueblo, y puede que haya algo de verdad en ello, sobre todo cuando esas chicas estaban delante porque, en el fondo, me sentí algo avergonzado. Qué triste, ¿no? Pero luego... hubo más. Y es que tú apareciste con esa carta y todo se jodió, una mezcla explosiva que provocó que todo cayera en picado. Me cagué, joder. Tenía tan solo dieciocho años, no sabía lo que era el amor hasta que poco a poco empezaste a colarte dentro de mí. Jamás había estado cerca de un hombre que amara a una mujer y... Yo qué sé. Vi que ibas a confesarte, y se me pusieron de corbata. Ya me había hecho a la idea de que tú no sentías nada por mí y reaccioné como un adolescente gilipollas al darme cuenta de que ibas a pedirme más cosas, cosas que no sabía si sería capaz de darte. Me sentí presionado y opté por rehuir cualquier compromiso, y más después de que tú y yo hubiésemos sido amigos durante tanto tiempo. Te marchabas a la universidad, y pensé que no sabría llevar una relación a distancia; tampoco quería. Y encima, había otras razones que… [Tachón.] No quería hacerte daño y sucedió todo lo contrario. La verdad es que todo esto no me exculpa de mis horribles actos. Tampoco es lo que pretendo. Soy culpable y ya está.

Me he preguntado todos estos años cómo serás ahora, qué estarás haciendo, si todavía tendrás esa manía de llevar un flequillo larguísimo que te tape tu bonita cara. Me gustaban tus manías. Siempre decías que eras diferente… Y justo era eso lo que me encantaba de ti. Si hubieras sido igual que las demás, ¿dónde habría estado la diversión? Ser igual que todos es aburrido, Blanca. Ser diferente no es malo; lo malo es querer cambiar por los demás cuando uno ya es especial. Debería habértelo confesado cuando tuve la ocasión. Decirte delante de esas chicas que me encantaba todo de ti: tu forma de reír, de arrugar la nariz cuando estabas enfadada, lo que te concentrabas para estudiar, lo fuerte que eras. Hasta me gustabas cuando discutías conmigo. Tendría que haberles confesado que acostarme contigo fue lo más bonito de mi vacía vida. Quizá me di cuenta demasiado tarde.

Pásalo bien en tu cumpleaños.

Con cariño,

Adrián

Me llevo una mano al pecho, preocupada por si Adrián puede oír todos estos latidos escandalosos que parecen hacer eco en la noche. Con manos temblorosas, abro la última tarjeta, la de este año.

Blanca…

He querido darte, de alguna forma, las felicitaciones que te había escrito y que no pude hacerte llegar. Durante unos años pensé mucho en ti, en nuestra amistad pura que, al final, ahogué. Me acordaba mucho de tu sonrisa tímida y de tu voz de niña presuntuosa. Y entonces me di cuenta de que se me olvidó olvidarte. Pero ahora, si me perdonas y me lo permites, quiero volver a ser tu amigo y quiero hacerlo bien. Nunca creí en el destino ni en las casualidades. Aun así, veo nuestro encuentro en el pueblo casi como un puñetero milagro. Después de tantos años es una nueva oportunidad que parece haber caído del cielo para enseñarme a hacer las cosas bien y recomponer todo lo que destrocé. Y seguramente te cuestiones una y otra vez que si tanto te echaba de menos por qué no te busqué más. La respuesta se halla en mi creencia de que mi presencia podía hacerte daño otra vez. Pero si preguntas a tu madre, te contará la de veces que intenté indagar sobre ti para saber si debía o no dar el paso. Todo lo ocurrido hasta hoy me ha hecho convencerme de que, sí, tenerte en mi vida la hace más bonita.

Felices 30,

Adrián

Aparte de la tarjeta, hay también un papelito que, al desdoblarlo y leerlo, empiezan a escocerme los ojos. Se trata de un vale-regalo escrito a mano donde Adrián ha puesto unas palabras que me provocan cosquillas en el estómago:

> Vale por todos esos cucuruchos de fresa en tu heladería favorita que no nos comimos juntos. Quizá ahora podamos hacerlo.

Las letras se emborronan ante mis ojos. Cuando me sentía triste, siempre le proponía a Adrián que fuéramos a la heladería del pueblo de al lado porque los conos me animaban. Y en esas tardes de verano, él solía arrancarme alguna sonrisa que otra... Me viene a la cabeza una en concreto:

fue el día siguiente a la paliza que me propinaron aquellas chicas. Adrián me pidió el helado más grande y me invitó por primera vez, como si supiera que me ocurría algo. Mientras yo lo saboreaba, él no cesaba de mirarme extrañado. Y luego me hizo reír. Logró que olvidara los golpes del día anterior. Y yo me permití pensar que mi vida era bonita.

Me desbordo. Por primera vez en once años lloro. Lloro tan fuerte, con tanta tristeza, que Adrián se asusta.

—¡Blanca! —exclama.

Se acerca a mí con rapidez y trata de abrazarme, pero lo aparto con brusquedad, avergonzada de que esté viéndome lloriquear. Me prometí que eso jamás pasaría.

Me levanto de súbito con un grito y dejo caer las tarjetas al suelo.

—¿Estás bien? —me pregunta.

—¡Por supuesto que no! —chillo, y se me llena la boca de lágrimas saladas.

—No quería que te pusieras así.

Le doy otro empujón cuando se arrima más, pero él, con gesto enfadado, me atrapa del brazo. Cuando quiero darme cuenta estamos en el suelo en un enredo de brazos y piernas. Su cálida respiración en mi oreja me altera. Sus manos se posan en la parte inferior de mi espalda, y me sorprendo a mí misma al cogerle de las mejillas y estampar mi boca contra la suya como si no hubiera un mañana.

28

Adrián parece confundido al principio, pero de inmediato se aferra a la parte baja de mi espalda y me la aprieta con fuerza; a continuación, la abarca entera y me la masajea de una manera nerviosa, casi posesiva. Sus labios se mueven sobre los míos con tal urgencia que un suave gemido brota de mi garganta. Las lágrimas me corren por el rostro y no soy capaz de detenerlas. El beso que nos damos es brutal, cargado de unas ganas y una electricidad que me ahoga y me abrasa.

Me aparto lo mínimo, aunque lo suficiente para detener el beso y poder hablar.

—¿Por qué me haces esto, Adrián? Que caiga... —susurro con voz pastosa.

—No, Blanca. Te equivocas. —Me sujeta de las mejillas cubriéndome los pómulos con sus dedos—. Eres tú la que me hace caer a mí. Me has arrollado siempre —dice con un tono oscuro, sexual. Sus ojos escrutan mi rostro—. ¿Por qué? Dímelo. Cuéntame por qué nunca me explicaste lo que te hicieron en realidad.

—Porque me avergonzaba —confieso con un nudo en el estómago que apenas me permite respirar—. Porque no quería que tú pensaras lo mismo que ellas ni que te fueras de mi lado. Porque creí que podría solucionarlo todo por mí misma. Porque pensé que callando, mostrando indiferencia, fingiendo ser fuerte, se detendrían. Decidí actuar así, y me equivoqué. Tendría que haberles gritado más, hacerles frente, volverme en su contra. Quizá me habría llevado más golpes, y más insultos, pero al menos habría hecho algo. —Lo he dicho de un tirón, soltando de golpe todo el malestar que llevaba dentro desde hacía tanto y no quería desvelar a nadie. Ni siquiera a mí.

—Estuve tan ciego…

Adrián trata de besarme de nuevo, pero niego con la cabeza. Me incorporo un poco y me limpio las lágrimas con los pulgares.

—Solo el ser humano tropieza dos veces con la misma piedra porque piensa demasiado con el corazón. Y eso no es sano. Noto que me quemo cuando estoy entre tus brazos.

Me sorbo la nariz como una cría. «Por Dios, Blanca, quién te ha visto y quién te ve.»

Adrián se incorpora y acopla mis piernas a sus caderas. Noto la erección que presiona en sus vaqueros negros. Y esto no es algo sucio, es algo más intenso, porque cuando él me besa la boca le sabe a algo más que a sexo, no como ocurre con los otros hombres.

Acerca el rostro al mío. Sus dedos apartan los mechones sudados de mi flequillo.

—No, Blanca. Si eso fuera verdad, si hubiéramos pensado más con el corazón, ahora no estaríamos así —susurra en mis labios, y deseo a muerte tenerlos otra vez—. Y no me importaría caer, ¿sabes? Para ser sincero, volvería a tropezar con la maldita piedra una y otra vez, siempre y cuando esa piedra fueras tú.

—Me gustaría ser capaz de odiarte —murmuro ladeando el rostro para no perderme en sus ojos verdosos.

Me coge de la barbilla y me vuelve hacia él. Aprieto los

labios. Aprieto el corazón. No voy a soltar más lágrimas delante de Adrián.

—¿Significa eso que me perdonas? —Estudia mi cara en busca de alguna señal que le confirme mi frase.

Asiento débilmente. Creo que lo hice desde el primer segundo en que nos reencontramos.

—No quería hacerte daño. Y ahora tampoco. No llores más. Me rompes el corazón.

Un nuevo sollozo se me escapa. Y ahí están los ojos brillantes de Adrián llenándolo todo, más grandes y profundos que este cielo estrellado que nos espía sobre nuestras cabezas.

—A veces, al intentar no dañar a quienes nos importan, cometemos la estupidez de provocarles más dolor —dice con una voz tan seria, tan plagada de tristeza, que me echo a temblar.

Abarca mi cara con sus manos masculinas, esas que tanto me gustaban y que siguen despertando mi cuerpo. Me seca los últimos restos de lágrimas.

—Te echo de menos, Adrián. No lo entiendo, pero pienso en ti, y en tu manera de mirarme y de tocarme, y en cómo eres capaz de hacerme entrar en el cielo y en el infierno con tan solo un susurro tuyo en mi oído —confieso sin poder contenerme—. Pero también me arrepiento de haber ido al pueblo y de habernos encontrado, porque estaba tranquila y trataba de olvidarte por completo, y seguir con mi vida sin que tu sombra planee sobre ella.

Adrián me observa atónito, con la boca entreabierta, los dientes que tanto deseé asomando de entre sus labios, con los ojos embargados por la sorpresa.

—Me iré —susurra sacudiéndome la cabeza—. ¿Vale? Pararé esto si es lo que necesitas. Si mi presencia te hace daño, ya está. Te lo dije.

Niego con los ojos cerrados y suelto un grito frustrado. No sé lo que quiero. No sé lo que necesito. Me da miedo tenerlo cerca, pero también lejos. Cuando estoy con él pienso en los momentos bonitos y en los malos. Me duele y me sana. Y deseo ser como antes, pero a la vez como ahora. No sé amar. Él tampoco. Quizá los dos estemos muy dañados. ¿Cómo podrían estar juntas dos personas así?

Adrián deja escapar un suspiro y apoya su frente en la mía para abrazarme. Esta intimidad me vence. Detengo los pensamientos. Me guío por mi cuerpo, por lo que me reclama. Por esas cosquillas en el vientre que me asaltan.

—Te necesito —digo sin apenas fuerzas.

—¿Qué?

—Fóllame. Destrózame, pero con tus besos, con tus manos, con tu piel.

—Blanca...

—No puedo evitarlo. ¿Lo entiendes? Es superior a mí. Quiero tocarte y que me toques, olerte... Esto ya no es solo atracción, es necesidad. —Abro los ojos, un poco avergonzada, y clavo mi mirada en la suya, que me observa con preocupación y también con un deseo brutal.

—Haces que pierda toda la cordura. —Sus manos se meten por debajo de mi vestido y me aprietan los muslos—. Ignoro cómo arreglarlo todo, pero tú tampoco me ayudas.

—No sé si nuestros corazones están hechos el uno para el otro, pero nuestros cuerpos sí —susurro, y acerco mis labios entreabiertos a los suyos para aspirar su respiración.

Adrián me aprieta contra él y acoge mi boca, que lo espera ansiosa. Tiemblo de ganas, de deseo contenido durante mucho tiempo. Besos húmedos, escandalosos, llenos de jadeos; besos como ningún otro, como los que solo él puede darme. Adrián sabe a peligro, a lujuria, a condena, a dolor, a paz, a recuerdos, a juventud, a libertad.

Me aferro a sus hombros y me coloco de forma que su abultado sexo presione contra el mío. Me sube el vestido para que la fricción sea mayor. Gimo. Adrián me coge de la cintura y, de golpe, me tumba de espaldas al suelo. Se deshace de la camiseta, y me parece que sus tatuajes resplandecen en la noche. Y él es también oscuro, y tan masculino, tan salvaje y dulce a la vez… Se me encienden las mejillas al verlo así y me humedezco, tanto que cuando palpa entre mis piernas gruñe de satisfacción.

—Blanca —jadea Adrián entre un beso y otro—. O estás loca o…

Ni siquiera me molestan sus palabras. Es más, yo misma lo empujo contra mi piel ardiente y lo animo a continuar.

—No me follan como tú —le digo al oído con un gemido, y su corazón palpita en mi pecho.

—¿Cómo te follo yo? —susurra con su jodida voz erótica.

—Con todo tu cuerpo, con tus manos, con tus ojos…

Me agarra de las muñecas y me levanta los brazos por encima de la cabeza, apoyándomelos en la hierba. Con una rodilla me separa las piernas y se coloca entre ellas. Empieza a frotarse de tal manera que pienso que me correré sin que entre en mí. Su boca deja una estela de besos húmedos en la mía y enloquezco, muero bajo su peso. Trato de desembarazarme de sus manos para aferrarme a su espalda desnuda, pero me aprieta los dedos con más fuerza.

—Dios, Adrián. Dios…

Por un momento pienso que esto va demasiado rápido y que en nada todo habrá terminado y volveremos a ser los mismos de siempre, pero por suerte la voz de mi cabeza se apaga y tan solo quedamos la noche, el sudor de nuestros cuerpos y la lengua de Adrián bajando hasta mi canalillo. Me suelta una mano para bajarme un tirante. El encaje del sujetador le molesta, de modo que ahueca la copa hasta que mi pezón aparece. Se lo mete en la boca, lo lame, lo mordisquea, sopla en él, y me retuerzo y alzo el trasero para notar su sexo, que al final no alcanzará a adentrarse en mí.

—Blanca, eres mi puta locura —jadea en mi pecho.

Deslizo las manos hasta su culo y se lo aprieto. Adrián abandona mi otra mano y la baja hasta mis bragas. Tira de ellas y las rompe a medias. Son caras, pero no me importa. Lo único que deseo es que las haga pedazos y después a mí, porque quiero romperme entre sus brazos como consecuencia del placer.

Al fin logra arrancarlas y, a continuación, trata de desabrocharse el vaquero. Le tiemblan tanto las manos que tengo que ayudarlo. Pero a mí también me cuesta, y al final terminamos riéndonos de forma nerviosa. Nunca me río con un hombre cuando estamos en la cama.

Adrián apoya las manos en mis rodillas y me separa las piernas. Me sube el vestido hasta el vientre. Observa mi sexo rasurado y se chupa un dedo. Suelto un gritito cuando me lo introduce. Le pido más. Muchísimo más. Todo. El infinito. A lo lejos suena una melodía. Puede que por aquí haya alguna otra pareja haciendo lo mismo que nosotros, pero en la oscuridad de la noche no pueden vernos. La letra de la canción parece hecha para mí. «*In your bed, or in your car. On the earth, or up in the stars... I wanna be where you are, even if that means going too far*» («En tu cama o en tu coche. En la tierra o en las estrellas... Quiero estar donde tú estés, aunque eso signifique ir demasiado lejos»).

—Si crees que estamos cometiendo un error, dilo ahora, Blanca. Pídeme que pare y lo haré, pero una vez que esté dentro de ti no podré detenerme hasta que te corras. Y no te he traído aquí solo para esto. Créeme cuando te aseguro que quiero ser tu amigo —dice de una manera tan erótica, que el sexo me palpita.

Lo cojo de la cabeza y la bajo hasta mi vientre. Dibuja un círculo alrededor de mi ombligo con sus labios. Arqueo la espalda cuando se desliza hasta mi pubis. Deposita un beso húmedo y, a continuación, su lengua empuja en mi entrada.

Un gemido escapa de mi garganta. Me revuelvo en cuanto uno de sus dedos juega con mi clítoris. Esto es el cielo, y anhelo morirme en él.

—Dios... Sabes tan bien, Blanca... Nunca te había probado de esta manera antes, y eres perfecta. Jamás deberías haber creído lo contrario —jadea en mi sexo, arrancándome cosquillas—. Estaría haciendo esto toda mi vida porque tu aroma es parte de mí.

Su lengua se pierde por los recovecos de mis pliegues. Enredo los dedos en su pelo y tiro de él, arrancándole un gruñido de satisfacción. Me alza el trasero con una mano para lamerme mejor, y solo puedo cerrar los ojos y ver las estrellas en ellos. Adrián da un par de golpecitos en mi clítoris con la lengua y me desboco. Gimo, me revuelvo entre sus manos, le ruego más, y él me lo otorga y me hace sentir plena. No me da tregua. Su manera de acariciarme el clítoris, de mordisquearlo, su forma de pasar la lengua por mis labios humedecidos por su saliva y por mis flujos es mucho más de lo que puedo soportar.

—Córrete para mí, Blanca. Quiero guardarme tu sabor muy dentro.

Sus palabras son dinamita. Me muerdo el labio inferior y me abandono a mi suerte. Un fuerte espasmo golpea mi vientre y se encamina a mi sexo. Segundos después me voy en los labios de Adrián y él se bebe mi orgasmo, que no parece detenerse nunca. Me mareo, le aprieto la cabeza contra mis muslos, susurro su nombre en la noche.

Cuando termino se coloca encima de mí con la respiración agitada y el deseo contenido. Su polla dura y húmeda empuja en mi entrada. Se va introduciendo con lentitud hasta conseguir llegar al fondo. Suspiro. Y entonces una embestida. Me duele, pero es ese dolor por el que matarías. Ese dolor que se desborda en mil espirales de placer.

La mano derecha de Adrián se adentra en mi pelo, acariciándomelo, extendiendo los mechones más largos en la hierba alrededor de mi cabeza. El mundo da vueltas, y vuelvo a cumplir diecisiete años y tengo miedo porque la piel me habla de sentimientos que todavía a mis treinta recién cumplidos no alcanzo a comprender.

Y Miley Cyrus canta a lo lejos aún: «*I wanna be where you are, even if that means letting go of my heart. You take me higher than I've been before. I have a hard time, anyway, saying how I feel. But I'm a little buzzed, so I'm keeping it real. I tried to take it slow, but when you're around me my pot's about to blow, and everything you do just turns me out... It never felt right to be so wrong*» («Quiero estar donde tú estés, incluso si eso significa renunciar a mi corazón. Me llevas más alto de lo que nunca he estado. He tenido dificultades diciendo lo que siento, pero estoy un poco mareada, así que seré sincera. Traté de tomarlo con calma, pero cuando estás alrededor me siento a punto de explotar y todo lo que haces me enciende. Nunca se sintió tan bien hacer algo incorrecto»). Adrián empuja más, cierra los ojos durante un instante, pero lo cojo de las mejillas, paso los dedos por sus cejas y lo insto a abrirlos. Necesito que me mire. Lo abrazo como se abrazan las cosas que más te gustan en el mundo, las que te hacen sentir especial y asustada porque son grandes y eternas. La piel de su pecho arde, las gotas de sudor recorren su rostro. Sus caderas colisionan entre mis piernas llegando justo al centro, justo a ese remolino que me hace gritar.

—Más... Adrián, más —le ruego al oído.

Jadea. Me levanta las caderas y ambos gemimos.

—Todo, Blanca —dice, y luego me besa con la boca abierta, con su lengua devorando la mía. Nos besamos desesperados sin detener nuestros movimientos, apretando los vientres el uno contra el otro.

Me mueve hasta que quedo sobre él y se incorpora para

hundirse entre mis pechos. Me los manosea, los separa y los junta, los muerde por los costados, lame los pezones, tira de ellos y, al fin, los mordisquea arrancándome un grito. Subo y bajo, y él desliza las manos hasta mis nalgas y me las estruja, clavándome las uñas.

—Me gusta verte encima de mí —murmura con voz entrecortada.

Nuestras lenguas se topan de nuevo. Me acaricia el clítoris despacio, logrando que goce de cada espasmo.

—Voy a correrme otra vez, Adrián —gimo, y echo la cabeza hacia atrás.

—Y yo contigo. Quiero contigo...

Me mira con unos ojos que me recuerdan a nuestra primera vez, como si estuviéramos conociéndonos. Y siento tanto miedo... Y quiero que esto nunca termine. Tenerlo siempre así, provocándome placer, satisfacción, libertad.

Adrián gime y empuja con fuerza. Abro la boca y grito. Me deshago entre sus brazos. Su sexo se adentra en mí, palpita, y el mío se contrae. Segundos después, noto su humedad en mi interior.

—Dios, Blanca... No me canso de esto. No me canso —susurra tembloroso, y su pecho agitado contra el mío es una señal de paz.

Nos quedamos en esa postura unos minutos. Yo sobre él. Mirándonos. Me aparta del ojo el flequillo rebelde. Eso me hace caer en la realidad. El golpe es más duro, resuena en mi cabeza, y tengo claro que no puedo ignorarlo, que aquí hay un sentimiento intenso que, si bien se durmió con la lejanía y la falta de contacto, ha regresado con todas sus fuerzas. Debo hacer algo.

—¿Blanca? —La voz tenue de Adrián me sobresalta.

—¿Qué?

—Estás dándole vueltas a algo.

—Qué va —miento.

—Es mejor que no. Esto no se arreglará de esa forma. El miedo no se irá tan rápido —murmura traspasándome con la mirada—. Dejemos que el tiempo diga.

Nos quedamos un buen rato tumbados en la manta, abrazados en silencio, escuchando la música romántica de alguien que estará amando en esta montaña. Sé que ambos, en nuestro mutismo, tratamos de buscar las palabras correctas para expresar lo que sentimos, pero ninguno las encuentra. No soy la única a quien le cuesta poner nombre a todo esto.

Creo que nos quedamos dormidos porque cuando abro los ojos el cielo ya no es tan oscuro. Descubro que Adrián me observa con una mirada que no logro descifrar.

—Tengo que bajar, Blanca —me susurra acariciándome los labios—. Me encantaría quedarme aquí todo el tiempo del mundo, pero ya sabes que he de coger un AVE.

Espero a que recoja todo, de espaldas a él. Me guardo las tarjetas en el bolso con un extraño nudo en el estómago. Una vez que me tiende el casco, me lo pongo con descuido. Ni siquiera soy consciente de que me dejo la rebeca al lado de donde acabamos de tener un maravilloso orgasmo.

En la moto me congelo. No me atrevo a cogerme a él. Me obsesiono con lo que ha querido decir eso de que no le dé vueltas, que dejemos que el tiempo diga... ¿Qué quiere de mí? ¿Y yo de él? El viaje se me hace corto. Al bajar de la moto tengo las manos y la punta de la nariz heladas. Adrián me mira de soslayo.

—Pasaré unas semanas en Madrid —me recuerda.

Es lo mejor para meditar, ¿no? No tenerlo cerca. Pero el vientre me duele. Y el pecho. No le contesto. Adrián vuelve a colocarse el casco con gesto serio. Cuando lo veo inclinarse el pulso se me acelera.

—¡Adrián! —lo llamo con una voz más chillona de lo planeado.

Ladea el rostro y me mira con una ceja arqueada. Estoy segura de que cree que voy a decirle que no nos veamos nunca más, que ha sido el último polvo de nuestras vidas. Pero... estoy muy cansada de todo eso.

—Quiero ser tu amiga. Recuperar todo lo que perdimos en el camino.

Se queda parado, confundido. Cuando entiende a lo que me refiero, asiente con la cabeza.

—Y, como tú dices, que el tiempo ponga todo en su lugar. Si tiene que haber algo más que sexo y amistad entre nosotros, estaré esperándolo.

Adrián abre la boca para decir algo, aunque al final se mantiene silencioso y vuelve a asentir. Saco un papelito arrugado de mi bolso y anoto en él mi número de teléfono. Se lo tiendo.

—Es mi móvil —le informo inquieta—. Los amigos tienen sus números, ¿no?

—Claro. Te escribiré. Y si algún día quieres que te llame, también. Y, cuando regrese a Valencia, podemos quedar y comer juntos —añade con una sonrisa que me ilumina el corazón.

La mano me tiembla del frío y de... ¡Joder, no sé de qué. Me siento borracha de sentimientos. Adrián coge el papel y se lo guarda en el bolsillo trasero del vaquero. Sin más, se despide con una mano. Segundos después su moto se pierde calle abajo. Me quedo sola, con la cabeza atontada y el olor de Adrián en mi piel. Cuando subo en el ascensor y contemplo mi imagen en el espejo me siento mucho más libre, como si me hubiera desprendido de un gran peso que me impedía avanzar.

29

Desde que Adrián se ha marchado acudo con más frecuencia a la psicóloga. Por eso y porque estoy muy nerviosa por lo del caso. Apenas queda una semana para que tenga lugar la vista. En el trabajo el jefe de equipo me pregunta cómo voy y acabamos discutiendo porque asegura que no me ve al ciento por ciento. Sé que aún está más nervioso por el hecho de que el otro abogado sea un tiburón. Tenemos una reunión para hablar de los nuevos cursos de formación que se nos van a ofrecer, y Marcos se sienta justo enfrente de mí y me lanza algunas miradas gélidas.

En cuanto termina la jornada acudo a la consulta de Emma, quien me espera con su rostro imperturbable.

—No me ha enviado ningún mensaje —le digo nada más dejarme caer en el sillón.

—¿Has probado a hacerlo tú? —me pregunta con voz de sabihonda.

—No tengo su número. No caí en pedírselo y él no me lo dio.

Me mira con una ceja arqueada y anota algo en su libreta. Me explica que encontrarse con los sentimientos de uno mismo no es nada malo y que yo los había estado reprimiendo durante mucho tiempo. Está satisfecha de que su idea de haber ido al pueblo haya salido tan bien.

—¿Y quieres que contacte contigo? —inquiere muy tiesa en su silla.

—Sí.

—¿Por qué, Blanca?

Me quedo callada. Las palabras me queman en la boca. Emma se inclina hacia delante con algo en su rostro que parece el esbozo de una sonrisa.

—No te avergüences de lo que estás sintiendo. No es nada malo. Quisiste convencerte de que no debías tener una relación con Adrián, ni siquiera de amistad, porque lo diseñaste en tu mente como alguien muy cruel y dañino para ti. Y es normal, se trataba de un mecanismo de defensa. Contéstame con sinceridad: ¿crees que es una mala persona?

—No. No lo es.

—Y tú no eres más débil por haberlo perdonado. Has sido capaz de sentir a pesar del daño, y eso dice mucho de ti.

Después me da unos consejos para tranquilizarme acerca de lo del caso. La sesión acaba hablando un poco de mi familia, de que también debo encaminar la relación con ellos y mostrarme más cálida y cercana.

Esa misma noche, cuando estoy preparándome la cena, suena mi móvil. Pienso que es Adrián y doy un brinco, con el corazón a mil por hora. Sin embargo, al mirar la pantalla y descubrir el nombre de mi clienta, los nervios me afloran. ¿Qué querrá ahora?

—¿Blanca? —Su voz suena inquieta.

—Sí, dígame.

—¿Podríamos vernos? —me pide ansiosa. Siempre me tutea.

—¿Ahora? —pregunto confundida.

—Por favor, es urgente.

Me muerdo los labios y asiento. Esto es así, y me debo a

mis clientes. Quedamos en la parada de metro de Xàtiva dentro de treinta minutos, pues vive cerca con sus padres. No cojo el coche. Estoy demasiado nerviosa, y eso que conducir siempre me tranquiliza. Llego cinco minutos antes, pero ella ya está allí. Me estrecha la mano y me conduce a una cafetería. La noto alterada, pero no tanto como cuando la acompañan sus padres. Por cierto, ¿dónde se encuentran? Todo esto es muy extraño. Mi clienta no dice nada hasta que tenemos sendas tazas de té delante de nosotras. Me mira fijamente con los ojos muy abiertos. Fue una mujer guapa. En realidad, continúa siéndolo, pero es como si en su cara se reflejara mucho dolor.

—Mis padres y yo hemos discutido —dice de repente, y casi me atraganto con la bebida.

—Lo siento —respondo, sin saber qué va a suceder.

—Estaba harta ya. —Ladea el rostro, seria—. Lo he estado durante mucho tiempo por unas cosas y por otras. No es que sean malos, pero su manera de pensar es egoísta. Sé que lo hacen por mí, y por los niños, pero no es manera de luchar.

—¿Quiere contarme algo? —Me inclino hacia delante, empezando a creer que hay una luz.

—No se meterán más en esto —asegura, y se sonroja—. Debería haberme enfrentado antes a ellos, pero hace mucho que soy débil —reconoce. En cierto modo, siento empatía hacia ella—. Los motivos por los que caí en la droga no importan. Aun así, me gustaría contártelos.

Asiento con la cabeza. Seguramente no aportarán nada al caso, ni siquiera podríamos usarlos ya, pero lo que tengo claro es que quiere que la escuche y voy a hacerlo.

—Tuve un aborto. Ya sé que es algo por lo que pasan muchas mujeres cada día, pero... yo no supe cómo enfrentarme a ello. Además, mi ex marido estaba liado con una compañera suya del trabajo. Tampoco lo culpo, ya que yo era un asco, en el sentido de que mi carácter empeoraba cada vez más. —Toquetea la bolsita de té y coge aire antes de proseguir—. En el círculo en el que mis padres se mueven hay bastante gente que toma drogas. De las exclusivas, eso sí. Y las probé pensando que no pasaría nada. Tenía una depresión horrible y al final parecía que solo la droga me ayudaba. Fui un desastre. Lo descuidé todo. A mi ex marido, a mis hijos, mi hogar... —Se lleva una mano a los ojos y, por un momento, me inquieto pensando que va a echarse a llorar. Se contiene, aunque le tiembla la voz—. Me metí de lleno en ese mundo. Fui demasiado cobarde. Abandoné la persona que era y me convertí en una sombra.

Se calla y el silencio nos envuelve. Nos quedamos así un rato, hasta que consigue recuperar las fuerzas.

—Los quería. Y los quiero. Por eso he hecho todo lo posible por abandonar ese mundo y ser otra vez yo, y poder abrazarlos, escuchar sus risas, formar parte de sus vidas.

—Lo sé —digo únicamente.

—Mi ex marido no es un maltratador. Él es bueno con los niños, aunque tiene miedo de que yo vuelva a hacerles daño. Por eso su abogado y él están luchando. Pero necesito a mis hijos en mi vida.

—Y los tendrá —aseguro, asintiendo con la cabeza.

—Sé que estás haciendo todo lo posible. —Esboza una sonrisa—. No quiero que solicites la exploración de menores. Y sé que lo mejor es la custodia compartida. Los niños nos necesitan a los dos. Su padre ha cuidado de ellos todo el tiempo que yo no lo hice. Por favor, Blanca... —Posa su mano fría sobre la mía—. Haz lo que sea mejor para todos. Confío en ti, en tus decisiones. Cada vez que te he mirado he visto esperanzas en tu cara y, no sé por qué, hay algo en ti que me dice que puedes entenderme. No me has juzgado. Los últimos análisis revelaron que había vuelto a probar las drogas, pero ahora estoy totalmente limpia. De verdad. Me haré otros y podremos aportarlos en la vista. ¿Qué opinas? ¿Lo conseguiremos? Sé lo fuerte que pisa el abogado de mi ex, pero también sé lo que tú luchas. Lo he notado en tu preocupación, en tu manera de trabajar conmigo y de aguantar a mis padres. Por eso quiero hacer algo bien por una vez en mi vida.

De nuevo el silencio nos aborda. Al fin, asiento. Dios, no puedo creer que esto esté pasando. Le digo que todo irá bien, que lo más factible es solicitar una reunión con su ex marido y el abogado y llegar con ellos a un acuerdo. Si lo conseguimos, será todo un logro.

De modo que, a la mañana siguiente, comento al jefe de equipo lo ocurrido y me da unas palmaditas asegurando que sabía que sería capaz de conseguirlo. Para mí, sin embargo, se trata más bien de un milagro. Contacto con el abogado, quien se muestra reticente en un principio y me dice que tengo que esperar a que lo hable con su cliente. A media mañana me llama para concertar una cita esa misma tarde.

Mi clienta y yo acudimos un tanto nerviosas. Ella lo demuestra. Yo no, por supuesto. Pero tengo un miedo atroz a que el otro abogado busque ganar. Al estrechar la mano de su ex marido y contemplar sus ojos tristes me doy cuenta de que él también ha sufrido mucho y, en cierto modo, entiendo que se haya comportado así. La reunión dura bastante. Hay momentos tensos, duros, muchas palabras, muchas dudas, el otro abogado mostrándose evasivo, pero... Lo consigo. El ex marido acepta. Ya no habrá más luchas. Pasaremos de demanda contenciosa a mutuo acuerdo, solicitando la custodia compartida con el régimen de visitas que dictamine el juez.

Una vez en la calle mi clienta me abraza emocionada. Yo también lo estoy, pero le aconsejo que espere a la vista, por si acaso. Cuando lo comento en mi bufete, todos se alegran.

Menos Marcos, quien me vuelve a lanzar una mirada mortífera.

Esa noche me sirvo un delicioso vino que estaba guardando para ocasiones especiales. Todavía no hemos ido a la vista, aún no se ha dictado la sentencia, pero tengo el presentimiento de que va a salir bien. Como para confirmármelo, mi móvil vibra cuando estoy quedándome frita en el sofá. Y, al entrar en la aplicación, descubro un número desconocido. Pero su foto... La foto de unos dedos tocando las cuerdas de una guitarra. Incluso con lo pequeña que es la imagen, reconozco esas manos.

Adrián. Ningún texto, solo una nota de audio. Aprieto el *play* y los acordes de su guitarra inundan el silencio de mi piso. El corazón me da un vuelco y siento una emoción extraña que, desde hace mucho, no experimentaba. Se trata de la canción *Kiss From a Rose* de Seal. La melodía y la letra son preciosas. Y Adrián, con su toque, con su voz, todavía la hace mejor.

Le escribo, con manos temblorosas, una respuesta:

Por qué no te grabas?

Al enviárselo, me pongo más nerviosa. Espero a que conteste durante más de diez minutos, aunque no parece que lo haya leído. No me puedo creer que, después de todo, esté chateando con él. Y que me sienta como si fuera otra vez una adolescente.

Cuando ya creo que no va a decir nada, el móvil pita. Lo cojo a toda prisa y abro la aplicación para encontrarme con un vídeo. El corazón me palpita con fuerza. Clico y, de súbito, la imagen de Adrián con la guitarra apoyada en las rodillas llena la pantalla. Trago saliva.

—¡Hola, amiga! —exclama medio en broma. Me echo a reír como una tonta. En ese momento alguien le habla y él susurra algo. Cuando vuelve a mirar a la cámara, sonríe—. Es mi compañero de piso. Trabajamos juntos en la obra. Dice que está harto de oírme tocar. —Saca la lengua para burlarse, y con ese gesto rejuvenece diez años y se asemeja más que nunca a aquel chico punk escuálido y malhablado—. Bueno, como me has pedido que me grabe, pues... allá vamos.

Se inclina un poco hacia delante, dispuesto a rasgar las cuerdas. Me bebo su imagen, casi la acaricio. Menuda loca. Me muero por tenerlo aquí. Esto no puede estar pasando. ¿Yo, una ñoña sentimental? Adrián canta con los ojos cerrados, conmovido. «*You remain my power, my pleasure, my pain. To me, you're like a growing addiction that I can deny. Won't you tell me, is that healthy, baby?*» («Continúas siendo mi fuerza, mi placer, mi dolor. Para mí eres como una adicción que crece y no puedo negar. No me dirás que eso es sano, nena»). Es como si me dijera a mí esas palabras. Es tan mágico, tan espectacular... Podría haberse dedicado a cantar y habría llenado estadios.

En cuanto acaba la canción se echa a reír, como avergonzado, y se rasca la nuca. Coge el móvil y lo acerca a su rostro. Tan cerca que puedo acariciar sus largas pestañas.

—Buenas noches, Blanca. Duerme bien. —Me guiña un ojo.

La grabación se detiene y Adrián se queda en una imagen congelada. Miro el móvil durante un buen rato con la boca abierta, miles de aves desplegando sus alas en mi estómago y el corazón a mil por hora.

Dios... No sé qué ha sido eso. No sé qué estamos haciendo ni por qué todo parece tan sencillo después de todo. Pero es tan jodidamente bueno...

La semana siguiente acudo al juzgado con ilusión y nervios a partes iguales en el estómago. Exponemos lo que hemos decidido. Mi clienta y su ex marido se lanzan varias miradas e, incluso, en una de ellas se sonríen. Ese gesto me hace creer que hay que dar segundas oportunidades y perdonar. Me despido del abogado contrario, pero ni siquiera me mira. Supongo que él no ve esto como una victoria.

En el despacho todos se contagian de mi alegría. La sentencia llegará dentro de unos meses, pero el jefe de equipo está segurísimo de que el juez otorgará la custodia a ambos y habrá un final feliz. Además, uno de mis compañeros ha ganado un caso por el que también luchaba hace tiempo y todos estamos contentísimos. Por ello, nuestro jefe decide celebrar una fiesta. Se proponen varias fechas para elegir una que nos venga bien a todos y, al final, optamos por el último sábado de octubre.

La vida continúa, avanzando hacia la mitad del mes. Adrián me ha enviado más mensajes. Todos bastante normales, a decir verdad, pero a mí me emocionan y me convierten en una tonta que ríe cada vez que recibe uno. Emma asegura que estoy avanzando mucho y que, de esta forma, mi relación con los hombres, y en general con las personas, cambiará.

Sebas y yo estamos haciéndonos buenos amigos. De vez en cuando, si el trabajo me lo permite, quedamos y nos tomamos un refresco, un café o un té. Me explica que su ex, en las últimas semanas, está rara, que le envía mensajes en los que le dice que lo echa de menos. Me pide consejo y yo, que nunca he creído en el amor, lo animo a que le prepare una cita espectacular.

Justo a la semana siguiente me llama para comunicarme que fueron al cine y que se besaron al terminar la película. Piensa que puede existir otra oportunidad para los dos. Me propone quedar y le pregunto si podría venir una amiga.

Begoña ha flipado cada vez que le he hablado de Sebas. Está encantada con que, por fin, tenga un amigo de sexo masculino. Respecto al tema de Adrián… con eso todavía alucina aún más.

De modo que la noche anterior a la cena del bufete, Begoña, Sebas y yo salimos. Cómo no, a Miss Sushi. Nosotras somos clientes fieles. Sebas comenta que es un restaurante demasiado femenino, todo tan rosa, con «espejitos mágicos» y pijerías por todas partes. Sin embargo, cuando nos traen la comida se muestra de lo más feliz.

—¿Ha habido algún avance más? —le pregunto mientras damos buena cuenta de unos makis magníficos.

—Ayer tomamos juntos un café. Paseamos por el Turia y… joder, me abrazó. Me dijo que me echaba muchísimo de menos. No sé si debo hacerme ilusiones. Las mujeres cambiáis de opinión como de bragas —dice con una sonrisa maquiavélica.

—¡Oye! —se queja Bego apuntándolo con los palillos—. Serán las tías que tú conoces. Yo soy la mujer más sensata del universo.

Se me escapa una risa y a punto está de salírseme la bebida por la nariz.

—Por cierto… —Sebas se dirige a ella, aún sonriendo—. Dicen que todos somos bisexuales.

—¿Perdona? —Begoña abre mucho los ojos y me echo a reír de nuevo. Qué bien sientan estas salidas—. Esa leyenda urbana conmigo no tiene ningún sentido, cariño. A mí me gustan tanto las mujeres como a ti.

—¿Y no has tenido ninguna relación con un hombre? —quiere saber él.

—Cuando era una cría, sí. Me lié con un compañero de clase. —Begoña me arrebata el último maki Dragón y gruño—. No sé si fue por lo mal que me besó que les hice la cruz a todos los tíos.

Reímos a carcajadas, tan fuerte que la mesa de al lado, integrada por un montón de jovencitas, se contagia.

—¿Y tú qué? —Begoña ladea el cuerpo hacia mí y me mira con ojos brillantes—. ¿Tenemos más mensajes del punk?

—Que ya no lo es —respondo con fingida molestia. Sonrío en mi interior.

—Pues qué quieres que te diga, prefiero pensar en él como una estrella punk.

—A mí me gusta bastante esa música. Y el rock —apunta Sebas, tratando de comer con los palillos. Se le da tan mal como a mí—. Que te explique Blanca lo que ocurrió la primera noche que quedamos —dice con una sonrisa.

—¿Qué, qué? —Bego se emociona.

—Puse la radio y empezaron a sonar los Ramones. Casi me da algo —cuento divertida.

—Nuestra amiga es una loca, ¿eh? —Begoña y Sebas se carcajean.

—No nos hemos llamado, pero sí nos hemos enviado algún mensaje más —les comunico, y me coloco el flequillo tras la oreja—. Me hace ilusión. —Me encojo de hombros, algo avergonzada. No puedo creer que estemos manteniendo esta conversación.

—¿Y qué te cuenta en ellos? —Bego se muestra de lo más curiosa.

—Nada, cosas sobre el trabajo, sobre Madrid.

—¿No te dice guarradas? —Sebas me sonríe.

—Charlamos como amigos.

—Hombre, después de todo lo que han folleteado, ya era hora de que avanzaran a algo más. —Begoña alza la mano para llamar al camarero y pedirle los postres—. Aunque estoy segura de que se le caen las bragas cada vez que oye sonar el móvil.

Le lanzo mi servilleta, que cae en la copa de su cóctel. Justo en ese momento mi teléfono avisa de que he recibido un mensaje. Tanto Sebas como Bego se quedan callados, observándome expectantes. Chasco la lengua, aunque con una sonrisa, y saco el aparato. Es Adrián. Esto es increíble, de verdad. Lo es que se me acelere el pulso por un simple mensaje. Adolescente total.

Cómo va la noche, Blanca? La mía de cañas y tapeo por Madrid. Hemos salido para celebrar lo bien que está yendo la obra. La próxima semana finaliza, pero hemos conseguido abarrotar el teatro en cada función

Debajo ha incluido una foto en la que aparecen unas cuantas personas alzando sus jarras de cerveza. Se me escapa una carcajada. Begoña me mira mordiéndose el labio inferior, aguantándose la risa.

—Oye, ya basta —me quejo.

—Hija mía, es que es la primera vez que te veo tan emocionada. Me dicen que tienes quince años y que estás escribiéndote con el chico más popular del instituto, y me lo creo —se mofa, la muy cabrónida.

Les pido que se pongan en posición para hacer una foto. Los tres nos hacemos una *selfie*, sonrientes ante la cámara. Se lo envío a Adrián. Me quedo esperando la respuesta, aunque ya no recibo ninguna más mientras estamos en el restaurante. Begoña propina codazos disimulados a Sebas al darse cuenta de que no dejo de dirigir miradas al móvil.

Finiquitamos la noche en casa de Begoña. Sebas y ella se toman unos gin-tonics, pero me niego a acompañarlos porque no quiero tener resaca mañana.

La tarde siguiente me la paso sacando ropa y calzado del armario. Estoy tremendamente nerviosa. Tengo el presentimiento de que el jefe de equipo va a decir algo sobre mí. Puede que me proponga dar un paso más en el bufete. Hace unos meses dudaba, pero tras el último caso me siento preparada. Y encima los otros también están yendo bien.

Me pongo una falda negra de tubo hasta las rodillas y una blusa rosa palo a conjunto con unos tacones. Encima me coloco un blazer del color de la falda. Me aliso el pelo, que ya me llega por debajo de los hombros, y me aplico un poco de maquillaje bastante natural. Me observo en el espejo. Como diría Bego: elegante y guapa, ¿qué más se puede pedir?

Decido ir en taxi por si me tomo alguna cerveza. Por el camino llamo a mi madre para comunicarle que el caso fue mejor de lo que esperábamos. Ella se enrolla, como siempre. Me cuenta cosas de gente del pueblo que no me interesan en absoluto. Pero es diferente. Antes habría ardido en deseos de colgar al segundo. En cambio, hoy me siento tranquila escuchando su voz.

Cuando llego al Barceló, el hotel donde nuestro jefe ha decidido celebrar la cena, tan solo hay un puñado de compañeros que han sido más puntuales que yo. Esperamos al resto fuera de la sala tomando una caña y picoteando. Sandra llega poco después y me da dos besos con una sonrisa.

—¡Qué mona va esta chica siempre! —exclama, imitando a uno de los personajes de la serie *Aquí no hay quien viva*, si no recuerdo mal.

—Y tú, y tú. —Ella lleva un pantalón suelto de color negro y una blusa de tirantes blanca. Sencilla, pero elegante.

Al cabo de cinco minutos nuestro jefe hace acto de presencia y nos encaminamos a la sala. Echo un vistazo disimulado alrededor. Marcos no está. Qué raro. Sin embargo, nada más tomar asiento lo veo entrar por la puerta. Tiene los ojos rojos y aspecto irritado. Puedo distinguir a la perfección si una persona ha bebido. Y él lo ha hecho. Durante la cena se traga una cerveza tras otra, y hasta las mezcla con copas de vino blanco. Eso va a subirle mucho. Me daría completamente igual si no fuera porque no aparta los ojos de mí. Y su mirada no me gusta ni un pelo. Está cargada de rabia. Pero ¿qué le he hecho?

A mitad de la cena el jefe nos comenta que las tres próximas semanas de noviembre estará fuera y que cuidemos bien de todo. Sonreímos. Sandra y yo charlamos de trabajo, pero luego pasa a hablarme de su familia, de su marido, y me muestra fotos recientes de sus hijos. La pequeña tiene cuatro años y el mayor, ocho. Son monísimos. Me sorprendo descubriendo que empiezan a gustarme los niños.

—Me parece genial que hayas conseguido solucionar el caso de tu última clienta. Al fin y al cabo, las mujeres debemos ayudarnos, ¿no? —me dice con una sonrisa.

—Es una buena mujer —coincido.

En los postres, y tras traernos unas botellas de cava, el jefe se levanta para dar un discurso. Me pongo nerviosa. Primero felicita al otro compañero y todos aplaudimos con ganas. El ambiente de este despacho siempre ha sido estupendo. Luego dirige la vista hacia mí, y siento un retortijón en el estómago. Todas las miradas se clavan en mi rostro y, por unos instantes, recuerdo aquellas veces en el instituto en las que los profesores alababan mis trabajos y después los compañeros se burlaban. Me digo que ahora soy una adulta, que hasta conseguí enfrentarme a las buitronas.

—También quiero felicitar a Blanca. Hemos pasado unas semanas complicadas y sé que ha sido duro para ella. Pero ¡lo hemos conseguido! Aún a falta de la sentencia, tengo claro que será estupenda —dice con entusiasmo. Mueve el cuerpo a un lado y a otro, abarcando a todos—. Blanca es una de las abogadas más jóvenes de nuestro bufete, pero siempre ha mostrado tenacidad, ambición y seguridad. Creo que son las facultades perfectas en nuestra profesión. —Todos asienten. Todos menos Marcos, quien continúa observándome con los ojos entrecerrados y muy serio. Me encojo en el asiento—. Sé reconocer a un profesional y, por eso, Blanca...

De repente suenan unos aplausos que cortan a mi jefe. Reina el silencio en la sala, a excepción de las palmas. Me vuelvo en la dirección de la que provienen y descubro a Marcos con una sonrisa burlona. Para mi sorpresa, se levanta con la copa de cava en la mano. Va muy borracho y me acojono. Por el amor de Dios, ¿qué va a hacer?

—Tenéis razón —dice con la voz gangosa. Todos lo observan confundidos y silenciosos—. Blanca es una maravillosa profesional. —Dirige su mirada hacia mí y alza la copa. Se la bebe de un trago y la deja en la mesa con ira—. Siempre queriendo ayudar a los demás, trabajando duro, luchando por las causas perdidas... —Se echa a reír. Mi jefe lo observa con una ceja arqueada y después se vuelve hacia mí, interrogándome con la mirada—. Hay que ver, Blanca, qué fantástica eres y qué buena abogada. Tan profesional que no te importa una mierda saltarte las normas de la empresa.

La respiración se me corta. Joder, no. ¿Está insinuando lo que...? ¿Cómo es capaz de hacerme algo así? De repente, noto un montón de miradas sobre mí. Oigo cuchichear a mis compañeros. Nuestro jefe me mira con expresión indescifrable. Trago saliva, sin saber muy bien qué hacer. La mente se me colapsa de pensamientos, de viejos recuerdos. Por un momento creo estar en una clase del instituto.

—Marcos, ¿sucede algo? —insiste el jefe.

Sandra, a mi lado, me pregunta al oído qué es lo que ocurre. Agacho la cabeza y la muevo, confundida. Me entran náuseas.

—Más vale que se lo explique Blanca.

De nuevo, nuestro jefe ladea el rostro hacia mí. Siento que no puedo respirar. Me mareo. Miradas curiosas y hambrientas. Esto no puede estar pasándome. Me levanto con la respiración agitada. Sé que el jefe me formula una pregunta, pero no acierto a responderle. Todo da vueltas.

—Lo siento. Yo... No me encuentro muy bien —me disculpo. Y salgo de la sala dejando atrás a todas esas personas que me parecen lobos y que no cesan de cuchichear.

Saúl me detiene antes de que pueda abandonar el hotel. Intento sostenerle la mirada, pero me resulta muy difícil.

—No sé qué ha sucedido ahí dentro, Blanca, pero si es lo que pienso, debemos hablarlo.

—Lo sé, perdone. Es que, ahora mismo…

—No, ya sé que ahora no. Debería ser cuanto antes, pero me marcho el lunes y no quiero dejar esto en manos de nuestros superiores. Eres una de mis mejores abogadas y prefiero hablarlo contigo cara a cara.

—Estoy de acuerdo —murmuro avergonzada.

—Cuando vuelva, charlaremos. —Me dirige una dura mirada y busco aire porque me falta—. Ahora vete a casa y descansa.

No puedo explicar cómo llego al piso. Sé que he parado un taxi, que he roto a llorar y que el taxista me echaba miraditas por el espejo retrovisor. Cuando me tiro en la cama soy consciente de todos los errores que he cometido en la vida. Su peso cae sobre mí con demasiada fuerza.

Lloro hasta quedar exhausta, sin entender muy bien lo que ha ocurrido en la cena, sin llegar a comprender por qué Marcos ha actuado de ese modo. ¿Tan mala soy? ¿Me lo tengo merecido? De madrugada alcanzo el móvil al ver que una luz parpadea. Descubro que he recibido un mensaje de Adrián en el que me pregunta cómo estoy.

Un horrible temor se apodera de mi pecho. Me duele. La cabeza continúa dándome vueltas. Todo me parece irreal. Un retorno al pasado, cuando vivía bajo el peso del miedo.

No contesto a Adrián. No soy la persona que él piensa, y eso me avergüenza.

30

Va a despedirme —digo con la voz entrecortada—. Me pondrá de patitas en la calle y, de paso, me dirá de todo. La he cagado, y mucho. Esto será una mancha en mi expediente. Y nadie querrá contratarme. Les llegará la carta de recomendación, que en realidad será una de no recomendación, avisándoles de que no cumplo las normas empresariales y de que me tiro a todo bicho viviente. E iré volviéndome pobre. Y me quedaré sola. Y...

—Blanca... —Los fríos ojos de Emma se clavan en los míos. A decir verdad, no le he dado tiempo a nada, pues he entrado a toda prisa en su despacho, me he sentado sin saludarla y he empezado a contarle todo lo ocurrido. En quince minutos es la primera vez que abre la boca, de modo que me callo y la miro—. Vamos a hacer un ejercicio de relajación.

—Sí —asiento, aunque lo único que deseo es que me diga que todo se solucionará, que ella misma va a arreglarlo (imposible), o mi madre (imposible también, pero ¿a que de pequeños pensábamos eso y nos sentíamos muchísimo mejor?).

Nos tiramos un buen rato con el ejercicio. Dice que estoy en crisis. ¿Y quién no lo estaría en mi situación? A continuación me invita a pensar posibles conversaciones con mi jefe.

—Tienes tres semanas para prepararlo, así que practica conmigo. Imagina que yo soy él y lo que me dirías. Piensa por qué, a pesar de los riesgos, te metiste en esa aventura.

—¿Porque soy gilipollas? —Esbozo una sonrisa nerviosa.

—Blanca, esa actitud no te ayudará en nada. Tienes que mostrarte como una profesional ante él. —Me observa con severidad.

—Está bien, está bien… —Cojo aire y trago saliva. Reflexiono un instante y le digo—: Explicarle los motivos me llevaría mucho tiempo y encima tendría que meterme en asuntos privados.

—¿Cuáles? —pregunta Emma.

—Los que tú ya sabes. Los problemillas esos que he tenido en ocasiones. —Me llevo el índice a la sien y lo muevo en círculos.

Emma suspira y anota algo en su libreta. Al final voy a coger manía a esos papeles.

—No es necesario que le cuentes todo eso porque no viene al caso. Los problemas psicológicos y de autoestima que tuvieras son cosa tuya. A él eso va a darle igual.

Perdona, ¿problemas psicológicos y de autoestima? Vale, está bien. Imagino que por eso estoy aquí, porque han sido reales. Demasiado.

—Venga, ponte en situación. Ahora ya no soy Emma. Soy él. —Me mira fijamente y me pongo nerviosa.

—No puedo. No te visualizo —niego al cabo de unos segundos en los que no me sale nada.

—De acuerdo. Empiezo yo —murmura. Deja el cuaderno a un lado, carraspea y luego dice—: Señorita Balaguer, es usted consciente de que ha actuado de manera contraria a las normas de nuestra empresa, ¿no?

—Sí… sí. Y lo siento mucho… —me apresuro a responder, pero me interrumpo porque Emma alza una mano indicándome que espere.

—Me gustaría que entendiera que las normas de nuestro bufete son claras y que todos los empleados deben acatarlas, puesto que trabajan en él. —Hace una pausa y me observa por encima de las gafas, que se le han bajado un poquito—. Así que ¿qué tiene usted que alegar en su favor?

—En primer lugar, que lo siento mucho. Tiene usted razón: me he saltado las normas de esta empresa y es una irresponsabilidad por mi parte. No puedo decir mucho más, ya que lo hice de manera voluntaria. Pero lo que sí me gustaría asegurarle es que fue algo esporádico, que hace tiempo que se terminó y que mi compromiso con este despacho es absoluto. Sabe que siempre me he esforzado al máximo y que...

Otra vez Emma con la mano levantada.

—Él ya sabe todo eso, Blanca. No debes hacerte la víctima. Lo que tienes que hacer es convencerlo de que, a pesar de todo, eres una de sus mejores abogadas y te necesita, y que, por tanto, podría hacer la vista gorda con lo ocurrido. —Emma aprieta los labios—. Pero, bueno, tú eres aquí la profesional en convencer a la gente.

—No es lo mismo. Siempre defiendo a los demás, no a mí. Eso es muy difícil —me quejo como una niña pequeña, empezando a ponerme nerviosa de nuevo.

Más ejercicios de respiración. A continuación, Emma me propone que le hable de Marcos, que le cuente los motivos por los que decidí saltarme las normas a pesar de todo y cómo me sentí y me siento ahora. Le explico que, por entonces, pues ya hace tiempo de ello, no pensaba tanto en las consecuencias y simplemente me dejaba llevar. Le confieso que era como si necesitara el sexo para suplir un vacío que me molestaba, y yo misma me sorprendo al oírmelo decir. Al menos, al principio lo fue. Después logré que pasara a ser sexo por deporte. Pero antes buscaba afecto, sentirme deseada y, a la vez, tener yo el poder.

De ahí pasamos de nuevo a los primeros años de conquista, en los que además coqueteaba con el alcohol y otras sustancias. De las compañías masculinas que frecuentaba. De que mantuve alguna aventura durante la cual no pensaba más que en mí. Sin embargo, reconozco que en los últimos tiempos ha sido diferente.

—¿Y estás cambiando por Adrián?

—Quizá —susurro con la boca seca.

Hablar de todo esto es difícil. Me molesta en el pecho adivinar que la Blanca que he sido hasta ahora posiblemente no era la mejor.

—¿Crees que dañaste a las personas con las que te acostabas?

—Puede que a alguna —confieso asintiendo con la cabeza—. En especial a... —Me muerdo la lengua, algo avergonzada.

—¿A...?

—En la universidad mantuve relaciones con un hombre casado. —Es la primera vez que se lo confieso a Emma. Nunca más volvería a caer en algo así, de verdad. Me lo prohibí porque incluso por entonces, cuando era tan fría y egocéntrica, fui consciente del daño que hice. Aunque fue cosa de dos, yo podría haber dicho que no.

—¿Ese hombre tenía hijos? —me pregunta Emma con las cejas arrugadas. Me parece que le ha cambiado el gesto de la cara, pues está más seria de lo habitual.

—Dos. —Me paso la mano por la frente—. Y... él quería... dejar a su mujer y tener una relación conmigo, pero yo no... Y... Joder. Se divorciaron por mi culpa. Y lo más probable es que esos niños sufrieran, y ella, y él... —Para mi sorpresa, reparo en que estoy llorando.

Emma me observa con un dedo apoyado en el labio superior, aunque es como si no estuviera aquí, como si su mirada me traspasara y se hubiera posado en un punto lejano.

¿Qué estará pensando? ¿Que he sido una persona cruel y despiadada? Habrá lidiado con muchos pacientes que habrán sido peores. O eso quiero creer.

—¿Y te arrepientes? —La voz de Emma es dura.

Me remuevo en el sillón, un poco incómoda.

—Sí.

—¿De verdad, Blanca?

Ambas nos quedamos calladas mirándonos en silencio. Yo, con la sorpresa pintada en el rostro. Ella, con un gesto oscuro que jamás le había visto.

—¿Y en esos momentos? ¿Pensabas en sus hijos, en su mujer? ¿En la familia que ibas a romper?

No sé qué contestarle. Nunca me había hablado de manera tan tajante. Quizá sea otra forma de terapia. Una de choque o a saber qué. Abro la boca para decir algo, pero se me adelanta y cambia de tema.

—¿Qué tal la relación con Adrián? —Recoge el cuaderno y busca algo en él.

—No lo sé —declaro aturdida—. Me ha enviado más mensajes, pero no le he contestado desde que ocurrió lo de Marcos. Me noto nerviosa, tengo un poco de miedo...

—Mantente así —dice dejándome patidifusa. Como se da cuenta de que la miro con la boca abierta, cruza la pierna derecha sobre la izquierda y añade—: Estás pasando por un momento muy complicado. Ahora mismo debes centrarte en lo de tu jefe. Además, necesitas un tiempo para reflexionar sobre tus relaciones con los hombres y tu actitud con ellos. Si hablas con Adrián buscarás consuelo y no será del todo sincero. En cambio, si no hablas con él podrás recapacitar acerca de lo que realmente quieres.

Estudio su rostro. Ya no está tan tenso como antes y una pequeña sonrisa asoma a sus labios. En realidad, lo que dice suena convincente. Y coherente, que es lo más necesario. De modo que asiento.

—Entonces ¿es mejor que no le conteste a nada? ¿Ni siquiera un «Estoy bien, gracias»?

—Eso llevaría a una conversación más larga. Y podría desembocar en caminos que, ahora, no son los aconsejables.

—Pero ¿y si se enfada? —Que también es lo más probable.

—Puedes decirle precisamente lo que hemos convenido, que necesitas un tiempo para reflexionar. —Emma ensancha la sonrisa, con la cara ladeada.

Salgo de la consulta con más dolor de cabeza del que tenía antes de entrar. Ahora ya no solo me preocupa el trabajo, sino también Adrián. No le había contestado estos días, pero pensaba hacerlo cuando me recuperara. Es más, me apetecía escribirle esta noche, y saber cómo se encuentra y por dónde anda.

Sin embargo, no lo hago. Me ciño a los consejos de Emma. En el fondo, hasta ahora no me ha ido tan mal.

A la segunda semana de ausencia del jefe, mi vida va de mal en peor. Por las noches me despierto con taquicardia y sudores imaginando lo que me dirá y lo que sucederá. En el despacho todo sigue igual, si no tenemos en cuenta que los primeros días los compañeros me dirigían miradas extrañas. O quizá era yo quien veía visiones. No estoy segura. Lo que sí sé es que Sandra ya no habla tanto conmigo como antes, y me pregunto si el cabrón de Marcos les ha contado lo que ocurrió entre nosotros y ahora todos me ven como una pelandusca.

Y Marcos... En fin, Marcos me rehúye. Tampoco es que me apetezca mantener ningún contacto con él. En una ocasión coincidimos en el ascensor y me entraron unas ganas horribles de gritarle, de tirarle del pelo, de mancharle con el café ese traje tan caro que llevaba. Me contuve, por supuesto. Solo faltaba. Hice mis ejercicios de respiración. En un momento dado él carraspeó, como si fuera a decirme algo, pero al final no lo hizo y lo maldije por dentro. Ni una disculpa. Nada. No es que vaya a perdonarlo, pero... ¿se puede ser más cabrón?

Con Emma practico la posible conversación que mantendré con mi jefe. La mayoría de los días acabo deshecha en lágrimas confesando todos mis errores en la vida y ella siempre me observa con ojos reprochadores.

Adrián me ha mandado más mensajes. Todos muy normales, de esos en los que te preguntan qué tal estás, qué haces, si andas por ahí, por qué no contestas, si te ocurre algo, si estás bien, por qué no quieres hablar conmigo, si tengo que preocuparme... Hasta que, en un arrebato, desobedezco el consejo de Emma, que me parecía una mierda, y le respondo pidiéndole que, por favor, perdone mi silencio porque estoy pasando por una mala racha. Luego le pregunto qué tal está. Lo veo escribir, lo juro. Pero no envía ningún mensaje, y el vacío que tenía en mi pecho se hace mayor.

Cuando se lo cuento a Bego, un poco más y me revienta a leches. Me asegura que Emma es una loquera, que toma decisiones por mí, que estoy mal de la cabeza por hacerle caso, que Adrián intenta ser mejor y que mi actitud no es normal... Grita y grita hasta que ve mis pucheros y se calma, y me pide que le explique por qué he acatado las recomendaciones de Emma. Le confieso que vuelvo a tener miedo, que mi desconfianza hacia los hombres, y a las personas en general, ha regresado y que en verdad necesitaba pensar. No la convenzo, pero al menos deja de chillarme y se serena cuando le muestro que, al final, he pasado de los consejos de Emma y he escrito a Adrián.

Y ahora es sábado, justo el previo al regreso del jefe, y tengo a Bego y a Sebas esperando en mi salón para salir de fiesta. Yo no quería. Se han presentado por sorpresa. Soy un alma en pena, para qué mentir. Y he asegurado a Bego que si acabo espatarrada en el suelo totalmente borracha será culpa de ella. Le ha dado igual. Tiene claro que lo que necesito es despejarme. Es posible, pero no me apetece salir a la calle.

Me llevan a Thailicious a cenar para que me anime. Ni siquiera el agradable restaurante y su comida tailandesa riquísima me hacen sentir mejor. No dejo de mirar el móvil. Mi amiga se da cuenta y, como es muy perspicaz, me aconseja:

—Envíale otro mensaje. Que sepa que estás arrepentida.

—¿Y qué le digo?

—Que estás un poco loca, pero que hasta los dementes necesitan a alguien en su vida.

Sus duras palabras me causan un pinchazo en el pecho. Sebas se mantiene callado, observando a una y a otra.

—Emma aseguró que, si Adrián de verdad quiere ser mi amigo, lo entenderá.

—¡Nadie en su sano juicio comprendería algo así, Blanca! —exclama Begoña moviendo la cabeza.

Lo cierto es que Adrián no ha vuelto a ponerse en contacto conmigo. Y lo peor es que, en el fondo, sé que está enfadado y que le durará. ¿Y si se ha arrepentido de su decisión de esperarme? Bego tiene razón: debería escribirle y pedirle perdón de nuevo, y detener de una vez todas estas estupideces. Pero, como siempre, mi orgullo me vence.

Tras la cena, Sebas propone que vayamos a un pub que conoce. A mí me da igual, así que acepto. Al llegar descubro que es uno de música rock y el alma se me cae a los pies. Sin embargo, no abro la boca. Entramos y nos pedimos unas cervezas. Para mi sorpresa, en la cena no he bebido alcohol. No me apetecía. Aunque ahora mismo estoy sopesando la posibilidad de cogerme una cogorza y dejar de pensar hasta el lunes.

Sebas y Bego charlan animados, pero no me entero de la conversación. En mi mente hay un montón de frases inconexas, una mezcla de lo que tengo que decir a mi jefe en la reunión y de los últimos mensajes de Adrián.

—¿Por qué no salimos a la terraza? —Sebas señala la parte de atrás del pub—. Siempre hay cantantes o grupitos que se reúnen allí para tocar. A lo mejor hay algún amigo mío.

Mi amiga asiente emocionada y me coge de la mano para llevarme a rastras. Hay un montón de gente fuera formando un corrillo. Y también música en directo. Alguien está tocando la guitarra. Sebas y Bego intentan abrirse paso para ver mejor. Conozco la canción que están tocando: *Always*, de Bon Jovi. A Adrián le gustaba mucho. En ese momento la voz cambia a otra que en un principio no reconozco, pero que, al cabo de unos segundos, se me antoja familiar. Aprieto la mano de Bego de manera intuitiva. Estira el cuello, dibuja un «oh» con la boca y después vuelve el rostro hacia mí. La miro con los ojos muy abiertos, negando con la cabeza, y asiente. Trato de desaparecer, pero me coge con más fuerza.

Las chicas que están delante de nosotros se mueven un poquito y entonces lo veo. Joder, Adrián. ¿Qué está haciendo aquí? ¿Es una maldita broma del destino? ¿Puede alguien tener peor suerte que yo?

—Bego, vámonos, por favor —le ruego tirando de su mano.

—No seas así. Está aquí. Tienes la oportunidad de disculparte —me dice seria.

—¿Lo habéis planeado vosotros? —le pregunto con voz chillona.

—¡Por supuesto que no! —exclama con cara de ofendida.

No la creo. Seguro que ha hablado con él y le ha preguntado qué hacía o qué sé yo. ¿Por qué si no iban a traerme a un pub roquero? Vale que a Sebas le guste esta música, pero es demasiada casualidad que Adrián esté tocando aquí.

—Por favor, por favor... No dejéis que me vea. No sé cómo debería hablarle —les suplico, buscando la forma de esconderme de nuevo.

Pero me ve. Justo en ese instante Adrián alza la cabeza de su guitarra y, como por arte de magia, su mirada se cruza con la mía. Lo noto dudar unos segundos en el rasgueo del instrumento y en el tono de su voz. Y en que se le ha borrado su bonita sonrisa. Sin embargo, prosigue con su actuación. A su lado hay otro chico. Lo acompaña tocando y haciendo los coros. La canción es preciosa. Y Adrián no aparta la vista de mí. Sus iris marrones verdosos se me clavan muy dentro, provocando que no pueda respirar.

—Te odio, Begoña —le digo al oído.

—¿Y por qué pones esos ojitos? —me pregunta con una maléfica sonrisa. Está claro que ha tenido algo que ver. Me vengaré.

Oigo a Adrián cantar: «*Now your pictures that you left behind are just memories of a different life. Some that made us laugh, some that made us cry. One that made you have to say goodbye. What I'd give to run my fingers through your hair, to touch your lips, to hold you near. When you say your prayers, try to understand. I've made mistakes. I'm just a man...*» («Ahora las imágenes que dejaste atrás solo son recuerdos de una vida diferente. Algunas nos hicieron reír, otras nos hicieron llorar. Una hizo que dijeras adiós. Lo que daría por deslizar mis dedos por tu pelo, tocar tus labios, tenerte cerca... Cuando digas tus oraciones, trata de entender. He cometido errores. Solo soy un hombre...»).

—Oh, Dios mío —murmuro con unas enormes ganas de llorar. ¿Por qué creo que Adrián está cantándome a mí? ¿Por qué me mira de esa forma en la que parece que se adentra en mi alma y me la parte en dos?—. Tengo que salir de aquí —digo a Begoña, pero me retiene.

Me obliga a darme cuenta de que soy gilipollas. No hay más. A ser consciente de que ese hombre que está a unos metros de mí, cantando y tocando ante esta gente, poniendo todo su corazón en la melodía, es por quien yo sería capaz de aprender a amar otra vez. Siento que las náuseas se apoderan de mí y que soy incapaz de seguir mirándolo.

La canción se acaba y la gente aplaude. Aprovecho para soltarme de Begoña y huir. No puedo enfrentarme a tantos sentimientos. Oigo que me llama, pero no le hago caso. Estoy saliendo de la terraza cuando me atrevo a darme la vuelta. El otro chico que tocaba está recogiendo. Adrián ya no ocupa su silla. Lo busco con la mirada. No lo encuentro. El pulso se me acelera al oler un aroma familiar. Me vuelvo y lo descubro justo a mi lado, con su guitarra a cuestas.

Se me seca la garganta. Las palabras de la canción resuenan en mi cabeza como una letanía. «*And I will love you, baby, always...*» («Y te querré, nena, siempre...»). Me viene la loca idea de pedirle que me la cante ahora, aquí y únicamente a mí, como si estuviésemos los dos solos. El corazón me late a mil por hora, ansioso por lanzarse a sus brazos. Adrián me observa sin moverse, con los labios apretados y la mandíbula tensa. Creo que va a saludarme, que me abrazará después de todo, pero lo que hace es echarme una última mirada de desprecio. Algo en mí se rebela y, como Sebas y Bego se acercan a nosotros, no se me ocurre otra tontería más que intentar darle celos. Agarro a Sebas del brazo y lo atraigo hacia mí. Luego miro de reojo a Adrián, quien nos observa con gesto sorprendido. Sebas me pregunta al oído que qué coño estoy haciendo, pero sonrío y me apretujo más. Me digo que Adrián vendrá hasta nosotros, que tirará de mí y me besará para demostrarme que los únicos labios que tengo que tocar son los de él. Sin embargo (malditas películas románticas, cómo nos engañan), se da la vuelta y me deja plantada, con todo el cuerpo temblando.

No sé qué hacer, de modo que me vuelvo para interrogar con la mirada a Bego y a Sebas. Me animan con aspavientos a que lo siga. ¿De verdad es lo correcto? No lo pienso más. Me abro paso a empujones por el atestado local. No lo encuentro por ningún lado. Me arrojo a la calle como una desquiciada. Miro a la derecha, pero no está. Y, al mover la cabeza a la izquierda, lo descubro quieto.

—Blanca —dice, aún muy serio. Escuchar mi nombre, con su voz, es el infierno y el cielo.

—Adrián —respondo temblorosa—. No es mi novio. Ese chico es un amigo.

Y lo que ocurre a continuación tira por la borda todas mis esperanzas. Sé que él empieza a gritar, que está hablándome, pero solo puedo ver sus labios moverse, esos labios que quiero comerme.

—¡¿Me estás escuchando, joder?! —pregunta, devolviéndome a la realidad—. ¡Me importa una mierda a quién te tiras o dejas de tirarte! —Y sé, por cómo le tiembla la nuez, que no es del todo cierto—. ¡Al igual que te importará un bledo a ti si lo hago yo! —Y eso también es una mentira. Pensar que se haya acostado con otra en este tiempo me provoca náuseas.

—¡Lo siento! —exclamo por fin.

Niega, se muerde el labio inferior y se toquetea el pelo, nervioso.

—¿Qué es lo que sientes, Blanca? ¿Decirme que quieres ser mi amiga y luego ignorarme?

—¿Le contaste a Begoña que ibas a estar aquí?

—Pero ¿qué dices? ¡Se te va la olla! No he hablado con tu amiga desde tu cumpleaños. —Sus ojos son ahora dos rendijas furiosas.

—Entonces son señales —respondo ansiosa.

—No creo en las señales, Blanca. Solo creo en los hechos —me espeta.

—Lo siento, de verdad. No sé por qué he hecho eso ahí dentro, ni por qué... —Me atraganto con mi propia saliva y toso—. Estoy pasando una racha horrible en el trabajo y mi... —Voy a decir «psicóloga», pero me contengo—. Y pensé que era mejor no hablar contigo durante un tiempo porque... Es que luego me di cuenta de que actuaba mal, y por eso volví a escribirte.

—Claro, la niña tiene problemas en el trabajo, o en lo que sea, ¡y los demás tenemos que fastidiarnos también! —exclama alzando las manos—. Dijiste que intentáramos ser amigos, y he tratado de hacerlo lo mejor posible, lo mejor que sé. Pero este soy yo, Blanca. —Se da unos golpecitos en el pecho—. Y si realmente no te gusta lo que ves, entonces ¿qué haces aquí? ¿Es una venganza por tu parte? ¿Quieres joderme? ¿Todos tus actos y palabras han sido falsos desde que nos reencontramos? ¿Quieres hacerme daño porque yo te lo provoqué a ti?

—No, yo... —No me salen las palabras. Adrián está enfadado de verdad, y no logro entender por qué ni sé cómo solucionarlo.

—Te mandaba mensajes con mi mejor voluntad... De repente, dejas de contestarme, me pregunto qué sucede y me como la cabeza, y luego vuelves a escribirme como si una disculpa de tu cara bonita pudiera solucionarlo todo. Y ahora, no sé cómo, te presentas aquí, me buscas... ¿Para qué? ¿Para tirarte a mis brazos otra vez? Sabes que caería, Blanca. Y después te largarías de nuevo. —Se coloca bien la guitarra a la espalda—. Soy consciente de que es difícil para ti, pero estás siendo un poco egoísta. Tu corazón es demasiado elástico.

—¡Eso no es cierto! No sé qué me pasa, de verdad. Yo... —Intento explicarme, pero solo muevo las manos como una tonta. Cojo aire y trato de centrarme—. Tomo decisiones de las que después me arrepiento y me doy cuenta de que no sé a ciencia cierta por qué las tomé. Puede que esté un poco loca, Adrián, porque no es normal todo lo que hay en mi cabeza. Pero estoy esforzándome por solucionarlo, te lo aseguro.

—Ignoro si estás loca o no. Lo que sí te digo es que acabarás por volverme loco a mí. —Se queda callado y me dirige una mirada tan triste que me entran ganas de llorar, de abrazarlo, de tenerlo siempre cerca de mí—. Como antes. Y ya viste lo que hice. Me mataría antes que volver a hacer algo jodido contra ti.

—Perdóname. Por favor…

—No tengo nada que perdonarte. —Cierra los ojos y aspira. Cuando los abre le brillan—. Yo tampoco tengo claro lo que podría ser de ti, Blanca, y, como a ti, me cuesta mucho mostrar mis sentimientos, abrirme y ser el Adrián real. Sin embargo, contigo lo logré. Y lo intentaría de nuevo. Aseguras que te apartas de mí porque tienes problemas en el trabajo, pero en mi opinión lo que sucede es que continúas sin confiar en mí porque no me consideras el hombre adecuado para ti. Y así no se puede. Así no. Quizá lo mejor sea que nos alejemos para siempre, vivir nuestras vidas y olvidarnos de aquella amistad.

—No, yo…

Las palabras se me quedan congeladas en la boca. El sabor amargo de tiempos lejanos regresa. El corazón está a punto de explotarme una vez más. Solo deseo abrazar a Adrián, quiero besarlo, pero sus ojos me confirman que él ya no.

—Dejémonos en paz, Blanca. Por nuestra salud mental —murmura agachando la cabeza.

La pérdida de contacto visual me demuestra que todo ha terminado, que en esta ocasión he sido yo quien lo ha jodido todo. Por mi orgullo, por mi desconfianza, por mis ralladas mentales, por mi cobardía, por hacer caso a las opiniones de los demás. Ahora mismo, los consejos de Emma me importan una mierda. Y también me da igual que Adrián me rompa el corazón otra vez; al menos, habré vivido de nuevo esa experiencia junto a él. Se me está quebrando de todas formas, y es debido a no poder intentarlo, a dejar atrás, de nuevo, lo que ni siquiera hemos empezado.

Adrián alza una mano para detener un taxi que se acerca. Una última locura me obliga a aferrar la manga de su jersey. Me observa silencioso y enfadado. Le suplico con la mirada. Niega con la cabeza y se suelta de mí.

—Blanca, nunca supe cómo comportarme contigo y sigo igual. No sé quién de los dos es el culpable. Quizá ninguno y simplemente somos dos personas destinadas a no ser.

Y se sube al taxi. Va a alejarse. De mí. De mis esperanzas. Del poderoso latido de mi corazón. De mis lágrimas. Se irá, una vez más, de una Blanca a punto de cumplir dieciocho años. Se me escapa un sollozo que corto en cuanto una mano se posa en mi hombro. El cálido aliento de Bego me roza el oído.

—Llora, Blanca. Por el amor de Dios, llora. Eres humana.

Y lo hago. Lloro un mar. Me doy la vuelta y me lanzo a los brazos de mi amiga. Me derrumbo en su hombro. Bego me acaricia el cabello y me susurra palabras conciliadoras, pero no existe una sola que pueda borrar las de Adrián. Sebas apoya una mano en mi espalda y me la frota.

—Todo está bien —susurra Begoña.

—No. No es verdad. No quiero mentirme más. ¿Por qué mis miedos me impiden luchar?

Mi amiga no responde. Cesa en sus caricias y alzo la cabeza, confusa. Mira al frente con los ojos muy abiertos, y me doy la vuelta y descubro a Adrián frente a nosotros.

Abro la boca para coger aire. Ha vuelto. ¿Lo ha hecho para perdonarme y darme una oportunidad?

Begoña me suelta y dice:

—Vamos adentro. Si quieres algo mándame un mensaje.

Deposita un beso en mi mejilla húmeda. Sebas me aprieta una mano. Luego ambos se pierden en el interior del pub.

En cuanto la puerta se cierra el silencio nos envuelve a Adrián y a mí. Trago saliva y busco palabras que lo convenzan de que yo sí quiero avanzar, volver a ser su amiga, que no he pretendido jugar con él por mucho que al principio me convenciera de que era lo único que sucedería. Sin embargo, se me adelanta.

—He sido muy brusco. Has intentado disculparte y no lo he permitido. Tú tardaste en perdonarme más de diez años, pero al final lo hiciste después de todo. Y yo no quiero marcharme sin dejarte claro que, aunque ahora esté enfadado, esto no durará para siempre, que seguramente en unos días ya se me habrá pasado y volveré a encontrarme en la tesitura de no poder olvidarte.

—Yo también pienso en ti. Mucho. De verdad —respondo ansiosa.

—Te creo. Pero ¿sabes cuál es nuestro problema? —me pregunta con ojos tristes. Niego con la cabeza—. Que hemos vivido demasiado tiempo en la negación. Si somos dos almas sombrías, ¿cómo hacemos para iluminarnos?

—Eso no es cierto. Tú me ofreciste luz cuando todos insistían en convertirme en una sombra.

—Y, a pesar de todo, no lo hice bien. Puede que te la diera, pero luego te la arrebaté. —Se calla unos segundos en los que mi corazón retumba en la noche—. Necesitas a alguien que sepa poner colores en tu vida, Blanca. Quizá me arrepienta al tomar la decisión de dejarte marchar. Lo más probable es que sea la idea más estúpida del universo, pero así soy yo.

Un sollozo escapa de mi garganta al comprender que no ha regresado para quedarse conmigo. De repente tengo sus manos en mis mejillas, limpiándome todas las lágrimas que he contenido durante tantos años.

—No llores. Me matas cuando lo haces. ¿Lo ves? ¿Ves como te hago daño?

—Si lloro es porque quieres irte y no entiendo los motivos.

—Si me aseguraran que todo va a ir bien, no dudaría ni un instante.

Descansa su frente en la mía y suspira. Apoyo las manos en las suyas, en un intento por guardar algo de él en mí.

—¿Quién es el que tiene miedo ahora? —le reprocho entre gimoteos.

—No es miedo, Blanca, es un intento por protegerte.

—¿De ti? Soy una adulta, joder. Puedo cuidar de mí misma.

—Estuve pensando y, por mucho que me hayas perdonado, lo más seguro es que si llegáramos a empezar algo sucedería cualquier cosa que te haría recordar aquello, y yo también tendría momentos en los que me acordaría de cómo fui, y todo volvería a torcerse.

—¿Por qué pones una excusa tras otra? —le recrimino apartando la frente de la suya para mirarlo.

—Te iba bien sin mí, ¿cierto? Pues es así como debe seguir.

Me suelta las mejillas y me coge las manos. Se las lleva a los labios y deposita un beso tan tierno en ellas, uno impregnado de tanta tristeza y tanto dolor, que cierro los ojos y ruego para retroceder meses antes.

—A pesar de todo, si ocurre algo muy malo, si necesitas a alguien de verdad... Puedes contar conmigo.

Me suelta las manos e intento atrapar sus dedos, morirme en el placer que me provoca sentir su tacto, pero Adrián se aparta. Me da la espalda y me quedo contemplando la guitarra. Es una lucha interna en la que quiero entender, pero no puedo. Porque ahora estaba preparada y mis pasos hacia atrás me han llevado al punto de inicio.

Adrián desaparece en la noche, dejándome sola en medio de la calle. Una sombra que tirita en la confusión.

31

Lloro durante todo el fin de semana. Begoña se queda conmigo a dormir. Me abraza, suelta lágrimas conmigo, me prepara crepes de chocolate y nata. Me confiesa que sigue a Adrián por Facebook y que él había puesto que asistiría a un evento en ese pub, por lo que convenció a Sebas para que fingiera que era idea de él llevarme allí. No puedo enfadarme con ella, sé que lo hizo para ayudarme. Trata de tranquilizarme y darme esperanzas, pero sé que ya no las hay. Porque, al fin y demasiado tarde y mal, he comprendido que tanto Adrián como yo hemos sufrido mucho, y que el amor no fue suficiente y quizá nunca lo será.

Juro a Begoña que estoy fatal porque lo echo de menos, y no por el despecho de que me rechazara. Mi amiga sonríe como una mami comprensiva y asiente con la cabeza.

¿Por qué, en aquello que concierne a nuestro corazón, muchas veces son los demás los que se dan cuenta de la verdad antes que nosotros?

Siempre tratando de engañarme, siempre viviendo mal… ¿Cómo voy a poder solucionar ahora todo eso, después de tantos años?

Begoña insiste en que debo escribir a Adrián, llamarlo o lo que sea, pero niego una y otra vez, me sueno la nariz y cambio de tema. En otros momentos me maldigo por haberme convertido en una ñoña sentimental y ella me reprocha con la mirada.

—Blanca, en cuestiones de amor hay que ser una mosca cojonera en ocasiones.

—No soy así —niego, sollozando por enésima vez.

—¿Es por eso o por tu orgullo?

—Es que no voy a arrastrarme.

—¿Y quién dice que hagas eso? Mira que eres dura de mollera... —Me da unos golpecitos en la cabeza—. ¿No entiendes que ellos se parecen más a nosotras de lo que creemos?

—Ni que tú supieras mucho de eso —le recuerdo, y chasca la lengua.

—Está claro que más que tú, porque si me hicieras caso ahora no estarías así, con tu cabeza en mis piernas, el pelo grasiento y la nariz escocida.

—¿Y cómo estaría, lista? —Me incorporo y me aparto, arreglándome la melena.

—En las sábanas de Adrián, Blanca. En esas sábanas que son las que te hacen feliz, y lo sabes.

Suelto un bufido frustrado y vuelvo a dejarme caer sobre sus piernas. Me echo a llorar como una niña. Bego me acaricia la barbilla y suspira. Seguro que también ella está hasta el toto de mí.

—Adrián recapacitará. Tiene miedo, eso es todo. Como tú. Está negándose lo evidente porque teme dañarte. A veces no hay que dejar pensar mucho a las personas, pues toman decisiones estúpidas. Apenas lo conozco, pero creo que es un hombre inteligente y que se dará cuenta de que en esta vida hay que arriesgar, y si las cosas salen mal, se aprende de ello y se empieza por otra parte.

—No lo sé. Es un cabezón como yo.

—¿Y lo de mañana qué?

Me tapo la cara con las manos y muevo la cabeza. Por Dios, otra cosa que no quiero recordar.

—Van a despedirme. —Lloriqueo.

—¿Solo a ti? ¡Como si Marcos no fuera culpable también!

—Me echarán la culpa solo a mí —insisto.

—Maja, que él también metió su cosita, ¿no? ¿O es que pasaba por allí, se cayó encima de ti y te la introdujo sin querer?

La muy perraca me hace reír aun con lo hecha mierda que estoy. Me levanto de nuevo y me acurruco entre sus brazos. Bego me da palmadas en la espalda como a un bebé.

—No quiero ser esa Blanca que estarán pensando que soy —susurro al cabo de un rato, con los ojos hinchadísimos.

—Sé la que tú quieras, cariño. Pero escúchame bien y hazme caso por una puñetera vez: pasa de lo que digan los demás. Tienes treinta años, eres una mujer lista, preciosa, divertida y trabajadora. Eres valiente. Eres única. Y haces lo que te da la gana en la vida. No permitas que nadie te quite eso, porque la libertad es lo único bonito que tenemos. Los prejuicios siempre estarán ahí y los demás siempre los tendrán. Sin embargo, solo habrá una persona que pueda quererte como nadie.

—¿Quién? —Abro los ojos, sorprendida ante su discurso.

—Tú. Y entonces, cuando hayas aprendido a quererte, el hombre al que elijas te querrá igual.

Asiento conmocionada. Begoña me achucha con todas sus fuerzas.

—Así que mañana, por favor, no te achiques ante ese gilipollas. El que la ha jodido es él, no tú. Puede que tú cometieras un error, pero él también. Que lo asuma, que se dé cuenta de que no debe tratar así a las mujeres. Y espero que tu jefe también sea consciente de ello.

El resto de la tarde del domingo lo pasamos viendo series

en Netflix. Begoña está enganchada a *House of Cards*, que trata de corrupción política y demás. Yo no pillo una mierda. Pienso en lo que va a suceder mañana, en cómo será mi vida a partir de entonces y, entre una rallada y otra, los ojos de Adrián se asoman a mi mente y me provocan un dolor insoportable en el pecho.

Bego se queda a dormir conmigo. Doy vueltas en la cama y tan solo a las cinco de la mañana, dos horas antes de que suene el despertador, caigo en un sueño intranquilo y lleno de pesadillas relacionadas con mi adolescencia. Al abrir los ojos me duele todo el cuerpo. Y más. Algo en el interior, algo que va más allá de los músculos, me atenaza.

Begoña ha insistido en preparar café, aunque no sé a ciencia cierta si me sentará bien. Mientras tanto, me doy una ducha larga y caliente. Y recuerdo a Adrián. Sus palabras se clavan en mi piel y me entran ganas de llorar. Logro contenerme. En poco tiempo tendré que mostrarme segura ante el hombre que decidirá mi situación laboral.

Begoña se empeña también en llevarme al despacho. Dice que esta mañana no estoy en condiciones de conducir. Le sonrío con una tostada a medio comer en la mano. Echo vistazos al móvil y ella mueve la cabeza, como regañándome. Sigue creyendo que debería llamar a Adrián y quedar con él para hablar. No estoy segura de que me lo cogiera.

En el Focus de mi amiga empiezan a temblarme las piernas. Ella charla de tonterías para que me olvide de todo durante unos minutos. No lo logra. Al mirarme en el espejo retrovisor descubro lo pálida que estoy. Ni siquiera el maquillaje me ha ayudado.

—Estaré trabajando, pero llámame con lo que sea —me dice cuando llegamos al edificio del bufete.

Asiento con la cabeza y la abrazo. Bego me frota la espalda y me susurra que todo irá bien.

Mis tacones resuenan en el suelo y me provocan una ligera jaqueca. Me mareo nada más cruzar la puerta. Cierro los ojos, cojo aire, aprieto el maletín. Me estiro la falda. Me he vestido mucho más sobria de lo normal, como si eso fuera a solucionar algo.

Los compañeros me saludan cuando paso por la sala del café. Les hago un gesto con la cabeza y prosigo mi camino. La reunión es a primera hora de la mañana, y tengo claro que nuestro jefe ya estará esperándonos tras su escritorio. Descubro la figura de Marcos, esperando delante de la puerta. Las piernas aún me tiemblan más. Sin embargo, me obligo a caminar lo más serena posible. Al plantarme a su lado, Marcos carraspea.

—Buenos días.

No contesto, aunque mantengo la cabeza bien alta. Begoña me dijo que no me achantara y es lo que voy a hacer.

—Blanca, yo...

Alzo una mano y la agito para darle a entender que no es momento de hablar. Además, si abro la boca ahora me saldrá una arcada porque me encuentro fatal. Con el rabillo del ojo veo a un Marcos inquieto que taconea en el suelo.

Tras unos minutos que se me antojan eternos, la puerta se abre y nuestro jefe aparece con cara de pocos amigos. Nos indica con el brazo que pasemos. Primero yo, después Marcos. Las manos me sudan tanto que el maletín casi se me escurre. Tomo asiento, rígida y muy seria. Necesito un vaso de agua, pero no es plan de ponerme a pedir.

Saúl ocupa su silla frente a nosotros y nos mira con las manos cruzadas. En sus ojos advierto que no está contento, y nunca había sido así, siempre me había tratado con simpatía.

—Supongo que sabéis por qué estamos aquí los tres —dice.

Tanto Marcos como yo asentimos con la cabeza. Él se frota las manos, y pienso que quizá ha comprendido su error. Aun así, estoy segura de que quien saldrá malparada aquí...

—Dado que he tenido que ausentarme durante estas semanas, no he podido sacar nada en claro. Sin embargo, he estado meditando sobre lo que posiblemente ha ocurrido y quisiera recordaros las normas del bufete.

—No es necesario, señor —interviene Marcos.

Saúl ladea el rostro.

—Sabéis que las relaciones personales no están permitidas.

—Fue un malentendido —dice mi compañero.

Saúl y yo lo miramos con sorpresa. Me apresuro a cambiar el gesto para que el jefe no se dé cuenta.

—¿Qué quieres decir, Marcos?

—La señorita Balaguer y yo no hemos tenido nada.

Casi se me cae la barbilla al suelo. Pero ¿qué...? De verdad que no entiendo nada.

—Entonces... ¿qué ocurrió la noche de la cena?

—Como le digo, un error. Fui yo quien insistió a Blanca para salir juntos y... algo más. Ella en ningún momento dio su brazo a torcer, ni siquiera para tomar una copa. Como usted dijo, es una profesional. Me comporté como un hombre despechado.

Saúl vuelve el rostro hacia mí y se me queda mirando fijamente, como para advertir alguna señal en mi semblante. Me mantengo seria.

—¿Es eso cierto, Blanca?

Estoy a punto de decir que, en realidad, la cosa no fue así, porque, aunque Marcos se comportó como un cabrón, los dos tuvimos parte de culpa al ir en contra de las normas del despacho. No voy a dejarle a él con todo el marrón. No me lo perdonaría. Sin embargo, Saúl se adelanta, asiente y carraspea.

—Sois dos de mis mejores abogados, y no me gustaría tener que hacer algo que nos perjudicase a todos. —Se frota la barbilla, pensativo—. No es propio de un hombre adulto y de un buen compañero lo que hiciste, Marcos, de modo que espero que te disculpes ante Blanca. —Marcos va a abrir la boca, pero Saúl no le deja—. No ahora. Tengo una reunión importante con unos clientes. Además, eso es algo que debéis hablar vosotros. Lo único que no quiero es que haya malentendidos en el trabajo. El espíritu de equipo en nuestro bufete es muy importante y deseo que siga así.

—Por supuesto, señor —coincide Marcos.

—¿Tienes algo que decir, Blanca? —me pregunta Saúl esbozando una sonrisa.

Dejo escapar todo el aire que estaba reteniendo. Creo que hasta me dolían los pulmones.

—¿Habrá represalias contra Marcos? —murmuro.

No sé por qué, pero me siento mal. No quiero que lo despidan ni nada por el estilo si me protege. Si es así, confesaré. Prefiero cargar yo también con las culpas.

—Claro que no. A no ser que estés muy enfadada con él —bromea Saúl. Dibujo una sonrisa nerviosa—. Pero como os he dicho, me gustaría que solucionarais vuestros problemas. Y, sobre todo, que no vuelva a ocurrir algo como lo de la cena, por favor.

Nos deshacemos en halagos. Le rogamos que nos disculpe, le repetimos un montón de veces que muchas gracias y, al fin, casi nos echa del despacho porque tiene prisa. Nada más cerrar la puerta suelto un suspiro aliviado. Miro a Marcos un poco avergonzada, pero me corresponde simplemente con una sonrisa apretada y se marcha a su despacho sin permitirme hablar.

A lo largo de la mañana pienso en cuáles habrán sido sus motivos para hacer algo así. Al final resulta que no es tan mala persona como creía. Me siento en deuda con él, de modo que le envío un correo electrónico de agradecimiento. No recibo ninguna respuesta.

A mediodía Begoña me escribe para preguntarme qué tal ha ido. Aprovecho la pausa de la comida para ir al bar más cercano y charlar por teléfono con tranquilidad. Cuando le cuento lo que ha pasado flipa en colores, aunque menos que yo, claro.

—Definitivamente, esto me ha devuelto la fe en los hombres —exclama.

—¿Tanto como para...?

—¡Eh, no te pases, cariño! —exclama, y se echa a reír, contagiándome.

Engullo un menú del día compuesto por ensalada mediterránea de primero, sartén de huevos con patatas a lo pobre de segundo y flan con nata de postre. Dios, qué poco había comido este fin de semana. Tenía el estómago vacío.

El resto de la tarde la paso trabajando en un par de casos que no entrañan ninguna complicación. La verdad es que el último fue demasiado estresante, pero no lo cambiaría por nada y ahora echo de menos no tener uno que suponga para mí un desafío. Cinco minutos después de las ocho apago el ordenador y me preparo para regresar a casa. Todavía estoy en una nube. No acabo de creerme lo que ha sucedido. Con lo que he sufrido estas semanas... Al salir al pasillo descubro la figura de Marcos ante el ascensor. Me apresuro a cerrar con llave mi despacho para alcanzarlo y darle las gracias, pero las puertas se cierran antes de que pueda. Decido bajar por la escalera porque si espero no lo pillaré. Además, me servirá como ejercicio. La carrera que me echo es inhumana. Llego abajo sudando y sin apenas poder respirar, y eso que ya no fumo. Pero por suerte Marcos está en la puerta charlando con otro compañero. Espero a que se despida y lo sigo calle abajo. Imagino que irá a por su coche. Una vez que hemos doblado la esquina lo llamo. Se da la vuelta y me mira con expresión inquieta.

—¡Marcos! —Me acerco corriendo y tengo que inclinarme hacia delante para recuperar el aliento. Cuando me incorporo está mirándome asustado—. No sé si has leído el correo que te he enviado...

—Sí, lo he hecho. —Esboza algo que se asemeja a una sonrisa—. Gracias.

—No... —Me quedo callada unos segundos. Joder, ¿qué debería decirle?—. Soy yo quien te da las gracias. Te has expuesto por mí. Has dado la cara. —Me aparto el flequillo de un bufido—. De verdad, te lo agradezco mucho. No era necesario. Podrían haberte despedido o qué sé yo.

—Es lo menos que podía hacer —murmura alterado—. Estuve reflexionando estas semanas pasadas y al final comprendí que mi forma de actuar no había sido la apropiada. Con lo que dije di una imagen de ti que no es la correcta.

—¿De verdad lo crees? —pregunto con los ojos muy abiertos—. ¿No piensas que soy...?

—No pienso nada de ti, Blanca. Al menos, nada malo —suelta con una risa nerviosa.

—Pues... vale. —Aprieto el maletín con los dedos—. Cualquier cosa que necesites de mí...

—Gracias a ti también por no haber mencionado lo de aquel día, en tu despacho.

Asiento con la cabeza. Se despide con una sonrisa y se aleja calle abajo. Me quedo plantada con la cabeza dando vueltas y una sensación de tranquilidad infinita. Y con la certeza de que, a partir de ahora, la Blanca que quiero ser actuará de manera correcta. Reflexionará antes de tomar decisiones. No tendrá más miedo. Será una Blanca real.

Y eso también incluye decidir qué es lo que debo hacer con Adrián. ¿Luchar? ¿Sincerarme por completo? ¿Desnudarme?

La vida está dándome oportunidades, y tengo que aprovecharlas.

—¡Blanqui! —exclama mi hermano con su habitual alegría.

—Pásame a mamá, por favor —le pido.

—Joder, tía, ¡ya ni quieres hablar conmigo! —se queja.

—No es eso. Pero dile que se ponga —insisto.

Después de reflexionar durante toda la semana, hoy, viernes noche, estoy en el sofá de casa con una tila en la mano para calmar los nervios de mi estómago. Si hay alguien que puede aconsejarme con toda su sabiduría y experiencia, esa es mi madre. Una madre siempre trata de hacer lo mejor para sus hijos y es como si, en su interior, tuvieran la frase adecuada para cada sentimiento y situación. Ni Begoña, ni Sebas, ni siquiera Emma... Solo mi madre, la que me llevó en su vientre nueve meses, la que tanto me cuidó de pequeña, la que dormía conmigo cuando tenía pesadillas, la que siempre estuvo ahí e hice a un lado. Y la necesito. Al final me he dado cuenta.

—¿Blanca? ¿Pasa algo? —inquiere con voz asustada.

—Mamá... —empiezo, un poco insegura. No habla, consciente de que lo que voy a decirle es importante—. ¿Alguna vez tuviste miedo al amor? —De inmediato soy consciente de que la pregunta no es la más adecuada.

—¿Qué quieres decir, hija?

—¿Alguna vez tuviste miedo a que papá te hiciera daño? —reformulo.

—¡Ay, Blanca! Si tú supieras, cariño... Tu padre, ahí donde lo ves, era de armas tomar. Se llevaba a las chicas de calle con sus cuellos subidos a lo John Travolta, su pelazo y sus aires de seductor —cuenta divertida—. Tenía fama de ligón. Así que imagina, ¡claro que me daba reparos!

—Entonces ¿qué te hizo seguir adelante?

—Pues... No sé, muchas cosas. Cómo me miraba, lo que me decía... Bueno, a veces pensaba que seguramente se lo habría dicho también a otras, y cuando se le acercaban en los guateques imaginaba que en cualquier momento me dejaría y se iría con otra mejor. —Se echa a reír—. Pero mira tú que, después de todo me pidió que fuéramos novios... y le respondí que sí. No me lo pensé ni un minuto. Quería estar con él, me daba igual lo demás.

—¿Incluso que te rompiera el corazón? —insisto.

—¿Por qué me preguntas esas cosas, hija?

—Contesta, por favor.

—Pues claro que sí, Blanca. Incluso que me rompiera el corazón. Si no hubiera estado con él se me habría roto igual porque no habría vivido muchas cosas. Cariño, siempre he pensado que es mejor arrepentirte de lo que has hecho que llegar a vieja y caer en la cuenta de que has tenido una vida pobre, en la que has tomado caminos equivocados por inseguridades o por miedos. Hay que luchar por lo que se quiere.

Se calla de repente. Oigo a mi hermano gritando algo y a mi madre respondiéndole también a berridos. Me tapo la boca para no reír. Segundos después, regresa al teléfono.

—El bobo de tu hermano, que dice que parezco Paulo Coelho. ¿Quién es ese?

—Tus palabras son maravillosas, mamá —la animo.

—Lo sé —se jacta, orgullosa—. Pues eso, mi amor, si uno se cae, se levanta otra vez y punto. Y es mejor caerse y aprender. Es la forma perfecta de hacerlo. —Otro silencio y, a continuación, me pregunta—: ¿Es que hay algún chico que...?

—Mamá, solo otra cosa. ¿Has sabido últimamente de Adrián?

—Fíjate tú, qué casualidad, que vino el jueves por la mañana al pueblo. Ya terminó la obra y está contentísimo porque ha sido un éxito. No sé si todavía andará por aquí, como no he ido a casa de su madre...

—¡Gracias! —exclamo, y le mando unos cuantos besos.

—Pero ¿qué pasa? —quiere saber, aturdida, pero cuelgo sin darle tiempo a añadir nada más.

He de salir ya, porque lo que más deseo es poner en práctica los consejos de mi madre, que sabía que iban a darme el empujón necesario. Me levanto del sofá de un salto y corro a la puerta. Ni me pongo chaqueta. Cojo las llaves del coche y nada más. Ni siquiera el móvil. En el ascensor doy vueltas, me miro en el espejo, inspiro y suelto el aire. «Ya está, Blanca. Es ahora o nunca. Es la última oportunidad de hacer las cosas bien.»

Me meto en el coche y arranco a lo bestia. Conduzco como una loca. El GPS me avisa varias veces de que estoy sobrepasando el límite de velocidad. No pienso en las multas. Me falta tiempo. Me sobran ganas. Unos ojos se dibujan en mi cabeza. Unos tatuajes. Unos labios que ansío besar.

Llego al pueblo diez minutos antes de lo planeado al haber volado en la carretera. Menos mal que apenas había tráfico. Me dirijo al piso de Adrián y aparco en un vado. No encuentro más huecos y ahora mismo me importa un pimiento que una grúa se lleve mi preciado coche. Hay otra cosa que me interesa muchísimo más: soltar todo lo que llevo dentro y conseguir que Adrián cambie de opinión.

Alzo la cabeza y veo que hay luz en su ventana. ¡Sí, sí, está en casa! Me pongo nerviosa. Un retortijón me retuerce el estómago. No hay marcha atrás. Por favor, si hay alguien ahí arriba, ¡que me ayude en esto!

Me acerco a los timbres y pulso el de su apartamento. Espero unos minutos sin recibir respuesta. ¿Y si se ha asomado y ha visto mi coche? Llamo a otro piso y una chica contesta. Le pido, por favor, que me abra, que la persona a la que vengo a ver está en su casa, pero no debe de escuchar el timbre. Lo consigo. Entro en el portal a trompicones y corro a la escalera. Pasando del ascensor. Me falta tiempo. Me sobran besos para regalar a Adrián.

Alcanzo su rellano y me detengo unos segundos para tomar aire. Después me acerco y llamo a la puerta con los nudillos. No es que sea muy tarde, pero quizá se ha quedado dormido... Qué sé yo. Tras unos intentos más, mis esperanzas empiezan a decaer. Y cuando estoy a punto de darme por vencida (¿por qué cojones no habré traído el móvil?), oigo unos pasos tras la puerta. Sé que está oteando por la mirilla. Alzo la mirada.

—Por favor, Adrián, ábreme. Te lo suplico... He venido para hablar contigo, para poner las cartas sobre la mesa. No voy a mentirte. Voy a ser la Blanca auténtica. Te lo juro —lo suelto todo de carrerilla.

Un suspiro al otro lado de la puerta. Apoyo la frente en ella y murmuro unos cuantos «por favor». Y al fin... me abre.

Adrián me observa con los labios apretados. En sus ojos advierto confusión, tristeza y algo de enfado. De nuevo me he quedado sin palabras.

—¿Qué haces aquí? —pregunta con tono seco.

—Déjame hablar, te lo ruego. Permíteme decirte todo lo que siento. Todo lo que puse en esa carta hace diez años, y mucho más. —Le suplico con la mirada y, al ver que parece dispuesto a escuchar, prosigo—: Tenía miedo, y sigo teniéndolo. Soy la persona más cobarde del mundo, probablemente. Reconozco que pensaba que no eras el adecuado para mí, que me harías mucho daño. Ya estaba harta de sufrir. No creía en nada ni en nadie. Y, joder, aparte estaba mi orgullo. Y no sé amar. No he mantenido una relación seria con nadie en todos estos años. No he podido.

—Blanca, Blanca... Espera, hablas demasiado rápido. Me confundes —dice levantando una mano.

—No quería abrirme a nadie porque pensaba que todo el mundo era cruel. Pero me he dado cuenta de que no, de que hay personas buenas y tú eres una de ellas, y, a decir verdad, has intentado solucionarlo todo. Y yo he dado pasos hacia atrás en lugar de hacia delante.

—Continúas hablando como un robot —murmura nervioso. Eso me insufla esperanzas porque quizá esté derribando sus barreras.

—Lo siento. Adrián, lo siento. Siento todo. Siento si fui una niña cobarde y si lo soy aún. Siento no ser capaz de expresar mejor lo que tengo aquí dentro. —Trago saliva, con el corazón golpeándome en el pecho—. Temes dañarme otra vez. —Me quedo callada unos segundos—. Pues da igual, Adrián. Porque puedo hacerme más fuerte contigo, porque en realidad lo único que quiero es que podamos intentarlo, que dejemos los miedos atrás sin pensar más en el pasado.

—Blanca, en serio, creo que no es el mejor momento para hablar de esto.

Su gesto serio me inquieta, pero no pienso desistir. Begoña me dijo que fuera una mosca cojonera.

—Contigo me siento libre. Me siento yo. Espero no haberme dado cuenta demasiado tarde. —Me atrevo a adelantar un brazo y cogerle una mano. Se muestra tenso, aunque no la aparta—. ¿Te gusta quién eres cuando estás conmigo?

—Joder, sabes que sí. Siempre me ha encantado estar a tu lado porque me sentía bien —dice, y se muerde el labio inferior—. Pero no estoy seguro de saber quererte como tú necesitas.

—Solo porque no nos quieran como nosotros deseamos, no significa que no nos quieran más que a nadie.

Ni yo misma sé de dónde he sacado esa frase, pero me ha quedado de puta madre y la siento totalmente sincera. Adrián abre la boca, sorprendido. Mueve la cabeza. Sus dedos me aprietan... Y... Me juego la última carta. Me lanzo a besarlo, consciente de que, si ahora no me acepta, no lo hará nunca.

32

Al principio Adrián se muestra dubitativo. Trato de separarle los labios con los míos, lucho por derribar sus muros como él ha hecho poco a poco con los míos. Necesito traerlo de vuelta, hacerle ver que estoy dispuesta a intentar algo, sea lo que sea. Ahora mismo no quiero pensar en nada más. Deseo dejar atrás a esa Blanca miedosa, indecisa, amargada, a esa que odia a los otros sin un motivo sólido, pues no todo el mundo es igual y hay personas que realmente merecen una oportunidad.

—Adrián... —jadeo en sus labios.

Mueve la cabeza. Sus dedos aprietan mis brazos y, por un momento, pienso que lo he conseguido y va a concedernos una oportunidad. Sin embargo, me empuja hacia atrás con suavidad y esconde el rostro. Me quedo plantada mirando su cabello oscuro rebelde, intentando comprender qué sucede.

—Lo siento, de verdad. Ya sabes que yo no soy de suplicar, pero ahora estoy dispuesta a hacerlo si con eso me aseguras que no te perderé —murmuro con un hilo de voz. Oh, Dios mío, estoy a punto de echarme a llorar.

—No es eso, Blanca. Es solo que... —Se pasa una mano por el pelo en actitud inquieta. Coge aire y lo suelta detenidamente—. No es momento para hablar. Creo que es mejor que lo dejemos para otro día.

—Pero...

—De verdad. —Casi está rogándomelo.

¿Necesitará tiempo para pensar? ¿Debo dárselo, si es el caso?

—No sé si seré capaz de aguantarme todo lo que llevo dentro. He venido justo ahora porque creía que era el momento indicado. —Se me escapa una risa nerviosa—. Puede que haya visto demasiadas películas de amor con Begoña. Ya sabes, todo eso de la chica o el chico que, en los últimos cinco minutos, busca a la persona que ama, se reconcilian, se besan y viven felices para siempre. —Me echo a reír otra vez.

Adrián no dice nada, tan solo echa vistazos nerviosos al interior del piso. Una idea molesta pasa por mi cabeza.

—Blanca, has hecho bien en venir, en querer solucionar todo. Y te lo agradezco. Pero...

—¿Me dejas entrar? —suelto de repente.

No parece especialmente ilusionado con mi pregunta. Lo cierto es que mi visita intempestiva no lo ha alegrado como yo esperaba. Y, ahora mismo, los motivos por los que creo que se muestra tan inquieto me provocan un pinchazo en el corazón. ¿Está acompañado de otra chica? ¿Quizá aquella con la que cenaba en el restaurante?

—Es tarde y mañana tengo que solucionar unas cosas.

El estómago se me revuelve al confirmarme que estoy en lo cierto. Está pasando el rato con otra mujer. En realidad, no puedo quejarme. No tengo motivos para enfadarme puesto que no somos nada. Sin embargo, mi lado desconfiado, ese que siempre tiene una palabrota en la boca o que odia a casi todos los hombres que me recuerdan a Adrián, me dice que es un cabrón y que se le ha pasado muy pronto lo que sea que sintiera por mí.

—Solo serán diez minutos —insisto. A pesar de todo, quiero comprobar por mí misma que no hay nadie más que él en su casa.

—Blanca...

Y justo en ese momento ambos oímos un ruido que proviene del interior del piso. Mi corazón golpetea en mi pecho con fuerza. Lanzo una mirada a Adrián, quien parece asustado. Doy un paso hacia atrás, sintiéndome confundida y estúpida.

—Yo... —empieza a decir, pero alzo una mano y niego con la cabeza.

—No. Entiendo, de verdad. —Trago saliva y ese regusto amargo de tantas veces vuelve a inundarme—. No estoy enfadada. A ver, es normal. Tú eres un hombre y... No hemos sido pareja nunca. Sé que no tienes que guardarme fidelidad. —Trato de ser lo más comprensiva posible, pero eso no significa que mi estómago no esté dando más vueltas que una montaña rusa.

—No es nada, Blanca. No es lo que piensas. Ven mañana. Hablamos entonces, ¿vale? —Adrián se apoya en el marco de la puerta. Lo veo dispuesto a cerrarla para ocultarme quién está en su casa. Posiblemente sea la chica tatuada, pechugona y bonita. Esa compañera de trabajo que tendrá los mismos gustos y aficiones que él.

—Claro —asiento todavía confusa.

Pero entonces ocurre algo que me deja sin habla. Una voz muy familiar flota por el piso hasta llegar a donde nos encontramos.

—¡Adrián! ¿Dónde guardas el sacacorchos para abrir el vino?

Adrián me lanza una mirada asustada. Veo que la nuez le baila en la garganta, y a mí el corazón se me encoge en el pecho. Me doy la vuelta sin abrir la boca para no armar un jaleo, para no verbalizar los horribles pensamientos que cruzan mi cabeza. No he bajado ni cuatro escalones cuando ya tengo a Adrián cogiéndome del brazo. Lucho por desembarazarme de él y, evidentemente, no lo consigo. Es más fuerte que yo. Siempre lo ha sido. Y yo, ahora mismo, soy débil.

—No es lo que piensas, Blanca —susurra contra mi rostro.

Su acelerada respiración choca contra mi nariz. Cierro los ojos y los aprieto para controlar las lágrimas que pugnan por salir.

—¿Qué hace ella aquí? —pregunto con un hilo de voz, a pesar de que moriré si llego a descubrir la respuesta.

—No saques tus propias conclusiones como siempre. Vuelve mañana cuando estés calmada. —Su voz se ha tornado frágil poco a poco. No entiendo nada.

—¡¿Cómo eres capaz de pedirme algo así cuando esa furcia está en tu casa?! —Los pensamientos oscuros que cruzan mi mente se convierten en palabras—. ¿Tienes algo con ella?

«Blanca, no. Hay secretos que están mucho mejor guardados bajo cientos de candados. Sea lo que sea, no importa. Solo fuisteis un par de amigos que no supieron ser nada más por miedo e incomprensión y que ahora ya no pueden solucionarlo», me digo. Pero como no contesta, la furia habla por mí.

—¡¿Te has acostado con ella?! ¡¿Ibas a hacerlo?! —Y entonces una sombra vela sus ojos y caigo en una espiral de rabia—. ¡¿Te la follaste antes?!

—Blanca, cálmate.

—¡Lo hiciste, joder! —exclamo, perdiendo los papeles.

Lo empujo, pero me empotra en la pared para no permitir que me marche. Su pecho sube y baja, y respira en mi rostro con nerviosismo.

—Vale, has venido para ser sincera conmigo, y también lo seré contigo. Si es cierto que quieres que intentemos algo, entonces debe ser así. Pero esto no tiene que cambiar nada. —Se pasa la lengua por el labio inferior.

—Adrián, no sé si seré capaz de soportar que... —Aunque he sido yo quien ha preguntado, ahora no quiero saber. Me moriré si averiguo la verdad.

—Me acosté con Sonia, sí.

—No, yo... Mientes...

Y me callo. No, no miente. Pero ¡si es la chica que está ahora en su casa con una botella de vino! La misma que me provocó tanto dolor, tantas inseguridades. La misma con la que lo descubrí cuando me rompió el corazón por primera vez. No es tan extraño.

—Blanca... —Me coge de la mano. La tiene fría. Se la miro como si ya no fuera real—. En serio, ella no era nadie para mí. Ni siquiera sé muy bien por qué lo hice. Te habías ido, me sentía solo y cabreado contigo y conmigo mismo. Bebía para olvidarte. Fumaba un montón de porros. Traté de encontrarte en ella y nunca lo conseguí. Ha sido una de las peores cosas que he hecho en mi vida.

Intento tragar saliva, pero la boca se me ha quedado seca por completo. Deslizo los ojos hacia Adrián y lo contemplo atónita.

—¿Te acostaste con ella solo una vez? —inquiero temblorosa. Su mirada me lleva a pensar que no es así.

—Yo... Algún verano, cuando regresé al pueblo, siempre me emborrachaba al recordarte... —Cierra los ojos y coge aire—. Pero hace mucho de eso. La última vez tenía veinte años. Solo era un chico dominado por las hormonas y... No sabía realmente todo lo que Sonia te había hecho porque, de haberlo sabido, jamás me habría acostado con ella.

Me deshago de su apretón de mano con brusquedad. Me observa con la boca abierta. El latido de mi corazón debe de oírse hasta en el otro lado del pueblo.

—Blanca, fue un error. Ya no sé cuántos he cometido.

—Se incorpora también y trata de cogerme una vez más, pero me aparto.

—De todas las chicas que había en el mundo, tuviste que acostarte con ella —le escupo, sin poder mirarlo a la cara.

—Por favor, no vuelvas a odiarme. —Me agarra de las mejillas con fuerza. Lo aparto de un manotazo. Muevo la cabeza, incrédula, dolida, traicionada—. No me importaba. Ni siquiera la trataba bien —insiste.

Consigo zafarme de él y bajo unos cuantos escalones más. Me sigue, en un intento por impedir que me marche.

—¿Es que en alguna ocasión has tratado bien a alguna mujer, Adrián? —le espeto con voz amarga sin mirar atrás.

Me atrapa en el rellano. Lucho. No puedo contra él. Al final caigo rendida y levanto la vista para mirarlo. Su rostro se contrae por el dolor. Niega con la cabeza, mueve las manos intentando tocarme. Se lo impido una y otra vez.

—Blanca... Otra vez no, por favor.

—Puede que para ti sea una estupidez, pero para mí es una nueva traición.

—Hace diez años de eso. Repito que no sabía lo que ella te había hecho.

—Pero ahora está en tu casa. ¡Ahora, Adrián! ¡AHORA! —chillo histérica. Abre los ojos como platos, asustado. Advierto en ellos que sabe que está perdiéndome—. ¿Por qué? Vamos a joder a la tonta de Blanca, es lo que más dolor le provocará, ver a su primer amor por segunda vez con una de las tías que destrozó su juventud. Si de verdad sintieras cariño por mí, siquiera un poco, no permitirías que ella entrara en tu piso sabiendo ya lo que me hizo.

—No. ¡No, coño! —exclama, y vuelve a agarrarme la cara. Lo aparto de un manotazo. Me escuecen los ojos. Mi corazón está agrietándose—. ¿Cómo iba a querer joderte? Ya no soy así. Deberías saberlo. Jamás volveré a hacerte daño. Ella está aquí por una razón mucho menos retorcida.

Su novio y el novio de mi prima son amigos de toda la vida, así que él, como sorpresa para su aniversario, me pidió que les cantara. Fui a la velada, cumplí con mi cometido, y ella se ha presentado hoy aquí para traerme un regalo de parte de los dos, por el favor que les hice. ¿Qué querías que hiciera? ¿Que la echara? ¿Crees que no me importa cuánto daño te causó? Claro que sí, pero por diversos motivos no puedo comportarme como un maleducado...

—Eres un puto mentiroso —digo en un susurro, más para mí que para él, aunque sé que lo ha oído.

—¡Joder, Blanca! ¡Deja de llegar a conclusiones precipitadas! ¡No me la he follado desde hace un montón! Ella tiene novio. Y ni siquiera me gusta.

Esas palabras me recuerdan a las que me dedicó a mí el día en que todo acabó. Lo miro con horror.

—Puede parecer una excusa, que pienses que es raro, pero estoy diciéndote la puñetera verdad.

—Y en lugar de venir el novio, que es el que te pidió el favor, se presenta ella, ¿eh? ¡Qué maldita casualidad!

—¡Pues no sé...! ¿Qué esperas que te diga?

—Ella te quería, Adrián, y me hacía la vida imposible también por eso. Cuando las dos discutimos en el bar este verano y tú apareciste te miró con deseo. Y sabiendo cómo es, le importará una mierda su novio.

—No digas tonterías.

—¡No lo son! Deja de inventarte excusas malas, es mucho peor. ¡Ella está aquí porque sigues siendo el mismo: te da igual una que veinte! ¿Si se te hubiese insinuado, no te la habrías tirado otra vez? Insistías en que me fuera para que no la viera... ¡Por algo sería! ¡Lo más seguro es que esté esperándote en bragas!

—No quería que entraras porque sabía que sería doloroso para ti de cualquier forma.

—¡Mientes!

Mi corazón no puede más. Tengo que irme de aquí. Ya. Si no, acabaré gritando, rompiendo cosas o qué sé yo. Bajo el resto de los escalones consciente de que algo en el pecho se me está deshaciendo. Es mi corazón. Me duele. Demasiado. Y me juré que no permitiría que volviera a sucederme. Mucho menos por él. Pero aquí estoy, con las piernas convertidas en gelatina y el pecho a punto de reventar.

Adrián baja conmigo y susurra mi nombre una y otra vez. Me retiene. Luchamos de nuevo. Dos titanes que nunca sabrán cómo amarse sin hacerse daño.

—No puedo tener una relación contigo sabiendo que ella estuvo entre tus brazos. Y que ahora está aquí. Por más que me digas que no ha pasado nada… —Una sensación de asco inunda mi garganta—. Me volvería loca. Y creo que ya lo estoy un poco —le confieso al tiempo que le doy la espalda y trato de mostrarme lo más serena posible. Por dentro, mil voces chillan—. Necesito cuidarme a mí misma.

—Deja que sea yo quien lo haga, Blanca.

Le lanzo una mirada que lo dice todo.

—¡Vete a la mierda! —exclamo, y le cierro la puerta de la calle en las narices.

Sé que voy a llorar. Sé que voy a desmoronarme. Tengo claro que, ahora mismo, no entiendo nada, no sé quién soy, ni quién es Adrián, por qué está ahora con Sonia, por qué hizo lo que hizo, y por qué he insistido en saber. En ocasiones, es mejor ser ciega y sorda. Hay secretos demasiado dolorosos.

Me pregunto qué haré después de haberle ofrecido mi corazón y que me lo haya vuelto a romper. Lo único que sé es que lucharé para recuperarme. No permitiré que un hombre, por mucho que sea mi amor de juventud y a quien nunca he olvidado, me destroce.

Porque, tal como él me dijo, tengo un corazón elástico.